Heiße neue Welt
Der Planet am Limit

Blätter für deutsche
und internationale Politik (Hg.)

Heiße neue Welt

Der Planet am Limit

Edition Blätter
Blätter Verlagsgesellschaft mbH, Berlin

Blätter für
deutsche und
internationale
Politik

www.blaetter.de

MIX
Papier | Fördert
gute Waldnutzung
FSC® C105191

1. Auflage, Dezember 2023

ISBN: 978-3-9821323-2-7
Fotonachweis Titel: IMAGO / Xinhua / Ivo Cagalj
Druck und Bindung: LOCHER Print + Medien GmbH, Rösrath

EDITORIAL

Die Zeit wird knapp. Nur wenige Jahre bleiben der Menschheit, um die Erderwärmung so zu begrenzen, dass der Klimawandel nicht völlig unbeherrschbar wird. Noch aber stellen die Menschen immer neue traurige Rekorde auf. So dürfte 2023 zum wärmsten Jahr seit sage und schreibe 125 000 Jahren werden, wie der Copernicus Climate Change Service der EU jüngst errechnet hat. Längst sind die Folgen unübersehbar: Feuerwalzen, die sich in Kanada von Küste zu Küste fressen, Sturzfluten, die ein Drittel Pakistans unter Wasser setzen oder Dürren, die selbst im einst gemäßigten Klima Deutschlands und Frankreichs zum Dauerzustand zu werden drohen. In vielen asiatischen Ländern könnten künftig weite Landstriche durch regelmäßig wiederkehrende, lebensbedrohliche Hitzewellen unbewohnbar werden, und das verstärkte Schmelzen des arktischen Eisschildes gefährdet auch die Küsten Nordamerikas und Europas.

Weltweit drängen Klimabewegungen angesichts dessen auf eine postfossile Zukunft und versuchen, die Erderwärmung auf der Agenda zu halten. Zugleich hat, auch auf ihren Druck hin, die ökologische Transformation inzwischen begonnen: Die Europäische Union formuliert in ihrem Green Deal eine Reihe von Zielen und Vorgaben, die oft weit über die Ambitionen der 27 Mitgliedstaaten hinausgehen. In den USA hat Präsident Joe Biden mit umfassenden Gesetzespaketen milliardenschwere Investitionen in einen ökosozialen Umbau der Wirtschaft angestoßen. Und China vermeldet einen Rekordausbau bei den Erneuerbaren Energien. Gewiss, all dies ist von Widersprüchen begleitet und reicht vor allem bei weitem nicht aus, um die Erderwärmung auf die eigentlich nötigen 1,5 Grad zu begrenzen. Aber nach Jahren der Abwehr und Verzögerungen haben nun immerhin auch die wirtschaftlich führenden Länder der Welt zu handeln begonnen.

Allerdings ist der zugrundeliegende politische Konsens fragil und wird von starken, zuweilen schier übermächtig scheinenden Beharrungskräften bekämpft. So warnte das Umweltprogramm der Vereinten Nationen kürzlich, mit den weltweit – vor allem aber in den Industrieländern – geplanten Fördermengen an Kohle, Öl und Gas rücke das 1,5-Grad-Ziel außer Reichweite. Und ein durchaus möglicher Wahlsieg Donald Trumps bei den US-Präsidentschaftswahlen im November 2024 könnte dem globalen Klimaschutz einen entscheidenden Schlag versetzen. Zudem leidet die nötige weltweite Kooperation unter den verschärften Konflikten der Gegenwart, von den zunehmenden Spannungen zwischen Washington und Peking bis zu den Kriegen in der Ukraine und im Nahen Osten.

Kann die sozial-ökologische Transformation also überhaupt noch gelingen? Oder droht uns unweigerlich eine heiße neue Welt?

Die „Blätter für deutsche und internationale Politik" haben sich der Klimakrise frühzeitig angenommen und präsentieren mit diesem Band bereits den dritten Reader zum Thema – nach „Mehr geht nicht! Der Postwachstumsreader" (2015) und „Unsere letzte Chance. Der Reader zur Klimakrise" (2019). Wie seine Vorgänger versammelt auch dieser Band die wichtigsten Texte zur Erderwärmung der vergangenen Jahre.

Der erste Teil des Buches „Unsere tägliche Klimakrise" beschreibt, wie sehr der Klimawandel unsere Gesellschaften bereits jetzt verändert. Das zeigt sich gerade auch in Deutschland in Form von Wassermangel und Dürren, aber auch durch vermehrt auftretende Katastrophen wie Waldbrände und Überschwemmungen, von denen die verheerende Ahrtal-Flut mit 180 Toten die bislang schlimmste war.

All dies ist ein Ausdruck davon, wie tief der Mensch in das Leben auf dem Planeten eingreift. Das analysieren die Beiträge im zweiten Teil „Der Mensch im Anthropozän": Die Orientierung auf immerwährendes Wachstum, technokratischer Machbarkeitswahn und die rücksichtslose Ausbeutung der Erde haben geradewegs in ein neues, von ökologischen Krisen geprägtes Erdzeitalter geführt.

Was aber muss politisch getan werden, um den menschengemachten Klimawandel wenigstens zu begrenzen? Dieser Frage geht der dritte Teil „Systemwandel oder grüner Kapitalismus" nach. Die dort versammelten Beiträge diskutieren, wie unser Wirtschaftssystem mit seiner Steigerungslogik und seinen enormen Ungleichheiten wirksamem Klimaschutz entgegensteht; sie blicken aber auch auf die Versuche, den Kapitalismus durch Reformen klimakompatibler – und gerechter – zu machen.

Der vierte Teil „Wie weiter mit der Klimabewegung?" zieht eine erste Zwischenbilanz des neuen ökologischen Aufbegehrens. Welche Strategien soll die Bewegung mit Blick auf die unzureichenden Fortschritte auf den Weltklimakonferenzen oder die Politik der Ampel-Regierung verfolgen? Sind die Proteste der Letzten Generation kontraproduktiv oder ist der zivile Ungehorsam im Gegenteil sogar nötiger denn je?

Eine andere Strategie hin zu mehr Klimaschutz steht im Mittelpunkt des fünften Teils „Mit Recht für die Natur". Die dort versammelten Beiträge analysieren, wie mit Hilfe des Rechtssystems Natur und Lebewesen geschützt werden können oder fragen, wie ein ökologisches Grundgesetz aussehen könnte.

Im Mittelpunkt des sechsten Teils „Alternativen denken" stehen schließlich die großen und kleinen Utopien einer klimagerechten Gesellschaft. Sie zeigen, wie wir dem Zwang zum ewigen Wachstum entkommen können und verweisen zugleich auf eine unserer wichtigsten Ressourcen im Kampf gegen den Klimawandel: die Hoffnung, dass die Menschheit noch die Kraft zum Umsteuern finden kann – und wird.

Gemeinsam ist allen Beiträgen eine grundlegende Einsicht: Die Klimakrise ist die wichtigste, alles bestimmende Aufgabe, vor der die Menschheit heute steht – so ungleich Betroffenheit und Verantwortung zwischen Arm und Reich oder zwischen den Klimazonen auch verteilt sind. Dieser Reader will einen kleinen Beitrag dazu leisten, dass Politik und Gesellschaft sich dieser Aufgabe tatsächlich stellen.

DIE BEITRÄGE IN KÜRZE

I. UNSERE TÄGLICHE KLIMAKRISE

Nick Reimer und Toralf Staud: Abgesoffen und ausgedörrt. Wie Wasser in Deutschland zum umkämpften Gut wird, S. 19-26

Nach den Hitzesommern der vergangenen Jahre erscheinen vielen schon normale Sommer als zu kühl und zu nass. Doch der Eindruck täuscht, und die Trockenheit der letzten Jahre ist längst nicht ausgeglichen, mahnen die Journalisten Nick Reimer und Toralf Staud. Vor allem aber dürften die Ausnahmen zunehmend zur Regel werden: Denn mit dem Klimawandel drohen vermehrt sowohl „Jahrhundertdürren" als auch „Jahrhundertfluten".

Susanne Götze und Annika Joeres: Brennende Fichten: Das Elend des deutschen Waldes, S. 27-32

Ob durch Dürren, Brände oder Borkenkäfer – der deutsche Wald ist in Gefahr. Doch die plantagenartigen Nadelholzwälder sind dem Klimawandel nicht gewachsen, warnen die Journalistinnen Susanne Götze und Annika Joeres. Der Wald muss sich verändern, um bestehen zu können.

Uwe Ritzer: Hitze-Hotspot Deutschland. Warum das Wasser immer knapper wird und was wir dagegen tun müssen, S. 33-44

Deutschland ist scheinbar ein wasserreiches Land. Doch nach mehreren Dürresommern zeigt sich hierzulande eine Wasserknappheit mit unübersehbaren Folgen, so der Journalist Uwe Ritzer. Um den Wassernotstand abzuwenden, bedarf es eines grundlegenden politischen Umsteuerns.

Naomi Klein: Unser Sommer des Feuers und der Fluten. Die Klimakatastrophe und das Ende unserer Sicherheitsillusion, S. 45-50

Lange wähnte sich der globale Norden sicher vor den Folgen des menschengemachten Klimawandels. Doch spätestens seit wiederholten verheerenden Bränden und Fluten entpuppt sich dieser Glaube als Illusion, so die Autorin Naomi Klein. Denn nun reift auch in den reichen Ländern allmählich die bittere Erkenntnis, dass bei einer ungebremsten Erwärmung des Planeten kein Ort sicher sein wird.

II. DER MENSCH IM ANTHROPOZÄN

Sighard Neckel: Im Angesicht der Katastrophe. Der nahende Zusammenbruch des Erdsystems und die sozial-ökologische Transformation, S. 51-58

Die Coronakrise ist nur der vorläufige Höhepunkt der herrschenden Krisenkaskade. Und sie ist zudem weit mehr als eine Naturkatastrophe, nämlich Ausdruck eines historischen globalen Umbruchs. Der Soziologe Sighard Neckel beschreibt die Ursachen und möglichen Reaktionen auf den drohenden Zusammenbruch des Erdsystems – zwischen wirtschaftsliberaler Modernisierung und autoritär-diktatorischer Kontrolle.

Fabian Scheidler: Die große Trennung. Die Geburt der technokratischen Weltsicht und die planetarische Krise, S. 59-70

Das gesamte Leben auf der Erde befindet sich in einer Überlebenskrise. Zentrale Ursache dafür ist ein technokratisches Weltbild, das die Natur zu einer beherrschbaren Ressource in der Hand des Menschen degradiert hat. Der Publizist und Buchautor Fabian Scheidler analysiert die Ursachen dieser Entwicklung. Die zeitgleich mit der Entstehung des Kapitalismus heraufbeschworene rationalistische Trennung, ja Entfremdung des Menschen von sich selbst wurde zum Ausgangspunkt der planetarischen Krise.

Maja Göpel: Unser Wunsch nach mehr, unsere Angst vor weniger. Wie unser Wohlstandsmodell den Planeten ruiniert, S. 71-79

Verzicht ist in Zeiten der Klimakrise unabdingbar. Doch noch lebt der globale Norden weit über seine Verhältnisse – und das obwohl Materialismus und immer mehr Konsum nicht glücklich machen, kritisiert die Politökonomin Maja Göpel. Ihr Plädoyer: Wir brauchen einen Politikwandel, der Wachstum nicht als Zweck begreift, sondern als Mittel hin zu mehr Nachhaltigkeit – beim Konsumieren, Produzieren und Investieren.

Michael Müller: Das Anthropozän oder: Wie wir die Erde verkonsumieren. Das Erbe des Jahrhundertwissenschaftlers Paul J. Crutzen, S. 81-86

Jahrhundertelang ging „die Schöpfung" als Natur dem Menschen voraus. Doch heute leben wir in einem Zeitalter, in dem der Mensch selbst die Veränderung des Planeten vorantreibt. Der Umweltpolitiker und Ex-Staatssekretär Michael Müller würdigt die richtungsweisende Erkenntnis des Anthropozän-Forschers Paul J. Crutzen: Es bedarf der grundsätzlichen Kritik und Veränderung der herrschenden Mensch-Natur-Verhältnisse.

Ralf Gisinger: Wissenschaftlich exakt, politisch unbrauchbar? Zur geologischen Definition des Anthropozäns, S. 87-92

Die Geologie steht kurz davor, das Zeitalter des Anthropozäns exakt zu bestimmen. Doch was als Durchbruch erscheint, ist innerhalb der Disziplin umstritten, wie der Philosoph Ralf Gisinger darlegt. So bleibt völlig unklar, ob die Definition dem Schutz menschlichen Lebens auf der Erde dient.

Mathias Greffrath: Im Zeitalter der Verwüstung. Vom notwendigen Ende einer Epoche, S. 93-100

Die Menschheit steht durch den Klimawandel vor einem epochalen Umbruch. Überkommene Ideen von individueller Freiheit und wirtschaftlichem Wachstum werden fundamental in Frage gestellt, so der Soziologe Mathias Greffrath. Das ruft massive Ablehnung hervor. Doch der Verfall der Wachstumsordnung birgt auch Hoffnung auf etwas Neues.

Leander Scholz: Menschenleere oder: Die Politik der Ökologie, S. 101-110

Angesichts der Klimakrise erscheint der Mensch zum ersten Mal in der Geschichte nicht als Lösung, sondern als Problem. Der Philosoph und Schriftsteller Leander Scholz beleuchtet die Geschichte der modernen Gesellschaft anhand ihrer Beziehung zur Natur und verdeutlicht, dass es für den Menschen von morgen von existenzieller Bedeutung ist, das Nichtmenschliche zu denken.

III. SYSTEMWANDEL ODER GRÜNER KAPITALISMUS

Nancy Fraser: Kapitalismus als Kannibalismus. Die multidimensionale Krise und der Sozialismus des 21. Jahrhunderts, S. 111-121

Die Zunahme globaler Krisen ist für einige Kritiker Ausdruck einer inneren Problematik der wirtschaftlichen Organisation des Kapitalismus. Die Philosophin und Politikwissenschaftlerin Nancy Fraser zeigt jedoch auf, wie der Kapitalismus als gesamtgesellschaftliche Ordnung begriffen werden kann, die systematisch ihre eigenen Grundlagen verschlingt.

Fabian Scheidler: Systemwandel oder Klimakollaps. Warum wir eine tiefgreifende Transformation unserer Ökonomie brauchen, S. 123-134

Die kapitalistische Megamaschine ist ein totales System: Verankert in Institutionen sowie in unseren Köpfen und menschlichen Beziehungen, droht sie an ihrer eigenen Expansion zu kollabieren, so der Autor Fabian Scheidler. Um dies zu verhindern, muss die herrschende Ordnung, die die Natur zum bloßen Objekt macht, durch ein System ersetzt werden, das die existenzielle Verbundenheit von Mensch und Umwelt bewahrt und schützt.

Sighard Neckel: Zerstörerischer Reichtum. Wie eine globale Verschmutzerelite das Klima ruiniert, S. 135-144

Überall auf der Welt zerstört der Klimawandel unsere planetarischen Lebensgrundlagen – davon werden auch die am meisten Privilegierten nicht verschont bleiben. Dabei sind die Superreichen selbst zu einem der Haupttreiber der Klimakrise avanciert, warnt der Soziologe Sighard Neckel. Sein Fazit: Ohne eine tiefgreifende Umverteilung des Reichtums kann es keine wirksame Dekarbonisierung geben.

Michael E. Mann: Propheten der Untätigkeit. Die Propaganda von der technischen Beherrschbarkeit der Klimakrise, S. 145-158

Trotz der sich verschärfenden Klimakrise ergreifen wir noch immer nicht die erforderlichen Maßnahmen, um diese abzuwenden. Verantwortlich dafür sind nicht zuletzt die Anstifter zu klimapolitischer Untätigkeit, so der Klimawissenschaftler Michael E. Mann. Mit „Brückentechnologien", „sauberer Kohle" und „Geoengineering" wollen sie ihren eigenen Nutzen mehren – zu einem immens hohen Preis für alle anderen.

Ella Müller: Kulturkampf und Klimakrise. Die US-Rechte als Anti-Umweltbewegung, S. 159-170

Noch vor 35 Jahren herrschte in den USA parteiübergreifende Einigkeit: Klimaschutz ist notwendig. Heute aber zählt es zum Markenkern der Republikanischen Partei, die Existenz des menschengemachten Klimawandels zu leugnen. Die Historikerin Ella Müller beschreibt, wie der „Anti-Environmentalism" in der US-Rechten hegemonial wurde und welche politischen Folgen das hat.

Guido Speckmann: Die Chimäre der Klimaneutralität. Über die entlastende Wirkung eines neuen Mantras, S. 171-178

Eigentlich sollte Klimaneutralität ein unverhandelbares Ziel sein, um dem Klimawandel beizukommen. Doch tatsächlich ist Klimaneutralität nicht nur ein wirkungsloses Instrument, so der Journalist Guido Speckmann, sondern folgt der gleichen Logik, die den fossilen Kapitalismus antreibt: als ein leeres politisches Versprechen das auf unaufhörlichem Wachstum und einer postkolonialen Weltordnung basiert.

Reinhard Loske: Konservierende Subventionen. Warum billige Energie für die Industrie der ökologischen Transformation schadet, S. 179-186

Grüne und SPD wollen mit einem subventionierten Strompreis die deutsche Industrie schützen. Ein vollkommen falscher Ansatz, so der Nachhaltigkeitsforscher Reinhard Loske. Denn der Brückenstrompreis ist sozial ungerecht und wird die Energiewende ausbremsen.

Anika Limbach: Strahlend »grüne« Zukunft. Wie die EU die Energiewende sabotiert, S. 187-192

Die dringend gebotene ökologische Transformation ist nur mit einer Abkehr von fossilen und nuklearen Energiequellen denkbar. Mit der Entscheidung, Atomkraft und Erdgas ein „grünes" Label zu verpassen, versperrt die EU diesem tiefgreifenden Wandel jedoch den Weg, konstatiert die Journalistin Anika Limbach. Diese Einstufung lässt viele Fragen offen – was insbesondere mit Blick auf die Atomkraft ein ernstes Sicherheitsrisiko darstellt.

Naomi Klein: Radikal machbar: Neun Gründe für einen Green New Deal, S. 193-203

Im vergangenen Jahrzehnt hat unser Planet massiven und teils irreparablen Schaden erlitten, angefangen vom rapiden Abschmelzen des arktischen Meereises bis hin zum Massensterben von Korallenriffen. Trotz alledem besteht Hoffnung, so die Publizistin Naomi Klein. Denn das Bewusstsein für die drohende Gefahr ist gewachsen, der Wille zum Handeln so groß wie nie – und das politische Mittel liegt bereits auf dem Tisch: der Green New Deal.

IV. WIE WEITER MIT DER KLIMABEWEGUNG?

Bruno Latour und Nikolaj Schultz: Für die Bewohnbarkeit des Planeten: Wie die ökologische Klasse entsteht, S. 205-214

Seit Jahren prägt die Klimabewegung die politische Debatte. Doch sie ist längst nicht mächtig genug, um den notwendigen Wandel durchzusetzen, so die Philosophen Bruno Latour und Nikolaj Schultz. Um zu einem machtvollen politischen Subjekt zu werden, muss sie sich als ökologische Klasse konstituieren. Eine solche würde sich nicht länger über ihre Stellung in der Produktion bestimmen, sondern müsste den Erhalt der natürlichen Lebensbedingungen in den Mittelpunkt ihres Handelns rücken.

Inken Behrmann und Valentin Ihßen: Zwei Jahre Ampel: Wie weiter mit der Klimabewegung?, S. 215-222

Die Ergebnisse der Weltklimakonferenz und das Handeln der Ampel-Koalition haben viele Klimaaktivisten enttäuscht. Denn das Erreichen des 1,5-Grad-Ziels ist so kaum möglich. Angesichts dessen muss sich die Klimabewegung neu ausrichten, fordern die Sozialwissenschaftlerin Inken Behrmann und der Sozialwissenschaftler Valentin Ihßen. Anstelle einer Radikalisierung, wie sie manche Aktivisten derzeit fordern, sehen sie speziell im Verkehrssektor ein erfolgversprechendes Handlungsfeld.

Ulrich Brand und Markus Wissen: Lützerath als Fanal. Warum wir transformative Strategien im Kampf gegen die Klimakrise brauchen, S. 223-227

Lützerath ist geräumt, und dennoch wird es bleiben – als Symbol für eine Politik, die die Zeichen der Zeit nicht erkennt, so die Politikwissenschaftler Ulrich Brand und Markus Wissen. Nur wenn die Grünen ihren Realitätssinn überwinden und wieder stärker auf die Klimabewegung zugehen, kann eine Transformation unserer zerstörerischen Lebensweise gelingen.

Dieter Rucht: Die Gratwanderung der Letzten Generation, S. 228-232

Mit Straßenblockaden und Attacken auf Kunstwerke sorgen Klimaaktivisten der Letzten Generation bundesweit für Aufmerksamkeit. Doch ohne gesellschaftlichen Resonanzboden für solche Aktionen können sie auch keine klimapolitischen Erfolge bewirken, argumentiert der Soziologe Dieter Rucht. Zudem bestehe die Gefahr der Radikalisierung.

Robin Celikates: Protest in der Klimakrise: Die Legitimität zivilen Ungehorsams, S. 233-240

Die Straßenblockaden der Letzen Generation werden oft als undemokratisch kritisiert. Doch Demokratien müssen diese aushalten, so der Philosoph Robin Celikates – schließlich wurden viele demokratische Errungenschaften überhaupt erst durch zivilen Ungehorsam erkämpft. Nur weil die gezielten Rechtsbrüche legitim sind, seien sie aber nicht zwingend politisch klug.

V. MIT RECHT FÜR DIE NATUR

Philipp Lepenies: Verzicht als erste Bürgerpflicht: Gegen die Politik des Laissez-faire, S. 241-248

Die drohende Gasknappheit in Folge des Ukrainekrieges hat einen möglichen Konsumverzicht mit Nachdruck auf die politische Agenda gehievt. Doch haben solche Forderungen zuletzt vor allem eines evoziert: den Vorwurf einer Verbotspolitik. Der Politikwissenschaftler Philipp Lepenies kritisiert die dahinterstehende neoliberale Logik und plädiert für ein grundsätzlich neues Verständnis vom Staat.

Frank Adloff und Tanja Busse: Gegen das Massensterben: Warum die Natur Rechte braucht, S. 249-258

Bis zum Ende des Jahrhunderts drohen viele Lebensformen auf der Erde auszusterben. Doch obwohl der Verlust der Biodiversität auch die Menschheit selbst gefährdet, schützen wir die Natur bislang nur unzureichend, kritisieren der Soziologe Frank Adloff und die Journalistin Tanja Busse. Es gelte daher, den Schutz der Natur rechtlich zu verankern und ein Bündnis zwischen Menschen und nicht-menschlichen Lebewesen zu schmieden.

Jens Kersten: Die dritte Revolution. Plädoyer für ein ökologisches Grundgesetz, S. 259-270

Angesichts der Klimakatastrophe ist auch im ökologischen Sinne dringend eine Zeitenwende nötig, mahnt der Jurist Jens Kersten. Doch dazu bedarf es nicht weniger als einer Revolution: Geboten ist die ökologische Transformation unserer Verfassungsordnung.

VI. ALTERNATIVEN DENKEN!

Bill McKibben: Die Kraft der Sonne und das Gewicht der Stimme. Wie wir die Mächtigen in den Wahnsinn treiben können, S. 271-281

Die Hälfte der Tiere des Planeten sind bereits ausgestorben, und der Mensch entpuppt sich als zerstörerische Kraft. Dieser Entwicklung setzt Umweltaktivist und Publizist Bill McKibben zwei „Technologien" entgegen, die transformatives Potential bergen: Solarenergie und Gewaltlosigkeit müssen den Kampf gegen mächtige Industrien antreten und den Komplex aus Gewalt, Macht und Geld durch Kreativität, Leidenschaft und Geist zerschlagen.

Jason Hickel: Die Tyrannei des Wachstumismus: Was heißt heute gutes Leben?, S. 283-294

Wirtschaftswachstum gilt seit Jahrzehnten als das entscheidende Kriterium für den Erfolg und den Fortschritt einer Gesellschaft. Der Anthropologe Jason Hickel stellt dieses Paradigma in Frage und skizziert eine sozial-ökologische Zukunft jenseits des kompromisslosen Wachstums. Vor allem im freien Zugang zu öffentlichen Gütern sieht er den Schlüssel zu gesellschaftlichem Wohlergehen und zu einem guten Leben.

Ulrike Herrmann: Raus aus der Wachstumsfalle. Wie wir mit der britischen Kriegswirtschaft die Klimakrise bewältigen können, S. 295-304

Um die Klimakrise wirklich abzuwenden, braucht es den Übergang zu einer echten Kreislaufwirtschaft. Doch für den Weg dahin gibt es noch keinen konkreten Plan. Die Autorin Ulrike Herrmann zeigt auf, wie sich eine Brücke in eine andere, wachstumslose Zukunft schlagen lässt – und zwar nach dem Muster der britischen Kriegswirtschaft von 1939.

Steffen Vogel: Untergang oder Utopie: Der Klimawandel in der Literatur, S. 305-312

Kann die Literatur uns helfen, angesichts der schon jetzt dramatischen Folgen des Klimawandels nicht in Hilflosigkeit zu erstarren? „Blätter"-Redakteur Steffen Vogel hat die wichtigsten Neuerscheinungen gelesen und sieht in einigen Werken konkrete Utopien aufscheinen.

Abgesoffen und ausgedörrt

Wie Wasser in Deutschland zum umkämpften Gut wird

Von **Nick Reimer und Toralf Staud**

Was ist nicht geklagt worden über das Frühjahr 2021: viel zu kühl fanden es viele und total verregnet. Doch das täuschte. Solche Klagen zeigen, wie sehr wir uns bereits an den Klimawandel gewöhnt haben. Weil die letzten Jahre extrem trocken waren, erscheint uns ein Frühling mit normaler Regenmenge bereits als zu feucht. Doch an unstete Niederschläge müssen wir uns gewöhnen. Klimawandel bedeutet nämlich nicht nur höhere Temperaturen, sondern auch andere Regenverhältnisse – mit verheerenden Folgen für Wälder, Landwirtschaft, Städte oder die Wasserversorgung.

Seit 1881 ist es in Deutschland bereits rund 1,6 Grad Celsius wärmer geworden, bis 2050 wird ein Anstieg um mehr als zwei Grad erwartet. Wärmere Luft kann aber auch mehr Wasser aufnehmen – was in der Wissenschaft mit der Gleichung von Clausius-Clapeyron beschrieben wird: Pro Grad zusätzlich speichert Luft demzufolge sieben Prozent mehr Wasserdampf. Das bedeutet: Regenwolken könnten Mitte des Jahrhunderts schon rund 15 Prozent mehr Wasser transportieren als früher. „Mehr Wasser bedeutet auch mehr Energie", erklärt Andreas Becker vom Deutschen Wetterdienst (DWD). Fällt ein Millimeter Regen auf einen Quadratmeter Boden, bedeutet das – wenn nichts versickert oder verdunstet – einen Liter Wasser, der anschließend irgendwo hin muss.

Klimamodelle ergeben, dass Deutschland insgesamt feuchter wird. In den kommenden Jahrzehnten wird demnach die Jahressumme der Niederschläge um rund fünf Prozent zunehmen.[1] Die Klimamodelle erwarten zudem viel mehr Starkregen – auf den Regenradars zeichnet sich der Trend bereits ab 25 Millimetern Regen pro Stunde, das entspricht pro Quadratmeter 25 Litern, also zweieinhalb Wassereimern – sie gilt den Meteorologen des Deutschen Wetterdienstes daher als Starkregenereignis. Doch in den einzelnen Jahreszeiten klafft die Entwicklung auseinander: Die Winter werden nasser, die Sommer trockener. Und wenn es im Sommer künftig mal Niederschlag gibt, dann wird das immer öfter ein heftiger Wolkenbruch. Dazwischen jedoch – das ist die Kehrseite der Entwicklung – wird es häufigere und längere Trockenphasen geben. „Normaler Landregen, so, wie wir ihn heute

1 DWD, Nationaler Klimareport, [4]2020, S. 23f. Für den Zeitraum 2021-2050 wird demnach ein Plus der mittleren Jahressumme des Niederschlags von vier Prozent erwartet, bis Ende des Jahrhunderts (2071-2100) sechs Prozent.

noch kennen, das wird in Zukunft die Ausnahme sein", sagt DWD-Experte Becker. Offenbar läuft diese Entwicklung längst. Eine Studie des Potsdam-Instituts für Klimafolgenforschung hat nachgewiesen, dass extreme Niederschläge weltweit in den vergangenen Jahrzehnten bereits häufiger geworden sind.[2] Für Deutschland ist die Datenlage auf den ersten Blick weniger klar, aber auf den zweiten Blick doch deutlich. Seit Beginn der Aufzeichnungen 1881 hat die Summe der Jahresniederschläge um neun Prozent zugenommen. Und während der Wetterdienst Anfang der 2000er Jahre in Deutschland 500 bis 700 Starkregen jährlich registrierte, stieg die Zahl zuletzt auf mehr als 1000 pro Jahr – besonders viele davon in den Sommermonaten.

Dabei kann es jeden Ort treffen, und das meist unverhofft. So fiel im Juni 2017 an einem Dreiviertelstag so viel Wasser vom Himmel wie sonst im ganzen Quartal. Im Jahr darauf – 2018 ist eigentlich als Trockenjahr in Erinnerung – sorgte ein Platzregen in der Hauptstadt für ein derartiges Chaos, dass die Berliner Feuerwehr den Ausnahmezustand ausrufen musste. 2019 wiederholte sich das, innerhalb einer Stunde prasselten im Stadtteil Wedding 61 Millimeter Regen nieder. Starkregen können beschauliche Bäche in reißende Ströme verwandeln – und ganze Ortschaften verwüsten. Im sächsischen Zinnwald auf dem Kamm des Ost-Erzgebirges gingen am 12. und 13. August 2002 binnen 24 Stunden 312 Millimeter Regen nieder, also fast ein Drittelmeter – bislang der höchste je in Deutschland gemessene Wert. Im Laufe eines Tages fiel damit auf rund drei Quadratmetern ein Kubikmeter Wasser – der eine Tonne wiegt. Zinnwald liegt auf 800 Höhenmetern, von hier musste das ganze Wasser ins Tal abfließen. Mit einer Wucht, die kaum vorstellbar ist: Wenn 50 Kubikmeter Wasser ungebremst zehn Meter einen Abhang hinunterstürzen, haben sie – energetisch umgerechnet – dieselbe Wirkung wie ein 20 Tonnen schwerer Lastwagen, der mit 80 Stundenkilometern in ein Haus kracht.[3]

Längst sind Sturzfluten keine Seltenheiten mehr. Ständig gibt der Deutsche Wetterdienst Unwetterwarnungen heraus, auf den Warnkarten und Wetterapps sind dann tiefrote bis violette Flächen zu sehen. Es gibt aber auch Wetterlagen, bei denen ganze Bundesländer dunkelrot bis violett eingefärbt werden: also großflächige langanhaltende Regenfälle. 2002 war das an der Elbe der Fall: Eine sogenannte Fünf-b-Wetterlage über dem Erzgebirge sorgte für den Regenrekord an der Messstation in Zinnwald. Flüsschen mit sanften Namen wie Müglitz, Weißeritz, Bobritzsch, Gottleuba oder Mulde verwandelten sich in gurgelnde Ströme, die Brücken, Hausgiebel und Ortszentren mit sich rissen. Und weil all diese Bäche in die Elbe münden, stieg der Fluss am Pegel Dresden auf 9,40 Meter. „HQ 100": Nie zuvor seit 1776, dem Aufzeichnungsbeginn des Pegelstandes der Elbe, stieg das Wasser hier so hoch. Von „einem Jahrhunderthochwasser" war damals die Rede. Aber schon vier Jahre später wurde Elbflorenz wieder überschwemmt, flussab der Pegelstand des Jahrhundertereignisses sogar übertroffen, in Hitzacker im nördlichen Lüchow-Dannenberg

2 Jascha Lehmann, Dim Coumou und Katja Frieler, Increased record-breaking precipitation events under global warming, in: „Climatic Change", 10/2015, S. 501-515; vgl. auch Hayley J. Fowler u.a., Anthropogenic intensification of short-duration rainfall extremes, in: „Nature Reviews Earth & Environment", 2/2021, S. 107-122.

3 Nick Reimer, Als der Regen kam, Dresden 2002, S. 12.

zum Beispiel oder in Lauenburg, der südlichsten Stadt Schleswig-Holsteins. Und als 2013 der Pegel in Dresden neuerlich auf 8,76 Meter anschwoll, in Meißen und Schöna sogar auf über zehn Meter, nahmen die Sachsen das dritte „Jahrhunderthochwasser" in nur elf Jahren fast schon routiniert.

Mehr Regen und trotzdem mehr Dürre

Meteorologen haben für solche Phänomene inzwischen einen festen Namen etabliert. Sie nennen die Großwetterlage „Tief Mitteleuropa" – ein in der Regel sehr stationäres Tiefdruckgebiet, also eines, das sich kaum bewegt. „Die Wetterlage ist häufig mit sehr starken Niederschlägen verbunden", erklärt Thomas Deutschländer, Hydrometeorologe beim DWD: ein ortsfestes Tief, „das feucht-warme Luftmassen aus dem Mittelmeerbereich nach Mitteleuropa führt". Hier treffen diese Luftmassen dann auf kältere Strömungen aus dem Norden. „Und das führt dann eben dazu, dass es zu diesen heftigen Starkniederschlägen kommt."[4] Und zwar immer häufiger.

Derzeit droht „Tief Mitteleuropa" hierzulande durchschnittlich an etwa neun bis 15 Tagen im Jahr. Die Zahl der Tage schwankt laut Meteorologe Deutschländer von Jahr zu Jahr sehr stark. Aber es deute alles darauf hin, dass sie mit der Erderwärmung langfristig zunehmen. Seit den 1950er Jahren sei diese Wetterlage bereits rund 20 Prozent häufiger geworden, bis zum Jahr 2100 wird ihre Zahl laut DWD etwa noch mal so stark steigen.[5]

Das *Climate Service Center* in Hamburg, eine Einrichtung des Helmholtz-Verbundes, kam in einer Studie für den Gesamtverband der Versicherungswirtschaft ebenfalls zu dem Fazit, dass es in Deutschland 2050 viel mehr Starkregentage geben wird. In großen Teilen Deutschlands betrage die Zunahme bereits mehr als 30 Prozent, so die Experten. Besonders deutlich werde dies an der Nordseeküste und vor allem in den Mittelgebirgen – eine Karte der am stärksten betroffenen Landkreise zeigt einen breiten roten Streifen vom südlichen Nordrhein-Westfalen und Teilen Rheinland-Pfalz' quer über Hessen und Südthüringen bis hinunter in den Osten und die Mitte Bayerns.[6]

Leider führt mehr Regen nicht dazu, dass uns künftig Dürren erspart bleiben. Im Gegenteil: Mehr Starkniederschläge bedeuten paradoxerweise, dass auch die Trockenheit in Zukunft zunimmt. Die Rechnung ist ganz simpel: Fällt immer mehr Regen in kurzer Zeit, muss – selbst bei leicht höherer Jahresgesamtmenge – die Zahl jener Tage steigen, an denen gar kein Tropfen niedergeht. Mehr Wasser an einzelnen Tagen bedeutet demnach trotzdem – und gerade deshalb – mehr Dürre insgesamt. Denn Dürre ist jedenfalls mehr als die Regenmenge. „Dürre ist kein absoluter Zustand", erklärt Andreas

4 „Deutschlandfunk", 7.6.2016; Starkniederschläge in Sachsen im August 2002, dwd.de, Oktober 2002.

5 Pressemitteilung des DWD vom 7.8.2014; Markus Ziese u.a., Andauernde Großwetterlage Tief Mitteleuropa entfaltet ihr Unwetterpotential, DWD (Hg.), 3.6.2016, S. 11.

6 Jean-Luc Martel u.a., Global and Regional Projected Changes in 100-yr Subdaily, Daily, and Multiday Precipitation Extremes Estimated from Three Large Ensembles of Climate Simulations, in: „Journal of Climate", 3/2020, S. 1089-1103; Climate Service Center, Machbarkeitsstudie „Starkregenrisiko 2050". Abschlussbericht, Hamburg 2012, S. 50.

Marx. „Als Dürremonat wird ein Monat beschrieben, der 80 Prozent weniger Bodenfeuchte aufweist als im Mittel der Jahre 1951 bis 2015."

Dürre ist also auch eine Frage der Bodenbeschaffenheit, der hydraulischen Leitfähigkeit, der Verdunstung – und der Regelmäßigkeit des Niederschlags. Denn ist ein Boden erst ausgetrocknet, nimmt er kein Wasser mehr auf – egal, wie viel es regnet. Man spricht daher auch von selbstverstärkender Dürre. Anfang Februar 2020 zum Beispiel waren weite Flächen der Deutschlandkarte tiefrot, die Signalfarbe für die höchste von fünf Trockenstufen. In einer Bodentiefe bis zu 1,80 Metern war praktisch kein Wasser mehr vorhanden. Und das nach einem Winter – also jener Jahreszeit, während der hierzulande üblicherweise viel Niederschlag fällt und die Böden gründlich durchfeuchtet. Fast ganz Sachsen war betroffen, der Süden Brandenburgs, die Altmark, Niederbayern von Passau bis nach Ingolstadt, die Schwäbische Alb, das Weserbergland und die Ostseeküste rund um Usedom.

Der Boden ist eine zentrale Komponente in der Dürrewissenschaft: Sandige Böden nehmen Wasser zwar schneller auf als schwere, tonhaltige; sie speichern Feuchtigkeit aber wesentlich schlechter. Hitzewellen verstärken die Dürregefahr wiederum in allen Böden, denn Hitze trocknet die Erde aus, wodurch sich ihre hydraulische Leitfähigkeit minimiert. „Der Boden ist dann wie imprägniert, ausgedörrte Böden sind in der Regel selbst nach einem starken Regenguss staubtrocken", sagt Andreas Marx. Zwar sehe die Oberschicht nach einem Platzregen oft nass aus, und sie fühle sich manchmal auch so an. Doch bis in die tieferen Schichten dringt der Regen nicht mehr vor. Der Grund dafür: Ausgedörrte Tiefenschichten können Wasser nicht mehr aufnehmen, es perlt an ihnen ab, verbleibt in den höheren Bodenschichten oder fließt gleich an der Erdoberfläche ab.

Laut dem Dürremonitor, der auf den Daten von ungefähr 2000 Wetterstationen des Deutschen Wetterdienstes basiert, ist Deutschland seit den 1950er Jahren bereits deutlich trockener geworden. Seit dem Start des Dürremonitors 2014 gab es kein einziges Jahr mehr, in dem er nicht irgendwo in Deutschland tiefrote Gebiete zeigte. Natürlich gab es auch früher trockene Jahre, erklärt Andreas Marx, etwa 1963/64 oder 1976. Doch speziell 2018 und 2019 seien wirklich extrem gewesen: Gleich zwei Jahre hintereinander so großflächig so wenig Wasser – das gab es in Europa seit 250 Jahren nicht. Oder, wie Marx es ausdrückt: „seit der Französischen Revolution nicht mehr".

Modellrechnungen zeigen, wie sich das Problem in Zukunft weiter verschärfen wird. Eine so extreme Trockenheit wie 2018/19, ermittelten Kollegen von Marx, wird bei ungebremstem Klimawandel bis Ende des Jahrhunderts etwa sieben Mal häufiger auftreten als bisher. Erwärmt sich die Erde um drei Grad, was angesichts des laschen Klimaschutzes derzeit ein wahrscheinliches Szenario ist, wären in Mitteleuropa 40 Prozent mehr Gebiete von Dürre betroffenen als bei 1,5 Grad Erwärmung. Auch die Zahl der Dürremonate würde steigen, hierzulande wären besonders Ost- und Süddeutschland betroffen.[7]

7 Vittal Hari u.a., Increased future occurrences of the exceptional 2018–2019 Central European drought under global warming, 6.8.2020; Luis Samaniego u.a., Anthropogenic warming exacerbates European soil moisture droughts, in: „Nature Climate Change", 8/2018, S. 421-426.

Jahre mit zu wenig Niederschlag können die langfristige Bilanz dramatisch verschlechtern. So registrierten die Radargeräte des Deutschen Wetterdienstes zwischen April und Oktober 2018 vom Schwarzwald bis zur Ostsee beispielsweise 40 Prozent weniger Regen als im langjährigen Mittel. Auch Jahre später hat sich Deutschland davon nicht erholt. Blickt man Ende 2020 mit Andreas Marx auf seinen Dürremonitor, dann ist der in vielen Gegenden noch immer tiefrot. Zwar hat es 2020 mehr geregnet als 2018 oder 2019, aber die Niederschläge waren regional sehr ungleich verteilt. „Mancherorts hatten wir deshalb jetzt schon das dritte Trockenjahr in Folge." Und insgesamt waren die Niederschläge bei Weitem nicht genug.

Ein Blick in eine düstere Zukunft

Wie extrem der Wassermangel ist, haben Wissenschaftler des Geoforschungszentrums in Potsdam mit Satelliten ermittelt: Stark vereinfacht gesagt, können sie die Gewichtsänderungen der Erde unter ihnen messen. In Mitteleuropa, so das Ergebnis, fehlte 2019 die gewaltige Menge von 145 Milliarden Tonnen Wasser.[8] „Es gibt Gegenden in Deutschland, da müsste es über Wochen oder gar Monate ununterbrochen regnen, um das wieder aufzuholen", so Andreas Marx. Die Folgen sind dramatisch: „Wenn wenig Wasser im Boden ist, steht auch wenig zur Grundwasserneubildung bereit."

Grundwasserneubildung: Dieser eher technologisch daherkommende Begriff könnte schnell existenziell werden. Denn die Wasserversorgung in Deutschland basiert zu 70 Prozent auf Grundwasser, also Vorkommen, die in bestimmten Tiefenschichten oder Gesteinsformationen lagern. Wasserwerke dürfen nur so viel davon fördern, wie sich auf Dauer neu bildet. Und da haben uns die jüngsten Sommer eine Gewissheit geraubt, die jahrzehntelang galt: dass es genügend Wasser für alle gebe. Gegenüber den 1960er Jahren sind an vielen Orten die Grundwasserstände bereits erheblich gesunken.[9] Das hat nichts mit hohem Verbrauch zu tun – im Gegenteil, unter anderem wegen sparsamer Haushaltsgeräte, sanierter Leitungsnetze und effizienter Fabriken wird heute sogar weniger Wasser entnommen als früher.

Wird dagegen während einer Dürre zu viel Grundwasser abgepumpt, kann das dauerhafte Probleme nach sich ziehen. Dann steigt aus tieferen Schichten Salzwasser nach, das sich vor allem in Küstenregionen oft unter den Grundwasserleitern befindet. Es steigt die Gefahr, dass Trinkwasserreservoirs versalzen – und dadurch unbrauchbar werden.

Wenn es heiß wird, erhöht sich der Wasserverbrauch massiv. 2018 war auch in Freiburg damals das wärmste je gemessene Jahr – und auch jenes mit dem höchsten Wasserverbrauch. Täglich schossen 63 000 Kubikmeter durch die Leitungen, „absoluter Rekord", sagt Frank Bartmann vom örtlichen Versorger Badenova: „Die Leute haben zwei- oder dreimal am Tag geduscht."

8 Eva Börgens u.a., Quantifying the Central European Droughts in 2018 and 2019 With GRACE Follow-On, in: „Geophysical Research Letters", 14/2020.
9 UBA, Monitoringbericht 2019, S. 48f.

Andere Wasserwerke berichteten dasselbe. Schwere Hitzewellen schlagen sogar bis in die Jahresstatistik durch: Der Pro-Kopf-Verbrauch an Wasser, eigentlich langfristig sinkend, springt in Jahren mit Hitzesommern um mehrere Liter hoch. Und in Zukunft wird es immer neue Hitzerekorde geben: Ohne radikalen Klimaschutz wird in Europa ein Sommer der Jahre 2061 bis 2081 mit 90prozentiger Wahrscheinlichkeit heißer sein als die heißesten, die bisher hier auftraten, ermittelten US-Forscher. In anderen Worten: Nahezu jedes Jahr wird es dann einen „Jahrhundertsommer" geben.[10]

Die vergangenen Sommer erlauben deshalb einen Blick in die Zukunft – und der ist, was die Wasserversorgung angeht, alles andere als beruhigend. Anzahl der Brunnen, Förderkapazitäten, Querschnitte von Rohrleitungen – die Wasserversorgung ist stets nur für eine bestimmte Kapazität ausgelegt. Ein Ausbau ist nicht beliebig möglich, in jedem Falle ist er langwierig und teuer. Also kommt es immer öfter zu Engpässen: Im Sommer 2018 zum Beispiel schlugen viele Versorger in Bayern Alarm, etwa in Aitrang nahe Kempten oder in Hallstadt (Landkreis Bamberg). In Kelkheim im Taunus legte die Feuerwehr Notschläuche, weil die öffentlichen Brunnen fast erschöpft waren. Im Sommer 2019 wurden in westfälischen Städten wie Bad Oeynhausen oder Löhne Rasensprengen und Autowaschen verboten. Im Kreis Siegen-Wittgenstein (Nordrhein-Westfalen) starteten Angler bereits Kontrollgänge, um zu sehen, ob irgendjemand illegal Wasser aus Bächen und Seen abzapft. Und im niedersächsischen Lauenau im Landkreis Schaumburg brach im Sommer 2020 die Wasserversorgung zeitweise zusammen. Die Feuerwehr fuhr mit Lautsprecherwagen durch den 4000-Einwohner-Ort und gab Wasser eimerweise ab, damit wenigstens das Klo gespült werden konnte. Auch Simmern-Rheinböllen im Hunsrück, Schmitten und Weilrod im Hochtaunuskreis oder Gemeinden in Vorpommern am Oderhaff mussten die Wassernutzung schon einschränken. Fachbehörden aus Bayern, Baden-Württemberg und Rheinland-Pfalz haben durchgerechnet, was der Klimawandel dort bis 2050 bringt: Die Zahl der Tage mit problematischer Trockenheit wird von bisher 11 bis 14 pro Jahr auf 43 bis 75 zunehmen.[11] Weite Teile Brandenburgs und Sachsen-Anhalts weisen schon heute eine sogenannte negative klimatische Wasserbilanz auf – und die wird sich bis Mitte des Jahrhunderts drastisch verschärfen. Im nördlichen Teil Sachsen-Anhalts, in der Altmark, haben die Grundwasserpegel bereits einen historischen Tiefstand erreicht.

Das Bundesamt für Bevölkerungsschutz und Katastrophenhilfe warnt in einer Risikoanalyse, „lange Dürreperioden (insbesondere verbunden mit Hitzewellen) können zu Problemen bei der Versorgung der Bevölkerung mit Trinkwasser führen". Gefährdet seien insbesondere „die östliche Lüneburger Heide und zentrale Bereiche Ostdeutschlands"; eine „erhöhte Betroffenheit" gebe es zudem „im süddeutschen Moränenland, im Südschwarzwald, im Rheinischen Schiefergebirge und im ostbayerischen Grundgebirge".[12]

10 „Badische Zeitung", 29.9.2019; Flavio Lehner, Clara Deser und Benjamin M. Sanderson, Future risk of record-breaking summer temperatures and its mitigation, in: „Climatic Change" 146, 2018, S. 363-375.

11 KLIWA-Berichte, Heft 17 (2012), S. 8.

12 BT-Ds 19/9521, S. 10f.

Dabei gibt es Regionen in Deutschland, in denen es ohnehin überhaupt kein nutzbares Grundwasser gibt. Rund 30 Prozent der deutschen Wasserversorgung werden aus Talsperren, Seen und Flüssen gespeist – im Ruhrgebiet zum Beispiel, im Thüringer Becken, auf der Schwäbischen Alb, in Sachsen oder im Saarland. Wasser aus den Harz-Talsperren wird über Fernleitungen bis ins nördliche Niedersachsen und nach Bremen geliefert. Und diese Talsperren machten Ende 2020 die Dramatik besonders sichtbar: Nach einem nicht einmal besonders trockenen Jahr war etwa die Okertalsperre, die größte Talsperre im Westharz, nur zu weniger als einem Drittel gefüllt. In anderen Wasserspeichern im Harz, der Grane-, Ecker- oder Sösetalsperre etwa, betrug die Füllhöhe höchstens zwei Drittel.

Alle wollen und alle brauchen Wasser

Was der akute Wassermangel konkret bedeutet, bekommen Berlin und Brandenburg bereits zu spüren. In den Jahren 2018 bis 2020 gab es viel weniger Niederschlag im Einzugsgebiet der Spree, auch die Speicherbecken in Sachsen und Südbrandenburg gaben immer weniger zur Regulierung her. Eigentlich sind die abzugebenden Wassermengen in Verträgen fixiert, doch in den zurückliegenden Jahren hatten die Sachsen selbst zu wenig. Zeitweise trafen sich Vertreter der Länder im Zwei-Wochen-Rhythmus, um jeweils kurzfristig neu zu entscheiden, wer wie viel von dem kostbaren Nass bekommt. 2020 zum Beispiel stand für Brandenburg gerade noch ein Drittel der eigentlich vereinbarten Menge zur Verfügung. In den kommenden Jahrzehnten werde sich die Situation weiter verschärfen, warnten 16 Wasserversorger aus der Region Ende 2020 in einem Brandbrief an die Politik. Während die Trockenheit wegen des Klimawandels zunehme, steige zugleich der Wasserbedarf in und um Berlin durch Bevölkerungszuwachs und Wirtschaftsansiedlungen teils um die Hälfte.

„Wir müssen uns wahrscheinlich auf regional harte Nutzungskonflikte einrichten", fürchtete Michael Ebling, damals Präsident des Verbandes Kommunaler Unternehmen (VKU). Bisher, sagte Ebling, gab es hierzulande eigentlich genügend Wasser für alle. Allenfalls über die Qualität habe man gestritten, etwa mit den Bauern, deren Düngepraxis gefährliche Nitratrückstände im Grundwasser verursachte. Jetzt aber käme die Quantitätsdiskussion obendrauf. „Alle sollten wissen", so Ebling, „dass wir im Umgang mit der Ressource Wasser umdenken müssen."

In ihrer Zeit als Bundesumweltministerin hat Svenja Schulze mit Betroffenen und Akteuren einen „Nationalen Wasserdialog" abgehalten, im Sommer 2020 forderte sie eine „Nationale Wasserstrategie". Da wir es in Deutschland nicht gewohnt sind, dass Trinkwasser knapp werden kann, sei es wichtig, dass Politik und Gesellschaft frühzeitig darüber reden, wessen Ansprüche wie wichtig sind. „Die höchste Priorität hat die Versorgung der Menschen mit Wasser zum Trinken, Kochen und Waschen", so Schulze. Das sei ein Menschenrecht. Doch danach wird es spannend: „Muss zuerst das Schwimmbad dichtmachen? Oder bekommt zum Beispiel ein Lebensmittelhersteller oder der Landwirt kein Wasser mehr?"[13]

Mancherorts deuten sich die Konflikte bereits an. In Lohne im Oldenburger Land zum Beispiel betreibt der Wiesenhof-Konzern einen riesigen Geflügel-Schlachthof. Pro Tag werden dort bis zu 250000 Tiere geschlachtet, für die Produktion und das Reinigen der Hallen verbraucht der Konzern viel Wasser. Zugleich saß während der Hitzewelle im Sommer 2019 ein Teil der Bevölkerung auf dem Trockenen, musste sich Trinkwasser im Supermarkt kaufen, weil das öffentliche Versorgungsnetz nichts mehr hergab. Oder der Autokonzern Tesla: Als der Elektropionier 2020 ankündigte, in Grünheide östlich von Berlin eine Gigafabrik zu errichten und dafür auch – ausgerechnet im trockenen Brandenburg – gigantische Mengen an Wasser zu brauchen, gingen Anwohner dagegen auf die Straße.

Weitgehend neu in diesem Verteilungskampf ist die Landwirtschaft. In der Vergangenheit mussten Bauern in Deutschland ihre Felder kaum bewässern, weil der Regen ausreichte. Nicht einmal drei Prozent der hiesigen Äcker wurden bisher bewässert, vor allem Felder mit Kartoffeln, Mais oder Zuckerrüben, mit Spargel oder Erdbeeren. Doch die künstlich beregnete Fläche wird in den nächsten Jahren massiv zunehmen. Schon in den zurückliegenden Trockenjahren haben Bauern mancherorts viermal so viel Grundwasser auf ihre Felder gepumpt wie zuvor. Bis Ende des Jahrhunderts wird beispielsweise in Nordrhein-Westfalen laut Studien zwanzig Mal so viel Wasser zum Beregnen gebraucht wie bisher. In Brandenburg, Mecklenburg-Vorpommern, aber auch in Teilen Niedersachsens und Sachsen-Anhalts müsste Modellberechnungen zufolge schon bis 2040 Winterweizen viel mehr gewässert werden – allerdings ist völlig unklar, ob der Anbau mit diesen zusätzlichen Kosten überhaupt noch rentabel ist.[14]

Wann genau die nächste große Trockenzeit kommt, kann auch der Hüter des Dürremonitors, Andreas Marx, nicht genau vorhersagen. „Was wir aber sicher wissen, ist die Entwicklung in einer sich immer stärker aufheizenden Welt." Klar sei, dass Dürren häufiger werden, außerdem länger andauern und mehr Menschen betreffen werden. „Unsere Modelle zeigen aber eine Spannbreite", sagt der Hydrologe, „noch haben wir die Wahl, wie stark die Dürren in Deutschland zunehmen." Erwärmt sich die Erde global um bis zu zwei Grad durchschnittlich, wird es in Deutschland 30 Prozent mehr Dürren geben, steigt die Globaltemperatur um mehr als drei Grad, kommen 50 Prozent mehr Dürren auf uns zu, „regional natürlich unterschiedlich ausgeprägt".

Eine Jahreszahl nennt Marx nicht, denn es sei letztlich egal, wann die zwei Grad oder die drei Grad erreicht sein werden: erst Ende des Jahrhunderts, oder doch schon 2050. Denn eines steht heute bereits fest: Die Folgen werden in jedem Fall verheerend sein.

13 „Rheinische Post", 17.8.2020.

14 Jano Anter u.a., Entwicklung des regionalen Bewässerungsbedarfs, Thünen Working Paper 58, 2018, S. 125ff.

Brennende Fichten: Das Elend des deutschen Waldes

Von **Susanne Götze und Annika Joeres**

„Allerliebst schossen die goldenen Sonnenlichter durch das dichte Tannengrün. Eine natürliche Treppe bildeten die Baumwurzeln. Überall schwellende Moosbänke; denn die Steine sind fußhoch von den schönsten Moosarten, wie mit hellgrünen Sammetpolstern, bewachsen. Liebliche Kühle und träumerisches Quellengemurmel. Hier und da sieht man, wie das Wasser unter den Steinen silberhell hinrieselt und die nackten Baumwurzeln und Fasern bespült. Wenn man sich nach diesem Treiben hinabbeugt, so belauscht man gleichsam die geheime Bildungsgeschichte der Pflanzen und das ruhige Herzklopfen des Berges. An manchen Orten sprudelt das Wasser aus den Steinen und Wurzeln stärker hervor und bildet kleine Kaskaden. Da lässt sich gut sitzen."[1]

Aus diesen Worten spricht eine tiefe Leidenschaft für den Wald, eine sinnliche Verbundenheit mit der Wildnis und Freude am reinen Naturerlebnis. Als der Student und Dichter Heinrich Heine im Jahr 1824 durch den Harz wanderte, eiferte er seinem großen Vorbild Johann Wolfgang von Goethe nach – und suchte dessen Naturbeschreibungen nahezukommen. In seinem Text kommen allerdings nur Tannen, Buchen und Eichen vor. Von der Fichte, dem heute dominierenden Baum im Harz, schreibt Heine nichts.[2]

Spazieren Wandernde heute auf des Dichters Spuren durchs Mittelgebirge in Sachsen-Anhalt, bietet sich ein weniger idyllisches Bild. Der Aussichtspunkt Köthener Hütte im Ostharz liegt traumhaft an sich kreuzenden Wanderwegen. Die kleine weiße Kapelle war einst ein romantischer Rastplatz für Spaziergängerinnen, gebaut rund 70 Jahre nach Heines Reisebericht. Heute sitzen Touristen auf den überdachten Bänken und schütteln besorgt die Köpfe. Aus rund 400 Höhenmetern blicken sie auf eine gescheckte Landschaft: grün mit vielen braunen Stellen. Wer ins Tal wandert, steigt über umgeknickte Bäume, die quer auf den Wegen liegen. Über die Straße geht es vorbei am Drahtzug zum Krebsbachteich. Hier stehen die Wandernden dann tatsächlich mitten im traurigen Elend: Baumstümpfe und Wurzelgeflechte ragen aus den verwüsteten Böden, oftmals stehen noch ein paar

1 Heinrich Heine, Die Harzreise, Anaconda Verlag, Köln 2010, S. 53.

2 Literaturhistorikerinnen und -historiker mögen beurteilen, ob Heine hier vielleicht die Fichten für Tannen hielt. Denn zu diesem Zeitpunkt dürften im Harz schon große Flächen mit Fichten wiederaufgeforstet gewesen sein.

einsame dünne Fichten auf leerer Flur, nur darauf wartend, im nächsten Sturm schutzlos abgeknickt zu werden. Auch eine Fahrt mit der Harzer Schmalspurbahn zum Brocken, dem höchsten Berg des Mittelgebirges, ist eine Tour durch nackte Baumgruppen, wie eine vergessene Filmkulisse eines dystopischen Blockbusters. „Der Harz ist ein eindrückliches Beispiel dafür, dass ursprüngliche Laubwälder in Fichtenbestände umgewandelt wurden. Es ging darum, in relativ kurzer Zeit (80 bis 120 Jahre braucht die Fichte bis zur Hiebsreife) gutes Holz verkaufen zu können", sagt Gunter Karste von der Nationalparkverwaltung Harz. Das habe viele Jahrzehnte gut funktioniert. Doch die Fichte sei für die meisten Flächen unter 700 Metern noch nie besonders gut geeignet gewesen. Sie habe schon immer „Stress" gehabt, sagt Karste. Der Botaniker kümmert sich auf dem Brocken um den berühmten Brockengarten – der seit dem Ende des 19. Jahrhunderts für Forschungen zu Pflanzen in Hochgebirgen genutzt wird. Die Monokulturen in dem Mittelgebirge hätten Insekten wie dem Borkenkäfer eine ideale Umgebung geboten. Der Klimawandel habe dann die Stressfaktoren addiert. Das Ergebnis sei ein menschengemachtes Desaster. Ein Scheitern auf ganzer Linie.

Seit den Dürrejahren 2018, 2019 und 2020 jagt eine Schreckensmeldung die nächste. Der deutsche Wald ist in Gefahr – und Forstwissenschaftlerinnen, Waldbesitzende und Politikerinnen suchen fieberhaft nach Lösungen. Doch anders als bei einem Parkplatz, den man einfach entsiegeln, oder einem Deich, den man höher bauen kann, gibt es beim Wald keine schnellen Lösungen. Naturgemäß dauert die Anpassung hier Jahrzehnte – ein Wald wächst und erneuert sich nicht in ein paar Jahren. Der Zustand unserer Wälder ist nicht nur im Harz besorgniserregend. Laut der Waldzustandserhebung vom Frühjahr 2021 haben nur 21 Prozent der Bäume in ganz Deutschland noch vollständig intakte Kronen. Das ist der schlechteste Wert seit Beginn der Auswertungen Anfang der 1980er Jahre.[3] Selbst beim damaligen ersten „Waldsterben" war nur rund die Hälfte des Baumbestandes gefährdet. Unter den kranken Bäumen sind meist Fichten oder Kiefern, aber auch Laubbäume wie Eichen und Buchen. Insgesamt starben in den vergangenen Jahren zehnmal so viele Bäume wie im Durchschnitt – insgesamt 250 000 Hektar sind verloren und müssen neu aufgeforstet werden.

Besonders alarmierend ist die Zunahme des Insektenbefalls – allen voran durch den Borkenkäfer. Diese stellen die Hauptursache für das Entstehen von Schadholz dar. Grund für die Ausbreitung dieser Insekten sind höhere Temperaturen und wenig Niederschlag im Sommer, darüber sind sich Forstexpertinnen und -experten einig.[4] Es regnet zu wenig und zu unregelmäßig. In den vergangenen Jahren füllten sich die unterirdischen Wasserreservoirs oft nicht mehr, außerdem häuften sich Starkregenereignisse, die zu Erdrutschen oder Erosion führen. Die Wassermassen dringen nur oberflächlich in den Boden ein. Das meiste Wasser verdunstet. Gut kann man die Trockenheit

3 Vgl. Ergebnisse der Waldzustandserhebung 2021, bmel.de, 9.5.2022.
4 Geringere Sommerniederschläge werden die Wasserverfügbarkeit für die Fichten reduzieren und höhere Temperaturen die Entwicklungs- und Vermehrungsraten des Käfers beschleunigen. Vgl. Oliver Jakoby u.a., Borkenkäfer im Klimawandel – Modellierung des künftigen Befallsrisikos durch den Buchdrucker (Ips typographus), 2015.

mit dem Dürremonitor des Helmholtz-Zentrums für Umweltforschung beobachten.[5] Bei den drei animierten Karten fällt auf, dass Anfang 2022 vor allem bei Tiefen um 1,80 Meter der Wassermangel am größten ist. Die Dürre war in den vergangenen Jahren also so stark, dass diese Schichten noch nicht „wieder aufgefüllt" wurden. Die oberen Erdschichten waren immerhin zwischenzeitlich wieder feuchter, weshalb sich auch die Fichten etwas erholen konnten. Sie sind als Flachwurzler auf diese oberen Bodenschichten angewiesen, die schneller austrocknen, aber auch schneller wieder Wasser aufnehmen können.

Der Mensch als Zerstörer und Schöpfer

An diesem Waldsterben ist auch der Klimawandel schuld. Dürrejahre wie die jüngst vergangenen werden laut dem aktuellen Weltklimabericht wahrscheinlicher, je höher die Durchschnittstemperaturen steigen. Doch der deutsche Wald bringt besonders schlechte Voraussetzungen für eine Anpassung an die Klimakrise mit. Die Gründe dafür liegen in der Historie, ohne die wir weder das Sterben noch seine Rettung verstehen können. Der so von den Deutschen geliebte Wald ist eine vom Menschen geschaffene Landschaft – sei es durch Holzeinschlag, Aufforstung mit schnell wachsenden Monokulturen oder Abholzung für Siedlungen und Straßen. Nur noch drei Prozent der Wälder in Deutschland sind überhaupt noch sogenannte Naturwälder, also nicht bewirtschaftete und sich selbst überlassene Flächen.[6]

Urwälder gibt es so gut wie gar nicht mehr in Deutschland. Es ist schwer zu verstehen, woran der deutsche Wald krankt und wie man ihn künftig schützen kann, wenn man nur die Gegenwart in den Blick nimmt. Ein Blick zurück in die Geschichte kann jedoch helfen, das große Dilemma bei der Anpassung an den Klimawandel zu verstehen. Bis Ende des Mittelalters gab es vielfältige Nutzungen des Waldes, beispielsweise auch durch den Anbau von Pflanzen auf Waldböden oder Viehhaltung. Bereits die Bauern in vor- und frühgeschichtlicher Zeit – also bis zum Frühmittelalter um 1000 n. Chr. – hätten ihre Umwelt nachhaltig verändert, schreibt der Waldhistoriker Hansjörg Küster. Allerdings waren die noch nicht völlig sesshaft. „Wald wurde als Folge des prähistorischen Siedelwesens parzellenweise zerstört, und anschließend regenerierte er sich wieder, vielleicht mit einer veränderten Zusammensetzung an Baumarten", so Küster. Doch das änderte sich dann im Mittelalter, als sich Bürgerinnen und Bürger in neu gegründeten Städten niederließen.[7]

Bereits mit Beginn des Bergbaus – je nach Region zwischen dem 16. und 19. Jahrhundert – wurde großflächig abgeholzt. Gleichzeitig begann man, den Wald zu bewirtschaften. In der Folge verwandelten sich die Wälder mit einer hohen Baumvielfalt in weitgehend homogene Waldbestände – und das auch schon zu der Zeit, als Heine durch den Harz streifte. Mischwälder wurden

5 Vgl. Dürremonitor Deutschland, ufz.de.
6 Vgl. Nationale Waldschutzpolitik, bmuv.de.
7 Hansjörg Küster, Geschichte des Waldes. Von der Urzeit bis zur Gegenwart, München 1998, S. 101 f.

schon relativ früh durch Nadelhölzer ersetzt. Deshalb lässt sich die Veränderung des deutschen Waldes nicht nur an seiner Fläche, sondern vor allem an seiner Zusammensetzung messen.[8]

Dieses Erbe verkompliziert nun die Anpassung an die Klimakrise. Die Wälder haben bereits seit Jahrhunderten mit dem Verlust ihrer Biodiversität zu kämpfen. Ihre Umwandlung in plantagenartige Wirtschaftsräume hält bis heute an – ganz unabhängig von den Problemen, die wir durch die Veränderungen des Klimas erleben. Die Auswirkungen der Klimakrise ergeben zusammengenommen mit menschengemachten Landschaftsveränderungen einen komplexen und gefährlichen Cocktail.

Auch der Fichtenwald ist kein natürlicher „deutscher" Wald (früher kam die Fichte nur in höheren Lagen ab 700 Metern vor), sondern eine Art importierter „borealer Nadelwald",[9] der vor allem in weitaus nördlicheren Breiten vorkommt – allerdings in ganz anderen Dimensionen. Die Flächen etwa in Sibirien sind weitaus größer als in Deutschland. Waldbrände und der Borkenkäfer treten dort natürlicherweise auf – und das Absterben von Flächen ist angesichts der Größe des Waldes kein Problem. Dadurch wachsen neue Bäume von selbst nach, die Bestände erholen sich längerfristig von selbst. Doch auf den relativ kleinen Waldstücken in Deutschland führt das im Verhältnis zur Fläche zu enormen Schäden.

„Historisch bedingt gibt es bei uns viele Wälder, die keine besonders guten Voraussetzungen für die zusätzlichen Belastungen durch die Klimakrise mit sich bringen", meint der Forstwissenschaftler Stefan Tretter, den wir für unsere Recherche in einem bayerischen Privatwald besuchen. „Wir arbeiten zwar seit mehreren Jahrzehnten auf möglichst naturnahe Wälder hin, aber der Klimawandel verändert die natürlichen Rahmenbedingungen für die Wälder – und zu den bisherigen können wir auch nicht mehr zurück." Man müsse nun versuchen, die Wälder so umzugestalten, dass sie resilienter werden – also widerstandsfähiger und besser für die Folgen des Klimawandels gerüstet sind. Gleichzeitig sollen sie aber möglichst naturnah – also ohne menschliche Eingriffe – bleiben und dann auch noch ihre gesellschaftlichen Funktionen erfüllen können. Dazu zählen etwa der Wirtschaftszweig der Holzindustrie, an dem Umsätze und Arbeitsplätze hängen, oder Naherholung und Tourismus.

Auf die Klimakrise zu reagieren bedeutet deshalb auch, sich dem historisch gewachsenen Erbe zu stellen. Ohne die Geschichte des deutschen Waldes ist seine Zukunft nicht zu denken. Immerhin war es der deutsche Forstbeamte Hans Carl von Carlowitz, der zu Beginn des 18. Jahrhunderts das Konzept der Nachhaltigkeit erfand. Allerdings ging es dabei zunächst um rein wirtschaftliche Interessen: Vor allem der Bergbau verbrauchte viel Holz – daher bestand eine hohe Nachfrage und damit eine Motivation für die Aufforstung der abgeholzten Flächen. Erst später wurde der Begriff der Nachhaltigkeit dann mit ökologischen Ideen und Naturschutz verknüpft.

8 Bernd-Stefan Grew, Wald. Europäische Geschichte Online, hrsg. vom Institut für Europäische Geschichte, Mainz 2011.
9 Borealer Nadelwald, auch Taiga genannt, ist die nördlichste Waldform der Erde.

Die Geschichte von Carlowitz und den deutschen Forstakademien hat aber auch aus anderen Gründen viel mit unseren heutigen Problemen zu tun. Im Jahr 1713, wenige Monate vor seinem Tod, schlug er in einer Veröffentlichung eine nachhaltige Bewirtschaftung der Wälder vor. Es ging darum, mit Augenmaß abzuholzen und gleichzeitig neue Bäumchen zu pflanzen – und nicht zu warten, bis nichts mehr da ist (wie man es in vielen Teilen Europas lange praktizierte). Damit wurde Carlowitz der Vater der Nachhaltigkeit und ging in die Geschichte ein: Er entwickelte die erste Vorsorge für die nächsten Generationen, die erste echte, langfristige Strategie bei der Ausbeutung natürlicher Ressourcen. Das perfektionierten die deutschen Forstwirte – und wurden zum Vorbild für andere Länder. Die damalige Erfolgsformel lautete: schnell wachsende Baumarten in optimalen Abständen. So entstanden Plantagenwälder. „Man hatte erkannt, dass Wälder nicht nur [...] ideelle Werte darstellen, sondern dass sich Holz auch zu Geld machen ließ", schreibt der Biologe und Waldexperte Hansjörg Küster. In der zweiten Hälfte des 18. Jahrhunderts wurden in ganz Deutschland Forstakademien gegründet – die erste 1763 im Harz. Dort wurde gelehrt, dass Nadelhölzer wie Fichten besonders erfolgversprechend sind – obwohl diese bisher nicht großflächig in Deutschland wuchsen. Fichten waren sogar besonders gefragt, weil sie schnell wachsen und besonders hochwertiges Holz einbrachten. Außerdem ließen sie sich gut transportieren und wuchsen auch auf eher ungünstigen Böden. Waren die Böden extrem schlecht, empfahl man Kiefern. Fichten wurden zum dominierenden Baum, und wie Küster schreibt, wurden sie bald „Preußenbaum" genannt, weil die Fichtenaufforstungen „säuberlich in Reih und Glied" standen. Man habe sie immer wieder „mit in exakter Marschordnung auftretenden militärischen Verbänden verglichen".[10] Heute würde man die Lehren von Carlowitz vielleicht in einem anderen Licht sehen – sehr nachhaltig sind solche Plantagenwälder nämlich weder für die Biodiversität noch im Fall von Extremwetterereignissen.

Vom Zweiten Weltkrieg zum Klimawald der Zukunft

Nach dem Zweiten Weltkrieg wurden die Lehren von Nachhaltigkeitserfinder Carlowitz auf die Spitze getrieben. Immer mehr Monokulturen aus schnell wachsenden Fichten und Kiefern entstanden – auch auf Flächen, auf denen früher Laubbäume wuchsen Diese Bewirtschaftung sorgte seit dem 18. Jahrhundert zumindest regional dafür, dass die Waldfläche langsam wieder zunahm. So erholten sich die Waldbestände, die von extremen Abholzungen gebeutelt waren. Deutschland konnte seinen Waldverlust seit dem Mittelalter wieder etwas ausgleichen. Aber erst im 20. Jahrhundert nahm der Wald deutschlandweit wieder zu. Heute ist rund ein Drittel der Fläche bewaldet, und der „Holzvorrat" ist so groß wie seit Jahrhunderten nicht mehr.[11] Trotzdem stellt sich mit der Klimakrise nun die Frage, wie nachhaltig diese

10 Hansjörg Küster, Geschichte des Waldes, a.a.O., S. 185 und S. 189.
11 Bundeswaldinventur-Bericht 2018, Bundesministerium für Ernährung und Landwirtschaft.

Aufforstungen waren. Viele unserer Wälder sind alles andere als natürlich. Allein die Fichte macht etwa ein Viertel der Bäume aus – und mehr als die Hälfte der Holzernte. Alle Nadelbäume zusammen übersteigen bei weitem den Laubbaumbestand. Doch die Nadelbäume kommen mit den Klimaveränderungen besonders schlecht klar[12] – als Flachwurzler reagieren Fichten besonders anfällig darauf, wenn es zu wenig regnet. Außerdem lebt auf ihnen der Borkenkäfer, der zwar einem gesunden Baum wenig schadet, aber einem durch Dürre oder Sturm geschwächten Baum den Garaus macht.

Wie sollten wir also den deutschen Wald umbauen, damit er zukunftsfähig und gegenüber der Klimakrise resilient wird? Müssen wir zurück zum vormittelalterlichen Naturwald, oder können wir die bewirtschafteten Wälder klug umgestalten? Die Antworten darauf sind vielschichtig, denn an der Genesung des Waldes ist eine ganze Reihe von Akteuren interessiert. Auch die Anforderungen an den Wald werden immer größer: Bauholzquelle, Naherholungsgebiet, Rettung des Klimas und der Arten. Doch gleichzeitig wird er auch immer verwundbarer. Seit den Dürrejahren gibt es nicht nur Streit um seine Nutzung, sondern es herrscht auch Uneinigkeit über die Art und Weise, wie er umgebaut und gerettet werden soll. Ein echtes Anpassungsdrama um das allerheiligste Kulturgut der Deutschen.

Noch sind die heimischen Baumarten vielen eingeführten Arten weit überlegen – und sie sollen laut den Empfehlungen der Bayerischen Landesanstalt auch die erste Wahl bleiben. Aber die Klimaprognosen stellen den Forstwissenschaftlern eine besonders schwierige Aufgabe: Wie soll sich ein Ökosystem anpassen, das Jahrzehnte braucht, um überhaupt zu entstehen? Bis eine Fichte ausgewachsen ist – in der Forstwirtschaft heißt das Umtriebszeit –, vergehen 80 bis 120 Jahre. Bei der Buche sind es 120 bis 160 Jahre, die Pappel braucht „nur" 30 bis 50 Jahre. Das heißt, es ist unmöglich, auch nur annähernd real zu testen, wie sich junge Tannensetzlinge oder alte Buchen unter den Bedingungen einer Welt im Jahr 2100 verhalten, in der das Klima weltweit um zwei bis drei Grad angestiegen sein wird. Allerdings gibt es bereits Klimamodelle für Bäume. Die geben der Fichte in Deutschland auf den allermeisten Standorten keine große Chance mehr und sagen Baumarten wie Lärche und Kiefer eine schwierige Zukunft voraus.[13] Andere wie Eichen und Tannen könnten sich als robuster erweisen. Doch selbst wenn diese Baumarten bisher relativ gut dastehen – niemand kann vorhersagen, welche Schädlinge und Pilze in den nächsten Jahrzehnten die Wälder befallen. Auch die Folgen von Extremwetterereignissen sind schwer zu kalkulieren. Denn künftig kann es nicht nur zu extremen Dürren, intensiveren Stürmen und Hitzewellen kommen, sondern weiterhin auch zu Kälteperioden und Spätfrost, die frisch ausgetriebene Pflanzen schädigen. Nur eine Vielfalt beim Austesten und ein valider Datensatz können dabei helfen, den Wald in Deutschland resilient zu machen. Ein Restrisiko aber bleibt immer.

12 Ebd., S. 15.

13 Christian Kölling u.a., Provisorische Klima-Risikokarten als Planungshilfen für den klimagerechten Waldumbau in Bayern, in: LWF Wissen 63, S. 31-39; Baumarten im Klimawandel: Buche und Tanne verlieren, waldwissen.net; Forstliche Versuchs- und Forschungsanstalt Baden-Württemberg, Alternative Baumarten im Klimawandel: Artensteckbriefe – eine Stoffsammlung, Freiburg 2018.

Hitze-Hotspot Deutschland

Warum das Wasser immer knapper wird und was wir dagegen tun müssen

Von **Uwe Ritzer**

Liegt Jordanien neuerdings am Main? Bayerns Umweltminister Thorsten Glauber warf jedenfalls vor einiger Zeit den Vergleich in den Raum und warnte davor, dass es klimatisch so weit kommen könnte. Und tatsächlich lassen die letzten Jahre Schlimmes befürchten.

Schon im und nach dem Hitzesommer 2018 mussten im Würzburger Stadtgebiet 5000 vertrocknete Bäume gefällt werden. Ende August 2022 weckt die Landschaft nordwestlich der Bischofsstadt beim Besucher tatsächlich Assoziationen in Richtung Wüste. An einer Kuppe ragt ein verkrüppelter Baumstamm nach oben, unter den Schuhen vertrocknetes Gras, dazu ein träger, aber unangenehm heißer Wind, der verdorrte Blätter durch die Gegend schiebt. Vieh grast auf dieser Weide schon lange nicht mehr; was sollten die Kühe auch fressen? Hier wächst nichts mehr. Schwer drückt die Hitze auf diesen von der Sonne braun gebrannten Landstrich nordwestlich von Würzburg. Und die Stadt selbst kommt einem vor wie ein Backofen: Die heiße Luft steht, und jede noch so kleine körperliche Anstrengung lässt den Schweiß fließen. Gemeinhin verbindet man mit Unterfranken sattgrüne Hänge, prächtige Weinberge, fruchtbares Land. Im Sommer 2022 aber leidet das nordwestliche Bayern unter Sonnenbrand und Hitzschlag. So wenig wie in jenem August habe es in ganz Nordbayern seit 62 Jahren nicht geregnet, rechnen Meteorologen vor. Vier Millimeter pro Quadratmeter, das seien 16 Prozent des durchschnittlichen Niederschlages dort in den Jahren 1971 bis 2000. Und selbst wenn man den vorausgegangenen Winter hinzurechnet, erreicht die Regenmenge in den ersten acht Monaten des Jahres 2022 nur drei Viertel des langjährigen Mittelwertes. Unvorstellbar war das noch vor wenigen Jahren, doch nach 2018, 2019 und 2020 war 2022 schon das vierte Dürrejahr binnen kürzester Zeit in Deutschland.

Gleichzeitig wird das Wasserproblem immer sichtbarer. Der Grundwasserspiegel sinkt, fast die Hälfte der amtlichen Messpegel hierzulande weisen sehr niedrige Wasserstände aus. Die Versorgung mit Wasser schwächelte, für Gärten, Autos und Planschbecken war nicht mehr genug da. Frachter schipperten halb leer den Rhein rauf und runter, weil Deutschlands längster Fluss einen so niedrigen Wasserstand hatte, dass die Schiffe, voll beladen und bei entsprechend größerem Tiefgang, auf Grund gelaufen wären.

In manchen Gemeinden mussten gar Tankwagen anrücken, um die Einwohner mit frischem Trinkwasser zu versorgen, denn aus den Hähnen kam nichts mehr. Weil Brunnen ausgetrocknet waren, Flüsse, Bäche und Seen nur noch bedenklich wenig Wasser führten und die öffentlichen Versorger an ihre Grenzen kamen. In einer ganzen Reihe von Gemeinden haben die Verwaltungen verboten, private Schwimmbecken mit Leitungswasser zu befüllen, Spiel-, Sport- und Fußballplätze, überhaupt Rasenflächen zu gießen. Dementsprechend sehen sie aus. Manche Bäche sind zu Rinnsalen mutiert, der Wasserspiegel vieler Teiche ist geschrumpft.

Selbst der Main würde gefährlich austrocknen, würden nicht pro Sekunde elf Kubikmeter Wasser über ein Stausystem, bestehend aus dem Main-Donau-Kanal und dem Fränkischen Seenland südlich von Nürnberg, in den Fluss gepumpt. Was den Artenschützern Sorge bereitet: Die Wassertemperatur des Mains ist mit bis zu 25 Grad zu hoch für viele der in dem Fluss lebenden Tiere und Pflanzen. Die Gewässerökologie leidet. 25 Grad Wassertemperatur – das schaffte hier früher kein Freibad ohne Beheizung.

Auch der Anbau des Frankenweins wird immer schwieriger. In Steillagen vertrocknen Trauben oder bekommen Sonnenbrand, sofern die Weinberge Richtung Süden ausgerichtet sind, funktioniert es ohne Bewässerung nicht mehr. Immer mehr Extremsteillagen in Mainfranken werden von den Winzern aufgegeben; zu aufwendig wäre Bewässerung.

Ist der Zustand, den Heiko Paeth schon seit Jahren vorhergesagt hat, nun eingetreten? Er ist Klimaforscher an der Julius-Maximilians-Universität Würzburg, präziser formuliert: Leiter der Professur für Geografie mit Schwerpunkt Klimatologie am Lehrstuhl für Geomorphologie. Ein renommierter Experte weit über die Region hinaus. Schon 2016 hatte er Unterfranken zu „einem Hotspot des Klimawandels" erklärt. Und im Mai 2019 hat er in einem Interview mit der in Würzburg erscheinenden „Main-Post" präzise vorhergesagt, was dauerhaft geschehen wird. „Wir bekommen in etwa das Klima von Bordeaux, mit vier bis fünf Grad Erwärmung im Maintal, im Winter wie im Sommer. Wir hätten 20 bis 30 Prozent weniger Niederschlag im Sommer und etwa zehn Prozent mehr Niederschlag im Winter." Immer vorausgesetzt, es ändere sich klimapolitisch nichts Grundlegendes. Und das hat es nicht in den vergangenen Jahren.

Die Klimapolitik, die angekündigten diversen Wenden von Energie und Verkehr beispielsweise, sie kommt in Deutschland nicht wirklich voran. „Unser Planet hat sich seit Beginn der flächendeckenden Messungen im Jahr 1881 um 0,9 Grad erwärmt, Unterfranken im gleichen Zeitraum um zwei Grad", rechnet Paeth vor. „Das ist mehr als doppelt so viel als im globalen Durchschnitt. Nur an den Polkappen liegt die Erwärmungsrate jenseits von drei Grad." Der Ausblick des Professors, bezogen auf die Region um Würzburg, fällt nicht nur im Main-Post-Interview wenig zuversichtlich aus. „Bis Ende des Jahrhunderts, also dem Zeitraum 2070 bis 2099, wird sich die Zahl der Hitzetage an manchen Orten im Vergleich zum Zeitraum 1970 bis 1999 verfünffachen." Und Paeth prophezeit: „Wir werden auch mit Dürren kämpfen müssen und haben gleichzeitig einen hohen Wasserbedarf." Er sei sich, so der Professor, „nicht mehr sicher, ob das rein physikalische Ausmaß des Klimawandels bei uns glimpflicher ablaufen wird als in der Sahelzone oder in Ostafrika".

Vom Wasser als Abfall zum Wasser als Luxus

Dass Deutschland ein Wasserproblem hat und auf eine Krise zusteuert, ist unter Fachleuten und Politikern, die sich mit dem Thema beschäftigen, längst Gewissheit. Die Klimakrise hat demnach immer mehr Auswirkungen auf die Verfügbarkeit von und die Versorgung mit Wasser.[1] „Es fehlt uns das Wasser in der Fläche und der Tiefe", sagte der bayerische Umweltminister Thorsten Glauber am 28. Oktober 2020 in einer Regierungserklärung im Landtag – und er meinte damit nicht nur den Freistaat. „Der hitzegestresste Boden wird zu Knäckebrot, irgendwann zu Sand, er hat kein Wasser mehr und nimmt auch keines mehr auf", schilderte der Politiker der Freien Wähler und forderte: „Wir müssen weg vom entwässerten Boden, auf den die Sonne knallt. Die Vision ist der speicherfähige Boden mit Schatten spendenden Uferstreifen." In den vergangenen zehn Jahren, so Glauber, sei die Grundwasserneubildung um fast ein Fünftel zurückgegangen. „Wir sind auf dem besten Weg in einen Grundwassernotstand", warnte Glauber.

Wohlgemerkt: Da spricht kein Klimaaktivist, der sich gerade auf eine Straße geklebt hat, sondern der Umweltminister einer durch und durch bürgerlich-konservativen Regierung eines Bundeslandes, in dessen Süden es zumindest, verglichen mit anderen Teilen der Bundesrepublik, noch ordentlich Wasservorräte gibt.

Das Deutsche GeoForschungsZentrum in Potsdam meldete bereits für den Dürresommer 2019 ein Wassermassendefizit von 43,7 Mrd. Tonnen in Deutschland. Die Niederschläge reichen nicht mehr aus, um die Speicher wieder zu füllen. Oder sagen wir es so: Die Menge ist, übers Jahr gesehen, vielleicht gar nicht das Problem, sondern dass Wasser zur falschen Zeit in zu großen Mengen auf einmal auf den Boden fällt, sodass es gar nicht erst versickern und sich als Grundwasser absetzen kann, sondern rasend schnell abfließt.

Noch verschärft wird die Situation durch ein Problem, das dieses Land seit vielen Jahren nicht in den Griff bekommt, obwohl es weithin bekannt ist und man auch weiß, wo sein Ursprung liegt: Die Rede ist von den Belastungen der

1 Um das zu erkennen, reicht ein Blick auf den Dürremonitor Deutschland, den das Helmholtz-Zentrum für Umweltforschung in Potsdam ins Netz gestellt hat und täglich aktualisiert. Er ist eine wissenschaftlich fundierte und allgemein zugängliche Informationsquelle, um herauszufinden, wie es mit der Bodenfeuchte vor Ort, in den jeweiligen Bundesländern und deutschlandweit gerade steht. Landkarten zeigen an, wie es um die Bodenfeuchte bestellt ist, im Gesamtboden und im Oberboden. Eine Karte visualisiert das aktuell pflanzenverfügbare Wasser im Erdreich. Ferner lässt sich die Entwicklung der zurückliegenden 14 Tage und des vergangenen Jahres jeweils nachvollziehen. Basis der Karten sind tägliche Daten des Deutschen Wetterdienstes sowie solche der Europäischen Umweltagentur (EEA), der Bundesanstalt für Geowissenschaften und Rohstoffe (BGR), des Bundesamtes für Kartographie und Geodäsie (BKG), des European Water Archives (EWA), der Bundesanstalt für Gewässerkunde (BfG), der NASA (National Aeronautics and Space Administration) und des Global Runoff Data Centres (GRDC), die allesamt in den Dürremonitor einfließen.

Flüsse, Seen und Grundwasserschichten durch schädliche Einträge wie Nitrat, Phosphat oder andere Substanzen. Gebündelt verknappen Klimawandel und Schadstoffproblem nicht nur das Wasserdargebot (also die Menge an Grund- und Oberflächenwasser, die potenziell genutzt werden kann), sondern sie machen auch die Gewinnung und Aufbereitung von Trinkwasser immer aufwendiger – und damit teurer.

Diese Herausforderungen verschärfen sich gerade schneller als von vielen erwartet. Und wir als Staat und Gesellschaft sind darauf nur sehr unzureichend, in Teilen überhaupt nicht vorbereitet. Auch wenn Deutschland insgesamt weiter ein wasserreiches Land sei, heiße das nicht, „wir könnten uns auf Dauer darauf verlassen, dass wir immer und überall genug Wasser zur Verfügung hätten", sagte Professorin Irina Engelhardt, Fachgebietsleiterin Hydrogeologie am Institut für Angewandte Geowissenschaften und zugleich Koordinatorin des Wasserressourcenmanagement-Projektes SpreeWasser:N, in einem Interview mit der „WirtschaftsWoche". Bei anderer Gelegenheit formulierte sie es drastischer: „Deutschland war immer in einer Luxusposition. Wir hatten einfach immer genug. Wasser war ja quasi Abfall in Deutschland", sagte Engelhardt. „Und wenn man von etwas genug hat, dann kümmert man sich auch nicht so darum." Gewiss, niemand in Deutschland muss Angst haben, dass er verdurstet, dass er sich nicht mehr oder nur noch sporadisch waschen kann oder dass Sanitäranlagen abgestellt werden. Deutschland ist ein Land mit verhältnismäßig viel Wasser, nach wie vor. Aber dieses Wasser wird weniger. Und das Ausmaß der Verknappung nimmt schneller zu, als selbst kritische Experten es vor wenigen Jahren noch geglaubt haben. Darauf muss reagiert werden, und zwar schnell und konsequent.[2]

Es ist spät, aber noch nicht zu spät

Zwischen Oktober 2018 und Oktober 2020 trafen sich Fachleute aus der Wasserwirtschaft sowie zufällig ausgewählte Bürgerinnen und Bürger immer wieder zu einem sogenannten Nationalen Wasserdialog. Angestoßen hatte ihn die Bundesregierung, die Umsetzung lag beim Bundesumweltministerium und dem Umweltbundesamt. Die Teilnehmerinnen und Teilnehmer diskutierten Handlungsfelder und definierten daraus Handlungsbedarf, formulierten strategische Ziele und empfahlen Lösungen. Das Ergebnis ist eine „Nationale Wasserstrategie", welche die Grundlage für das Wassermanagement in Deutschland werden soll. Meere sollen besser geschützt und das Bewusstsein für die Ressource Wasser geschärft werden. Wasser-, Energie- und Stoffkreisläufe sollen besser miteinander verbunden, klimaangepasst weiterentwickelt oder Gewässer nachhaltig bewirtschaftet werden. Das sind nur einige der wesentlichen Punkte im Strategiepapier. Gewiss, manches

2 Vgl. auch: Nick Reimer und Toralf Staud, Abgesoffen und ausgedörrt. Wie Wasser in Deutschland zum umkämpften Gut wird, in: „Blätter", 7/2021, S. 69-76; Nick Reimer, Vertieft, vertrocknet, vergiftet: Das Elend unserer Flüsse, in: „Blätter", 11/2022, S. 25-28; Anika Joeres, „Wir können nur noch beten": Frankreich nach der Winterdürre, in: „Blätter", 4/2023, S. 9-12.

klingt floskelhaft und ohnehin auf der Hand liegend, ist deswegen aber nicht falsch. Die Nationale Wasserstrategie weist in die richtige Richtung. Und dennoch fehlen, zumindest im letzten Entwurf des Strategiepapiers, das diesem Text zugrunde lag, zentrale Punkte.

1. Die öffentliche Versorgung muss klaren Vorrang erhalten vor privatwirtschaftlichen Interessen

Der Vorrang der öffentlichen Trinkwasserversorgung vor allen anderen Nutzungen ist nicht klar und unmissverständlich festgeschrieben. Genau das muss aber sein. Es genügt nicht, den Grundsatz als allgemein und unverbindlichen Glaubenssatz unterschwellig zugrunde zu legen. Das war er nämlich bisher auch schon – und trotzdem bedienten sich Energieversorger und Industrie, Mineralwasserhersteller und Landwirtschaft reichlich ungeniert und mit dem Segen allzu sorgloser Behörden am Allgemeingut Wasser. Die Vorrangstellung der öffentlichen Trinkwasserversorgung muss daher bundesweit festgeschrieben werden. So, dass lokale Genehmigungsbehörden, aber auch Gerichte sich bei ihren Entscheidungen darauf stützen können. Wenn man so will, etwas Klares, Praktisches für den täglichen Gebrauch.

2. Die Wasserversorgung darf nicht privatisiert und dem freien Spiel der Marktkräfte überlassen werden

Die Nationale Wasserstrategie beschäftigt sich mit der Zukunft. Das ist ihre Stärke und Schwäche zugleich. Ihre Ziele sind auf 30 Jahre ausgelegt, und es ist richtig zu definieren, wohin man langfristig will. Die Verteilungskämpfe haben jedoch bereits begonnen. Folgerichtig braucht es auch kurzfristige Zielvorgaben und ein Instrumentarium, um sofort entscheiden und strategisch handeln zu können. Und nicht erst 2050.

Es ist an der Zeit, aus Fehlern der Vergangenheit zu lernen. Der Strommarkt wurde liberalisiert, also dem freien Spiel der marktwirtschaftlichen Kräfte unterworfen. Die Entwicklungen der vergangenen Jahre und speziell die energiepolitischen Verwerfungen seit dem Überfall Russlands auf die Ukraine führen jedoch die Schwächen des Systems vor Augen. Wenn es darum geht, Probleme im Sinne der Allgemeinheit zu lösen, ist von den Profiteuren der Liberalisierung nichts mehr zu sehen und zu hören. Dann muss der Staat plötzlich eingreifen, mit Milliarden an Steuergeldern. Daraus leitet sich die banale, aber entscheidende Erkenntnis ab, dass Privatunternehmen nicht alles automatisch besser können als öffentliche Versorger.

Im Gegenteil: Es gibt kein einziges Beispiel dafür, wo ein Privatinvestor im Bereich der Daseinsvorsorge Verantwortung übernommen hat, wenn ein System nicht mehr funktionierte. Die Energieriesen haben jahrzehntelang mit Gas aus Russland oder Atomstrom Milliardengewinne eingefahren. Den Umbau der Systeme, die Kosten für deren Versagen, finanziert jedoch der

Staat, die Allgemeinheit. Bestes Beispiel ist das Milliardendrama um Uniper, jene börsennotierte Gesellschaft, die 2016 als Abspaltung des ebenfalls börsennotierten Energieriesen E.ON entstanden ist. Als Uniper im Zuge des Ukrainekriegs und des damit verbundenen Lieferstopps von russischem Gas in die Bredouille geriet, musste der Bund das als systemrelevant eingestufte Unternehmen mit Milliardenhilfen aus dem Steuersäckel stützen. Im Dezember 2022 wurde Uniper verstaatlicht.

Die Trinkwasserversorgung ist ebenfalls elementarer Bestandteil öffentlicher Daseinsvorsorge, mindestens so sehr wie die Strom- und Energieversorgung. Man darf sie nicht dem freien Spiel privater Kräfte überlassen, nicht Investoren und profitmaximierenden Unternehmen. Wasser ist ein derart elementares Gut menschlichen Daseins, dass es nicht marktliberalen Mechanismen unterworfen werden darf. Nicht Wettbewerb, sondern funktionale Sicherheit müssen im Vordergrund stehen. Wir brauchen ein öffentliches, staatliches bzw. kommunal betriebenes Versorgungssystem für Trinkwasser, das auch im Krisenfall stabil und resilient ist. Vor allem die Städte und Gemeinden stehen hier in der Verantwortung. Sie müssen ihre eigene Wasserversorgung sicherstellen – bei Bedarf auch mit Nachbargemeinden zusammen; es gilt das Solidarprinzip.

3. Das Land braucht eine umfassende Wasserschutzagenda

Ressourcenschutz fängt nicht erst an, wenn es im konkreten Einzelfall darum geht, einen übermäßigen Wasserausbeuter in die Schranken zu weisen. Er beginnt viel früher. Wir brauchen einen Paradigmenwechsel, eine andere Herangehensweise mit dem Ziel, Wasser im Boden zu halten. Dafür zu sorgen, dass es nicht so schnell abfließt. Mit konsequentem Gewässerschutz, Investitionen in Leitungssysteme und Wasseraufbereitungsanlagen, aber auch, indem die Flächenversiegelung begrenzt, mehr Wasserschutzgebiete ausgewiesen und insgesamt das Bewusstsein für sorgfältigeren Umgang mit der Ressource Wasser geschärft wird. Das Thema kommt einer Allensbach-Umfrage von 2022 zufolge immer mehr in der Bevölkerung an; drei von vier Deutschen gaben an, bewusster und sparsamer mit Wasser umzugehen als früher. Wassersparen hilft, aber das allein reicht nicht. Sümpfe, Moore und andere Feuchtgebiete müssen geschützt werden, die Versiegelung der Landschaft durch Wohn- und Gewerbegebiete, Straßen und andere Baumaßnahmen muss insgesamt reduziert werden. Wir brauchen im Einzelfall mehr Dachbegrünungen, aber auch Bauverbote in Gebieten mit Überschwemmungspotenzialen. Die Versickerung von Wasser an Ort und Stelle muss erleichtert werden.

Auch der Grundwasserschutz muss verbessert werden. Experten der Vereinten Nationen sind überzeugt, dass aktuelle und künftige Wasserkrisen nur mit Hilfe des Grundwassers zu bewältigen sind. „Eine bessere Nutzung des Grundwassersystems könne zur Klimaanpassung beitragen", heißt es im UNESCO-Weltwasserbericht 2022. So sei es etwa möglich, saisonale Überschüsse von Oberflächengewässern in Grundwasserleitern zu speichern. So könnten nämlich Verdunstungsverluste verringert werden, „wie sie etwa bei Stauseen auftreten". Eine sinnvolle, umfassende Wasserschutzagenda beginnt schon bei der Erfassung aktueller Daten. Ferner muss eine Wasserschutzagenda schärfere Regelungen zum Schutz vor Verunreinigungen etwa durch Nitrat und Pflanzenschutzmittel beinhalten. Das Herumlavieren, mit dem sich Deutschland in der beschriebenen Weise seit Jahren um die konsequente Einhaltung schärferer EU-Vorgaben drückt, muss ein Ende haben.

4. Privilegien für Großverbraucher abschaffen

Bayern, Hessen und Thüringen verzichten bislang auf ihn und in den anderen 13 Bundesländern ist er marginal bemessen. Die Rede ist vom Wassercent, im Behördendeutsch: dem Wasserentnahmeentgelt.

Richtigerweise muss es endlich jeder bezahlen, der sich am Allgemeingut bedient, um es für seine privatwirtschaftlichen Zwecke zu verwenden. Mineralwasserhersteller, Landwirte, Energieversorger, Industriebetriebe – bisher profitieren alle großen Schlucker von einer fatalen Nulltarif- oder Kostet-fast-nichts-Mentalität hierzulande. Geht es um die Bedürfnisse von Unternehmen, waren die Behörden, die Landesregierungen und die Kommunalpolitiker vor Ort stets sehr großzügig bei Entnahmemengen oder langfristigen Laufzeiten von Entnahmerechten. Das muss gestoppt werden. Behörden müssen die Mengen und die Laufzeiten begrenzen und unter den Vorbehalt stellen, dass sie in Dürrezeiten bei Bedarf auch unterbrochen oder stärker kontingentiert werden können. Und vor allem: Das jahrhunderte-, bisweilen sogar jahrtausendealte und besonders reine Tiefengrundwasser muss weitaus strenger geschützt werden. Übrigens nicht nur vor den Entnahmen gewerblicher, sondern auch öffentlicher Nutzer.

Ein probates Mittel ressourcenschonender Wasserbewirtschaftung wäre es, private und gewerbliche Nutzer gleichzustellen. Ihnen dieselben Gebühren abzuverlangen, wenn sie aus dem öffentlichen Netz schöpfen, und keine Rabatte für Großabnehmer mehr zu gewähren. Überdies müssen all jene spürbarer als bisher zur Kasse gebeten werden, die eigene Brunnen oder Wasserfassungen nutzen. Der Wassercent darf daher im Sinne der Allgemeinheit gerne ein Wassereuro werden.

Gewiss, die Wirtschaft im weitesten Sinne braucht Wasser und sie soll es auch in Zukunft bekommen. Dass Firmen für Wasser aber kaum oder fast nichts bezahlen, setzt jedoch keinerlei Anreize, um sich über Einsparungen, interne Wasserkreisläufe, Wasserrecycling oder Brauchwassersysteme Gedanken zu machen. Wir brauchen eine Gebührenpolitik, die genau solche Anreize schafft. Hier sind vor allem die Landespolitiker gefordert, bei denen das Thema bislang nicht angekommen ist. Geradezu unerträglich ist es, wenn, wie im Fall Tesla in Brandenburg, ein Unternehmen in einer trockenen Region angesiedelt wird und zig Mrd. Liter Wasser zugeteilt bekommt, während ringsum Gemeinden keine Wohngebiete und Schulen mehr planen können, weil das notwendige Wasser fehlt. Es kann auch nicht sein, dass einhergehend damit der Trinkwasserbedarf von Privatpersonen im Bedarfsfall eingeschränkt und Mehrbedarf finanziell sanktioniert wird, während die Versorgung der Großfabrik nebenan Priorität genießt.[3]

5. Wassertröpfchen für die Landwirtschaft

Die Landwirtschaft ist ein weites Feld, wenn es um das Wassermanagement geht. Rein rechnerisch verbrauchen Landwirtinnen und Landwirte anteilig nur einen niedrigen einstelligen Prozentanteil des Frischwassers in Deutschland. Doch diese Statistik verzerrt die Realität, denn niemand weiß, wie viel Landwirte aus eigenen Quellen und Brunnen schöpfen, sofern es ihre eigenen sind. Was nichts daran ändert, dass sie auch so an einem Allgemeingut partizipieren. Klar ist, dass die Landwirtschaft infolge des Klimawandels mit immer mehr Dürren kämpfen muss, im Umkehrschluss also mehr Wasser für die Versorgung ihrer Felder benötigen wird. Experten gehen davon aus, dass künftig viermal so viele Anbauflächen bewässert werden müssen. Die Zeit der Entwässerungsgräben ist definitiv vorbei. Es braucht Konzepte, um das Wasser zu halten. Ziel muss es sein, mit deutlich weniger Wasser auszukommen. Wir müssen, wenn man so will, stattdessen aus jedem Tropfen das Maximum herausholen. Auch wenn die Investitionen in solche Systeme enorm sind: Es bedarf komplett neuer Bewässerungsstrukturen.

In Israel und Kalifornien gibt es längst, was auch Deutschland flächendeckend braucht: Unterirdisch auf Wurzelhöhe werden Leitungen verlegt, welche die Pflanzen punktgenau mit Wasser versorgen. Anstatt Felder – wie in Deutschland meistens der Fall – großflächig nach dem Gießkannenprinzip (im wahrsten Sinne des Begriffes) mit Wasser zu besprühen, wobei (je nach Witterung) ein Großteil davon verdunstet oder unnötig versickert. Israelische Firmen sind nicht von ungefähr Weltmarktführer in Sachen moderner Bewässerungstechnik; in dem Land regnet es in vielen Jahren von Frühjahr bis Herbst keinen Tropfen. Zum Teil wird Brauchwasser, etwa Abwasser aus Duschen, aufgefangen, aufbereitet und über ein eigens geschaffenes Pipelinesystem sogar aus Tälern in höhere Lagen gepumpt, wo es für die Bewässerung verwendet wird. Bei den modernen Systemen zeigen Sensoren an, wie viel Wasser genau bei welcher Pflanze ankommt. Der Prozess ist durchdigitalisiert und teilweise per App steuerbar.

Ein weiteres probates Mittel könnte sein, bevorzugt wassersparende Kulturen anzubauen. Wobei sich in diesem Zusammenhang nicht nur die Bauern, sondern vor allem Handel und hauptsächlich wir Verbraucher bewegen

3 2022 kündigten bei einer Umfrage der investigativen Rechercheplattform Correctiv nur fünf Bundesländer an, die Wassergebühren für die Industrie zumindest überarbeiten zu wollen, nämlich Sachsen, Hamburg, Bremen, Saarland und Mecklenburg-Vorpommern. Bayern, Hessen und Brandenburg formulierten vage, sie würden eine Überarbeitung der jetzigen Wasserpreise für die Industrie zumindest in Erwägung ziehen. Die anderen sechs Bundesländer (Sachsen-Anhalt, Baden-Württemberg, Nordrhein-Westfalen, Schleswig-Holstein, Thüringen und Rheinland-Pfalz) teilten Correctiv mit, dass sie nicht vorhaben, die angesetzten Wasserpreise für industrielle Nutzer anzupassen. Auch Überlegungen zu verpflichtenden Vorgaben oder konkreten Einsparzielen gibt es dort nicht. Berlin und Niedersachsen ließen die Correctiv-Anfrage gleich ganz unbeantwortet.

müssten: indem wir beispielsweise auch weniger perfekt in der Form ausgebildeten Karotten oder kleineren Krautköpfen eine Chance geben. Bislang nämlich setzt der Lebensmitteleinzelhandel den Gemüsebauern zu detaillierte Vorgaben bezüglich Größe, Gewicht und Aussehen von Obst und Gemüse.

Das führt uns zur Verantwortung all derer, die jeden Tag beim Einkaufen entscheiden, wofür sie ihr Geld ausgeben, was sie essen. Um zu sensibilisieren und aufzuklären, könnte es sich als hilfreich erweisen, ähnlich den Kalorienangaben auf Süßigkeiten anzugeben, wie groß der Wasserfußabdruck des jeweiligen Gemüses ist. Wie viel Wasser also aufgewendet werden musste, um die Frucht großzuziehen. Braucht es wirklich Avocados, wenn doch für eine dieser Früchte etwa 400 Liter Wasser benötigt werden, ehe sie reif ist? Noch dazu in ohnehin trockenen Anbauregionen wie Chile?

Und last but not least: Der Schadstoffeintrag der Landwirtschaft muss drastisch reduziert werden. Wir dürfen unsere Quellen und das Grundwasser nicht länger verschmutzen, die Nitrateinträge der Landwirtschaft in den Boden müssen drastisch sinken. Gleichzeitig muss der Gewässerschutz forciert werden.

6. Die Kraft des Wassers nutzen

Die Zahlen sind beeindruckend und für Otto-Normalenergieverbraucher auch überraschend. Weltweit werden 15 Prozent des Stroms aus Wasserkraft gewonnen. Damit ist sie, und nicht etwa Sonne oder Wind, die bedeutendste erneuerbare Energiequelle. In Norwegen werden fast 100, in Brasilien etwa 90 Prozent und in unserem Nachbarland Österreich noch mehr als die Hälfte des Stroms durch die Kraft von fließendem oder fallendem Wasser erzeugt, das von Turbinen oder Laufrädern in elektrische Energie umgewandelt wird. Und in Deutschland? Sind es gerade einmal 3,5 Prozent, wobei 4000 der etwa 7000 bundesweit Energie produzierenden Wasserkraftwerke in Bayern installiert sind (wo etwa 15 Prozent der gesamten Stromerzeugung auf Wasserkraft zurückgehen) und etwa 1300 in Baden-Württemberg, entlang großer Flüsse oder in abfluss- und gefällereichen Regionen.

Das Potenzial der Wasserkraft ist hierzulande noch nicht ausgeschöpft, sagen Experten. In einem – allerdings mehrere Jahre alten – Gutachten schätzte das Bundesumweltministerium vorsichtig, man läge bei 80 Prozent der auf diese Weise möglichen Energiegewinnung. Doch in Wirklichkeit dürfte der ungenutzte Anteil noch größer sein, da der technische Fortschritt bewirkt, dass die Effizienz und die Wirkungsgrade sowohl von Kleinwasser-, als auch von Speicher- und Laufwasserkraftwerken immer besser werden. Obwohl eine erneuerbare Energie par excellence, sehen Naturschützer Wasserkraft skeptisch. Sie fürchten um das Leben von Fischen, beklagen künstliche Eingriffe in natürliche Wasserläufe und warnen vor mikroorganismischen Fehlentwicklungen in der Gewässerökologie. Auf all dies jedoch scheint die Wasserkraftbranche inzwischen probate (technische) Antworten gefunden zu haben. Wasserkraft zu nutzen ist für sich genommen keine Maßnahme, um Ressourcen zu schützen – insofern fällt das Thema an dieser Stelle scheinbar aus dem Rahmen. Aber: Diese Form der Energiegewinnung hilft dabei, die Folgen des Klimawandels abzufedern, der wiederum Ursache für die zunehmende Wasserknappheit ist. So hängt eben vieles miteinander zusammen.

7. Meerwasser entsalzen

Die Entsalzung von Meerwasser muss vorangetrieben werden. Dabei wird Salzwasser – vereinfacht erklärt – erhitzt, um Kondenswasser zu gewinnen. Diese Methode eignet sich naturgemäß vor allem für Meeresanrainer und deren unmittelbares Hinterland. In den vergangenen 50 Jahren hat die Meerwasserentsalzung vor allem in trockenen Regionen von Küstenanrainern an Bedeutung gewonnen. Experten schätzen, dass weltweit knapp 10 000 entsprechende Anlagen betrieben werden.

In Deutschland ist die Meerwasserentsalzung vergleichsweise unterentwickelt. Auf Helgoland und nahe Osnabrück gibt es Unterlagen aus dem Deutschen Bundestag zufolge zwei nennenswerte Anlagen. Deutsche Unternehmen verfügen diesbezüglich über international gefragtes Know-how. Umso unverständlicher, dass es hierzulande bislang so wenig genutzt wird. Denn in Ländern wie den Niederlanden, wo die niedrig liegenden Küstengebiete durch steigende Meeresspiegel bedroht sind, könnten entsprechende Anlagen über die Trinkwasserversorgung hinaus von Nutzen sein.

8. Bessere Leitungen und Netze

Einem Bericht des europäischen Branchenverbands der Wasserversorger und Abwasserentsorger (EurEau) zufolge versickert in Europa knapp ein Viertel des Trinkwassers in maroden, undichten Leitungen. In Deutschland sollen es etwa zehn Prozent sein – zumindest schätzen das Experten wie der Erlanger Professor Johannes Barth von der dortigen Friedrich-Alexander-Universität. Der Geologe ist Präsident der deutschen Sektion der International Association of Hydrogeologists (IAH).

Mehr denn je müssen die Wasserversorgung und das Abwassersystem in Zukunft ein großes Thema in den Rathäusern sein. Bestehende Versorgungsnetze müssen optimiert werden, sie brauchen fortlaufend immer neue Updates. Jede Kommune trägt vor allem anderen Verantwortung für die Wasserversorgung und die Abwasserentsorgung. Auch dieses Thema muss schnell und umfassend angegangen werden, „denn der Bau neuer Systeme, etwa von Fernwasserleitungen, geht nicht von heute auf morgen, das braucht Zeit", sagt BDEW-Hauptgeschäftsführer Martin Weyand, dessen Organisation viele öffentliche Versorger angehören. „Also kann und darf man auch nicht warten, bis die Situation sich so verschärft, dass man unter Zeitdruck gerät. Man muss jetzt damit anfangen, vorausschauend zu planen und zu handeln, zumal nicht unerhebliche Summen investiert werden müssen." Es werde in bestimmten Regionen die Notwendigkeit zu einem stärkeren Fernwasseranschluss geben, vor allem dann, wenn Verbrauchsspitzen abgefedert werden müssen. Ein weiteres probates Mittel sind Brauchwassernetze. Für einzelne Hausbesitzer und Häuslebauer sind solche Systeme eines zweiten Wasserkreislaufs finanziell nur schwer zu stemmen. Bei Großbauten sieht es etwas anders aus – warum in Gebäudekomplexen nicht über separate Wasserkreisläufe nachdenken?

9. Wasser sparen, aber bitte sinnvoll

Vom bewussten Einkaufen war bereits die Rede. Auch auf Rasensprenger zu verzichten, bringt etwas. Einer allein versprüht nach Angaben des Brandenburger Wasserverbands WSE durchschnittlich etwa 800 Liter pro Stunde, was mehr als fünf Badewannenfüllungen entspricht. Auch bei Toilettenspülungen gibt es da noch die ein oder andere technische Möglichkeit.

Wasser sparen allein ist aber auch kein Selbstzweck. Um etwa die Hygiene sicherzustellen, braucht man eben auch gewisse Grundmengen an Wasser zum Spülen, damit sich in den Abwasserkanälen und Leitungen keine schädlichen Säureablagerungen und Gase bilden. Abgesehen davon ist Abwasser an sich wichtig, denn wenn es die Kläranlagen durchlaufen hat, fließt es ja wieder in den Wasserkreislauf. Es gibt Flüsse in Deutschland, die hätten ohne Abwasser in heißen Sommern fast keine Wasserführung mehr, da sind bis zu 80 Prozent der Wasserführung Klärwasser.

10. Wir brauchen ein integriertes Wassermanagement

Bei der Wasserversorgung, diesen Eindruck kann man gewinnen, wurschtelt man bisher vielerorts vor sich hin. Kommunen, Bundesländer, der Bund, einzelne Wasserversorger, Zweckverbände und Fernwasseranbieter. Nicht immer weiß der eine, was der andere gerade tut oder plant. „Wir brauchen ein umfassendes, bundesweites System des Wassermanagements", fordert Martin Weyand vom Versorgerverband BDEW völlig zu Recht. „Dazu gehören Wasserbewirtschaftung ebenso wie bauliche Maßnahmen. Da muss es auch darum gehen, Überschwemmungsgebiete festzulegen und Naturkatastrophen möglichst zu verhindern. Vor allem in engen Tälern ist nichts, was den Regen auffängt, da ist man gefährdet, wie die Flutkatastrophe 2021 gezeigt hat. Wir müssen integrativ denken und handeln. Und wir brauchen in den einzelnen Regionen jemanden, der sich kümmert. Jemanden, der die Expertise hat, alle Beteiligten zusammenzuführen. Deshalb schlagen wir die Einrichtung von ‚Regenwasseragenturen' vor. Wenn es nicht gelingt, integratives Wassermanagement zu betreiben, sind auch mit Blick auf Überflutungen die nächsten Katastrophen vorprogrammiert."

Gerade das Negativbeispiel Tesla in Brandenburg zeigt, wie dringend notwendig es ist, dass übergeordnete Behörden und die politischen Ebenen, an die sie gekoppelt sind, steuernd eingreifen. Sie müssen eine Strategie und ein Konzept entwerfen, wie die Wasserversorgung – beispielsweise in einem Bundesland, aber auch unter Bezug auf die Auswirkungen auf andere – dauerhaft gesichert werden kann und soll.[4] Von der Ausweitung von Wasserschutzgebieten bis zur Ausbeutung regionaler Ressourcen braucht es einen übergeordneten Plan. Einen, der alle Interessen im Blick hat, sie bei Bedarf ausgleicht und auch korrigierend eingreift. Das große Ganze, darum muss es beim Wassermanagement gehen.

Die große Aufgabe in Zukunft wird es sein, die Wasserversorgung aktiv zu managen. Wenn es eine klimabedingte Verknappung des Wasserangebots gibt, und die gibt es, dann müssen wir auch künftig systemisch denken und handeln. Und zwar nicht mehr ausschließlich von der Nachfrage her, nach dem Motto: Wie viel wird benötigt? Statt einfach nur zu liefern und den Bedarf zu decken, muss die Wasserversorgung als großes System gesehen werden. Man muss beispielsweise mit den großen Schluckern darüber reden, wie sie auf Trinkwasser in Zukunft verzichten können und welche technischen Lösungen es gibt, zum Beispiel bei Brauchwassersystemen.

Das Problem verstärkter Wasserknappheit kann letztlich nur aus zwei Ansätzen gelöst werden: mit mehr Vernunft im sparsamen Umgang mit der Ressource und mit Technik. Vor allem aber muss das Bewusstsein für den Wert der Ressource und ihre zunehmende Knappheit gesteigert werden. Wasser muss endlich als das wahrgenommen werden, was es ist: ein lebens-, ja sogar überlebenswichtiges Gut.

Zu jeder Jahreszeit ausreichend Wasser in hervorragender Qualität zu haben, ist keine Selbstverständlichkeit mehr, an die wir uns gewöhnt haben. Die Dinge ändern sich rasant. Wasser rückt als wichtigstes Ressourcenproblem auch im reichen, hochentwickelten und klimatisch gemessen an sehr vielen Regionen der Welt bevorzugten Deutschland in den Mittelpunkt. Noch ist es möglich, die Trinkwasserversorgung auch im vom Klimawandel gebeutelten Deutschland langfristig sicherzustellen. Dafür allerdings muss sie in weiten Teilen neu organisiert werden. Es braucht ein integriertes, vielfältiges Wassermanagement, wie es Deutschland bislang so nicht hat.

Die sichere Versorgung mit sauberem Trinkwasser ist eine immense Zukunftsaufgabe. Aber es gibt Lösungen. Denn wir haben das technische Wissen und die kognitive Kraft, um diese Aufgabe endlich entschlossen anzugehen.

4 Die genehmigten und in Aussicht gestellten Wasserentnahmen in Brandenburg für die Tesla-Fabrik gefährden nach Ansicht der Berliner Wasserbetriebe potentiell auch die Trinkwasserversorgung der Großstadt, vgl. Sebastian Grüner, Berlin besorgt um Wasser wegen Tesla-Fabrik, golem.de, 2.6.2023.

Unser Sommer des Feuers und der Fluten

Die Klimakatastrophe und das Ende unserer Sicherheitsillusion

Von **Naomi Klein**

Hier glauben viele Leute, sie seien vor dem Klimawandel sicher, erklärte mir der Journalist einer deutschen Tageszeitung. Sie halten ihn nicht für eine unmittelbare Bedrohung wie Covid-19. Sie betrachten die Grünen als Miesmacher, die ihnen die billigen Urlaube wegnehmen wollen. „Was würden Sie denen sagen?" Die Frage erreichte mich Ende Juni 2021 per Videoanruf, als ich in meinem nichtklimatisierten Zuhause saß und mich im Griff einer Hitzewelle befand. Diese forderte in der kanadischen Provinz British Columbia binnen Wochenfrist rund 500 Menschenleben und brachte auf glühend heißen Küstenstreifen etwa eine Milliarde Meerestiere zum Kochen.[1] Im Laufe der Jahre bin ich mit vielen dieser „Warum sollte es mich kümmern?"-Fragen konfrontiert worden, und ich bemühe mich normalerweise um ein moralisches Argument, dass wir eine Verantwortung gegenüber unseren Mitmenschen haben, selbst wenn wir nicht unmittelbar betroffen sind. Aber dafür war ich viel zu erhitzt und wütend, also sagte ich stattdessen: „Warten Sie ein wenig." Was ich meinte, war folgendes: Bei allen politischen Kalkulationen darüber, welche Klimapolitik Menschen akzeptieren werden oder nicht, ist es niemals klug, die Erde als Hauptakteur auszuklammern. Unser Planet drängt sich in diese Kalkulationen und verändert dabei rapide die Ansichten all jener, die sich in Sicherheit wähnten.

Genau das passierte in Deutschland vor der Bundestagswahl im September 2021. Noch im Juni fielen die Grünen in den Umfragen zurück, nachdem sie für einen CO_2-Preis, der den geliebten Mallorca-Urlaub gefährden könnte, massiv als Spielverderber angegriffen worden waren.[2] Wenige Wochen später sah die politische Landschaft ganz anders aus. Nach der Flutkatastrophe im Juli liegt die Zahl der Toten bei mehr als 180 , viele weitere Menschen sind verletzt, zentrale Infrastruktur wurde weggespült.[3] Danach stand der Klima-

1 Rochelle Baker, A billion tidal creatures likely baked to death in B.C. heat wave, nationalobserver.com, 8.7.2021.
2 Sören Amelang, Greens decide against ratcheting up party's climate plans as bid for chancellery flounders, cleanenergywire.org, 14.6.2021.
3 Philip Oltermann, Germany floods: 155 still missing as hopes of further rescues fade, theguardian.com, 21.7.2021.

wandel im Mittelpunkt des deutschen Wahlkampfes und die Grünen wurden von linken Klimaschützern als zu *soft* kritisiert.

Die Öffentlichkeit wacht auf

In „Die Entscheidung", meinem Buch von 2014, zitiere ich Sivan Kartha, einen leitenden Wissenschaftler am Stockholm Environment Institute: „Was heute politisch realistisch ist, hat vielleicht nur wenig mit dem zu tun, was nach ein paar weiteren Hurrikanen wie Katrina, ein paar weiteren Superstürmen wie Sandy und ein paar weiteren Taifunen wie Bophas politisch realistisch ist."[4]

Wir haben inzwischen tatsächlich ein paar weitere dieser Stürme erlebt und dann noch ein paar mehr. Die Überflutungen im chinesischen Henan 2021 gelten als die schwersten in tausend Jahren, etwa 200000 Menschen mussten evakuiert werden.[5] Es werden ziemlich sicher keine weiteren tausend Jahre vergehen, bevor sich eine solche Katastrophe wiederholt. Und dann sind da noch Feuer und Rauch, Sommer um stickige Sommer:[6] Kalifornien, Oregon, British Columbia, Sibirien, Südeuropa. Es kann also nicht verwundern, dass im Juli 2021 laut einer YouGov-Umfrage für den „Economist" erstmals seit Beginn der Befragungen im Jahr 2009 die US-Amerikaner den Klimawandel als zweitwichtigstes politisches Problem benannten – übertroffen nur von der Gesundheitsversorgung.[7] Das Klima rangierte dabei noch vor „der Wirtschaft", während Kriminalität, Waffenkontrolle, Abtreibung und Bildung sämtlich weit zurückfielen.

Solche Ranglisten sind natürlich absurd. Allein dass Menschen glauben, die Stabilität des Erdsystems, das alles Leben trägt, ließe sich von „der Wirtschaft" oder „Gesundheit" – oder überhaupt von irgendetwas – trennen, ist ein Symptom der mechanistischen Hybris, die uns diesen Schlamassel beschert hat. Wenn unser Klima kollabiert, bricht auch alles andere zusammen, und das sollte der Ausgangspunkt aller Diskussionen zum Thema sein. Dennoch zeigt die Umfrage, dass sich in der öffentlichen Wahrnehmung ein dramatischer Wandel vollzieht: In den wohlhabenderen Teilen der Welt schwindet die Sicherheitsphantasie, und der Glaube, dass Geld und Technologie im letzten Augenblick Lösungen bieten werden, bekommt erste Risse.

Bei der klimapolitischen Untätigkeit in den reichen Ländern ging es nie wirklich um Leugnung. Belgier und Deutsche wussten, dass der Klimawandel eine Realität ist – sie glaubten aber, die ärmeren Länder würden die Hauptlast tragen. Und bis vor kurzem hatten sie damit recht. Wenn es darum geht, die Dringlichkeit der Klimakrise zu kommunizieren, erzählte mir eine bekannte belgische Meteorologin vor ein paar Jahren, bestehe ihre größte

4 Naomi Klein, Die Entscheidung. Kapitalismus vs. Klima, Frankfurt a. M. 2015, S. 558.
5 Vgl. At least 25 killed, 200,000 displaced by evacuations as torrential rain floods China's Henan province, abc.net.au, 22.7.2021.
6 Naomi Klein, In a Summer of Wildfires and Hurricanes, My Son Asks „Why Is Everything Going Wrong?", theintercept.com, 9.9.2017.
7 Vgl. What America thinks, economist.com, 27.7.2021.

Herausforderung in den Erwartungen der Zuschauer: Sie blickten mit freudiger Erwartung auf ein wärmeres Klima, das sie sich in etwa so vorstellten wie im französischen Burgund. Ganz ähnlich verhielt es sich vor ein paar Jahren in den US-Bundesstaaten Oregon und Washington. Dort schossen die Wohnkosten durch die Decke, weil die Kalifornier scharenweise nach Norden zogen.[8] Viele von ihnen glaubten der Vorhersage, der Pazifische Nordwesten würde zum großen Gewinner des Klimawandels. Einige Modelle legten nahe, die Region sei vor der Dürre, den Hitzewellen und den Feuern, die den Südwesten der USA peinigen, geschützt.[9] Zugleich würden etwas mehr Hitze und etwas weniger Regen das kühle, feuchte Klima von Washington und Oregon stärker an Kalifornien in seiner Glanzzeit angleichen. Der Umzug schien nicht bloß sicherer, sondern wirkte auf viele finanziell gut gepolsterte Menschen aus dem Technologiesektor auch wie eine kluge Immobilieninvestition.

Kein Ort ist sicher

Es zeigte sich allerdings, dass ein verrücktspielender Planet sich nicht in einer linearen Weise verhält, die Makler oder ultrareiche Prepper[10] so einfach vorhersagen könnten. Ja, in einer wärmeren Welt nähert sich die Temperatur in Kalifornien stärker der von Mexiko an und die in Oregon stärker der von Kalifornien. Aber zugleich wird überall alles auf den Kopf gestellt. Der Pazifische Nordwesten ist nicht an die Art von Hitze angepasst, die in Süd-Kalifornien oder Nevada gang und gäbe ist, und die fehlenden Klimaanlagen sind da nur das kleinste Problem. Der Lachs – die Schlüsselart unserer Region[11] – braucht zum Überleben kaltes Wasser. Seine Jungtiere wachsen in Gewässern auf, die sich in diesem Sommer wie Warmwasserbecken erhitzt haben.[12] Wissenschaftler befürchten, dass es viele der jungen Fische nicht schaffen werden.

Wenn aber die Lachspopulationen zugrunde gehen, wird das eine Kaskade an Verlusten auslösen, die weit über die kommerzielle Fischereiwirtschaft hinausreichen. Diese Tiere sind jeder indigenen Kultur in der Region heilig; sie bilden eine entscheidende Nahrungsquelle für ikonische (und verletzliche) Meeressäugetiere wie Schwertwale und Stellersche Seelöwen; und sie sind von grundlegender Bedeutung für die Gesundheit gemäßigter Regenwälder: nicht nur für die Bären und Adler, die sich von ihnen ernähren, sondern auch für die kohlenstoffbindenden Bäume, die diese düngen.

Inzwischen ist der Traum, die Kalifornier könnten nach Norden ziehen und so den Feuern entkommen, offensichtlich ganz wörtlich in Flammen aufge-

8 Kate Wheeling, Climate Migration Has Come to the United States, thenation.com, 16.4.2021.
9 David Sarasohn, What do you get if you map coming climate disasters? Hello, Pacific Northwest, latimes.com, 29.12.2014.
10 Sam Biddle, The Future Dystopic Hellscape Is Upon Us. The Rise and Fall of the Ultimate Doomsday Prepper, theintercept.com, 5.7.2021.
11 Hannah Bugas, Salmon: A Keystone Species, pacificwild.org, 13.11.2020.
12 Hina Alam, Salmon and other sea life affected by recent heat waves, experts say, thestar.com, 17.7.2021.

gangen. Schon im Sommer 2020 zwangen tödliche Lauffeuer zu Evakuierungen östlich der Stadt Portland in Oregon. Und im Juli 2021 zog der Rauch des „Bootleg Fire" im selben Bundesstaat bis ins weit entfernte New York City – auf der anderen Seite der USA –, wo eine Rauchwolke der vielen Brände die Sonne verdeckte.[13] Oregon ist also nicht sicher. New York ist nicht sicher. Deutschland ist nicht sicher. Kein Ort, den man für sicher hielt, ist sicher.

Es gibt kein Außen mehr

Diese Botschaft verbreitete auch eine Koalition von Ländern, die beim klimatischen Zusammenbruch an vorderster Front stehen. Als Reaktion auf die Flutkatastrophe in Deutschland veröffentlichte das *Climate Vulnerable Forum* eine Erklärung von Mohamed Nasheed, dem ehemaligen Präsidenten der Malediven: „Im Namen jener Länder, die im Klimawandel besonders verletzlich sind, möchte ich meine Solidarität mit den Menschen in Deutschland zum Ausdruck bringen und ihnen meine Unterstützung und meine Gebete anbieten, da sie unter den Auswirkungen dieser katastrophalen Flut leiden. Obschon es nicht alle gleichermaßen trifft, erinnert uns dieses tragische Ereignis daran, dass im Klimanotstand niemand sicher ist, ob sie nun in einem kleinen Inselstaat wie dem meinigen leben oder in einem entwickelten westeuropäischen Staat."[14]

Diese Botschaft hatte natürlich einen Subtext: Für Menschen auf niedrig gelegenen Inseln wie den Malediven ist Sicherheit seit langem nur ein ferner Traum, und Rekordtemperaturen und Rekordfluten fordern schon seit einiger Zeit Leben, von Pakistan über Mosambik bis nach Haiti.[15] Mehr noch: Wären reiche Länder wie Deutschland und die USA dem Aufruf von Ländern wie den Malediven gefolgt – dessen Regierung 2009 eine verzweifelte Unterwasser-Kabinettssitzung abhielt, um im Vorfeld des UN-Klimagipfels vor dem Anstieg des Meeresspiegels zu warnen –,[16] hätte viel Schmerz vermieden werden können. In der Tat haben unser Planet und seine Menschen in den vergangenen Jahrzehnten eine Alarm-Symphonie erklingen lassen, doch die Mächtigen zogen es schlicht vor, sie nicht zu beachten.

Warum? Die Antwort liegt in jenen Geschichten über unsere relative Sicherheit, die so viele von uns in der reichen Welt einander erzählt haben: Wenn die Klimakrise ausbreche, würden andere – sprich: Schwarze, Indigene, Ausländer – die Risiken tragen. Und sollten wir uns damit verwettet haben und die Krise unsere Gemeinschaften treffen, würden wir einfach an einen geschützteren Platz ziehen. Nach Oregon oder British Columbia oder an die Großen Seen oder vielleicht, wenn es ganz schlimm kommt, nach

13 Henry Fountain, How Bad Is the Bootleg Fire? It's Generating Its Own Weather, nytimes.com, 19.7.2021.
14 Mohamed Nasheed, President Nasheed CVF statement of solidarity with Germany flooding victims, thecvf.org.
15 Daniel Cusick, Climate-Fueled Disasters Killed 475,000 People over 20 Years, scientificamerican.com, 27.1.2021.
16 Maryam Omidi, Maldives sends climate SOS with undersea cabinet, reuters.com, 17.10.2009.

Alaska oder an den Yukon. Mit anderen Worten: Wir würden genau das tun, wofür nordamerikanische, europäische und australische Regierungen unbarmherzig die Migranten, darunter auch Klimaflüchtlinge, an unseren Grenzen bestrafen und verunglimpfen – nämlich versuchen, uns in Sicherheit zu bringen. Es entstehen gerade, schrieb der Wasserwissenschaftler Peter Gleick, „zwei Klassen von Flüchtlingen: jene mit der Freiheit und den finanziellen Ressourcen, um zumindest für eine Weile den Versuch zu unternehmen, den wachsenden Bedrohungen schon im Voraus zu entfliehen, und jene, die zurückbleiben und die Auswirkungen in Form von Krankheit, Tod und Zerstörung erleiden."[17]

In diesem Sommer 2021 der Feuer und Fluten scheint es vielen zu dämmern, dass selbst diese finstere Form der Klima-Apartheid wohl für alle außer den Ultrareichen eine Illusion ist. Wie Nasheed schrieb und wie es die „New York Times" in einer unheilvollen Schlagzeile über dem Foto eines brennenden Gebäudes wiederholte: „Niemand ist sicher".[18] Wir sind alle gefangen in dieser Krise – sei es unter dieser unablässigen Rauchwolke, sei es in einer Hitze, die einen trifft wie eine Wand, sei es unter Regenfällen und Winden, die nicht aufhören wollen. Selbst in den Vereinigten Staaten, die auf der Gründungslüge der *Frontier* errichtet worden sind, kann die Klimakrise nicht länger auf irgendeinen weit entfernten Ort oder eine ferne Zeit in der Zukunft abgewälzt werden. Das „Draußen" existiert jetzt nicht mehr – sei es räumlich oder zeitlich.

Die abgedroschenen Phantasien des Jeff Bezos

Ausgenommen natürlich für Jeff Bezos, der bei seiner Spritztour ins All Cowboyhut und Stiefel trug,[19] damit auch ja niemand seine karikaturenhafte pluri-planetare Frontier-Phantasie übersah. Bei seiner Rückkehr schwärmte er, er habe die Zukunft gesehen und sie bestehe in Giftmülldeponien im Weltraum. „Wir müssen die ganze Schwerindustrie, die ganze verschmutzende Industrie nehmen und ins All verlagern und die Erde als dieses schöne Kleinod von einem Planeten erhalten, das sie ist", sagte er wenige Augenblicke nach der Landung.[20]

Genau das ist der entscheidende Punkt unserer Krise: Gegen alle Vernunft und jede Evidenz hält sich die Phantasie, der Fähigkeit des Kapitals, Leben in Profit zu verwandeln, seien keine harten Grenzen gesetzt und es werde immer eine neue Frontier geben, um das lukrative Spiel am Laufen zu halten. „Unerwünschtes Zeug an einen Platz zu stecken, der scheinbar aus den Augen, aus dem Sinn liegt, ist eine abgedroschene Idee", schreibt Justine

17 Peter Gleick, The climate crisis will create two classes: those who can flee, and those who cannot, theguardian.com, 7.7.2021.
18 Somini Sengupta, ‚No One Is Safe': Extreme Weather Batters the Wealthy World, nytimes.com, 17.7.2021.
19 Eileen Cartter, Jeff Bezos Wore a Cowboy Hat to Space, gq.com, 20.7.2021.
20 Denise Chow, Jeff Bezos says spaceflight reinforced his commitment to solving climate change, nbcnews.com, 20.7.2021.

Calma in „The Verge": „Das ist die gleiche alte Mentalität, mit der seit ewigen Zeiten Industrieabfälle bei kolonisierten Völkern und in Wohngebieten von *People of Color* abgeladen werden."[21] Und es ist die gleiche alte Mentalität, die Deutsche und Amerikaner glauben ließ, der Zusammenbruch des Klimas sei keine dringende Krise – bis sie über sie hereinbrach.

Wenn nur Bezos so denken würde, könnten wir ihm Startverbot erteilen, ihn besteuern und die Sache wäre erledigt. Aber er steht nur für die krasseste Manifestation einer Logik, die unsere herrschende Klasse durchdringt: von Senator Ted Cruz, der ins Fünf-Sterne-Hotel „Ritz-Carlton" im mexikanischen Cancún jettete, während sein Bundesstaat Texas zufror,[22] bis zum Tech-Investor Peter Thiel, der einen Luxus-Bunker in Neuseeland plant.[23] Und so lange die Reichen und Mächtigen weiter glauben, es gebe ein „Draußen", das ihren Dreck aufnimmt, werden sie erbittert jene Business-as-usual-Maschine schützen, die den Rest von uns den Flammen überlässt.[24]

Übersetzung: Steffen Vogel

21 Justine Calma, Jeff Bezos eyes space as a new ‚sacrifice zone', theverge.com, 21.7.2021.
22 Shane Goldmacher und Nicholas Fandos, Ted Cruz's Cancún Trip: Family Texts Detail His Political Blunder, nytimes.com, 18.2.2021.
23 Mark O'Connell, Why Silicon Valley billionaires are prepping for the apocalypse in New Zealand, theguardian.com, 15.2.2018.
24 Naomi Klein, A Climate Dystopia in Northern California, theintercept.com, 7.5.2021.

Im Angesicht der Katastrophe

Der nahende Zusammenbruch des Erdsystems und die sozial-ökologische Transformation

Von **Sighard Neckel**

Schon vor einigen Jahren sprach der englische Soziologe John Urry vom „Katastrophismus" des 21. Jahrhunderts. Damit meinte er das Ende der optimistischen Verheißungen auf eine bessere Zukunft in der langen Nachkriegszeit und den Ausbruch einer Kette schwerster Schockmomente nach dem Millennium. Tatsächlich reiht sich seit zwanzig Jahren eine Erschütterung an die nächste: Dem 11. September 2001 folgten die Kriege in Afghanistan und im Irak, die globale Finanzkrise 2008, die Nuklearkatastrophe von Fukushima 2011, die islamistischen Terroranschläge, die Flüchtlingswelle 2015, der Absturz zahlreicher Demokratien in die Abgründe autoritärer Herrschaft, die schnelle Folge neu auftretender weltweiter Infektionskrankheiten wie Ebola, Vogelgrippe und Sars – und schließlich der Klimawandel mit seinen jüngsten Fanalen, den Flächenbränden in Australien und Sibirien, extremen Hitzeperioden – Basra erlebte Ende Juli 2020 den neuen Weltrekord von 51 Grad – und dem rasanten Abschmelzen des arktischen Eisschildes.

Die Coronapandemie und der nachfolgende Einbruch der globalen Wirtschaft dokumentieren somit nur endgültig, dass wir längst nicht mehr in einer Zeit bloßer „Krisen" leben, sondern eine Katastrophenzeit erreicht haben, in der ein Kollaps der ökologischen, ökonomischen und gesellschaftlichen Systeme nicht unwahrscheinlich erscheint.

Gewiss kannte auch die zweite Hälfte des 20. Jahrhunderts Krisen und existenzielle Bedrohungen: Kalter Krieg, militärische Konfrontationen vom Nahen Osten bis nach Vietnam, weltweite Hungersnöte, die Ölkrise, Aids oder der Reaktorunfall von Tschernobyl stehen hierfür. Doch stellte sich mit dem Zerfall der Sowjetunion und dem Triumph der globalen Märkte noch einmal die Hoffnung auf ein grenzenloses Wachstum von Wohlstand, Demokratie und Sicherheit ein. Dass wir heute diese Hoffnungen vielfach begraben, hat nicht zuletzt mit einem Formwandel gesellschaftlicher Veränderungen zu tun. Wo der Zukunftsoptimismus des Millenniums noch auf einen stetigen Wandel hin zum Besseren setzte, sind wir nunmehr Zeitgenossen von plötzlich einsetzenden Geschehnissen, jenseits derer die gesellschaftlichen Zustände und der Zustand der Welt nicht mehr dieselben sind.

Die Coronapandemie war hierfür nur ein Beispiel. Sie machte uns zu Zeitgenossen von Disruptionen, die weltweit die Gesellschaften erschüttern.

Disruptive Ereignisse entstehen plötzlich, sie verlaufen nicht linear und stellen alle bisherigen Pfadabhängigkeiten der gesellschaftlichen Entwicklung in Frage. Auch das Erdsystem kennt solche Disruptionen, wenn die Absorptionskapazitäten des Planeten unwiderruflich überschritten sind.

Für mein eigenes Fach, die Soziologie, und insgesamt für die Sozialwissenschaften stellt solch disruptiver Wandel eine fundamentale Herausforderung dar. Die Soziologie ist prozessorientiert und hat eine Vorliebe für kontinuierliche oder – wie es in der Fachsprache heißt – inkrementalistische Wandlungsprozesse. Im disruptiven Wandel erhalten hingegen kritische Ereignisse und plötzliche Brüche besonderes Gewicht. Den Sozialwissenschaften gemeinsam ist weiterhin eine zumindest implizite Fortschrittsorientierung – demgegenüber verweist disruptiver Wandel auf die Möglichkeit von Rückschritt und Regression. Und schließlich konzentrieren sich die Sozialwissenschaften zumeist auf Ordnungen und Systeme – im Fokus des disruptiven Wandels stehen indes zerfallende Ordnungen, systemische Instabilitäten und Entropien.

Der »Tipping Point« als Signum der katastrophischen Moderne

Das Schlüsselwort dieser Schockmomente, die unseren Glauben an einen normalen Fortgang der Dinge erschüttern, ist der „Tipping Point", wie wir ihn aus der Klimaforschung kennen: Kipppunkte einer Entwicklung, die nicht mehr aufzuhalten ist; eskalierende Sprünge in sozialen oder natürlichen Prozessen mit eigendynamischen Zuspitzungen und unzähligen Dominoeffekten.

Das Paradebeispiel hierfür ist die Zerstörung des planetaren Ökosystems. Sie hat inzwischen Schwellenwerte erreicht, bei denen irreversible Umweltveränderungen bis hin zu einem Zusammenbruch des Erdsystems drohen. Wenn etwa die sibirischen Permafrostböden auftauen und Methangase den Treibhauseffekt so weit zusätzlich anheizen, dass sich der Jet Stream verlegt und permanent Warmluft nach Grönland führt, dann wird ein ansteigender Meeresspiegel weltweit Küstenregionen versenken und zugleich eine Hitzezeit mit einer Erderwärmung um bis zu 4 Grad ausbrechen. Halbe Kontinente würden sich in ökologische und zivilisatorische Wüsten verwandeln. Globale Klimakonflikte, zusammenbrechende Ökonomien, soziale Entropien und zerfallende Staaten wären die Folge.

Tipping Points kennen wir auch bei der Covid-19-Pandemie, wie überhaupt Covid-19 – wie es Bruno Latour kürzlich geschrieben hat – so etwas wie eine „Generalprobe für den Großen Klimakollaps" ist. In der Coronapandemie sind Kipppunkte stets dann erreicht, wenn die Infektionszahlen exponentiell ansteigen, sich also in immer kürzerer Zeit verdoppeln und die Rückverfolgung der Ansteckung chancenlos ist. Die Pandemie gerät dann vollkommen aus der Kontrolle. Der Unterschied zu den Kipppunkten des Klimawandels ist, dass der Umschlag in eine Eskalation bei Covid-19 gleich zu Beginn des Infektionsgeschehens einsetzt, sofern die Ansteckungsketten nicht unterbrochen werden. Das Virus hat eine kurze Latenzzeit, um sich dann rasend schnell zu verbreiten. Wuhan, Bergamo und New York waren die Orte, an denen sich dieses grausame Schauspiel in den ersten Wochen von Covid-19 vollzog, später waren dies etwa die US-Staaten des Mittleren Westens, der Westbalkan oder der Iran. Demgegenüber geht dem Klimawandel eine schleichende Entwicklung mit einer langen Latenzzeit voraus. Die Tipping Points, an denen das Erdsystem möglicherweise kollabiert, stellen sich erst am Ende der Naturzerstörungen ein. Auch ist der Klimawandel viel komplexer als eine Viruspandemie. Da er von zahllosen Faktoren abhängig ist, sich in entfernten Regionen der Erde am stärksten bemerkbar macht, von seinen Ursachen her auf die gesamte Erde bezieht und sich zeitlich auf Jahrzehnte erstreckt, scheint für jeden Einzelnen das individuelle Verhalten relativ unbedeutend sein. Die Forschung spricht hier von den „hohen Skalierungseffekten" des Verhaltens als Ergebnis der Zuordnung zu einer bestimmten Größe. Beim Klimawandel ist diese Bezugsgröße der ganze Planet. Was bedeutet schon der eigene ökologische Fußabdruck, wenn Milliarden Menschen ihn ebenfalls auf der Erde hinterlassen?

Covid-19 hingegen stellt für den Einzelnen eine direkte und aktuelle Gefährdung dar. Die Ansteckung kann in jedem Moment mit so kurzfristigen wie schwerwiegenden Folgen geschehen. Dass das individuelle Verhalten hochgradig relevant ist, leuchtet daher unmittelbar ein.

Dieser geringe „Skalierungseffekt" verführt uns womöglich dazu, die Pandemie für ein viel schwerwiegenderes Ereignis zu halten als den Klimawandel und die Zerstörung des Ökosystems. Tatsächlich jedoch hat die Gefährdung durch eine Pandemie selbst dann ihre Grenzen, wenn es auf absehbare Zeit keine Impfung gegeben hätte. Denn Seuchen sind Ereignisse mit Anfang und Ende. Im schlimmsten Fall würde die pandemische Selbstregulation dafür sorgen, dass die Infektionsketten einbrechen, wenn ein hoher Durchseuchungsgrad die Verbreitungswahrscheinlichkeit des Virus minimiert. Allenfalls das wiederholte Auftreten vergleichbarer Viruspandemien lässt Infektionsrisiken über lange Zeiträume bestehen. Die Erderwärmung und die Naturzerstörung sind dagegen Katastrophen von unbestimmter Dauer, deren existenzielle Folgen sich nicht eingrenzen lassen.

Mehr als eine Naturkatastrophe: Das Anthropozän als globaler Umbruch

Ausgelöst sind beide Prozesse durch menschliches Handeln, durch gesellschaftliche Wirtschafts- und Lebensweisen. Auch Covid-19 ist kein reines „Naturphänomen". Wie der Klimawandel ist das Coronavirus vielmehr Signum des Anthropozäns, jenem Zeitalter unserer Gegenwart, in dem die menschliche Aktivität zur entscheidenden Kraft bei der Veränderung der Natur geworden ist. Die Coronapandemie wurde begünstigt durch die Störung von Ökosystemen, durch Eingriffe in natürliche Lebensräume und das Artensterben, wodurch Zoonosen – das Überspringen von tierischen Erregern auf den Menschen – wahrscheinlicher wurden. Seit den 1980er Jahren haben sich die Ausbrüche neu aufgetretener Infektionskrankheiten alle zehn Jahre mehr als verdreifacht, wie die epidemiologische Forschung festgestellt hat. Mehr als zwei Drittel dieser Krankheiten – darunter Ebola, HIV, Schweine- und Vogelgrippe – gehen auf Tiere und zumeist Wildtiere zurück. Die Globalisierung hat in den letzten Jahrzehnten für die schnelle Verbreitung der entsprechenden Viren über die Kontinente hinweg gesorgt. So dauerte es in der Coronapandemie nur ganze sechs Wochen, bis – einmalig in der bisherigen menschlichen Seuchengeschichte – Sars-CoV-2 überall auf dem Erdball grassierte. Gleichwohl gibt es Unterschiede, was die globale Unausweichlichkeit des Infektionsrisikos einerseits, der Erderwärmung anderseits betrifft. Die Coronapandemie konnte offenbar durch harte Maßnahmen wie die Isolation von Infektionsgebieten zumindest zeitweilig eingedämmt werden. Sie stellte damit insofern tatsächlich ein Risiko dar, als die Gefährdung durch Covid-19 auch handlungsabhängig war. Demgegenüber trifft die Erderwärmung jene Regionen des globalen Südens am meisten, die am wenigsten zu ihrer Entstehung beigetragen haben. Für sie ist der Klimawandel eine Gefahr, der sie durch eigene Anstrengungen gar nicht ausweichen können.

Dass der Klimawandel ein anthropogener Prozess ist, bestreiten heute nur noch die politische Rechte und Lobbyisten der fossilen Industrie. Hervorgerufen wurde er durch hohe Emissionen aus fossiler Energienutzung und einem seit Jahrzehnten eskalierenden Ressourcenverbrauch. Die Erderwärmung, die Vergiftung von Luft, Wasser und Böden, der Verlust an Biodiversität und die damit einhergehenden ökologischen Gefahren gehören zu den größten Herausforderungen des 21. Jahrhunderts, wenn nicht der Menschheitsgeschichte. Vollkommen ungewiss ist, ob zivilisierte Gesellschaften die Folgen einer ungebremsten Erwärmung ohne schwerste Schäden überhaupt überstehen. Da die dem Erdsystem inhärenten biophysischen Prozesse die Stabilität des Planeten regulieren, dürfen sich die anthropogen verursachten Veränderungen lediglich innerhalb bestimmter Parameter bewegen. Statistische Wahrscheinlichkeiten geben Auskunft darüber, was eintreten könnte, wenn sich die Erde in den nächsten Dekaden um zwei, drei, vier oder mehr Grad erwärmt. Schon ist die Rede von einer „unbewohnbaren Erde" (David Wallace-Wells), sollte der Katastrophismus des 21. Jahrhunderts die Menschheit mit Hitzewellen, Überflutungen, versauerten Ozeanen, Flächenbränden und wiederkehrenden Seuchen überziehen.

In der soziologischen Gesellschaftsdiagnose – um erneut auf mein eigenes Fach zu sprechen zu kommen – ist die überaus hohe Anfälligkeit moderner Sozialordnungen für ökologische Krisen und Katastrophen bei allem akademischen Phlegma mitunter durchaus frühzeitig vermerkt worden. 1986 gab Ulrich Beck in seiner „Risikogesellschaft" die Grundrichtung an, als er feststellte, dass „in der fortgeschrittenen Moderne die gesellschaftliche Produktion von *Reichtum* systematisch einhergeht mit der gesellschaftlichen Produktion von *Risiken*" und dass im Modernisierungsprozess „Selbstbedrohungspotentiale in einem bis dahin unbekannten Ausmaße freigesetzt werden". Anfang der 1990er Jahre ergänzte in seiner „Soziologie des Risikos" Niklas Luhmann: „Die ökologischen Risiken, auf die das Gesellschaftssystem sich einlässt, haben den Charakter unvorhersehbarer Effektakkumulationen, Schwellenüberschreitungen, plötzlich eintretender Irreversibilitäten und nicht mehr kontrollierbarer Katastrophen."

»Kollapsologie« als neue Denkrichtung

Heute haben wir ein Zeitalter erreicht, in dem diese „nicht mehr kontrollierbaren Katastrophen" zu einer unmittelbaren Wirklichkeit geworden sind, die noch in diesem Jahrhundert zu einem Kollaps des Erdsystems führen könnte. Wie eine zwangsläufige Konsequenz im Selbstverständnis unserer Zeit muss es wirken, dass in der Wissenschaft die Denkrichtung der „Kollapsologie" international an Anhängern gewinnt. Insbesondere in den Erdsystemwissenschaften wächst die Zahl der Experten, die sich auf einen globalen Zusammenbruch einrichten. Die Wahrscheinlichkeit, dass das ökologisch desaströse System des fossilen Kapitalismus kollabiert, erscheint größer, als dass es noch rechtzeitig umgebaut werden könnte. Die Utopie scheint die Seiten gewechselt zu haben: Es sind die Utopisten des Bestehenden, die glauben, dass alles so weitergehen kann, während die Realisten des Kollapses ihre Energien dafür verwenden, die Welt nach ihrem Zusammenbruch neu zu denken.

Tatsächlich gibt die kapitalistische Organisationsweise von Gesellschaft, Naturverhältnissen und Ökonomie wenig Anlass, auf die Möglichkeit tiefgreifender Veränderungen zu hoffen. Der globale Kapitalismus der Gegenwart hat vielmehr drei schwerwiegende Probleme gleichzeitig hervorgebracht, an denen er jetzt zu scheitern droht: geringes bzw. stagnierendes Wachstum, zunehmende Ungleichheit und die ökologische Krise.

Wachstum, Ungleichheit und Klimaschutz stehen sich unter kapitalistischen Vorzeichen gegenseitig im Wege. Wenn es ökologisch geboten ist, auf ein Wirtschaftswachstum um jeden Preis zu verzichten, wird dies die Ungleichheit anwachsen lassen, sofern keine gravierende Umverteilung geschieht. Aber auch die Begrenzung der Ungleichheit korrespondiert nicht unbedingt mit einer ökologischen Politik. Die traurige Wahrheit ist, dass es nicht zuletzt der Fortbestand der weltweiten Ungleichheiten und der extremen Unterschiede im Lebensstandard ist, der die globalen CO_2-Emissionen eindämmt und die Erderwärmung begrenzt. Ein Wachstum wiederum, das Umverteilung erlaubte und die globalen Ungleichheiten deutlich verringerte, wäre für den Planeten ruinös und brächte das Erdsystem noch näher an die Gefahr eines Kollapses heran. Ein kapitalistisches Weltsystem, das noch Wachstum und Profite generieren will, nimmt damit immer höhere soziale und ökologische Kosten in Kauf, bis es sich schließlich selbst in Frage stellt.

Doch welche Chancen bestehen, die Katastrophenzeit zu beenden, Widerstandsfähigkeit gegen Pandemien zu entwickeln, das Erdsystem vor einem Kollaps zu bewahren? Wie fundamental muss der gesellschaftliche Wandel sein? Die Coronapandemie und die ökologischen Notstände unserer Zeit haben – so wollte ich zeigen – gemeinsame Ursachen. Lassen sich aber auch gemeinsame Lösungen finden? Tatsächlich können wir im Wesentlichen zwei Strategien identifizieren, Katastrophen wie dem Klimawandel oder der

Coronapandemie zu begegnen. Kurzgefasst sind dies Modernisierung und Kontrolle.

Modernisierung als strukturelle Erneuerung kapitalistischer Ökonomie

Die Modernisierungsstrategie steht für die strukturelle Erneuerung kapitalistischer Ökonomie durch Anpassung an veränderte ökologische Rahmenbedingungen. Hiermit ist in ökonomischer Hinsicht die Praxis verbunden, Märkte und Wettbewerb als vermeintlich effizienteste wirtschaftliche Instrumente für die ökologische Modernisierung in Dienst zu nehmen. Dies geht mit der Imagination eines neuen Fortschrittsoptimismus einher. Die Modernisierung von Institutionen und dem Wirtschaftssystem baut folglich auf wissenschaftliche Forschung, technologische Innovation und ökonomische Anreize, um Nachhaltigkeitsziele zu realisieren. Zur Eindämmung des Klimawandels sollen Wirtschaftswachstum, Emissionen und hoher Ressourcenverbrauch durch technischen Fortschritt entkoppelt und der CO_2-Ausstoß durch seine Bepreisung unrentabel werden. *Impact Investing* und *Sustainable Finance* gelten als geeignete Instrumente, um „grünes Wachstum" zu generieren. Methoden des Geo-Engineering – also technische Eingriffe in das Klima und in den planetaren CO_2-Haushalt sowie die biochemische Beeinflussung der Atmosphäre – verkörpern die Wiederkehr eines Optimismus der Naturbeherrschung. Bei der Bekämpfung einer Pandemie wie Covid-19 wiederum gebietet die Modernisierungsstrategie, neue Impfstoffe und Medikamente zu finden, Infektionstests und Antikörpernachweise zu perfektionieren, Techniken des *Digital Health* wie etwa Tracing-Apps einzusetzen.

Im Vergleich hierzu ist die Kontrollstrategie autoritativ ausgerichtet. Sie setzt auf einen Maßnahmestaat, um Seuchen und ökologische Notstände zu bewältigen. In der Coronapandemie lernen wir dies als die Anordnung von Kontaktbeschränkungen, Isolation von Infektionsgebieten, Lockdown des öffentlichen Lebens, Grenzschließungen und die zeitweilige Aussetzung von Bürgerrechten wie Freizügigkeit und Versammlungsrecht kennen. Die Suspendierung von Bürgerrechten und mehr noch der Demokratie ist als „Blue Print" auch in der Klimakrise ein Thema. Strukturell steht die Politik der Kontrolle im Zeichen der ökologischen Katastrophe. Zahlreiche Planungen in der Klima-Governance von Regierungen und Staaten gehen bereits davon aus, dass schwere ökologische Schocks und Instabilitäten des Erdsystems nicht mehr abzuwenden sind. „Disaster Management" und „Climate Security"-Programme werden dadurch zum festen Bestandteil nationaler Sicherheitspolitik. Dem entsprechen Praktiken der Segregation, der Externalisierung, des Zwangs und der Überwachung, um Schäden in privilegierten Regionen und Sozialgruppen möglichst klein zu halten, während vulnerable Bevölkerungen allenfalls zum Objekt von Strategien zur gesamtgesellschaftlichen Resilienzsteigerung werden. Eingrenzung und nicht mehr Verhinderung von Katastrophen ist hier also das politische Handlungsziel, weshalb Gefährdungslagen nach Systemrelevanz, Sozialstatus und politischem Einfluss segregiert und gestaffelt werden. Globalen Führungsschichten kann es auf diese Weise gelingen, sich in geschützte Enklaven zurückzuziehen, während vulnerable Bevölkerungen zunehmend ökologischen Gefährdungslagen ausgesetzt sind und ökologische Risiken soweit wie möglich dorthin externalisiert werden, wo man sich dagegen nicht wehren kann. Diese autoritative Kontrollstrategie ökologischer Katastrophen folgt einer partikularistischen Ethik und dem Vorrang der stärksten Handlungsmacht. Politischer Souverän ist dann, wer über den ökologischen Ausnahmezustand bestimmt.

Die Kontrollstrategie oder der fatale Hang zum Öko-Autoritarismus

Allerdings ist die Auffassung, dass ökologische Notstände es notwendig machten, die liberale Demokratie zumindest zeitweilig oder teilweise zu suspendieren, nicht allein in den Planungsstäben von Regierungen vorzufinden. Auch auf Seiten der Kritiker von Wachstumswahn und der ökologischen Verantwortungslosigkeit trifft man auf einen Hang zum Öko-Autoritarismus, der die liberale Demokratie selbst für den verheerenden Zustand des Planeten verantwortlich macht.

Nicht ganz wenige Aktivisten aus der Umweltbewegung und Experten des Klimaschutzes geben nichts mehr auf Wahlen, Parteienwettbewerb, Parlamente und Abstimmungen, wenn es gilt, die Erde zu retten. Ungewollt spielen sie damit autokratischen Regierungen in die Hände, unter denen sich kaum eine je um Umweltkrisen und die globale Erwärmung gekümmert hat. Doch vielleicht werden gerade jene Regierungen am schnellsten zu einer ökologischen Notstandsgesetzgebung greifen, die heute noch die hartnäckigsten Klimaleugner in sich versammeln.

Solange es nur die Alternativen von Modernisierung und Kontrolle gibt, stecken wir in einem Dilemma. Die Bekämpfung einer Pandemie wie Covid-19 erzwingt ein erfolgreiches Gegenhandeln in rasender Geschwindigkeit, während ihre Ursachen – so auch beim Klimawandel – langfristiger Natur sind. Ein Infektionsschutz, der allein auf das Instrumentarium einer Innovation von Impfstoffen, Medikamenten und Techniken der Nachverfolgung setzt, gerät damit leicht in die fatale Situation, in immer kürzerer Folge für jeweils neu auftretende Pandemien wirksame Gegenmittel finden zu müssen.

Daraus könnte die Zwangslage resultieren, dass Fehlschläge in den Strategien der medizinisch-technischen Innovation, die mit dem zahlreicheren Auftreten neuer Pandemien wahrscheinlicher werden, keine andere Möglichkeit lassen, als zum Zweck der Infektionskontrolle einen autoritativen Maßnahme-Staat zu errichten und wirken zu lassen. Dieser mag zwar kurzfristig handlungsfähig sein, muss dafür aber immer aufs Neue Demokratie und Rechtsstaatlichkeit schleifen, ohne einen wirklich nachhaltigen Infektionsschutz bereitstellen zu können. Ähnliches lässt sich über den Klimawandel sagen, da die Strategien der ökologischen Modernisierung auf die tatsächliche Wirksamkeit technologischer Neuerungen und die Gewinnträchtigkeit „grüner" Investitionen angewiesen sind. Autoritative Kontrollstrategien wiederum spielen Klimaschutz und Nachhaltigkeit gegen Demokratie und Rechtsstaatlichkeit aus. Dies nutzt letztendlich auch nicht dem Klima, da sich die Opportunitäten des autoritären Machterhalts jederzeit auch gegen den Klimaschutz richten können.

Transformation als die demokratische Alternative

Sowohl der Schutz vor Pandemien als auch die Begrenzung der Erderwärmung bedürfen daher einer weiteren Alternative. Notwendig sind ein grundlegender Umbau von Wirtschaft und Gesellschaft und eine Veränderung unserer Naturverhältnisse, sollen bei Pandemien wie Covid-19 und ebenso in der Klimakrise nicht Gesundheit und Nachhaltigkeit als auch die Demokratie auf der Strecke bleiben. Notwendig ist mit anderen Worten eine fundamentale Transformation, von der sowohl die Bekämpfung von Pandemien als auch die Begrenzung der Erderwärmung profitieren würde. Seine gemeinsamen Bezugspunkte hätte der alternative Entwicklungspfad der Transformation im Ausbau kollektiver Güter und Infrastrukturen bei gleichzeitiger De-Kommodifizierung von Ökonomie, Natur und Daseinsvorsorge. Beides wäre notwendig, um die wirtschaftliche Entwicklung, die Funktionsweise unserer Infrastrukturen und die Formen der Lebensführung in Arbeit, Mobilität und Konsum zugleich am Gemeinwohl wie an der Erhaltung der planetaren Lebensgrundlagen orientieren zu können.

Dekarbonisierung und der Erhalt der Biodiversität sind Ziele, die sowohl dem Klimaschutz als auch der Abwehr weltweiter Gesundheitskrisen dienen. Hierzu tragen auch gewisse Formen der De-Globalisierung bei, um die unendliche wachsende und ressourcenvernichtende Zirkulation von Geld, Gütern und Menschen abbremsen zu können. Um den Raubbau an der Natur, aber auch die Erschöpfung menschlicher Gestaltungskräfte zu stoppen, bedarf es in Arbeit, Wirtschaft und Konsum der Suffizienz, also Obergrenzen in der Nachfrage nach Gütern und eines sozial-ökologisch verträglichen Maßes in der Verausgabung von Ressourcen und Kräften. Gesellschaftlich wird dies nur möglich sein durch eine Umverteilung von Einkommen, Besteuerung und Gewinnen, da ansonsten breite Bevölkerungsschichten die Kosten eines ökologischen Umbaus tragen müssen und sie in die Gegnerschaft gesellschaftlicher Transformationen hineingetrieben werden. All dies dient dem Ziel, die gesellschaftlichen Naturverhältnisse in einer nachhaltigen Weise zu organisieren, so dass der Stoffwechsel, in dem sich menschliche Gesellschaften mit dem Erdsystem befinden, nicht mehr zur Verheerung von beidem führt. Die beunruhigende Frage ist allerdings, ob uns die Katastrophenzeit des 21. Jahrhunderts für die Wirksamkeit solch fundamentaler Transformationen überhaupt noch ausreichend Zeit lässt. Darauf gibt es keine abstrakte Antwort, sondern nur eine, die das praktische Handeln der Menschen geben kann: entschlossen dafür zu streiten, dass für gesellschaftlichen Wohlstand nicht mehr länger der Preis einer irreversiblen Naturzerstörung zu zahlen ist.

Die große Trennung

Die Geburt der technokratischen Weltsicht und die planetarische Krise

Von **Fabian Scheidler**

Die Krise des durch massive menschliche Eingriffe beschädigten Lebens auf der Erde, die unter dem Namen Anthropozän firmiert, ist eng mit einem technokratischen Programm verbunden, das die Natur zu einer abgespaltenen und beherrschbaren Ressource in der Hand des Menschen degradiert. Obwohl die Naturwissenschaften – von der Quantenphysik bis zur Systembiologie – diese Vorstellung zum Teil längst überwunden haben, ist die technokratische Ideologie heute wirkmächtiger denn je. Der Grund dafür liegt in der engen Verbindung dieses Weltbildes mit dem vorherrschenden Wirtschaftsmodell.

Als sich die modernen Naturwissenschaften im 17. Jahrhundert in Europa entwickelten, vollzog sich gerade ein systemischer Umbruch, der in seiner Bedeutung nur mit der neolithischen Revolution – also der Entstehung der Landwirtschaft – vor etwa 10 000 Jahren und der Formation der ersten Herrschaftsapparate und Staaten vor 5000 Jahren zu vergleichen ist. Es war die Geburt dessen, was man später das moderne, kapitalistische Weltsystem genannt hat.[1] In jahrhundertelangen Kämpfen untereinander und gegen die bäuerliche Bevölkerung brachten Handelsmagnaten, Bankiers, Landesherren, Rüstungsfabrikanten, Großgrundbesitzer und Teile der Kirche ein System hervor, das vollkommen neu in der menschlichen Geschichte war. Es sollte sich als das produktivste und dynamischste, aber auch gefährlichste und gewalttätigste Gesellschaftssystem erweisen, das Homo sapiens je geschaffen hat. In wenigen Jahrhunderten eroberte es den gesamten Globus und wurde so zur ersten weltumspannenden Zivilisation. Und zur ersten Zivilisation, die in der Lage ist, den Planeten zu zerstören.

Der Kern dieses neuartigen Systems ist die endlose Vermehrung von Kapital in einem ununterbrochenen Zyklus von Profit und Reinvestition. Darin unterscheidet es sich grundlegend von anderen historischen Herrschaftsordnungen wie etwa dem Römischen Reich oder chinesischen Großreichen. Das Prinzip endloser Akkumulation ist in mächtigen Institutionen verankert, darunter Aktiengesellschaften und Bankhäusern, deren einziger Zweck darin besteht, eingelegtes Kapital zu vermehren, egal mit welchen Mitteln.

1 Der Begriff „modernes Weltsystem" wurde von dem US-Soziologen Immanuel Wallerstein geprägt, vgl. Immanuel Wallerstein, Das moderne Weltsystem, Band 1-4, Wien 1986-2012.

Heute kontrollieren die 500 größten multinationalen Konzerne, die nach diesem Prinzip organisiert sind, etwa 40 Prozent der weltweiten Wirtschaftsleistung und zwei Drittel des Welthandels.[2]

Die zweite tragende Säule dieser neuen Ordnung war der moderne Militärstaat, der sich seit dem 16. Jahrhundert co-evolutionär mit den wirtschaftlichen Machtstrukturen entwickelte. Für ihre immer größeren Söldnerheere und Feuerwaffen brauchten die Landesherren enorme Mengen an Kapital, das ihnen die Händler und Bankiers als Kredit zur Verfügung stellten. Das *return on investment* der Kreditgeber wiederum wurde aus den Raubzügen der von ihnen finanzierten Heere bestritten. Militarisierte Staaten und privates Kapital waren auf diese Weise von Anfang an untrennbar verflochten. Dieses System war und ist auf permanente ökonomische und militärische Expansion angewiesen, um das angelegte Kapital zu vermehren. Die von Europa ausgehende Kolonisierung der Welt war daher eine systemische Notwendigkeit, um die Maschinerie der Akkumulation in Gang zu halten.[3]

Diese Entwicklung hatte erhebliche Auswirkungen auf die Geburt der modernen Naturwissenschaften, ja, es gibt gute Gründe für die Annahme, dass sie ohne die kapitalistische Kriegsökonomie in dieser Form gar nicht entstanden wären. Händler, Bankiers und Landesherren brauchten für ihre Unternehmungen Technologie, zumal sie stets fürchten mussten, von der Konkurrenz überrollt oder verdrängt zu werden. Eine Klasse von *ingeniarii* entstand, zu denen auch Erfinder wie Leonardo da Vinci und Galileo Galilei gehörten, die einen erheblichen Teil ihres Lebensunterhalts mit der Entwicklung militärischer Vorrichtungen bestritten. Die Entdeckung und mathematische Beschreibung der Fallgesetze und der Wurfparabel durch Galileo etwa hatte eine wichtige militärische Bedeutung, konnte man damit doch die Flugbahnen von Kanonenkugeln wesentlich besser berechnen. Auch Newtons Hauptwerk, die „Principia Mathematica" (1687), in dem er seine Gravitationstheorie und die Grundlagen der Mechanik niederlegte, entsprang keineswegs einer Elfenbeinturm-Wissenschaft, sondern antwortete bis ins Detail auf die technischen Bedürfnisse der damaligen Kriegsführung, der Schifffahrt und des Bergbaus. Berechenbarkeit wurde zu einer entscheidenden Kategorie für Militärs, staatliche Beamte, Buchhalter und Investoren. Daher ist es kein Wunder, dass auch in der damaligen Forschung das Messen und Zählen immer mehr Vorrang vor qualitativen Betrachtungen bekam. Die Kultur, in der die modernen Wissenschaften geboren wurden, war vom Rechnen geradezu besessen, denn davon hing der militärische, politische und ökonomische Erfolg entscheidend ab.

Die Pioniere der neuzeitlichen Naturwissenschaften konnten meist nur ihren Lebensunterhalt verdienen und Karriere machen, wenn sie den Fokus ihrer Untersuchungen auf Dinge konzentrierten, die privaten und staatlichen Geldgebern nützlich waren. Ökonomie, Militär und Politik hatten daher erheblichen Einfluss auf die Auswahl von Forschungsgegenständen und Methoden. Es war außerdem keine Seltenheit, dass Wissenschaftler unmit-

2 Bundeszentrale für politische Bildung, Weltwirtschaft und internationale Arbeitsteilung, Bonn 2005.
3 Vgl. Fabian Scheidler, Das Ende der Megamaschine, Wien 2015, S. 77-104.

telbar an der kapitalistischen Eroberung der Welt beteiligt waren. Viele der führenden Köpfe der frühneuzeitlichen Wissenschaft, darunter Francis Bacon, Robert Boyle, Christiaan Huygens, John Locke und Isaac Newton, waren Anteilseigner, Mitarbeiter oder sogar Direktoriumsmitglieder der großen Aktiengesellschaften, die gewaltsam die Kolonisierung Nordamerikas, Asiens und Afrikas vorantrieben. Für einige dieser Forscher war die Verbindung zum kolonialen Projekt nicht allein eine Sache der persönlichen Bereicherung. Für Robert Boyle etwa, einen glühenden Puritaner, war die Expansion des britischen Imperiums durch Aktiengesellschaften ein Mittel, um, wie er es ausdrückte, das „Imperium des Menschen über die niederen Geschöpfe" herzustellen, das Adam in der Genesis verheißen worden war („Macht euch die Erde untertan."). Christliche Mission, Kapitalakkumulation, koloniale Gewalt und Wissenschaft formierten sich zu einer Quadriga der Welteroberung und der Beherrschung der „niederen Geschöpfe".

Die Natur als Objekt

Selbst wenn Forscher nicht so unmittelbar in die kapitalistische Expansion verstrickt waren wie etwa Boyle oder Bacon, so atmeten sie doch die Weltanschauung der Schicht, in der sie verkehrten und von der sie bezahlt wurden, täglich mit ein. Und diese Geisteshaltung war stark von einer Kultur der Berechnung geprägt. Die Welt war zu einem Spielfeld aus Ressourcen und Risiken geworden, auf dem es galt, sich durch geschicktes Kalkül möglichst viel anzueignen. Die Natur wurde so von einem lebendigen Netz, in das die Menschen eingebettet waren, Schritt für Schritt zu einem Objekt, das ihnen gegenüberstand.

Die Epoche der Renaissance, in der sich das neue System formierte, war geprägt von diesem fundamentalen kosmologischen Umbruch. Auf der einen Seite standen verschiedene Formen „organischer" Weltbilder, die den Kosmos als ein Ganzes auffassten, beseelt von einer anima mundi (Weltseele). Giordano Bruno (1548-1600) etwa vertrat die Auffassung, dass das Universum sowohl unendlich als auch durchgehend beseelt sei, eine Idee, für die er von der römischen Inquisition schließlich bei lebendigem Leibe verbrannt wurde. „Es ist nicht vernünftig, zu glauben", schrieb er, „dass irgendein Teil der Welt ohne Seelenleben, Empfindung und organische Struktur sei."[4] Johannes Kepler stand, eine Generation später, bereits an der Scheidelinie zu einer mechanistischen Betrachtungsweise. Er teilte zwar das organische Weltbild, insofern er zumindest die Erde als lebendiges Ganzes mit einer anima terrae ansah; zugleich aber schien ihm die Organismusmetapher nicht hilfreich, um die Bewegung der Gestirne zu verstehen. So schrieb er 1605 an einen Freund: „Mein Ziel ist es zu zeigen, dass die Himmelsmaschine nicht einem göttlichen Organismus gleicht, sondern einem Uhrwerk."[5] Die

4 Irving Louis Horowitz, The Renaissance Philosophy of Giordano Bruno, New York 1952, S. 27.
5 Carolyn Merchant, Der Tod der Natur. Ökologie, Frauen und neuzeitliche Naturwissenschaft, München 2020, S. 143.

im 14. Jahrhundert erfundene mechanische Uhr wurde zu einer zentralen Metapher für das neue Zeitalter. Doch erst in der Epoche des Dreißigjährigen Krieges (1618-1648) – eine weitere Generation später – traten Philosophen und Naturforscher wie René Descartes, Pierre Gassendi und Thomas Hobbes auf den Plan, die nicht nur die Planetenbewegungen, sondern auch die gesamte lebendige Welt als eine Maschine betrachteten (wobei Descartes den menschlichen Geist davon ausnahm).

Es wäre allerdings irreführend zu glauben, dass dieser kosmologische Umbruch bereits im 17. Jahrhundert die ganze Gesellschaft erfasst hätte. Zum einen waren die Ansichten der Mechanisten zu ihrer Zeit und auch noch Jahrhunderte später Gegenstand erbitterter Kontroversen, auch unter Wissenschaftlern. Zum anderen beschränkte sich die mechanistische Philosophie zunächst auf eine bestimmte Schicht von – fast ausschließlich männlichen – Gelehrten und Ingenieuren sowie Kaufleuten, Fabrikbesitzern, Regenten und Militärs, deren Art, mit der Welt umzugehen, durch die neue Lehre reflektiert und legitimiert wurde. Menschen hingegen, die den größten Teil ihrer Zeit mit Sorge- und Beziehungstätigkeiten verbringen, etwa subsistenter Landwirtschaft, Kindererziehung oder Betreuung von alten Menschen, konnten der Idee, dass die Welt eine Maschine ist, stets wenig abgewinnen. Erst in dem Maße, wie die gesamte Gesellschaft, von der Schule über die Landwirtschaft bis zur Fabrik, nach dem Modell der Maschine umgebaut wurde, konnte sich die technokratische Ideologie in der Breite durchsetzen.

Die Große Trennung lässt sich auf verschiedenen Ebenen verfolgen.[6] In der Malerei etwa, die in den frühkapitalistischen Zentren Italiens und der Niederlande eine rasante Entwicklung durchmachte, setzte sich seit dem 15. Jahrhundert nach und nach die Zentralperspektive durch, die auch für unsere heutige Bilderwelt bis hin zum Cyberspace charakteristisch ist. Während in früheren Darstellungen, ob im europäischen Mittelalter oder im alten Ägypten, Figuren und Dinge nach ihrer Bedeutung und ihren Beziehungen geordnet waren, sind sie in der Zentralperspektive entlang einer Linie angeordnet, die vom Auge des Betrachters zu einem imaginären Fluchtpunkt in der Ferne führt. Der Mensch steht einer durchschaubaren und mathematisch geordneten Welt gegenüber, die er erobern und sich aneignen kann.[7] Als Hilfsmittel zur Konstruktion der Perspektive wurde oft ein Fadengitter benutzt, das die Welt in Planquadrate zerlegte.

Die Obsession der Zerlegung, die prägend für die westliche Moderne werden sollte, hatte zwei verschiedene Seiten: Zum einen machte sie eine bis dahin unerhörte Genauigkeit der Untersuchung möglich und förderte auf diese Weise verborgene Strukturen sowohl der anorganischen als auch der organischen Sphäre zutage. Diese rigorose Konzentration hat erheblich zu den Erfolgen der Naturwissenschaften beigetragen. Auf der anderen Seite machte dieser Fokus aber auch viele Zusammenhänge unsichtbar. Insbe-

6 Zum Begriff der „Großen Trennung“ („Great Divide“/„Grand Partage“) vgl. Philippe Descola, Jenseits von Natur und Kultur, Frankfurt a. M. 2011.

7 Zur Entwicklung der Zentralperspektive vgl. das klassische Werk des Kunsthistorikers Erwin Panofsky, Die Perspektive als „symbolische Form“, Leipzig und Berlin 1927.

sondere Kreislaufprozesse, die in der Natur eine so wichtige Rolle spielen, wurden auf diese Weise ausgeblendet. Es ist bemerkenswert, dass trotz der enormen Entwicklung der Naturwissenschaften seit dem 17. Jahrhundert erst in den 1940er Jahren die einfachen Prinzipien kybernetischer Regelkreise formuliert wurden.[8] Lebende Systeme beruhen auf komplexen Wirkungskreisen, bei denen jeder Teil zugleich Ursache und Wirkung sein kann. Zerlegt man diese ineinander verschlungenen Kreisläufe in einzelne Kausalvorgänge, um lineare Gleichungen vom Typ „aus A folgt B" zu erhalten, dann versteht man zwar die Details immer genauer, das Ganze aber immer weniger. Ein kurzer Abschnitt eines großen Kreises kann einer Geraden zum Verwechseln ähnlich sehen – und so zu der Illusion verführen, die Zusammensetzung solcher Teilstücke würde am Ende eine lineare Kausalkette ergeben.

Auf diesem Irrtum beruht die Idee, der Mensch könne die Natur steuern und beherrschen, wenn er nur all die kleinen Kausalabschnitte addiert und die Parameter kontrolliert. Ein typisches Beispiel für diese Täuschung ist der Einsatz von Pestiziden in der Landwirtschaft. Die Anwendung der Chemikalien tötet zwar zunächst die Schädlinge und steigert die Erträge in linearer, berechenbarer Weise, doch wird zugleich der gesamte Kreislauf unterbrochen, in dem Insekten, Pilze und Pflanzen, die durch das Mittel ausgelöscht werden, eine entscheidende Rolle spielen. In der Folge verschwinden bestäubende Insekten und mit ihnen die Vögel, Bodenlebewesen sterben, die Fruchtbarkeit sinkt, und multiresistente Schädlinge breiten sich aus, die nun ein leichtes Spiel haben, weil auch ihre Fressfeinde ausgerottet wurden. Am Ende kann der Acker nur noch durch einen ständig steigenden Einsatz von weiteren Pestiziden und Düngern produktiv gehalten werden, bis er irgendwann tot ist. Die ökologische Vernichtung, die am Ende dieser Entwicklung steht, ist keine zufällige „Nebenwirkung", sondern die zwingende Konsequenz, wenn man lebendigen Kreisläufen mit Methoden zu Leibe rückt, die dafür ersonnen wurden, die Flugbahnen von Kanonenkugeln zu errechnen.

Der Mensch als Objekt und die Spaltung von Körper und Geist

Nicht allein die mineralische, pflanzliche und tierische Welt wurde infolge der Großen Trennung zum Objekt, zur bloßen Ressource reduziert, sondern auch der Mensch selbst. Am offensichtlichsten war dies im transatlantischen Sklavenhandel. Vom 16. bis ins 19. Jahrhundert verschleppten europäische Sklavenhändler etwa zwölf Millionen Menschen aus Afrika und verschifften sie in die Karibik, nach Brasilien und in die heutigen USA, um sie dort an Zucker-, Tabak-, Kaffee- und Baumwollproduzenten zu verkaufen. In den Schiffen wurden die Menschen wie Mehlsäcke verladen, ein beträchtlicher Teil starb bereits auf der Überfahrt. Im französischen Code Noir, der bis 1848 in Kraft war, wurden Sklaven als *meubles* definiert, also als bewegliche Gegenstände, die der totalen Verfügungsgewalt ihrer Eigentümer ausgelie-

8 Der Begriff Kybernetik (von griechisch kybernétes, Steuermann) wurde 1947 von dem Mathematiker Norbert Wiener geprägt.

fert waren. Der transatlantische Sklavenhandel war historisch eng mit der Ausbreitung der mechanistischen Philosophie verbunden. Descartes hatte eine scharfe Trennung zwischen den Menschen und der übrigen Schöpfung eingeführt, indem er behauptete, dass Tiere nur Automaten seien, der Mensch allein dagegen über Geist und Empfindungen verfüge. Auf dieser Grundlage genügte es, bestimmte Menschen einfach etwas näher an das Tierreich zu rücken, um die Sklaverei zu rechtfertigen. Die rassistischen Traktate und Pseudowissenschaften, die mit dem Aufschwung der Sklaverei ins Kraut schossen, sprachen Afrikanern und anderen Nichtweißen wesentliche menschliche Eigenschaften wie Intellekt und höhere Sensibilität einfach ab. Damit wurde ein beträchtlicher Teil der Menschheit ein Stück weit in die Kategorie der Tiere verschoben – und damit, im Weltbild der Mechanisten, der Automaten. Die Insel des Geistes, von der bereits die nichtmenschlichen Wesen vertrieben worden waren, wurde ein weiteres Stück kleiner, sie war nun ausschließlich den Weißen vorbehalten, während der Rest der Menschheit Teil einer geistlosen „Natur" wurde.

In die gleiche Zeit wie der Aufschwung der Sklaverei und die Geburt des mechanistischen Weltbildes fallen die Höhepunkte der Hexenverfolgungen in Europa und Nordamerika. In den von Staat und Kirche betriebenen Hetzkampagnen wurden vor allem Frauen dämonisiert und als irrational gebrandmarkt. So wurden auch sie von der Insel des Geistes, der Zivilisation und der Kultur verbannt und dem Bereich der „Natur" zugerechnet, den es zu zähmen und zu beherrschen galt.[9]

Der Prozess der Trennung, Verdinglichung und Atomisierung machte auch vor dem Rest der Bevölkerung einschließlich der weißen Männer nicht halt. Die stetige Ausweitung der kapitalistischen Produktion in Bergwerken, Manufakturen und Landwirtschaft brauchte frei verfügbare Arbeitskräfte, die bereit waren, sich gegen Lohn zu verdingen. In der Frühen Neuzeit taten die meisten Menschen dies keineswegs freiwillig, solange sie noch in einem funktionierenden Netzwerk lebten, in dem sie relativ selbstbestimmt für den Bedarf der Gemeinschaft produzieren konnten. Zwölf Stunden täglich unter dem Kommando eines Chefs zu stehen, der jeden Arbeitsschritt überwachte, und gegen einen Hungerlohn Waren für einen anonymen Markt zu produzieren, war alles andere als attraktiv. Aus diesem Grund setzten Großgrundbesitzer, Fabrikanten und Regenten auf Repression: Drakonische Strafen gegen sogenannte Vagabunden, die Einrichtung von Arbeitshäusern mit Zwangsarbeit und die gezielte Abschaffung von Wohlfahrtsleistungen hatten das ausdrückliche Ziel, die widerspenstige Bevölkerung in die Lohnarbeit hineinzuterrorisieren. Arbeitsmärkte sind historisch keineswegs auf natürliche Weise entstanden, wie es moderne ökonomische Mythen wollen, sondern zu einem wesentlichen Teil durch physische und strukturelle Gewalt.

Die Ursache für den Widerstand gegen die Lohnarbeit lag nicht allein in zu geringen Löhnen, sondern auch in der mit ihr einhergehenden Entfremdung und sozialen Atomisierung. Wie der Wirtschaftshistoriker Karl Polanyi

9 Vgl. Silvia Federici, Caliban und die Hexe. Frauen, der Körper und die ursprüngliche Akkumulation, Wien 2012.

in seinem Buch „The Great Transformation" anschaulich zeigt, bedeutet die Schaffung eines Arbeitsmarktes nichts Geringeres, als den Menschen zu einer Ware wie jede andere zu reduzieren, die genauso gekauft und verkauft werden kann wie Baumwollballen und die jederzeit und überall verfügbar sein muss, ohne Rücksicht auf kulturelle und soziale Bindungen.[10] Während Wissenschaftler die Natur in immer kleinere Bestandteile zerlegten, zerteilten Unternehmer und staatliche Akteure das Gewebe der Gesellschaft in atomisierte Wirtschaftssubjekte, die frei verfügbar und kombinierbar sein sollten. An die Stelle eines Netzes von kooperativen Beziehungen in einer Gemeinschaft trat die Konkurrenz um Arbeit und Geld. Der nutzenoptimierende Homo oeconomicus ist keineswegs der „Naturzustand" des Menschen, wie der Mainstream in der heutigen Ökonomik behauptet, sondern eine historische Deformation.

Was zählt, ist allein, was man zählen kann

In der entfremdenden Lohnarbeit finden wir genau jene Trias wieder, die den Kern der technokratischen Ideologie bildet. Erstens: Was zählt, ist allein, was man zählen kann, in diesem Fall der ökonomische Output und das Geld. Die erlebte Qualität und der Inhalt der Arbeit werden zum subjektiven Rest, auf den es nicht wirklich ankommt und der auch fast nie Gegenstand größerer gesellschaftlicher Debatten ist. Zweitens: Der Mensch wird zum austauschbaren Objekt einer totalen Logistik in einer globalen Lego-Welt. Er ist nicht mehr eingebunden in Landschaften und soziale Beziehungsgefüge (von der Kleinfamilie vielleicht abgesehen), sondern als abgetrenntes Individuum verfügbar. Der Leiharbeiter ist heute zum Sinnbild dieser Entwurzelung geworden. Und drittens: An die Stelle von selbstorganisierenden kulturell-ökologischen Kreislaufprozessen treten lineare Ursache-Wirkungs-Ketten, die auf dem Prinzip von Befehl und Gehorsam beruhen.

Es hat über 200 Jahre gedauert, bis sich Menschen so weit an diese Atomisierung und Entfremdung gewöhnt haben, dass es ihnen heute als etwas Natürliches erscheint, ihre Haut zu Markte zu tragen und die eigenen Kinder schon im Vorschulalter für den globalen Wettbewerb zu trimmen. Allerdings ist diese Gewöhnung keineswegs mit Enthusiasmus zu verwechseln: Laut einer Umfrage des renommierten Meinungsforschungsinstituts Gallup in 142 Ländern sind nur 13 Prozent der Werktätigen weltweit bei ihrer Arbeit motiviert.[11]

Die systematische Unterwerfung des tätigen Menschen unter fremde Zwecke führte zu einer tiefgreifenden Spaltung von Körper, Geist und Seele, die charakteristisch für die westliche Moderne werden sollte. Je bestimmender die „Sachzwänge" des großen Räderwerks wurden, desto weniger war es tolerierbar, dass Menschen ihren eigenen Gefühlen, Gedanken und Impul-

10 Karl Polanyi, The Great Transformation. Politische und ökonomische Ursprünge von Gesellschaften und Wirtschaftssystemen, Frankfurt a. M. 1995 [1944].
11 Gallup Report: State of the Global Workforce, Washington 2013, gallup.com.

sen folgten. Die Große Trennung spaltete daher nicht allein die Kultur von der Natur ab und trieb einen Keil zwischen die zunehmend atomisierten Individuen, sondern sie erzeugte auch einen tiefen Riss, der mitten durch den Menschen selbst verläuft.

Die modernen Disziplinaranstalten, die der französische Philosoph Michel Foucault so eindringlich beschrieben hat, spielten dabei eine entscheidende Rolle. In den seit dem 17. Jahrhundert aufgebauten stehenden Heeren wurden Menschen mit immer raffinierteren Methoden dazu gedrillt, ihre eigenen Gedanken, Gefühle und Körperimpulse so vollständig wie möglich zu unterdrücken, um auf Befehl wie gut geölte Roboter zu funktionieren. Die Schule, die im 18. Jahrhundert nach dem Vorbild des Militärs geschaffen wurde, trainiert diesen Modus der Entfremdung schon im Kindes- und Jugendalter. Auf den Schulbänken lernen wir oft bis heute, unseren Körper über viele Stunden jeden Tag in unbewegliches Sitzfleisch zu verwandeln, um abstraktes, von leiblicher Erfahrung abgeschnittenes Wissen in uns aufzunehmen. Zwar lernen wir auf diese Weise relativ wenig über die wirkliche Welt, da echtes Lernen nur gelingt, wenn es mit allen Sinnen geschieht. Aber wir lernen – und das ist der tiefere Zweck dieser Art von Beschulung –, das seelisch-geistig-körperliche Kontinuum, das mit seiner Mitwelt verbunden ist, zu zerbrechen und die Impulse unseres Körpers zu missachten. Denn nur so können wir auf all die entfremdenden und trostlosen Tätigkeiten vorbereitet werden, aus denen der größte Teil unseres Wirtschaftslebens besteht.

Die Abwertung der Innenwelten, die in der technokratischen Mythologie eine so wichtige Rolle spielt, erfüllt hier eine wichtige ideologische Funktion. Denn wenn allein der messbare Output des Menschen den Status einer höheren Realität erhält – ob in Form von Schulnoten, Banknoten oder militärischer Feuerkraft –, dann kann jeder Einspruch gegen die Zumutungen des Systems als bloße „subjektive Befindlichkeit" abgetan werden. Die Mühlen der Disziplinarinstitutionen, die bereits im Kindesalter greifen und erst mit der Rente enden, führen mit der Zeit dazu, dass diese Ideologie Schritt für Schritt verinnerlicht wird und die eigenen Innenwelten zugunsten der Outputsteigerung verdrängt werden. Das Endstadium dieser Entwicklung ist erreicht, wenn es die äußeren Befehlshaber gar nicht mehr braucht, sondern jeder Mensch sein eigener Kommandant wird, um aus sich selbst maximale Vorteile im globalen Wettbewerb herauszuschinden. So wird der eigene Körper, die eigene Seele, der eigene Geist zum Objekt, zur Ressource.

Die Große Trennung und die damit verbundene Abspaltung der Innenwelten hat aber auch noch andere tiefreichende Gründe, die in der traumatisierenden Geschichte Europas liegen. Eng mit der Entwicklung der ökonomischen Strukturen der Moderne war der Aufbau gewaltiger Militärmaschinerien verbunden, die bald alles in den Schatten stellten, was die Welt bis dahin gesehen hatte. Seit der Einführung der Feuerwaffen im 14. Jahrhundert setzte eine fast ununterbrochene Kette von immer größeren Kriegen ein – vom Hundertjährigen (1337-1453) über den Dreißigjährigen Krieg (1618-1648) bis zu den beiden Weltkriegen des 20. Jahrhunderts –, die Generationen von seelisch zutiefst verstörten Menschen hinterließen.

Die renommierte Traumaforscherin Judith Herman schreibt: „Traumatische Ereignisse stellen grundlegende menschliche Beziehungen infrage. Sie verletzen oder zerbrechen die Bindungen der Familie, der Freundschaft, der Liebe und der Gemeinschaft. Sie zertrümmern die Konstruktion des Selbst, das durch die Beziehungen zu anderen geformt und aufrechterhalten wird."[12] Typisch für Traumapatienten ist die sogenannte Dissoziation: das Abspalten von ganzen Gefühlswelten bis zur seelischen Betäubung („emotionale Anästhesie") und die Entkopplung vom eigenen Körper, der als fremd erlebt wird. Das Gefühl von Sinnhaftigkeit und Kohärenz des eigenen Lebens und der Welt als Ganzes zerbricht.

Vor dem Hintergrund jahrhundertelanger kollektiver Traumatisierungen erscheint die Große Trennung in einem ganz neuen Licht. Die Abkopplung und Ausblendung der Innensichten, des seelischen Erlebens, und die Unfähigkeit, in Beziehungen zu denken, sind als typische Traumasymptome zugleich charakteristisch für die atomistisch-mechanische Vorstellung der Welt.

Die Zerstörung kollektiver Sinngefüge

Die Große Trennung blieb nicht auf die westliche Welt beschränkt. Mit der militärischen und wirtschaftlichen Expansion Europas wurde schließlich der gesamte Erdball in das neue System integriert – ein Prozess, der für einen großen Teil der Weltbevölkerung mit tiefen Traumatisierungen verbunden war. In den USA etwa wurden die Native Americans, die den Genozid überlebt hatten, ab Ende des 19. Jahrhunderts einem Programm zur erzwungenen Assimilierung unterzogen. Eine wichtige Säule waren dabei die *Carlisle Indian Industrial Schools*, die 1879 von einem General namens Richard Pratt gegründet wurden. Pratt gab die Devise aus: „Kill the Indian in him, and save the man" („Töte den Indianer in ihm und rette den Mann"). In Hunderten von Internaten wurden Kinder von insgesamt 140 indigenen Völkern gezwungen, ihre Kultur, ihre Sprache, ihre Kosmologie und oft sogar ihre Namen aufzugeben. „Indianische Verhaltensweisen" wurden durch körperliche Züchtigungen geahndet. Ähnlich verfuhr die australische Regierung: Zwischen 1905 und 1967 riss sie Zehntausende von Aborigines-Kindern mit Gewalt aus ihren Elternhäusern und deportierte sie in Missionsschulen, um ihre Kultur auszulöschen. Händler, Militärs und Missionare arbeiteten dabei Hand in Hand, um sich natürliche Ressourcen anzueignen, Arbeitskräfte auszubeuten und die Ideologie der westlichen Überlegenheit zu verbreiten. Nichtwestliche Lebensweisen und Kosmologien wurden so wahlweise als heidnisch, rückständig, irrational oder unterentwickelt gebrandmarkt und systematisch zerstört. Da Kosmologien eine mächtige Kraftquelle für Widerstand sein können, war ihre Auslöschung von Anfang an ein zentraler Pfeiler der Kolonisierung. Heute setzt die Zerstörung von indigenen Lebensräumen

12 Judith Herman, Trauma and Recovery. The Aftermath of Violence – from Domestic Abuse to Political Terror, New York 1992, S. 51 (Übers. d. Autors).

durch Holzplantagen, Minen, Erdölbohrungen und andere extraktive Projekte diese düstere Tradition fort. Das Ergebnis ist ein beispielloser Schwund an kultureller und sprachlicher Diversität. Laut UNESCO ist heute etwa die Hälfte der rund 6500 Sprachen, die auf der Welt noch gesprochen werden, akut vom Aussterben bedroht. Alle zehn Tage stirbt eine Sprache.[13]

Kosmologien können wie alle komplexen lebendigen Gefüge auf vielerlei Weisen sterben. Während es Jahrhunderte oder gar Jahrtausende braucht, bis sie sich entwickelt haben, genügen zu ihrer Zerstörung oft wenige Jahre, manchmal sogar nur Tage. Traumatische Erlebnisse wie etwa ein Massaker durch Kolonisatoren oder ein Flächenbombardement können in kürzester Zeit die über Jahrhunderte entwickelten inneren und äußeren Gleichgewichte einer Gesellschaft zerschmettern. Schleichender verläuft der Zerfall einer Kosmologie durch Eingriffe in die Lebensweise und Ökonomie. Doch wenn das komplexe Gewebe von Innen- und Außenwelt einmal zerrissen ist, lässt es sich nur sehr schwer wieder heilen.

Die Zerstörung gewachsener Sinngefüge durch die Expansion der modernen Megamaschine hat in vielen Teilen der Erde ein kosmologisches Vakuum hinterlassen, das mit verschiedenen Namen bedacht wurde. Max Weber sprach von der „Entzauberung der Welt", Georg Lukács von „transzendentaler Obdachlosigkeit" und Albert Camus von der „Absurdität" der menschlichen Existenz. Es ist wichtig, sich hier darüber klar zu werden, dass diese „Entzauberung" nicht von der Wissenschaft selbst ausging. Die emotional-geistige Entleerung der Welt ist nicht die Folge der wissenschaftlichen Entdeckungen, sondern das Ergebnis eines gewaltsamen traumatischen Prozesses. Wo das Gewebe menschlicher Beziehungen durch strukturelle und physische Gewalt zerrissen wurde, wo die kosmologischen Gefüge in Trümmern liegen, erwächst in den Menschen eine Sehnsucht nach dem Ganzen, nach Teilhabe an einem größeren Sinnzusammenhang, in dem das eigene Leben seinen Platz findet. Diese Sehnsucht hat im Laufe der Moderne verschiedene Suchbewegungen in Gang gesetzt, die künstlerische, religiöse und politische Formen annahmen. Die Geschichte der Neuzeit ist ohne diesen dialektischen Prozess von Trauma und Suche nach Ganzheit nicht zu verstehen.

So verständlich, ja notwendig diese Suchbewegung ist, da Menschen nicht dauerhaft ohne ein Sinngefüge existieren können, so sehr birgt sie in unseren atomisierten Industriegesellschaften auch erhebliche Gefahren, besonders wenn die traumatischen Ursprünge der kosmologischen Leere verdrängt bleiben. Religiöser Fundamentalismus, Nationalismus und Faschismus haben in den vergangenen 150 Jahren immer wieder dazu gedient, die Sehnsüchte nach Verbundenheit und Zugehörigkeit zu einem größeren Ganzen auszunutzen und in eine destruktive Richtung zu kanalisieren.

Karl Polanyi hat darauf hingewiesen, dass der Versuch, Menschen zu verfügbaren Wirtschaftsatomen zu reduzieren, letztlich die Gesellschaft zerstört und unweigerlich massive Gegenreaktionen provoziert, zu denen auch Natio-

13 Vgl. UNESCO Atlas of the World's Languages in Danger, unesco.org/languages-atlas.

nalismus und Faschismus gehören. Die Überwindung der Großen Trennung – nicht nur als Ideologie, sondern auch als gesellschaftliche Praxis – und die Wiederentdeckung echter Verbundenheiten ist auch in dieser Hinsicht eine Überlebensfrage für die Menschheit.

Digitalisierung als Radikalisierung der Großen Trennung

Obwohl die moderne Physik und Biologie längst die Vorstellung aufgeben mussten, dass die Welt eine Maschine ist,[14] schreitet die Maschinisierung unserer Lebenswelten immer weiter voran. Es scheint fast so, als sei das Leitbild der Maschine so tief in den genetischen Code dieser Zivilisation eingeschrieben, dass sie allen wissenschaftlichen Erkenntnissen zum Trotz nicht ruhen wird, ehe sie den gesamten Planeten in eine gigantische Apparatur verwandelt und noch den letzten Rest selbstorganisierten Lebens zum Verschwinden gebracht hat. Die Digitalisierung ist auf diesem Weg nur die jüngste Etappe. Menschliche Beziehungen werden Schritt für Schritt in Apparate hineinverlagert, an die Stelle direkter sinnlicher Wahrnehmung und Kommunikation treten digitale Schnittstellen. Auf diese Weise werden sowohl die Außenwelt als auch der eigene Körper immer weiter ausgeblendet. Die Digitalisierung führt damit die Große Trennung zur äußersten Konsequenz. Das geistig-seelisch-körperliche Kontinuum des Menschen wird an der Wurzel zertrennt, so dass nur noch ein körperloses Beobachtergespenst im Cyberspace übrig bleibt. An die Stelle einer verbundenen Mitwelt tritt eine programmierte Weltersatzmaschine. Alles, was Menschen darin noch erleben können, ist für sie von anderen präfiguriert worden.

Die Digitalisierung der Welt ist umrankt von einer umfangreichen Mythologie, in deren Zentrum der Begriff „künstliche Intelligenz" steht. Das Wort „Intelligenz" suggeriert hier, dass Maschinen in der Lage seien (oder in der Zukunft fähig würden), etwas zu erkennen und zu verstehen. Doch Erkennen und Verstehen sind Vorgänge, die unlösbar mit einer Innensicht verbunden sind. Einige Maschinen werden so programmiert, dass sie Verständnis und Gefühle simulieren, was man bisweilen auch als „schwache künstliche Intelligenz" bezeichnet; aber das ist nicht mit der Existenz einer Innensicht („starke künstliche Intelligenz") zu verwechseln. Es gibt derzeit nicht den geringsten Grund, anzunehmen, dass Rechenmaschinen und Roboter je zu so etwas in der Lage sein werden, gleich wie hoch ihre Rechenleistung ist.

Der US-Philosoph John Searle hat zu Recht darauf hingewiesen, dass Computer lediglich syntaktische Maschinen sind, die Zeichen prozessieren, ohne ihre Bedeutung zu verstehen.[15] Was Computer tun, ist also etwas ganz anderes als das, was Menschen tun, wenn sie denken und sprechen. Auch was Computer sind – der Stoff, aus dem sie bestehen, ihre innere Struktur –, hat keinerlei Ähnlichkeit mit empfindenden und denkenden Wesen. Lebewesen

14 Vgl. dazu Fabian Scheidler, Der Stoff, aus dem wir sind, München 2021, Kapitel 1-3.
15 Vgl. John R. Searle, Minds, Brains, and Programs, in: „The Behavioral and Brain Sciences", 3/1980, S. 417-457.

bestehen aus selbstorganisierenden organischen Zellen, nicht aus statischen Halbleiterschaltkreisen. Eine Unterscheidung zwischen Software und Hardware gibt es bei ihnen nicht, denn ihr körperlich-geistiges Kontinuum ist Prozess und Substanz zugleich. Selbst das einfachste Bakterium hat in seiner Organisationsform wesentlich mehr Ähnlichkeit mit einem Menschen als ein Supercomputer. Lange bevor wir Rechenmaschinen menschenähnliche Eigenschaften zuschreiben könnten, müssten wir zunächst einmal den Bakterien dieses Privileg einräumen.

Die Mystifizierung von elektronischen Schaltkreisen hat zum einen handfeste ökonomische Gründe. Um milliardenschwere Forschungsgelder und Subventionen sowie öffentliche Aufmerksamkeit auf sich zu ziehen, werden die Möglichkeiten von Rechenmaschinen maßlos übertrieben. Doch die Computermythologie reicht noch wesentlich tiefer, bis in die metaphysischen Fundamente der modernen Megamaschine. Einige federführende Akteure des Silicon Valley, darunter Googles Chefentwickler Ray Kurzweil, träumen seit Jahrzehnten davon, den biologischen Menschen abzuschaffen und sein Bewusstsein in ein Netz von Daten „upzuloaden". Dieser „Transhumanismus" ist weit verbreitet unter den Entwicklern künstlicher Intelligenz. Viele von ihnen erwarten sehnsüchtig in den nächsten Jahrzehnten die sogenannte Singularität: den Moment, wenn die Rechenleistungen von Computern die Denkleistungen von Menschen überschreiten sollen und die Automaten den körperlichen Menschen überflüssig machen. In dieser Vision verbinden sich die Geschäftsinteressen des Silicon Valley mit einer radikalen mechanistischen Ideologie: der Vorstellung, dass Lebewesen letztlich nur algorithmische Maschinen seien.

Das Warten auf den Moment, da der Mensch endlich als körperliches und fühlendes Wesen ausgelöscht werden kann, ist symptomatisch für eine technokratische Männerwelt, die von ihrer eigenen Innenwelt so weit abgespalten ist, dass sie Denken, Fühlen und Wahrnehmen von Rechnen – das Einzige, was Rechner können – nicht mehr unterscheiden kann. Es ist der Endpunkt einer Unterwerfung des Menschen unter die Maschinenlogik. Der Versuch, Menschen in einen Datensatz zu verwandeln, ist Teil einer Kultur des Todes, die alles, was Leben ausmacht – Spontaneität, fühlendes Erleben, Selbstorganisation und Kreativität –, durch Abstraktion und Berechnung ersetzt. Ihr Fluchtpunkt ist ein wüstenartiger Planet, auf dem einsam im dunklen Weltall ein blinkender Riesenrechner steht, der anzeigt, wie viel Geld er gerade verdient.

Unser Wunsch nach mehr, unsere Angst vor weniger

Wie unser Wohlstandsmodell den Planeten ruiniert

Von **Maja Göpel**

Eines der erfolgreichsten Sachbücher der vergangenen Jahre trägt den Titel „Magic Cleaning", es ist ein Ratgeber für das Aufräumen. Geschrieben hat ihn die Japanerin Marie Kondo, die damit in ihrem Land lange auf der Bestsellerliste stand. Inzwischen sind ihre Aufräum-Bücher in vierzig Sprachen übersetzt und weltweit mehr als sieben Millionen Mal verkauft worden – vor allem in den westlichen Industrieländern. Offenbar bedarf es gerade dort einer Anleitung, wie man richtig aufräumt. Was verständlich ist, weil man, um überhaupt ein Problem mit dem Aufräumen haben zu können, erst einmal viel zu viel gekauft haben muss. Die Methode, mit der Marie Kondo vorgeht, baut daher auf der simplen Erkenntnis auf, dass man keine wirkliche Ordnung schaffen kann, solange man noch zu viele Dinge besitzt. In Japan, wo der Wohnraum so teuer ist, dass sich die Vergrößerung der Fläche zur weiteren Verteilung nicht anbietet, liegt dieser Gedanke auch besonders nah.

Daher schlägt sie vor, alle Sachen einer Kategorie – sie räumt nie zimmerweise auf –, also etwa Kleidung, Bücher, Papierkram, Kleinzeug oder Erinnerungsstücke, auf einen Haufen zu werfen und sie dann nach dem Kriterium zu sortieren, ob sie in einem ein Glücksgefühl auslösen. „Macht es mich glücklich, wenn ich diesen Gegenstand in der Hand halte?" Wenn nicht – soll er weg. Marie Kondo vermittelt diese Methode heute nicht nur in ihren Büchern, sie gibt auch Kurse für Aufräumhelfer:innen und hatte vor einiger Zeit auf dem Streamingdienst Netflix eine eigene Dokumentation, bei der sie überforderten Amerikanern über mehrere Folgen hinweg dabei half, ihre vollgestopften Schränke, Küchen, Gästezimmer und wohlstandsvermüllten Garagen aufzuräumen. Es waren übrigens keine Messis, die sie anleitete, etwas wegzuwerfen. Und sie alle schienen am Ende unfassbar erleichtert zu sein, wenn die Müllabfuhr die Berge von Plastiksäcken wegfuhr.

Kennen Sie das Easterlin-Paradox, die Erkenntnis, dass die Menschen ab einem bestimmten Wohlstandsniveau nicht mehr glücklicher werden, auch wenn sie immer mehr besitzen?[1] Marie Kondo schuf sozusagen die filmische

1 Mitte der 1970er Jahre veröffentlichte der US-amerikanische Wirtschaftswissenschaftler Richard Easterlin einen Aufsatz mit dem Titel „Verbessert wirtschaftliches Wachstum das menschliche Los?". Darin verglich er die Wirtschaftsdaten von 19 verschiedenen Ländern aus einem Zeitraum

Umsetzung dazu. Der Gedanke, der mir als Nachhaltigkeitsforscherin sofort kam, wurde in der Dokumentation natürlich nicht aufgeworfen: Was, wenn die Menschen diese Sachen gar nicht erst gekauft hätten? Und was, wenn diese Sachen gar nicht erst hergestellt worden wären? Dann hätten wir nun Berge von Plastiksäcken voll Müll weniger.

Wir müssen Verzicht üben

In der Diskussion, was die Menschheit unternehmen kann, um zu einer nachhaltigen Wirtschaftsweise zu finden, die sich innerhalb der ökologischen Leitplanken des Planeten bewegt, gibt es im Allgemeinen zwei Vorschläge. Der eine, die sogenannte einfache Entkopplung, lautet, mit Hilfe von Innovationen und technologischem Fortschritt den Naturverbrauch zu senken, ohne dafür auf Wohlstand verzichten zu müssen, was, wen wundert's, der beliebtere der zwei Vorschläge ist. Der sogenannte Rebound-Effekt zeigt aber, dass die Menschheit damit bisher leider nicht wirklich zum Ziel gekommen ist. Das Muster des Rebounds haben wir außerdem bei der Nutzung der menschlichen Ressourcen Zeit, Aufmerksamkeit und Geld vorgefunden.[2]

Neben der Angebotsseite spielen natürlich auch die Akteur:innen auf der Nachfrageseite, sprich die Konsument:innen, eine wichtige Rolle. Der zweite Vorschlag für nachhaltiges Wirtschaften setzt daher genau dort an: Wenn sich die Natur bei steigendem Wirtschaftswachstum nicht erhalten lässt, geschweige denn erholen kann, muss eben der materielle Wohlstand sinken. Das kommt natürlich weniger gut an, weil man hier tatsächlich mit weniger zurechtkommen, also Verzicht üben müsste.

Die Schäden, die in der Umwelt bei der Herstellung oder Benutzung eines Produkts entstehen, sind in keiner ökonomischen Bilanz eingepreist. Das, was wir für ein Produkt bezahlen, entspricht also nicht dem, was das Produkt in Wirklichkeit kostet. Das ist im Prinzip ein buchhalterisches Vergehen und wird auch als solches immer wieder benannt, wenn es um die Kritik des Bruttoinlandsproduktes geht. Trotzdem bleibt diese Rechnungsweise eine bewährte Methode, um Dinge künstlich zu verbilligen. Man verlagert die Lasten, die durch die Produktion oder den Konsum einer Sache entstehen, einfach auf andere, die sich nicht wehren können, weil sie entweder keine Stimme haben oder keine Macht.

Nehmen wir einen Flug von Frankfurt nach New York und zurück. Je nachdem, wann man reist, sind die Tickets dafür schon für weniger als 300 Euro zu haben. In diesem Preis stecken, neben allen anderen Kosten,

von 25 Jahren und setzte sie in Beziehung zu Umfragen, die die Lebenszufriedenheit der Einwohner:innen untersuchten. Er stellte fest, dass ab einem gewissen durchschnittlichen Einkommen pro Kopf die durchschnittliche Zufriedenheit der Menschen nicht mehr anstieg, wenn sich das Einkommen weiter erhöhte. Dieser Widerspruch wird bis heute als „Easterlin-Paradox" bezeichnet.

2 Als Rebound wird der Effekt beschrieben, dass eine Steigerung der Effizienz zumeist nicht zu Einsparung von Ressourcen, sondern zu einem Anstieg des Verbrauchs führt, weil zu preiswerteren Bedingungen mehr Produkte hergestellt oder genutzt werden können und diese somit für mehr Menschen erschwinglich sind. Vgl. Tilman Santarius, Der Rebound-Effekt: Die Illusion des grünen Wachstums, in: „Blätter", 12/2013, S. 67-74. – D. Red.

selbstverständlich auch die für das Kerosin, das nötig ist, um die Passagiere dorthin und wieder zurück zu bringen. Was es kostet, das Kohlendioxid, das bei diesem Flug anfällt, wieder aus der Erdatmosphäre zu entfernen, ist jedoch nicht im Preis inbegriffen. Die Fluggesellschaft schlägt diese Kosten nicht auf das Ticket auf, genauso wenig, wie das die Treibstofffirma tut, die der Fluggesellschaft das Kerosin geliefert hat. Einschließlich des Passagiers gehen alle wie selbstverständlich davon aus, dass die Erdatmosphäre die 3,5 Tonnen Kohlendioxid, die auf diesem Flug dabei pro Passagier entstehen, auch noch aufnehmen wird.

„Externe Kosten" ist also eine ganz irre Bezeichnung. Extern von was denn eigentlich? Extern offenbar von dem, wofür wir uns zuständig fühlen. Wir haben die Atmosphäre zwar als Müllkippe benutzt und auf vielfältigste Weise unsere Treibhausgase darin verklappt, aber die Verantwortung, sie nun auch wieder zu entlasten, schieben wir vehement von uns. Den Preis dafür zahlen dann etwa Inselstaaten, die schlicht untergehen. Oder ärmere Menschen, die sich die Anpassung an den Klimawandel nicht leisten können: Sie sind nicht in der Lage, ihre Felder und Häuser nach Stürmen wieder aufzubauen, und können sich keinen Umzug in Gegenden leisten, die nicht überflutet werden. Auch unsere Kinder oder Enkel treffen wir damit. Sie werden in der Welt leben müssen, die wir ihnen hinterlassen haben.

»Wir leben über die Verhältnisse der anderen«

Diese Verantwortungsverweigerung nennt man Externalisierung. Der Soziologe Stephan Lessenich hat in seinem Buch „Neben uns die Sintflut" erklärt, wie der Wohlstand der westlichen Welt zu weiten Teilen darauf beruht, dass wir seine wahren Kosten nicht selbst tragen, sondern anderen aufgehalst haben. Aber um genau so weitermachen zu können, interessieren wir uns für diese Tatsache nicht oder machen uns ganz bewusst blind dafür. Das ist es, was Stephan Lessenich Externalisierungsgesellschaft nennt. „Wir leben nicht über unsere Verhältnisse", schreibt er, „wir leben über die Verhältnisse der anderen."[3] Wir füttern unser Mastvieh in Deutschland mit Soja, das bei uns gar nicht wächst. Wir importieren es aus Südamerika, wo Regenwald und Grasland zerstört wird, um es in großem Stil anzubauen, während wir in Deutschland mehr Fleisch produzieren, als wir verbrauchen – weshalb wir es billig in Länder exportieren, deren Bauern wiederum ihr Fleisch nun schwerer absetzen können, wenn sie nicht ebenfalls auf billiges Soja setzen. Die Kostenvorteile, die sich durch den Schaden an einem Ort erzielen lassen, führen woanders zum nächsten Schaden – nur eben jeweils im Ausland. Ursachen und Wirkungen werden entkoppelt und über den Globus verteilt.

Ein anderes Beispiel ist der Bio-Sprit, mit dem Europa vor einigen Jahren die Klimabilanz seines Verkehrssektors verbessern wollte. Das Kohlendioxid, das beim Verbrennen von Bio-Sprit entsteht, kann nämlich von den Pflanzen

3 Stefan Lessenich, Neben uns die Sintflut, München 2016, S. 196.

wieder aufgenommen werden, die zu seiner Herstellung nötig sind. Theoretisch also ein nachhaltiger Kreislauf. Da die Treibstoffmengen, die Europa brauchte, jedoch deutlich größer waren, als Anbaufläche für Raps oder Sonnenblumen verfügbar war, musste Bio-Sprit aus anderen Teilen der Welt importiert werden. Sie ahnen, was kommt: In Südostasien wurden Regenwälder gerodet, um Palmöl-Plantagen anzulegen, die den europäischen Bedarf an Energiepflanzen decken sollten. Dass bei den dafür notwendigen Brandrodungen auch noch mal eine riesige Menge CO_2 freigesetzt wird, die bisher in Wald und Boden gebunden war, nun ja, externalisieren wir lieber.

Und zum Glück bekommen wir hier davon nicht viel mit. Stolz vermelden wir eine stabile oder sogar zunehmende Waldfläche in Deutschland. Nur der Biodiversität dienen all diese Monokultur-Hektar leider nicht. Resilient gegen Klimawandel sind sie auch nicht, das haben wir in den letzten zwei heißen Sommern gemerkt. Trotzdem hören wir immer wieder, dass die Menschen in den armen Ländern lernen müssten, wie sie mit ihrer Umwelt besser umgehen.

»Trickle Down« beim Umweltschutz? Weit gefehlt!

Interessanterweise findet sich in der Wirtschaftswissenschaft auch dafür die Antwort im Wachstum. Die sogenannte „Kuznets-Kurve" ist nach dem in Amerika lebenden Ökonomen Simon Smith Kuznets benannt. Sie beschreibt die Annahme, dass die Einkommensungleichheit in einer Gesellschaft bei einsetzendem Wirtschaftswachstum zuerst stark zunimmt, ab einem bestimmten Punkt aber wieder abnimmt. Die Kurve krümmt sich eindrucksvoll: Zuerst haben alle ähnlich viel, dann werden nur einige wenige reich, später dann fast alle.

Die sogenannte *Trickle-Down*-These wurde auf ökologische Nachhaltigkeit umgemünzt. Hier besagte sie, dass der Grad der Umweltverschmutzung in dem Maße sinkt, wie das Pro-Kopf-Einkommen steigt. Anders gesagt: Je reicher Gesellschaften werden, desto mehr Interesse haben sie an einer sauberen Umwelt und über desto mehr Mittel verfügen sie, sich um die dafür notwendige Infrastruktur zu kümmern. Ach so?

Wenn man sich allein die deutsche Mülltrennung ansieht, wirkt es zunächst tatsächlich so, als brauche es eine Menge Wohlstand, um sich eines der augenscheinlich effektivsten Recyclingsysteme der Welt leisten zu können. Laut Schätzungen lassen sich das die Verbraucher:innen pro Jahr etwa eine Milliarde Euro kosten. Nicht mitgerechnet die Zeit, die nötig ist, um das System so gewissenhaft zu befüllen, wie es die Menschen in Deutschland tun. Trotzdem ein Erfolgsmodell?

Nun ja. Zuerst einmal produzieren die Deutschen pro Kopf mehr Müll als fast alle anderen Europäer – mit Ausnahme der Dänen, Luxemburger und Zyprioten. Ihr Müll verbleibt jedoch nicht komplett im Land. Die Abfallwirtschaft ist in Deutschland eine Exportbranche. Laut einer Untersuchung der Universität Würzburg-Schweinfurt hat Deutschland im Jahr 2018 (in Tonnen gerechnet) mehr Müll ins Ausland ausgeführt als Maschinen. Von unseren Kunststoffabfällen geht ein Fünftel ins Ausland, zumeist nach Asien, wo Länder wie Malaysia, Indien oder Vietnam Teile davon wiederverwerten, der Rest landet auf Deponien, in den Flüssen oder im Meer. Jeden Tag kommen 175 kaputte Fernsehgeräte aus Deutschland in Afrika an, in Ghana, Nigeria oder Kamerun, wo sie ausgeschlachtet werden und alle nicht verkäuflichen Teile auf Müllkippen landen.[4]

Sie sehen: Wir leben gar nicht umweltschonender, nur weil wir wohlhabender sind. Im Gegenteil. Wir schützen unsere eigene Umwelt natürlich durch schärfere Regeln und bewirtschaften ein im internationalen Vergleich relativ weit entwickeltes Müllsystem. Aber wir fragen trotzdem herzlich wenig danach, ob die Bilanz denn stimmt. Wir lagern aus, was für uns unangenehm ist, und ein, was wir brauchen. Das gilt europaweit. Europa ist der Kontinent, der am stärksten davon abhängig ist, Landflächen anderer Länder zu nutzen. Zusammengefasst im sogenannten Land-Fußabdruck kommt die EU auf stolze 640 Millionen Hektar, die wir brauchen, um unseren Lebensstil zu ermöglichen. Das ist etwa eineinhalb Mal so viel wie die Fläche der EU mit ihren 28 Ländern. Ohne Großbritannien werden es ungefähr 80 Millionen weniger, Deutschland braucht ebenfalls so viel.[5] Dabei sind die Importeure, die Produkte dieser Landflächen einkaufen, in der Regel primär an günstigen Preisen interessiert und weniger daran, ob die Böden langfristig nachhaltige Erträge bringen. Unser Wohlstand und Reichtum, das heißt unsere privilegierte Stellung im Markt, gibt uns die Macht dazu.

Was brauchen wir unbedingt, wenn wir gut versorgt sein wollen?

Das alles meint Externalisierung. Pro Land gesehen, trifft die Kuznets-Kurve häufig insofern zu, als lokale Verschmutzungsphänomene etwa bei Wasser und Luft zurückgehen, wenn die Bevölkerung reicher wird. Ausgenommen natürlich die Fälle, in denen Abgaswerte manipuliert werden. Global gesehen – und die meisten Umweltprobleme, denen wir uns gegenübersehen, haben globale Reichweiten –, vernebelt diese Gleichung zwischen Reichtum und Umweltschutz jedoch die Sicht. Wir kommen also nicht umhin, mal direkt auf die Reduktion von Umweltverbrauch zu zielen und Bilanzen zu fordern, die bei dieser Zielerreichung helfen. Aber dann heißt es gleich, das wäre Verbot und Verzicht. Verzicht – schon allein das Wort bringt viele Menschen auf die Palme. Aber was heißt eigentlich genau Verzicht?

Ich kann ja nur auf etwas verzichten, das mir nach Lage der Dinge zusteht. Der Wohlstand, in dem die westliche Welt lebt und an dem sich viele Entwicklungsländer orientieren, hätte nach den Regeln der Nachhaltigkeit aber

4 Vgl. AEB, Deutsche Plastikmüllexporte gehen deutlich zurück, aeb.com, 2.10.2019 sowie: Christoph Schlautmann, Deutschland exportiert mehr Müll als Maschinen, handelsblatt.com, 2.10.2019.

5 Vgl. Heinrich-Böll-Stiftung, Institute for Advanced Sustainability Studies, Bund für Umwelt- und Naturschutz Deutschland und „Le Monde diplomatique" (Hg.), Bodenatlas 2015: Daten und Fakten über Acker, Land und Erde, slu-boell.de.

gar nicht erst entstehen dürfen. So gesehen heißt Verzichten in reichen Ländern – mit panzerartigen Trucks zum Distinktionskonsum und Aufräumratgebern zum beherzten Wegschmeißen – eigentlich nicht mehr und nicht weniger, als darauf zu verzichten, den Planeten zu ruinieren, und dafür die Lebensgrundlagen in der Zukunft zu erhalten.

Fragen wir doch ruhig mal andersherum: Was zum Beispiel brauchen wir denn unbedingt, wenn wir gut versorgt sein wollen? Eigentlich bezeichnet Versorgungssicherheit, was es braucht, um grundlegende Bedürfnisse des Menschen – Nahrung, Trinkwasser, Behausung, Energie, Gesundheitsversorgung und Bildung – langfristig und sicher zu gewährleisten. Wie wir gesehen haben, ist unser Anspruch, was alles unter diese grundlegenden Bedürfnisse fällt, im vergangenen Jahrhundert immer weiter gestiegen, aber wirklich explodiert ist er seit einigen Jahrzehnten. Im Eifer des technologischen Fortschritts und der naturvergessenen Wirtschaftsindikatoren geriet dabei vollkommen aus dem Blick, dass es auch ein Versorgungsparadoxon gibt: Wenn alle Eltern immer danach streben, dass es ihre Kinder einmal besser haben sollen, und das mit immer *mehr* haben sollen verwechseln, dann haben es alle Kinder irgendwann einmal – weniger gut. Die Versorgungssicherheit auf einem begrenzten Planeten mit einer zunehmenden Anzahl Menschen kann nicht eine immer größere Menge an Konsum bedeuten.

Wenn die Gegner:innen des Verzichts also fragen, was bekommen wir dafür, wenn wir verzichten, was lindert den Schmerz, den wir durch diesen Verlust erleiden, dann lautet die Antwort: Wir investieren in Frieden und die Versorgungssicherheit von übermorgen. Denn stellen Sie sich mal vor, die afrikanischen, lateinamerikanischen und asiatischen Länder würden irgendwann darauf verzichten, ihre Rohstoffe und Landflächen weiter an uns zu exportieren und sie selber nutzen?

Bilanzen und Preise müssen korrigiert werden

Um das Versorgungsparadoxon aufzulösen, wäre der erste Schritt, Bilanzen zu korrigieren – und damit auch Preise. Für viele Produkte müssten diese sich dann so erhöhen, dass sie die wahren Kosten anzeigen, die bei ihrer Herstellung, dem Transport und der Entsorgung ihrer Überreste anfallen.

Die Bepreisung von Kohlendioxid ist ein Versuch, in diese Richtung zu gehen. Sie soll nicht nur Ihre Entscheidung als Konsument beeinflussen, sondern auch genau den Innovationen Kostenvorteile verschaffen, die helfen, CO_2-freie Produkte zu entwickeln. Andersherum: Sie würde ökologische Schadschöpfung in der Preisgestaltung sichtbar machen – womit wir einer objektiveren Fassung von Wertschöpfung wieder näher kämen. Und dabei könnte ihr die digitale Technologierevolution auch mal unter die Arme greifen: CO_2-Tracker oder digitale Marker für einzelne Rohstoffe und Produktteile könnten prima als Wegweiser dienen, damit der Markt eine bessere Chance hätte, Versorgungssicherheit auch langfristig zu gewährleisten.

Zwischen Mehr und Weniger einen klaren Kopf zu behalten, ist scheinbar nicht einfach. Schließlich sind wir gewohnt, dass uns immer mehr Dinge ständig zur Verfügung stehen. Das beste Symbol dafür ist das Smartphone: Musik, Filme, Wissen, Kontakte, Konsumgüter – alles über ein einziges Gerät, dessen Rechenleistung 120 Millionen Mal höher ist als die des Bordcomputers von Apollo 11, mit dem vor fünfzig Jahren die Mondlandung gelang.

Der Soziologe Hartmut Rosa hat das in einem Vortrag den dauernden Drang zur „Weltreichweitenerweiterung" genannt.[6] Unsere moderne Gesellschaft ist so eingerichtet, dass ihre Gegenwart stets versucht ist, ihre Vergangenheit zu übertrumpfen. Es herrscht ein steter Steigerungszwang, nicht nur im technologischen und wirtschaftlichen Bereich, auch im sozialen und sogar im räumlichen. Jede Mode, jeder Job, jede Freude, jeder Urlaub könnte morgen schon wieder von gestern sein. Und die Aufmerksamkeitsökonomie der ständigen Werbebotschaften, Nachrichten, Selbstdarstellungen und Informationswellen trägt verlässlich dazu bei, dass dieses Verfallsdatum sich immer schneller nähert.

Wir brauchen nicht mehr, sondern weniger

Hinzu kommt, dass uns ja nicht nur immer mehr Dinge und Möglichkeiten zur Verfügung stehen, sondern es gibt diese Dinge ja auch noch in immer mehr Variationen. Das ist einfach überfordernd, wie zwei amerikanische Psychologen vor einigen Jahren in einem Test bewiesen haben. Dazu stellten sie in einem kalifornischen Delikatessengeschäft zwei Probiertische auf und boten Marmeladen an – einmal sechs verschiedene Sorten und einmal 24. Wenig überraschend zog der Tisch mit der größeren Auswahl mehr Kund:innen an, am Ende aber hatten deutlich weniger von ihnen etwas gekauft als an dem Tisch mit nur sechs Sorten. Dort hatten sie zwar weniger Auswahl, aber es fiel ihnen offensichtlich leichter, eine Entscheidung zu treffen. Die Freude an Entscheidungen vermehrt sich eben nicht automatisch mit einer Vergrößerung der Auswahl. Der Psychologe Barry Schwartz nennt das „Paradox of Choice", das Auswahl-Paradoxon.[7]

Aber es wird noch komplizierter. Fragen Sie sich doch mal, ob es Ihre Lebensqualität eigentlich wirklich verschlechtern würde, wenn Sie auf so einige Optionen und Käufe verzichteten? Dankenswerterweise gibt es auch dazu inzwischen zahlreiche weitere Studien, und sie haben alle eine eindeutige Nachricht: Immer mehr hilft nicht immer mehr. Immer mehr befriedigt nicht nur etwas in uns, es befeuert auch eine Sorge.

Denn das Förderband, mit dem wir Umwelt in Wohlstand umwandeln, wird ja nicht nur von unserem Wunsch nach mehr angetrieben. Es wird auch von unserer Angst vor weniger in Gang gehalten. Diese Angst, weniger zu haben, weniger als unsere Vorfahr:innen, weniger als unsere Nachbar*innen, weniger als Leute, zu denen wir gehören wollen, macht es so schwierig,

6 Vgl. auch Hartmut Rosa, Unverfügbarkeit, Wien und Salzburg 2018.
7 Barry Schwartz, Anleitung zur Unzufriedenheit, Berlin 2004.

zu teilen und zu verzichten. Und je stärker unsere Kultur die Idee von erfolgreichem Leben und Arbeiten mit immer mehr besitzen – und vor allem mehr als andere besitzen – gleichsetzt, umso schneller läuft das Band.

Der amerikanische Psychologe Tim Kasser hat untersucht, wie sich die Folgen einer ökonomisierten Kultur auf die Gesellschaft auswirken.[8] Er hat sich gefragt, wie sich unsere materialistische Orientierung auf unser Wohlbefinden und unser Selbstwertgefühl auswirken, und herausgefunden, dass Materialismus sowohl Ausdruck als auch Ursache von Unsicherheit und Unzufriedenheit ist. Das ist so, weil er primär die extrinsische – also von außen kommende – Motivation und Rückbestätigung von Menschen anspricht. Der Preis der Dinge oder das Ausmaß der Aufmerksamkeit (Ruhm, Likes, Clicks), die ich bekomme, spiegeln dann meinen Eigenwert wider. So wie Mariana Mazzucato das auch schon für Güter und Dienstleistungen festgestellt hat, geht mit dieser Werttheorie aber das Gespür dafür verloren, wer ein wertvolles Mitglied der Gesellschaft ist. Und sollten wir unseren wichtigen Job oder das große Haus verlieren, oder finden unsere Follower:innen uns plötzlich doof, ist unser Selbstwert in Gefahr. Kein Wunder, dass Kasser herausgefunden hat, dass mit der wachsenden materiellen Orientierung auch die individuelle Anspannung und Unsicherheit sowie die Tendenz zu Depressionen wächst.

Das bestätigt auch der Jurist, Pädagoge und langjährige Präsident der Harvard-Universität Derek Bok in seiner Metastudie zu politischen Empfehlungen aus der Glücksforschung: „Die Erkenntnisse der Psychologen übermitteln die Warnung, dass die Ausrichtung darauf, reich zu werden, ein substantielles Risiko mit sich bringt, unglücklich und enttäuscht zu enden."[9]

Konsumiere so, wie du dir wünschen würdest, dass alle es tun

Was würde der Utilitarist Jeremy Bentham dazu sagen?[10] Er würde sich die Haare raufen. Denn indem die Ökonom:innen den Utilitarismus auf stets steigenden Konsum reduzierten, haben sie eine Wachstumserzählung für natürlich und unendlich erklärt, die uns gar nicht immer glücklicher macht. Immer glücklicher? Das geht nämlich gar nicht.

Denn Menschen sind keine mechanischen, sondern biologische Systeme. Unser Gehirn erbringt ununterbrochen Anpassungsleistungen. Zu viele Glückshormone auf einmal könnte es gar nicht ertragen. Und zu viel Höchstleistung über einen längeren Zeitraum auch nicht. Lebendige Systeme wie

8 Tim Kasser, The High Price of Materialism, Cambridge 2002.
9 Derek Curtis Bok, The Politics of Happiness: What Government Can Learn from the New Research on Well-Being, Princeton/New Jersey 2010, S. 15.
10 Der Utilitarismus bietet einen ethischen Blickwinkel, der das gewählte Mittel durch das Ergebnis beurteilt: Solange sie immer mehr Menschen immer mehr Glück bringt, ist die Wirtschaftsform in Ordnung. Bentham selbst ging es in seiner „Einführung in die Prinzipien der Moral und Gesetzgebung" von 1789 beim Glück noch um möglichst viele positive und möglichst wenig negative Empfindungen der Menschen. Ökonomen seiner Zeit haben die Messbarkeit des Glücks – oder der Utilitarität, also der Nützlichkeit – dann über Geldwerte hergestellt: Der Warenwert oder das Einkommen gibt den Nutzen an.

Mensch und Natur brauchen einen regenerativen Umgang, damit sie florieren. Deshalb misst die Glücksforschung auch nicht mit stetig steigenden Hockeyschläger-Kurven, sondern mit Skalen von 1 bis 10.

Und trotzdem wurden Anreizsysteme, Organisationsstrukturen, politische Programme, Finanzmärkte und Indikatoren gebaut, die immer nur eines verfolgen: mehr. Und im Ergebnis wird es immer schwieriger, die Rahmenbedingungen dieser sehr speziellen Form von Unglück zu überwinden.

Dies ist der zweite Punkt, den Kasser herausgefunden hat: Materielle und soziale beziehungsweise umweltorientierte Werte verhalten sich den materialistischen Werten gegenüber wie auf einer Wippe. Wenn die einen zunehmen, nehmen die anderen ab. Wenn die *Homo-oeconomicus*-Perspektive Kultur und Struktur dominiert, dreht sich alles um Status, Macht und Geld. Gleichzeitig schwinden Mitgefühl, Großzügigkeit und Umweltbewusstsein, und die Frage nach dem Genug und dem Wohlergehen des Ganzen wird aus Theorie und Weltanschauung getilgt. Und wenn das Wir im Ich immer kleiner wird, entsteht auch ein gesamtgesellschaftliches Problem. Aber die gute Nachricht aus Kassers Forschung ist: Die Werte-Wippe funktioniert auch in die andere Richtung. Sobald die sozialen und ökologischen Werte höher im Kurs stehen, sinkt die Wichtigkeit der materiellen Werte. Und das Förderband kann langsamer werden. Der Verhaltensökonom Armin Falk von der Universität Bonn hat dafür einen kategorischen Imperativ in Zeiten des Klimawandels vorgeschlagen: Konsumiere so, wie du dir *wünschen* würdest, dass alle es tun.[11] Jetzt scheint es doch auf einmal ganz einfach, oder?

Wer weniger kauft, verlangsamt aber den Absatz von Produkten. Das bringt unter der heutigen Struktur des Investierens, Besteuerns und Refinanzierens eine Rezession mit sich. Deshalb sollten wir uns neben unserer Rolle als Konsument:innen auch auf die als Bürger:innen besinnen. Wir brauchen einen Politikwandel, der Nachhaltigkeit nicht als mögliches Nebenprodukt einer ökonomischen Wachstumsagenda behandelt, sondern direkt auf nachhaltiges Konsumieren, Produzieren und Investieren zielt. Sie wollen eine kurze und knackige Formel dafür? Die gibt es und sie lautet: Wachstum als Mittel, nicht als absoluter Zweck.

Also raus aus dem Easterlin-Paradox, dem Rebound-Effekt und dem Versorgungsparadox. Und rein in einen neuen Gesellschaftsvertrag für hohe Lebensqualität bei niedrigem ökologischem Fußabdruck. Das ist möglich. Wir müssen nur wollen.

11 Armin Falk, „Ich und das Klima", in: „Die Zeit", 21.11.2019.

Heiße neue Welt – Der Planet am Limit

Das Anthropozän oder: Wie wir die Erde verkonsumieren

Das Erbe des Jahrhundertwissenschaftlers Paul J. Crutzen

Von **Michael Müller**

Die moderne Zivilisation hat die natürliche Mitwelt radikal verändert; die alte Erde, die in der bisherigen Menschheitsgeschichte unsere Heimat war, existiert nicht mehr.[1] Das war die wichtigste Erkenntnis des Jahrhundertwissenschaftlers Paul J. Crutzen, der am 28. Januar 2021 in Mainz gestorben ist. Deshalb schlugen er und der Gewässerforscher Eugene F. Stoermer zur Jahrtausendwende vor, unsere Erdepoche, die seit rund 12 000 Jahren die Entwicklung der Erde geprägt hat, statt Holozän Anthropozän zu nennen – die vom Menschen maßgeblich geprägte Entwicklung des Planten.[2]

Heute wissen wir, wie hellsichtig Crutzen damit war. Der niederländische Atmosphärenforscher, der 1995 für die Entschlüsselung des stratosphärischen Ozonabbaus im südpolaren Frühling mit dem Nobelpreis für Chemie ausgezeichnet wurde, war ein Vordenker der Erdsystemforschung. Für den langjährigen Direktor des Max-Planck-Instituts für Chemie in Mainz ist „die Menschheit auf Jahrtausende hinaus ein maßgeblicher ökologischer Faktor". Crutzen beschrieb dieses neue Phänomen als Geologie der Menschheit – Geology of Mankind.[3] Anthropozän – das ist keine modische Begriffsänderung, sondern eine Mahnung von enormer Tragweite. Der Begriff besagt: Naturverhältnisse sind heute immer auch „Herrschafts"-verhältnisse.

Gewiss, dass unser Planet neu geformt wird, ist in der 5,4 Mrd. Jahre währenden Geschichte der Erde keine Seltenheit. Denn schon immer haben Lebewesen unseren Planeten geprägt. Vor 2,7 Mrd. Jahren begannen Bakterien, Sauerstoff zu produzieren, damit entstand die uns bekannte untere Atmosphäre. Immer wieder schwankte dabei der Kohlendioxid- und Sauerstoffgehalt. Organismen sorgten dafür, dass Kalk gebildet wird, sich ablagert und sogar Gebirge entstehen konnten. Aber der entscheidende Unterschied im Anthropozän ist: Nie zuvor wurde die Erde innerhalb so kurzer Zeit so vielschichtig verformt. Normalerweise finden Veränderungen in Jahrmillionen statt. Der Einfluss des Menschen wirkt wie eine gewaltige Maschine,

1 Mike Davis, Wer wird die Arche bauen?, Berlin 2001.
2 Paul J. Crutzen und Eugene F. Stoermer, The Anthropocene, in: „Global Change Newsletter", 41/ 2000, S. 17-18.
3 Paul J. Crutzen, Geology of Mankind, in: „Nature", 23/2002.

nicht nur durch seinen Umfang, sondern auch durch seine Geschwindigkeit. Denn im Zuge der industriellen Revolution sind Kapitalismus und fossile Brennstoffe ein enges Bündnis eingegangen. Insgesamt ist die Menschheit in den letzten 200 Jahren zum stärksten Treiber geoökologischer Prozesse aufgestiegen. Allein im letzten Jahrhundert wurden rund 50 Prozent der Erdoberfläche vom Menschen (insgesamt sind es in der Geschichte unseres Planeten rund drei Viertel der Landflächen) umgepflügt, bebaut und versiegelt, die CO_2-Emissionen sind heute 17mal höher als vor 100 Jahren. Der Wasserverbrauch hat sich in der Zeit nahezu verzehnfacht.

Hier zeigt sich: Die Natur ist – in ihrer Begrenztheit und Verletzlichkeit – der limitierende Faktor, der uns vor gewaltige Herausforderungen stellt. Mit der industriellen Revolution kam es zwar zu einer gewaltigen Entfaltung der Produktivkräfte und einer enormen Reichtumsproduktion, aber gleichzeitig stiegen die Menschen mit ihren technischen und wirtschaftlichen Möglichkeiten zur stärksten Kraft geoökologischer Veränderungen auf. Mit den wirtschaftlichen und technischen Möglichkeiten des globalen Kapitalismus übersteigen die Kräfte der Menschen die Kräfte der Natur, ohne jedoch die Fähigkeit zu haben, die ökologischen Systeme zu stabilisieren. Infolge dessen sind wir dabei, planetarische Grenzen zu überschreiten und die Grundlagen des menschlichen Lebens zu vernichten.[4]

Die wissenschaftliche Beweisführung, wonach die von Crutzen geforderte Umbenennung in Anthropozän gerechtfertigt ist, lieferte 2008 die Geological Society of London, die älteste geowissenschaftliche Vereinigung ihrer Art. Das Kardinalskollegium, die Internationale Stratigraphische Kommission (ICS), kam zu dem Ergebnis, dass der von den Menschen verursachte Anstieg der Treibhausgase, die Ausbreitung der industriellen Agrarwirtschaft, die Übersäuerung der Meere und die fortdauernde Vernichtung der Biodiversität zu bleibenden Veränderungen führen, die auf lange Zeit das Leben auf der Erde prägen werden. Nach intensiver Prüfung wurde der Begriff des Anthropozäns auf dem Weltkongress der Geologie 2016 in Kapstadt angenommen. Das bedeutet: Die weitere Entwicklung unseres Planeten basiert auf den vom Menschen geprägten Beständen der Natur. Die Alternative, die sich damit auftut, heißt: Unser Jahrhundert wird entweder ein Jahrhundert erbitterter Verteilungskämpfe und entfesselter Gewalt oder ein Jahrhundert der Nachhaltigkeit sein, das wirtschaftlich-technische Innovationen mit ökologischer Verträglichkeit und sozialer Gerechtigkeit verbindet.

Der Mensch formt die Natur

Crutzen erkannte den historischen Irrtum, wonach die Menschheit sich ihrer gesicherten Zukunft gewiss sein könne. Vor 20 Jahren begründet er seinen Begriffsvorschlag des Anthropozäns mit dem vom Menschen verursachten Klimawandel. Aber nicht nur bei der Erderwärmung, auch in anderen Berei-

4 Vgl. Johan Rockström et al., Planetary Boundaries. Exploring the Safe Operating Space of Humanity, in: „Ecology and Society“, 2/2019, S. 1-30.

chen steuern wir scheinbar unaufhaltsam auf Tipping Points zu, wie klimatische und ökologische Kipppunkte genannt werden.[5] Planetarische Grenzen, die essentiell sind für das Leben auf dem Planeten, werden überschritten.

Die natürlichen Puffer der Erde sind an vielen Stellen bereits aufgebraucht. Die Ozeane nehmen immer mehr Kohlenstoff auf und versauern. Böden können die Übersauerung nicht mehr kompensieren und degradieren. Das Artensterben hat sich seit Beginn der industriellen Revolution um den Faktor 100 erhöht. Ganze Ökosysteme kippen um.[6]

Für die Überlastung und Ausplünderung der natürlichen Lebensgrundlagen gibt es viele Belege: Fast Dreiviertel der Erdoberfläche sind bereits umgewandelt, bebaut, versiegelt, umgepflügt und verformt. Immer mehr und immer schneller werden die natürlichen Ressourcen vom Menschen ausgebeutet. Über die Hälfte des verfügbaren Süßwassers wird von Menschen vernutzt; ganze Ozeane werden entfischt. Die Stickstoffentnahme aus der Atmosphäre hat sich gegenüber der vorindustriellen Zeit um 347 Prozent erhöht.[7]

Nach den Untersuchungen der Internationalen Energieagentur (IEA) wurde der Höhepunkt der Ölförderung bereits im Jahr 2008 erreicht.[8] Dagegen hat man die absehbare Knappheit bei Metallen noch gar nicht im Blickfeld, obwohl mit der auf ihnen basierenden Elektromobilität völlig irreale Hoffnungen verbunden sind. Das heißt: Die Menschheit ist in ein Zeitalter eingetreten, für das „in den letzten Millionen Jahren keine Entsprechung zu finden ist".[9] Mit dem Anthropozän ist die menschgemachte ökologische Selbstvernichtung denkbar geworden. Der Wissenschaftsjournalist Christian Schwägerl übersetzt Anthropozän denn auch einfach mit Menschenzeit: „Der Mensch erschafft neue Landschaften, greift in das Weltklima ein, leert die Meere und erzeugt neuartige Lebewesen. Aus der Umwelt wird die ‚Menschenwelt' – doch sie ist geprägt von Kurzsichtigkeit und Raubbau."[10]

Die einzige zukunftsfähige Antwort heißt Nachhaltigkeit

Die Geschichte zeigt: Die Reaktionsweisen der Natur verhalten sich oft nicht linear. Überschreiten wir die Belastungsgrenzen, ändern sich die ökologischen Systeme plötzlich und rapide. An den Kipppunkten bricht die bisherige Entwicklung ab, sie kann ihre Richtung wechseln oder sich plötzlich stark beschleunigen. Niemand kann deshalb genau sagen, wo jene Grenzen liegen, die nicht überschritten werden dürfen, weil sie weitreichende Folgen für die natürliche und soziale Mitwelt haben.

5 Vgl. Timothy M. Lenton, Climate tipping points – too risky to bet against, in: „Nature", 28.11.2019, S. 592-595.
6 Matcolm Gladwell, Tipping Point, München 2002.
7 Paul J. Crutzen u.a., The Anthropocene: Are Humans now Overwhelming the Great Forces of Nature?, bioone.org, 2007.
8 IEA, World Energy Outlook 2010-2013. Paris 2014; die Joint Informations Data Initiative (JODI)-Zahlen der Vereinten Nationen und Prognosen der US-Energieagentur (EIA) bestätigen diese Erhebungen.
9 Jan Zalasiewicz u.a., Are we now living in the Anthropocene?, in: „Geological Sociey of America", 2/2008, S. 4-8.
10 Christian Schwägerl, Menschenzeit. Zerstören oder gestalten, München 2010.

Die Alternative, die sich damit heute auftut, lautet: zerstören oder gestalten. Schwägerl stellt die entscheidende Frage: „Entwickeln wir die Reife, unsere Macht für eine lange Zukunft zu nutzen?" Die Antwort auf diese menschheitsgeschichtliche Herausforderung heißt Nachhaltigkeit. Das aber ist nicht nur eine ökologische, sondern in erster Linie eine gesellschaftliche Antwort. Sie gilt nicht nur für das individuelle Verhalten, sondern vor allem für die Integration der Ökologie in den wirtschaftlich-technischen Reproduktionsprozess. Es geht um die soziale und ökologische Bändigung der Marktkräfte – und damit auch um die Ausweitung der sozialen Demokratie.

Denn in Geiselhaft der Märkte und in Abhängigkeit von den fossilen Energiesystemen ist Nachhaltigkeit nicht möglich. Sie ist unvereinbar mit der heutigen Verwertungswirtschaft und dem Regime der finanzmarktgesteuerten Kurzfristigkeit, die in den globalen Arbitragekapitalismus geführt haben. Von daher gibt es keine andere Möglichkeit, als Nachhaltigkeit durch tiefgreifende Strukturreformen zu verwirklichen.

Die ökologischen Grenzen müssen vor dem Hintergrund des modularen Hyperkonsums, der nachholenden Industrialisierung großer Schwellenländer und armer Staaten, des anhaltenden Bevölkerungswachstums und der sozialen Ungleichheit betrachtet werden. Die massiven Verschlechterungen in den globalen Ökosystemen – ob durch Überlastung der Senken, Verknappung der Ressourcen oder die Zerstörung der Biodiversität – sind jüngeren Datums und sie werden bis heute überwiegend von den Industriestaaten verursacht: ob in der Chemie und der Atmosphäre, im Wasserkreislauf, in der Quantität und Qualität der Böden oder der Biodiversität. In keinem dieser Bereiche gab es zu Beginn des letzten Jahrhunderts mehr als ein Drittel der heutigen Schädigungen.[11] Heute dagegen haben die Vernutzung und die Vermarktung der Natur globale Effekte. Und diese sind auf tragisch ungerechte Weise verteilt – zeitlich, räumlich und sozial –, wobei die Hauptverursacher im globalen Norden gerade nicht die Hauptbetroffenen sind.

Ein beispielloses Experiment mit der Zerbrechlichkeit unseres Planeten

Der von Crutzen analysierte menschengemachte Klimawandel steht für ein beispielloses Experiment mit der Zerbrechlichkeit unseres Planeten. Angesichts der längerfristigen Anpassungsprozesse in der Chemie und Dynamik der Troposphäre wird ohne einen massiven und sofortigen Kurswechsel eine globale Erwärmung um zwei (oder mehr) Grad Celsius nicht mehr zu verhindern sein, die dann 2065 bis 2070 eintreten wird.[12]

Das hätte vor allem für die ärmsten Weltregionen, insbesondere für die pazifischen Inselstaaten, katastrophale Auswirkungen. Dort schlagen die Folgen des „feuchten Treibhauseffektes" zu: Mit der Erwärmung der ozeanischen Deckschichten werden durch die aufsteigende Energie immer mehr Orkane und Überschwemmungen verursacht. Die großen Klimasünder

11 William Clark, Verantwortliches Gestalten des Lebensraums Erde, Heidelberg 1986.
12 IPCC, Sonderbericht zu 1,5 Grad Celsius, Genf 2018.

haben diese Länder inzwischen faktisch abgeschrieben, Rettungsschirme gibt es für sie nicht.

Schon 1990 forderte die Klima-Enquete des Deutschen Bundestages, der Crutzen als Experte angehörte, eine Erwärmungsobergrenze von 1,5 Grad Celsius. Sie legte weltweit das erste konkrete und durchgerechnete Treibhausgas-Minderungsszenario vor, eine Pionierleistung, die einen grundlegenden Kurswechsel verlangt hätte. Dazu ist es fatalerweise nicht gekommen. Die Energiewende wurde reduziert auf die erneuerbaren Energien, die ebenfalls immer mehr gedeckelt wurde. Und sie wurde nicht mit der unverzichtbaren Effizienzrevolution und Selbstbegrenzung (Suffizienz) verbunden. Die Formel heißt vielmehr: Die Steigerung der Energieeffizienz muss deutlich höher und effizienter ausfallen als wirtschaftliches Wachstum. Klimaschutz ist so bis heute in Deutschland tatsächlich aber kaum mehr als die ökologische Dividende der deutschen Einheit aus dem Zusammenbruch der DDR-Wirtschaft – wenn man einmal von den coronabedingten Einsparungen des letzten Jahres absieht.

Unser ökologischer Fußabdruck – weit über dem natürlichen Maß

Derzeit beträgt der ökologische Fußabdruck der Menschheit 2,87 Erden, verbraucht wird also fast das Dreifache dessen, was die Erde jährlich regeneriert. Jede Region mit einem geringeren Fußabdruck als 1 ist (noch) nachhaltig, mit einem größeren nicht. Lebten alle Menschen wie in Deutschland, bräuchten sie 5,46 Erden, mit dem Verbrauch der USA kämen sie sogar auf 8,59 Erden. (Den tiefsten Fußabdruck haben übrigens die Einwohner Luxemburgs.) Durch die extremen Naturbelastungen lag der „Welterschöpfungstag" im Jahr 2023 schon am 2. August, im Jahr 1990 war er noch Anfang Oktober. Anthropozän bedeutet aber auch: Ein einfaches Zurück zur Natur, wie es der amerikanische Philosoph Henry David Thoreau im 19. Jahrhundert gefordert und vorgelebt hat, ist heute nicht mehr möglich.[13] Auch dort, wo Wildreservate eingerichtet werden, existiert die unberührte Natur nicht mehr. Weltweit haben wir es mit einer Kulturlandschaft zu tun. Die Aufgabe ist deshalb nicht der Rückzug, sondern die Vertiefung und bessere Nutzung unseres Wissens, eine Förderung unserer Verantwortungsbereitschaft, um die Natur besser zu schützen und Konsumexzesse zu vermeiden, und vor allem eine Ausweitung der Idee der Emanzipation sowohl in Verantwortung für die Menschheit als auch für die Zukunft.

Vor allem muss es zu einer nachhaltigen Wirtschaftsordnung und Technikgenese kommen. Die heutigen Verwertungszwänge der Externalisierungswirtschaft sind hauptverantwortlich für die globale ökologische Krise. Die begrenzte Tragfähigkeit unseres Planeten darf nicht zu einer bloßen Marktgröße werden, sondern ist ein gemeinsames Schutzgut der Menschheit. Das ist der Kern der Transformationstheorie bei Karl Polanyi: „Die Marktkräfte

13 Henry David Thoreau, Die Welt und ich. Aus den Tagebüchern, Schriften und Briefen, ausgewählt und übertragen von Fritz Krökel, Gütersloh 1951.

erniedrigen die menschlichen Tätigkeiten, erschöpfen die Natur und machen Währungen krisenanfällig."[14] Das Anthropozän erfordert den Umbau in eine solare Ökonomie des Vermeidens hoher Energie- und Ressourceneinsätze. Allerdings darf es nicht nur um den Umbau in eine solare Energieversorgung und eine solare Wirtschaft gehen. Vielmehr muss es prinzipiell zu einer Dematerialisierung und Deenergetisierung kommen.

Eine nachhaltige Ökonomie des Vermeidens hat das Ziel, durch die Verhinderung unnötigen Verbrauch die Schäden an den natürlichen Lebensgrundlagen zu vermindern, den Ressourceneinsatz zu verringern und die Lasten und Chancen gerecht zu verteilen. Die Ziele heißen ZERO-Emission und eine ökologische Kreislaufwirtschaft. Ohne eine Effizienzrevolution in Wandlung und Nutzung von Energie und Rohstoffen, einen konsequenten Ausstieg aus Atom und Kohle und einen schnellen Umstieg auf Wind, Wasser und Sonne wird es nicht gehen. Und viele Berechnungen kommen zu dem Ergebnis, dass es auch ohne Suffizienz, also Selbstbeschränkungen, nicht möglich sein wird. Effizienz und Suffizienz gehören also eng zusammen. Notwendig ist eine neue Kultur der globalen Solidarität und Verantwortung. Dafür müssen auch sozial-ökologische Partnerschaften mit den armen Weltregionen eingegangen und die Wirtschafts- und Konsumverhältnisse gefördert werden, die auf Dauer sozial und ökologisch tragfähig sind.

Paul J. Crutzen plädierte für einen wissenschaftlich begründeten und umweltverträglichen Weg in eine aufgeklärte Zukunft. Der Humanist Erich Fromm hat das in „Haben oder Sein" eine Welt genannt, „die weder Mangel noch Überfluss kennt".[15] Eine echte nachhaltige Entwicklung gelingt daher nicht durch einzelne ökologische Programme, sondern allein durch das Ziel, dem öffentlichen Wohl auf Dauer die Priorität vor individuellem Reichtum einzuräumen. Nur dann hat der ökologische Umbau eine fortschrittliche Perspektive, die ihn mehrheitsfähig macht.

14 Karl Polanyi, The Great Transformation, New York 1943.
15 Erich Fromm, Haben oder Sein, Frankfurt a. M. 1976.

Wissenschaftlich exakt, politisch unbrauchbar?

Zur geologischen Definition des Anthropozäns

Von **Ralf Gisinger**

Der Begriff Anthropozän beschreibt den tiefgreifenden Einfluss des Menschen auf die Erde und somit Veränderungen von planetarischer Dimension. Trotzdem soll die Entstehung dieses Erdzeitalters bald offiziell an einem bestimmten Ort ablesbar sein: am Grund eines kanadischen Sees – jedenfalls wenn es nach der „Anthropocene Working Group" (AWG) der „International Commission of Stratigraphy" (ICS) geht. Sie einigte sich am 11. Juli 2023 auf einen Referenzort für das Anthropozän, wie es auch für andere Erdzeitalter üblich ist. Unter zwölf Vorschlägen – darunter auch der Wiener Karlsplatz – für einen solchen Ort, der mit einer goldfarbenen Metallplakette, einem „Golden Spike" markiert wird, fiel die Wahl auf das Sediment des Crawford Lake im kanadischen Ontario. Dort soll sich idealtypisch die geologische Veränderung der Erde durch den Menschen zeigen und auch zukünftig überprüfen lassen. Das Gremium ist damit der Ausrufung einer neuen erdzeitlichen Epoche einen entscheidenden Schritt nähergekommen.

Kein anderer Begriff bahnte sich in den letzten Jahren einen so fulminanten Weg von den Earth Sciences in andere Natur-, aber auch Geistes- und Sozialwissenschaften wie der des Anthropozäns. Er prägt auch politisch-gesellschaftliche Debatten und inspirierte zahlreiche künstlerische Auseinandersetzungen. Ursprünglich von dem Meteorologen und Chemie-Nobelpreisträger Paul Crutzen im Jahr 2000 vorgeschlagen[1], lenkt der Begriff die Aufmerksamkeit auf die wachsenden Auswirkungen menschlicher Aktivität auf das Erdsystem, indem er ein neues Erdzeitalter ausruft, geprägt durch „die Menschheit" als treibende geologische Kraft.[2]

Jetzt steht der Begriff kurz davor, seine exakte wissenschaftliche Definition zu bekommen: Bereits 2019 hatte die zehn Jahre zuvor eingesetzte Arbeitsgruppe dafür plädiert, diese neue Epoche der Erdgeschichte einzuläuten und ihren Beginn in der Mitte des 20. Jahrhunderts zu verorten. Finden diese Vorschläge der AWG eine Mehrheit in drei weiteren Abstimmungen innhalb der ICS, die keineswegs eine bloß formale Angelegenheit darstellen, so gilt unsere Epoche offiziell als Anthropozän und erhält einen

1 Paul J. Crutzen und E. F. Stoermer, The Anthropocene, IGBP Global Change Newsletter 41, 2000.
2 Vgl. Michael Müller, Das Anthropozän, in: „Blätter", 3/2002, S. 107-112.

Platz in der „Internationalen Chronostratigraphischen Tabelle". Die Entscheidungen der AWG sorgten nicht nur für Resonanz in der Wissenschaft, sondern auch für ein breites Echo in der Öffentlichkeit, unter die sich auch kritische Töne mischten, unter anderem aus der interdisziplinär besetzten AWG selbst. Allerdings wird selten erklärt, worum es sich in der Debatte um das Anthropozän dreht, und was in dieser scheinbar primär akademischen Diskussion kontrovers verhandelt wird.

Vom Holozän zum katastrophischen Anthropozän

Seit 11 700 Jahren lebt die Menschheit im *Holozän*, welches nach dem Ende der letzten Eiszeit begann. Das anbrechende Anthropozän ist dagegen eine Epoche, in der die Spezies Mensch nicht bloß auf der Erde existiert, sondern Umwelt, Ökosysteme oder Atmosphäre derart prägt und beeinflusst, dass sich die humane Aktivität auf planetarischer Ebene feststellen lässt. Menschliche Spuren schreiben sich etwa in Gestalt von Überresten fossiler Brennstoffe, Schadstoffemissionen, nuklearem Fallout, Mikroplastik oder Stickstoff aus Landwirtschaftsdünger bis in die Sedimentierungen der Erde ein und bleiben somit nachweisbar. Nicht davon zu trennen sind dabei die Effekte mit potenziell katastrophalen Folgen, die beispielsweise in Form eines anthropogenen Klimawandels nicht nur Ökosysteme, sondern die Lebensgrundlagen der Menschheit überhaupt zu zerstören drohen.

Dass die abschließende Entscheidung der ICS nun also mit Spannung erwartet wird und sogar Teil einer intensiven öffentlichen Debatte ist, die weit über die Disziplin der Geologie und Stratigraphie hinausreicht, dürfte für diese wissenschaftliche Vereinigung eine Premiere sein. Von Anfang an war klar, dass die Benennung des Anthropozäns und die Kriterien für seine Bestimmung nicht einfach neutrale wissenschaftliche Fragen darstellen. Vielmehr prallen in diesem Prozess wegen seiner symbolischen und politischen Bedeutung verschiedene Interessen aufeinander.

Bislang beschäftigte sich die Stratigraphie vornehmlich mit der Datierung und Einteilung geochronologischer Epochen der „Deep Time", das heißt mit Zeitabschnitten, die weit vor der Entstehung der menschlichen Spezies liegen und bis zur Erdentstehung vor rund 4,5 Mrd. Jahren zurückreichen. Denkt man in diesen Dimensionen, dann sind selbst Abweichungen von Tausenden oder gar Millionen von Jahren als vernachlässigbare Standardfehler zu werten. Bei der Datierung des Beginns des Anthropozäns diskutieren die Fachgremien dagegen über Jahrzehnte statt über Jahrmillionen. Plötzlich sind die unmittelbare Vergangenheit bzw. die Gegenwart Thema der geochronologischen und chronostratigraphischen Kategorisierung.

Der Stratigraphie als Teildisziplin der Geologie, die sich vornehmlich mit der Datierung von Sedimenten beschäftigt, obliegt es, die Erdzeitalter (auch: Äon, Ära, Periode, Epoche) zu bestimmen, zu klassifizieren und zu benennen. Dabei kam es auch schon in der Vergangenheit im Zuge neuer wissenschaftlicher Erkenntnisse, besonders durch die Entdeckung radioaktiver Zerfallsprozesse, zu Adaptionen und Neubenennungen. So befinden wir uns derzeit seit rund 2,6 Mio. Jahren in der geochronologischen Periode des „Quartärs", der namensgebenden vierten Schicht des italienischen Geologen Giovanni Arduino aus dem 18. Jahrhundert, wobei seine anderen Kategorien Primär, Sekundär und Tertiär mittlerweile deutlich nuancierteren Einteilungen der Erdhistorie weichen mussten.

Revisionen der Erdzeitalter sind also keine Seltenheit, allerdings ist der Formalisierungsprozess erstmalig von so vielen widerstreitenden Erwartungen und Kontroversen begleitet. Es stellte sich heraus, dass die stratigraphische Formalisierung des Anthropozäns einerseits starke Vorbehalte in der nicht auf Schnelllebigkeit ausgerichteten stratigraphischen Wissenschaftscommunity hervorrief, andererseits in zahlreichen anderen Disziplinen auf ihre Weisen angeeignet, transformiert und vor allem auch kritisiert wurde.

Geologische Definition und politische Dimension

Dem Konzept Anthropozän wohnte von Anfang an durch die Formulierung von Crutzen nicht bloß eine deskriptive Beschreibung der von Menschen induzierten Wirkungen auf den Planeten inne. Es ging immer auch darum, auf die Folgen der zerstörerischen anthropogenen Effekte hinzuweisen und ein globales Handeln im Hinblick auf die katastrophischen Ausmaße einzufordern. Ohne dass der menschliche Einfluss auf das Erdsystem per se negativ zu bewerten wäre, sollte auch die drastische Situation eines menschengemachten Klimawandels illustriert werden, der sich auf geologischer Ebene bemerkbar macht.

Viele Verfechter:innen des Konzepts verknüpfen damit die Hoffnung, dass mit der Entscheidung über das Anthropozän die planetarischen Auswirkungen menschlichen Handelns ernst genommen und endlich geeignete politische, technologische und ökonomische Maßnahmen ergriffen werden, die den Fortbestand nicht der Erde, aber den der Menschheit sichern. Allerdings werden auch Zweifel laut, ob eine geologisch-stratigraphische Definition – mit einem durch einen Golden Spike markierten Referenzpunkt – überhaupt noch diese Zwecke miterfüllen kann oder ob die Einengung des Anthropozäns über eine wissenschaftlich präzise Formalisierung nicht sogar die symbolische Schlagkraft des Konzepts schwächt.

Die amerikanische Paleoökologin Jacquelyn Gill argumentiert, nicht der Begriff Anthropozän führe dazu, dass globale Veränderungen wie die Klimakatastrophe verstanden oder gar eingehegt werden, sondern gerade die Unabgeschlossenheit und Offenheit des Anthropozäns ermögliche weiterhin eine notwendige Vielfalt der Forschung. Der Umweltwissenschaftler und Geologe Erle Ellis, selbst von Beginn an Mitglied der AWG, erklärte am 13. Juli, zwei Tage nach der Entscheidung für den globalen Referenzpunkt im kanadischen Crawfordsee, seinen Austritt aus der Arbeitsgruppe. Diese habe sich so sehr auf die enge Definition des Anthropozäns konzentriert, dass es innerhalb der Gruppe keinen Raum mehr für Dissens oder eine breitere Perspektive gebe. Das sei nicht nur schlecht für die Wissenschaft, sondern auch für das öffentliche Verständnis und die Maßnahmen zum globalen Wandel. Und das zu einer Zeit, in der eine breitere Zusammenarbeit zur Bewältigung dieser gravierenden gesellschaftlichen Herausforderungen wichtiger denn je sei.[3]

Ein Ausweg wurde 2021 von einer Forscher:innengruppe um Andrew Bauer vorgeschlagen:[4] Anstatt als Epoche ließe sich das Anthropozän als geologisches Ereignis (*event*) bestimmen, was in geochronologischen Maßstäben zwar wirklich ein einzelnes Ereignis wie einen Meteoriteneinschlag oder ein Erdbeben beschreiben kann, aber auch Prozesse, die sich über viele Millennia erstrecken, wie die vor 2,4 Mrd. Jahren beginnende große Sauerstoffkatastrophe oder die große ordovizische Biodiversifikation[5]. Mit der Klassifizierung des Anthropozäns als Ereignis könnten die strengen Formalisierungskriterien der Stratigraphie für Epochen umgangen und die erdzeitliche Einordnung einer zukünftigen Generation von Geolog:innen überlassen werden. Ein weiterer gewichtiger Kritikpunkt von Ellis, Gill und anderen Wissenschaftler:innen bezieht sich auf den Beschluss der AWG, den Startpunkt des Anthropozäns Mitte des 20. Jahrhunderts zu verorten. Paul Crutzens ursprünglicher Vorschlag zielte auf den Anbruch des Anthropozäns mit der industriellen Revolution im späten 18. Jahrhundert. Ab diesem Zeitpunkt lassen sich erste globale Anstiege der CO_2- sowie Methankonzentration durch in Polareis gespeicherte Luft nachweisen.

Die AWG begründet den wechselnden Fokus vom 18. Jahrhundert zum 20. Jahrhundert damit, dass die industrielle Revolution vornehmlich in Europa sowie Nordamerika vonstattenging und damit noch kein planetares Level erreicht hatte. Ihre Einigung auf das Jahr 1950 nimmt dagegen die sogenannte *great acceleration*, die große Beschleunigung, in den Blick. Diese exponentielle Entwicklung lässt sich sowohl anhand sozioökonomischer als auch erdsystemischer Parameter belegen, beispielsweise über enorme Anstiege in Bevölkerungswachstum, Energieproduktion und -konsumption, CO_2- oder Methanausstoß, Oberflächentemperatur, Industrialisierung, ökonomische Globalisierung usw. So fanden etwa 60 Prozent der gesamten globalen Energiekonsumption des Holozäns in der Zeit nach 1950 statt.

Allerdings befinden wir uns auch heute noch in der Phase der *great acceleration*, ohne dass ein Ende in Sicht wäre: Die Hälfte des Ausstoßes von Treibhausgasen seit der industriellen Revolution erfolgte allein in den vergangenen 30 Jahren. Die Frage ist: Wenn 1950 als entscheidender Startpunkt der anthro-pogenen geologischen Veränderung definiert wird, was erklärt das, oder besser, was wird dabei ausgespart? Bedeutet die verengende Festlegung auf 1950, dass Ursachen verschleiert und damit auch die Ursachenbekämpfung erschwert wird, wie manche Forscher:innen befürchten?

Als Alternativen wurde neben Crutzens Vorschlag der industriellen Revolution oder einer schlichten Beibehaltung des Holozäns – welches beson-

3 Erle Elis, Why I Resigned from the Anthropocene Working Group, anthroecology.org, 13.7.2023.
4 Andrew M. Bauer et al., Anthropocene: event or epoch?, in: „Nature", 9/2021, S. 332.
5 Die Entstehung vieler neuer Pflanzen- und Tierarten vor etwa 500 Mio. Jahren.

ders durch Agrikultur schon immer auch durch globale anthropogene Aktivität geprägt war – insbesondere für Zeitpunkte argumentiert, die mit den Anfängen der kapitalistischen Produktionsweise und dem Kolonialismus korrelieren, weshalb Heather Davis und Zoe Todd unter der Überschrift „Dekolonisierung des Anthropozäns" für das Jahr 1610 plädieren.[6] Die *great acceleration* sei zwar ein bedeutender quantitativer Sprung in der Menschheitsgeschichte, der qualitativ entscheidende strukturelle Kausalzusammenhang aber historisch schon deutlich früher angelegt.

Die AWG hat es sich allerdings selbst zur Aufgabe gemacht, ein zweifelsfrei planetares Ausmaß anthropogener Spuren zu ermitteln. Somit wurden die radioaktiven Überreste von Atombombentests, die sich ab den 1940er-Jahren in Sedimenten ablagerten, zu einem der wichtigsten Marker für den Beginn des Anthropozäns um 1950. Da sich Plutoniumisotope von nuklearem Fallout dieser Zeit nahezu weltweit feststellen lassen, eignen sie sich besonders für die Vergleichbarkeit mit dem Referenzpunkt im Crawfordsee. In der Kritik an dieser pragmatisch-wissenschaftlichen Methodenentscheidung kommen die politischen Implikationen des Konzepts voll zum Tragen. Was stets auch verhandelt wird, sind Fragen nach Ursache und Verantwortung *für* das Anthropozän bzw. dessen verheerende Folgen.

Wer ist der Anthropos?

Das zeigt sich auch an einem anderen fundamentalen Einwand der letzten Jahre, der vornehmlich von Disziplinen außerhalb der Geologie formuliert wird: Der Kritik am Namen Anthropozän selbst, der sich von *anthropos* (griechisch für Mensch) herleitet. Schon in der Diskussion um den Startpunkt scheint klar, dass nicht „die Menschheit" schlechthin, der anthropos, die entscheidende treibende Kraft hinter der globalen Veränderung ist, sondern historische, systemische Prozesse, die zwar menschengemacht, jedoch nicht von allen Menschen in derselben oder auch nur auf ähnliche Weise verursacht und forciert werden (können). Kaum etwas vermag diese Tatsache so eindrücklich zu illustrieren wie Plutoniumreste von Nuklearbombenexplosionen, die sich kaum der Menschheit als Universalkategorie anlasten lassen.

Wird der Beginn des Anthropozäns um 1950 datiert, so ist damit schon geklärt, dass es nicht um das Zeitalter *der* Menschheit geht, sondern um eine spezifische ökonomisch-technologische Formation innerhalb der Menschheitsgeschichte. Was im Begriff des Anthropozäns verborgen bleibt, ist die Tatsache, dass von einem Globalsubjekt der Menschheit nicht gesprochen werden kann. Schon Crutzen stellte 2002 in seinem Text „Geology of Mankind" fest, dass nur 25 Prozent der Weltbevölkerung für den Großteil der Umwelteffekte verantwortlich seien. Eine Zahl, die sich je nach Kriterien erweitern oder verengen mag, aber in der Tendenz richtig bleibt: Die auffäl-

6 Heather Davis und Zoe Todd, On the Importance of a Date, or Decolonizing the Anthropocene, in: „An International Journal of Critical Geographies", 4/2017, S. 761-780.

ligsten Unterschiede erstrecken sich zwischen Staaten des Globalen Nordens und Südens, gleichzeitig existiert aber auch eine transnationale Klassengesellschaft, wo eine schmale Kaste von Milliardär:innen den Ressourcenverbrauch von Millionen ärmster Menschen erreicht[7], die zudem am härtesten von der Klimakatastrophe betroffen sind. Umgekehrt profitiert der allergrößte Teil *der Menschheit* kaum von den Segnungen des Anthropozäns. Und eine Unabhängigkeit von fossilen Brennstoffen sowie eine global nachhaltige und gerechte Ressourcenplanung, die einen vereinheitlichenden Gebrauch der Kategorie *anthropos* vielleicht rechtfertigen könnte, scheint in weiter Ferne.

Die Zukunft des Anthropozäns

Deshalb haben sich einerseits Vorschläge wie Kapitalozän, Technozän, Plantationocene, Anthrobscene[8] zum Ziel gesetzt, schon im Namen die Hauptursache des anthropozänischen Verhängnisses widerzuspiegeln, andererseits führen Theorien des Posthumanismus Konzepte wie Symbiocene, Chthulucene oder Homogenocene[9] gegen den Anthropozentrismus (der Mensch als Maß aller Dinge) ins Feld.

Der Siegeszug des bereits etablierten Begriffs Anthropozän wird sich dadurch aber nicht mehr stoppen lassen. Deshalb sind komplementäre Konzepte notwendig, um sich nicht nur auf die nicht zu übersehenden global auftretenden geologischen Effekte ab 1950 zu kaprizieren, sondern gleichsam Ursachen, Verantwortung, aber auch Lösungen zu benennen sowie umzusetzen. Die politische Dringlichkeit dafür bleibt unverändert hoch. Das heißt, auch nach einer Formalisierung durch die ICS sollte die von Gill geforderte Offenheit und Unabgeschlossenheit der Anthropozän-Debatte beibehalten werden, damit die stratigraphische Definition nicht als Ende, sondern als Durchgangspunkt für weitere Forschung und produktive Kritik dient.

Auf diese Weise könnte das Anthropozän seinem Namen im Sinne eines anthropos doch noch gerecht werden: wenn nicht vorausgesetzt wird, *die Menschheit* sei unterschiedslos die geologische Kraft des neuen Erdzeitalters, sondern wenn mit ihm das Bestreben einhergeht, die Voraussetzungen für eine lebenswerte Existenz *für alle Menschen* zu schaffen. Wie der „Economist" im Nachgang der Entscheidung der AWG titelte: „Sorgen Sie sich nicht darum, wie das Anthropozän begann, sondern wie es enden könnte."[10]

7 Vgl. Sighard Neckel, Zerstörerischer Reichtum, Wie eine globale Verschmutzerelite das Klima ruiniert, in: „Blätter", 4/2023, S. 47-56.

8 Das Kapitalozän, besonders durch Jason W. Moore popularisiert, benennt den Kapitalismus als treibende Kraft. Der Begriff Technozän (Alf Hornborg) fokussiert auf die Verselbstständigung technologischen Fortschritts, das Plantationocene betont das Zusammenspiel von Kolonialismus und Agrarwirtschaft, die sich in der Plantagenökonomie manifestiere, das Anthrobscene (Jussi Parikka) auf die Rolle von Medien und Digitalkultur als Motor einer Art planetaren Todestriebs.

9 Symbiocene (Glenn Albrecht) stellt symbiotische Beziehungsweisen eines Mensch-Natur-Gefüges ins Zentrum, das auf Donna Haraway zurückgehende Chthulucene betont die „chtonische" also erdverbundene Komponente. Charles Mann will mit dem Homogenocene die biologisch-kulturelle Homogenisierung der letzten 500 Jahre in den Mittelpunkt stellen.

10 „Worry not about how the Anthropocene began, but how it might end."

Im Zeitalter der Verwüstung

Vom notwendigen Ende einer Epoche

Von **Mathias Greffrath**

Ein Jahr, nachdem Greta Thunberg mit ihrem Sitzstreik in Stockholm die weltweite Klimabewegung Fridays for Future begründete, fuhr sie am Bug eines Schiffs mit schwarzen Segeln und Wimpeln – beflaggt mit den deutschen und schwedischen Farben sowie den Sternen der EU – in den Hafen von New York ein, vorbei an der Freiheitsstatue. Das Foto ging um die Welt. Es war, egal ob inszeniert oder nicht, ein hoch pathetisches Bild. Und so sehr auch die Bewegung und Greta Thunberg persönlich seither an Reputation eingebüßt haben, eines ist sicher: Wir werden noch viel mehr Pathos und viel mehr Inszenierung erleben – und auch brauchen. Denn wir haben den Klimawandel schon lange nicht mehr vor uns, wir sind mittendrin.

„Wie könnt Ihr es wagen! [...] Wir stehen am Anfang eines Massensterbens, und alles, worüber Ihr reden könnt, sind Geld und Märchen über ewiges Wirtschaftswachstum", klagte Thunberg damals die versammelten Machthaber vor den Vereinten Nationen an. „Wie könnt Ihr es wagen! [...] Seit mehr als dreißig Jahren ist die Wissenschaft sich einig. [...] Wir werden Euch das nie verzeihen." Ja, der Auftritt in New York polarisierte. Auch einige meiner Freunde fanden ihn peinlich und übertrieben. Doch es gibt viele Arten der Verleugnung. Es gibt die einfache Ignoranz, mit der die AfD wirbt. Es gibt die verlogene Ignoranz, mit der Donald Trump dröhnt, er halte den Klimawandel für eine Erfindung, und zwar der Chinesen. Es gibt die Feuilletonvarianten, die Akteure des Protests mit ästhetischen Mitteln zu kritisieren. Und es gibt die wohl infamste Art der Verleugnung, die Pathologisierung.

Unzählige psychiatrische Laien diagnostizierten Greta Thunberg und ein Friedrich Merz befand schlicht: „Das Mädchen ist krank." Um die gut informierten Forderungen der Schüler wegzuerklären, bemühten andere sogar die Kinderkreuzzüge des Mittelalters. Und der Philosoph Wolfram Eilenberger setzte noch eins drauf: Die massenhafte Mobilisierung für eine Konsumwende sei bedrohlicher als die „völkischen Untergangsszenarien" vom rechten Rand, und er sehe schon einen ökofaschistischen Kontrollstaat am Horizont, der eines Tages Fleischfresser oder SUV-Fahrer „im Namen des Lebens [...] ausmerzen" könnte. Was aber treibt selbst Intellektuelle zu derart schrillen, wütenden Befürchtungen angesichts ernsthafter, unironischer, gut informierter Schüler? Ist es die unangenehme Wahrheit, dass größere Veränderungen anstehen als der bloße Wechsel der Treibstoffart? Dass schon bald auf mehr verzichtet werden muss als nur auf SUVs und viel zu große Wohnungen und viel zu billige Nackensteaks? Dass weit mehr zu Ende geht als nur das Kohlezeitalter? Dass es nicht nur um Grenzwerte geht, sondern um die Verteidigung ganz anderer Grenzen?

Erst Mitte des Jahres wurden die schrillen Stimmen leiser, als die Bewegung wuchs und wuchs, als den Fridays for Future sich die Scientists for Future, die Parents for Future, die Lehrer for Future, die Omas for Future, ja auch die Economists und Unternehmer und Ingenieure for Future anschlossen. Doch am selben Tag, dem 20. September, an dem in ganz Deutschland 1,4 Millionen Menschen für grundlegende Reformen protestierten, schacherte das Kabinett in einer pizzaunterstützten Nachtsitzung von insgesamt 19 Stunden um Centbeträge. Und es verabschiedete – mit der üblichen „Es war hart, aber der Durchbruch ist gelungen"-Rhetorik, ganz so, als handele es sich um eine Lohnrunde im Öffentlichen Dienst – am Ende ein Klimapäckchen, dessen Forderungen sogar vom Institut der deutschen Wirtschaft und vom Münchner ifo-Institut als deutlich zu lasch bezeichnet wurden. Und selbst das, so gestand es ein Ministerialbeamter, wäre nicht möglich gewesen ohne diese autistische Schülerin aus Stockholm und die von ihr ausgelösten Freitags-Demonstrationen.

„Follow the Science": Die zentrale Forderung von Fridays for Future trifft ins Herz des neuzeitlichen Glaubens, der Wissenschaft. Follow the Science: Mit der Physik kann man nicht diskutieren, das stimmt. Aber über die Konsequenzen der physikalischen Wahrheiten muss man dennoch streiten. Da geht es nicht um Fakten, sondern um unser Verhältnis zur Welt. Um Alternativen. Um Aufbruch oder Beharren. Um Bewahren oder Zerstören.

2019 hätte daher ein großes Jahr für das Parlament werden können, ja müssen. Im Juni wurde den Politikern das Sondergutachten des Sachverständigenrates für Umweltfragen zur „Demokratischen Legitimation von Umweltpolitik" vorgelegt, im Juli das Sondergutachten des Sachverständigenrates zur Begutachtung der gesamtwirtschaftlichen Entwicklung, der sogenannten Wirtschaftsweisen: „Aufbruch zu einer neuen Klimapolitik". Unterschiedlicher könnten Weltsichten nicht sein als in diesen beiden Ausarbeitungen. Die einzige Wunder- und Universalwaffe – und die einzige Empfehlung der Wirtschaftsweisen – ist eine Erhöhung der Prämie, die Wirtschaft und Private für die Verschmutzung der Atmosphäre zahlen sollen: der CO_2-Preis. Es ist das Dokument einer ökonomischen Wissenschaft, in deren Modellen Rohstoffe, Arbeit, Stoffströme – kurzum, die reale materielle Welt mit ihrer Physik und Chemie – nur als Geldgrößen vorkommen, und Unternehmen und Menschen nur als Nutzenmaximierer, denen man nicht einmal zutrauen kann, dass sie um des Planeten, um der Zukunft ihrer Kinder willen ihr Verhalten ändern. In diesem Gutachten tauchen konsequenterweise – so ergibt es eine unvollständige Stichprobe – Begriffe wie die folgenden gar nicht erst auf: Biodiversität, Lebensstil, Verhaltensänderung, Naturschutz, Biosphäre, Gerechtigkeit, Artenvielfalt oder Lebensqualität. Dafür scheint durchgehend die eine, alles andere dominierende große Sorge durch: Was wird aus unserem Wachstum, wenn wir das Klima schützen müssen?

Das Gutachten des Umweltrates der Bundesregierung enthält dagegen „mehr Welt". Und es markiert den Scheideweg, an dem wir heute stehen. Es ruht auf dem Wort Anthropozän – die Epoche, in der die Menschen selbst zur Naturgewalt geworden sind. Gewiss, ein sperriger Begriff, aber einer, der immer mehr in unsere Sprache eingewandert ist. Denn er markiert die Größe des epochalen Umbruchs, in dem wir uns heute befinden. Zwar wird die Erde, so oder so, nicht untergehen, aber wir hätten, so das Gutachten, die Wahl zwischen einem „Verwüstungsanthropozän" oder einem „holozänartigen Anthropozän". Verwüstung der Erde oder eine Erde, die noch entfernte Ähnlichkeit hat mit der Welt, in der wir heute leben, sowohl physisch als auch politisch – das sind die zwei möglichen Ufer, zwischen denen im Augenblick noch der Ölstrom unserer Epoche fließt. Wo wir anlanden, das wird davon abhängen, ob wir die planetaren Belastungsgrenzen für CO_2- und Stickstoffbelastung, Süßwasserverbrauch, Ozeanversäuerung, Landnutzung überschreiten, jenseits derer die Reparatursysteme unberechenbar werden.

Eine erdgeschichtliche Epoche geht zu Ende

Ein „holozänartiges Anthropozän" zu bewahren, also annähernd die Welt, die wir kennen, bedürfte bereits eines hohen Grades aktiver menschlicher Einwirkung, Planung, Gestaltung. Und einer radikalen Änderung unserer Lebensweisen. Kein Zweifel: Die Sache, um die es heute geht, ist groß. Vieles ist schon dahin. Und was noch da ist, bleibt gefährdet.

„Unsere Generation und die unserer Kinder und Enkel werden zu tätigen Zeugen einer gewaltigen Umwälzung des Lebens auf unserer Erde. Vor unseren Augen, unter unseren Händen geht eine erdgeschichtliche Epoche zu Ende, die viele Jahrmillionen Bestand hatte. Nur blinder Stumpfsinn könnte sich dieser Tragik verschließen. Ein Natur- oder Umweltschutz, der die Illusion aufrechterhalten würde, dieses Rad könnte aufgehalten oder zurückgedreht werden, verschlösse die Augen vor den bereits bestehenden Tatsachen und ihren zwingenden Folgen. Was bevorsteht, ist ebenso klar erkennbar wie bitter." So schrieb es vor 33 Jahren der Zoologe Hubert Markl, der damals Präsident der Deutschen Forschungsgemeinschaft war.

Eine erdgeschichtliche Epoche: Markl sprach sogar von einem biologischen „Holocaust", nämlich vom Ende des Neozoikums – der Erdperiode, die vor 60 Millionen Jahren begann und in der die Fauna und Flora entstanden, mit der wir jetzt noch leben. Er kritisierte unsere „parasitäre Lebensweise", und appellierte an unsere Verantwortung: „Natur" sei nun zur „Kulturaufgabe" geworden, und zwar zur globalen, und zwar endgültig.

Das Wort „Anthropozän" war noch nicht im Umlauf, als Markl sein Epitaph auf das Holozän schrieb, aber auch 1986 war die Botschaft nicht mehr neu. Schon 1962 hatte Rachel Carsons Bestseller „Silent Spring" das Artensterben zum politischen Thema gemacht, seit 1965 teilten Wissenschaftler der Politik immer wieder mit, dass das Wirtschaftswachstum die Erdtemperatur rasant steigen lässt. 1973 hatte der Club of Rome sein Gutachten über die Grenzen des Wachstums veröffentlicht, 1972 Willy Brandt vor Nobelpreisträgern eine Rede gehalten, in der er die epochale Aufgabe formulierte, „den Zusammenbruch unseres Ökosystems zu verhindern". Das ist bald fünfzig Jahre her. Seither haben sich die CO_2-Emissionen der menschlichen Gattung noch einmal vervierfacht. Bibliotheken sind gefüllt worden mit erklärenden und aufrüttelnden Büchern, theologischen Predigten, soziologischen Kritiken, ökonomischen Analysen. Und hunderte von Millionen von Seiten bei Google.

Wie aber sieht der Epochenbruch konkret aus, in dem wir uns inzwischen befinden? Vielleicht muss man bis zum letzten großen Klimaereignis der Erdgeschichte zurückgehen, um zu erklären, was uns da widerfährt, warum es nicht reicht, den CO_2-Ausstoß kostenpflichtig zu machen. Und um zu begreifen, was uns hindert, dem zu folgen, was wir wissen.

Der große Umbruch der neolithischen Revolution

Die Erd-Periode, die jetzt zu Ende geht, begann in der neolithischen Revolution, der „größten Verhaltensänderung [...], die je eine Tierart auf diesem Planeten vollzogen hat", dem Übergang des homo sapiens von einer nomadischen zur sesshaften Lebensweise, vom Jagen und Sammeln zu Ackerbau und Viehzucht. Auch dieser Übergang war die Folge eines außerordentlichen Klimawandels, einer Erderwärmung, die etwa vor 12000 Jahren begann, in deren Folge die Meeresspiegel in zwei Jahrtausenden um mehr als 30 Meter stiegen – England wurde erst damals zur Insel – und in deren Folge in mehreren fruchtbaren Zonen der Ackerbau entstand.

Das Leben wurde sicherer, aber auch anstrengender – das ist etwa die Grundlage für den Mythos von der Vertreibung aus dem Paradies. Ackerbau und Viehzucht erforderten regelmäßige, systematische Bearbeitung der Natur, Kalendersysteme, Bewässerungstechniken. Das Menschheitswissen und die Herrschaft über die Natur wuchsen; es entstanden Siedlungen und Städte und damit militärisch gestützte Herrschaftssysteme, Baukunst, Priesterkasten, das Geldsystem; die Arbeitsteilung wuchs, und damit auch die soziale Schichtung und Ungleichheit. Die Menschheit nahm zu, in neun Jahrtausenden von 4 auf 50 Millionen. Und hunderttausendfach, an tausenden von Orten, in tausenden von Jahren, geschah, was Jean-Jacques Rousseau in seinem Diskurs über die Ungleichheit ebenso poetisch wie politökonomisch als den Sündenfall der Menschheit beschrieb: „Der erste, der ein Stück Land mit einem Zaun umgab und auf den Gedanken kam zu sagen ‚Dies gehört mir' und der Leute fand, die einfältig genug waren, ihm zu glauben, war der eigentliche Begründer der bürgerlichen Gesellschaft. Wie viele Verbrechen, Kriege, Morde, wie viel Elend und Schrecken wäre dem Menschengeschlecht erspart geblieben, wenn jemand die Pfähle ausgerissen und seinen Mitmenschen zugerufen hätte: ‚Hütet euch, dem Betrüger Glauben zu schenken; ihr seid verloren, wenn ihr vergesst, dass zwar die Früchte allen, die Erde aber niemandem gehört.'"

Vor 10000 Jahren begann die Geschichte, die uns überliefert ist, es war ein langer Prozess, und an seinem Ende wurde der Grund gelegt für die Zivilisation, in der wir heute noch leben. Eine neue Produktionsweise war entstanden und mit ihr neue Eigentums- und Herrschaftsformen, und darüber eine neue Gedankenwelt, die ihre Härten legitimiert – und korrigiert.

Achsenzeit, so nannte der Philosoph Karl Jaspers das Jahrtausend vor der Zeitenwende, in dem in Asien der Buddhismus, in China der Konfuzianismus und im Mittelmeerraum die aristokratische Demokratie, die griechische Naturphilosophie, und in Israel der Monotheismus entstanden: eine Erlösungsreligion, die keine Naturgötter und keine Gottkönige mehr kannte, sondern deren anonyme Stifter einen Weltenlenker und Gesetzgeber ersannen, der transzendent, gestaltlos und unerforschlich war. Weswegen auch die Herrschenden und die Reichen den Gesetzen unterworfen waren, wenigstens im Prinzip.

Das Recht wurde heilig – und das schuf die ideelle Grundlage, zwar (noch) nicht für Demokratie, wohl aber für den Beginn einer Milderung der Gewalt durch Gesetze. Gesetze, die auch über den Mächtigen standen, weswegen Raum für Propheten frei wurde: Intellektuelle, Provokateure, deren Beruf es wurde, die Lücke zwischen Macht und Moral zu skandalisieren. Einzuklagen, was in der Thora zum Thema Eigentum gesagt war: dass die Kluft zwischen Arm und Reich schändlich sei, dass alle sieben Jahre die Schulden erlassen gehören und alle fünfzig Jahre neu verteilt werden soll, was im Prinzip allen gehört. Jesus Christus verschärfte diesen Prozess der Zivilisation: Die Zumutung des Gesetzes wanderte in die Herzen und ins Gewissen ein. Nicht das bloß äußerliche Befolgen der Regeln, sondern die Verinnerlichung ihres Prinzips sollte den Frieden bringen.

Diese Mittelmeer-Kombination von griechischer Naturphilosophie und Unterschichtsreligion verband sich nach der Zähmung des Urchristentums durch eine Priesterhierarchie mit dem Römischen Rechts- und Militärwesen – und aus dieser Verbindung entstand die nunmehr 2000 Jahre währende judäochristliche Zivilisation. Ihre Basis in sieben knappen Worten: Kirche, Feudalismus, Nationalstaaten, Kapitalismus, aber auch Wissenschaft, Aufklärung, Demokratie.

Die Neuzeit und die profitgetriebene Ausweitung der Kapitalzone

Beginnend mit der Neuzeit kolonisierte und missionierte diese Zivilisation die Welt, formte Lebensweisen, Landschaften und Machtverhältnisse. Und heute hat die profitgetriebene Ausweitung der Kapitalzone die Lebenserwartung und den Güterwohlstand auch im globalen Süden erheblich gesteigert. Das aber unterminiert zunehmend die politische Gestaltungsmacht der Nationalstaaten. In den Ursprungsländern des Kapitalismus wurde der europäische Sozialstaat erkämpft; eine Errungenschaft, in den Worten von Pierre Bourdieu, so unwahrscheinlich wie Kant, Beethoven oder Mozart. Doch nicht von Dauer. Denn nun hat der Extraktionskapitalismus die Grenzen seiner Ausdehnung erreicht. Die Verallgemeinerung unseres Konsumniveaus für eine Weltbevölkerung von 10 Milliarden überschreitet radikal die Tragfähigkeit der Erde – und das wird von Jahr zu Jahr spürbarer und messbarer werden.

„Wir sind der Klimawandel", schreibt der Romancier Jonathan Safran Foer. Das aber heißt: Es geht heute nicht darum, Diesel durch Wind zu ersetzen, und dann ist alles gut. Es geht nicht nur um den Kohlenstoff in der Luft, sondern um die Endlichkeit der Rohstoffe, die Qualität der Böden, die Organisation der Wirtschaft, die Verteilung der Menschen auf dem Globus. Klima ist kein Problem unter anderen, sondern das spürbarste Symptom eines „totalen sozialen Phänomens". Und dieses Phänomen heißt Wachstum.

So wie wir im Westen leben, sind wir der Klimawandel

Wie wir im Westen leben, sind wir der Klimawandel, aber die globalisierte Menschheit ist kein Wir. Die Lasten und die Wohltaten sind ungleich verteilt, national wie global, und die Erderwärmung wird diese Ungleichheit noch steigern. Der doppelte Wachstumszwang – der Konsumenten und der profitabhängigen Kapitale – verschärft die Auseinandersetzungen um die Rohstoffreserven der Erde und der Ozeane: an Öl, an Kupfer, an Mangan, an seltenen Erden, an Lithium, an Phosphor, ja an Sand. Die „große Regression" hat begonnen. Die Furcht vor Kriegen, um Wasser oder Coltan, ist längst nicht mehr hysterisch. Und auch nicht die vor Bürgerkriegen um Teilhabe: Ein Jahrhundert lang wurde die Gerechtigkeitsfrage in den kapitalistischen Industriegesellschaften durch Wachstum neutralisiert; in einer demokratischen „Postwachstumsgesellschaft" käme sie in neuer Schärfe auf die Tagesordnung. Erst recht stößt die Idee einer Wachstumsbeschränkung außerhalb der OECD-Welt an politische Grenzen: Die Regierungen des globalen Südens würden hinweggefegt werden, wenn sie ihren Bürgern die nachholende Modernisierung – sprich: ein Leben wie im Norden – verweigern. Außerdem gibt es keinen moralisch legitimierbaren Einwand gegen dieses Begehren der Massen, solange die Regeln des kapitalistischen Weltmarkts und die globalisierten Konsummuster des Nordens gelten. An all dem wird klar, dass Demonstranten und Politiker zu kurz springen, wenn sie den Kampf gegen den Klimawandel zum alles überwölbenden globalen Großthema erklären. Nicht der Klimawandel ist das zentrale Problem, er ist bloß das vielleicht massivste Symptom des Grundproblems: Wachstum.

Follow the Science – das ist gut gesagt. Doch selbst wenn der Gedanke, dass unendliches Wachstum auf einem endlichen Planeten nicht möglich ist, kaum widerlegbar ist: Die Frage, wie eine Wirtschaft, deren Funktionieren auf Wachstum beruht, in einen stationären Zustand gebracht werden kann, wird an unseren Wirtschaftsfakultäten bisher nicht einmal ernsthaft gestellt.

Die Sicherung eines auch nur annähernd stabilen „holozänartigen Anthropozän" – um auf die barocke Formulierung aus dem Gutachten des Umweltrats der Bundesregierung zurückzukommen – bedürfte einer global wirksamen Politik. Und das macht „einen Grad transnationaler Zusammenarbeit nötig, der die in der internationalen Arena bis heute geübte Praxis bei weitem übersteigt. [...] Die Vereinten Nationen stagnieren, und selbst die Europäische Union ist ein Versuch mit ungewissem Ausgang".

So schreibt es Jürgen Habermas, der jüngst eine monumentale Geschichte der europäischen Philosophie veröffentlicht hat. Zweitausend Seiten, das Resümee eines lebenslangen Denkens über vernünftige Freiheit: Ausgehend von jener Achsenzeit am Ende der neolithischen Umwälzung rekonstruiert Habermas die allmähliche Verwandlung einer Gesetzesreligion mit Erlösungsversprechen in eine säkulare Philosophie der menschlichen Autonomie und des Fortschritts im Bewusstsein der Freiheit. Eine Transformation, die über die Stationen Naturrecht und Aufklärung in die kantische Idee der Weltrepublik, des kategorischen Imperativs, des Rechtsstaats und der Demokratie mündet. Diese Gedankensysteme, Rechtsordnungen und Ideale verknüpfen die Würde und das Leben des Einzelnen mit dem Leben des Ganzen. Sie beerben damit nicht nur den Totalanspruch der Religion, sondern sie zehren zugleich in dialektischer Weise auch vom emotionalen Gehalt und dem Verpflichtungscharakter der überkommenen Religionen.

Jeder Erdenbürger hat das Recht auf den gleichen Anteil an der Atmosphäre

Die zeitgemäße Formulierung des kategorischen Imperativs in einer globalisierten Erde, in der die Energiefrage, das demokratische Gleichheitspostulat und der materielle Glücksanspruch verbunden sind, fand ironischerweise ausgerechnet Angela Merkel vor neun Jahren auf dem Klimagipfel in Japan: Jeder Erdenbürger hat das Recht auf den gleichen Anteil an der Atmosphäre. Das Postulat ist mit Gründen nicht zu bestreiten, sondern nur mit Macht, und mit Mauern zu ignorieren. Zu Ende gedacht heißt es: Ein „holozänartiges Anthropozän" erfordert viel Technik und eine neue, global geltende und exekutierbare Rechtsordnung des gemeinsamen Eigentums aller Erdenbürger an den Gütern der Erde: Wasser, Boden, Luft, Naturschätze.

Das ist zwar vorstellbar, aber es hätte massive Konsequenzen. In den Wohlstandsregionen der Welt müssten die Bürger ihre Ansprüche auf die Erde radikal reduzieren, ihre Schulden gegenüber der Natur und den ehemaligen Kolonien anerkennen, was praktisch hieße: mehr Gleichheit ertragen. Und an dieser Wegmarke hilft Argumentieren nicht weiter. Hier beginnt, mit den Worten des katholischen Ökologen Carl Améry, das Reich der religiösen Regungen, „wo solche Einsichten in Schuld und Last nicht als Minderung, sondern als Mehrung unserer Menschlichkeit empfunden werden".

Hier aber kann auch die Vernunft der Philosophen nicht weiterhelfen. „Erst im *Akt der Bindung* unserer Willkür an die aus praktischer Vernunft gewonnene Einsicht erfüllt sich das richtige moralische Urteil im autonomen Handeln", stellt Habermas fest. Doch „nichts und niemand" zwinge uns zu solcher Bindung. Die Suche nach einem Ausweg aus der Wachstumsfalle, die nicht auf technische Willenslenkung à la China oder Facebook setzen will, kann sich – so endet das große Buch – auf keine Gewissheit stützen. „Es hängt von unserem Selbstverständnis ab, ob wir als Individuen [...] oder als Bürger und Politiker [...] in Situationen der Wahrnehmung unausweichlicher Probleme uns selbst und gegenseitig die Spontaneität vernünftiger Freiheit sowohl zutrauen wie zumuten." Es hängt von uns ab – auf diesem hellgrauen Ton endet Habermas' Lebenswerk. Mehr kann uns die Philosophie nicht versprechen.

Trauen und muten wir uns selbst etwas zu

Uns etwas zuzumuten – dafür waren in der alten Welt die Propheten zuständig. Seit einem halben Jahrhundert erheben Wissenschaftler, Philosophen, Theologen, Nobelpreisträger und Religionsoberhäupter ihre mahnenden Stimme gegen die Weltzerstörung. Aber alle diese „Posaunen der Propheten", so Carl Améry, selbst ein Prophet, „brachten nicht einmal die Vorwerke des Techno-Systems" zum Wanken.

So haben auch die ebenso ökologische wie ökumenische Botschaft von Papst Franziskus in seiner Enzyklika „Laudato si" aus dem Jahr 2015, seine scharfen Attacken auf den „Imperialismus des internationalen Finanzkapitals", in diesem Land wenig bewirkt. Aber vielleicht ist es ein Unterschied, ob es ein 82jähriger sagt oder ob eine 16jährige einfach stur weiter sitzen bleibt, stellt, mit einem schmunzelnden Blick nach oben, der Münsteraner Weihbischof Rolf Lohmann fest.

Doch wo Bischöfe Religiosität erkennen, eine Weltsicht und Praxis, die den Einzelnen mit Wissen und Wollen an das Ganze der Welt bindet, einen Einsatz, der aufs Ganze geht, sehen andere in Greta Thunberg nur die Ikone einer „notsüchtigen" Mittelschicht, die Kreatur einer Bewusstseinsindustrie, die aus Angstrhetorik Profit saugt, so der postmoderne Allesdenker Norbert Bolz. Diese „ekstatische Ersatzreligiosität" der Klimabewegung beute nur das Schuldbewusstsein der westlichen Kultur aus.

Offenbar leben wir in einer Zeit, in der aufklärerische Sturheit polarisiert, in der es aber auch charismatische Überraschungen gibt, in der Bündnisse entstehen, die vor kurzem noch nicht denkbar waren – und in der auch die Abwehr dagegen sich formiert. Ja, es geht einiges zu Ende dieser Tage: die goldenen Jahre der letzten großen Konjunktur, die Dominanz des euro-amerikanischen Kapitalismus, die Illusion einer unendlich verwertbaren Natur, letztlich das „gesamte Universum der westlichen Welt" – die Vorstellungen von Eigentum, die mit der neolithischen Revolution in die Welt kamen.

Eine alte Ordnung löst sich auf, und eine neue hat noch keine Konturen. Das sind Zeiten, in denen, in den Worten von John Maynard Keynes, Menschen „mehr als sonst eine grundlegendere Diagnose erwarten und ganz besonders bereit sind, sie aufzunehmen und zu erproben, wenn sie nur einigermaßen annehmbar sein sollte". Zeiten auch, in den die Monster der Vergangenheit auftauchen und die Drohung des „Verwüstungsanthropozäns" Gestalt annimmt. Zeiten, in denen es darauf ankommt, wie viele Millionen einzelne sich verhalten, wohin sie sich bewegen, was sie wählen und wie hartnäckig sie bleiben – unter dem offenen Himmel der Geschichte.

Menschenleere oder: Die Politik der Ökologie

Von **Leander Scholz**

Our movement is called »Earth First!« not »People First!«. David Foreman

Am 30. März 1898 hielt Wilhelm Wetekamp eine paradigmatische Rede im Preußischen Abgeordnetenhaus, die ihn zu einem Pionier des Naturschutzes in Deutschland machte. Bereits mehrfach hatte der liberale Politiker und Reformpädagoge versucht, den Parlamentariern und der Staatsregierung sein wichtiges Anliegen vorzutragen. Nun duldete es keinen Aufschub mehr. Denn mit jedem Tag, an dem die moderne Landwirtschaft den Ertrag der Böden steigerte, verschwanden weitere Teile der heimischen Flora und Fauna auf unwiederbringliche Weise. Die erfolgreiche Trockenlegung der Moore und die umfassende Flurbereinigung nahmen vielen Pflanzen und Tieren ihren existenziellen Lebensraum. An die Stelle der natürlichen Vielfalt der Landschaften trat eine gleichförmige Bodenkultur, geeignet für den massenhaften Anbau von nur wenigen Nutzpflanzen, ausgesät für die Ernährung großer Menschenmengen und ihrer zahlreichen Nutztiere. Mit der gnadenlosen Verödung der so kultivierten Natur ging ein Artensterben einher, dessen gravierende Folgen noch kaum absehbar waren.

Aus diesem Grund forderte der engagierte Abgeordnete und frühe Naturschützer, radikaler vorzugehen, als das bei allen bisherigen Schutzgesetzen geschehen war: „Wenn etwas wirklich Gutes geschaffen werden soll, so wird nichts übrig bleiben, als gewisse Gebiete unseres Vaterlandes zu reservieren, ich möchte den Ausdruck gebrauchen: in ‚Staatsparks' umzuwandeln, allerdings nicht in Parks in dem Sinne, wie wir sie jetzt haben, das heißt einer künstlichen Nachahmung der Natur durch gärtnerische Anlagen, sondern um Gebiete, deren Hauptcharakteristikum ist, dass sie unantastbar sind."[1] Im Unterschied zu den Vorschriften, die bereits zur Begrenzung der Jagd und der Fischerei galten, sollte dieser Vorschlag die Verfügungsgewalt der Menschen in einem bestimmten Bezirk vollständig außer Kraft setzen. Beabsichtigt war weder eine nachhaltige Nutzung der natürlichen Produktivität, wie das in der Forstwirtschaft schon länger gemacht wurde, noch ging es um den ästhetischen Genuss natürlicher Kunstwerke, wie im Fall der zahlreichen

1 Wilhelm Wetekamp, Rede am 30. März 1898. Stenographische Berichte über die Verhandlungen der durch die Allerhöchste Verordnung vom 22. Dezember 1897 einberufenen beiden Häuser des Landtags, Haus der Abgeordneten, Dritter Band, Berlin 1898, S. 1959.

Parkanlagen adeliger und bürgerlicher Provenienz. Die „Staatsparks" sollten allein der Erhaltung von vermeintlich unrentablen Bodenformen dienen und so zu „Zufluchtsorten" für die Pflanzen und Tiere werden, die im ausgehenden Jahrhundert des Fortschritts und der großen Industrie keine Aussicht auf eine weitere Existenz hatten: „Man sieht, dass, wenn nicht künstlicher Schutz eintritt, es nicht möglich sein wird, unsere Tierwelt zu erhalten."[2] Daher müssten die neuen Parks „unantastbar" sein und wie ein Heiligtum ihrer profanen Nutzung entzogen werden. Diese Auszeichnung beschreibt allerdings nicht nur ihre Funktion für die bedrohte Flora und Fauna, sondern macht sie zugleich zu einer Krypta der kommenden Ökologie und ihrer Politik. Mit ihnen ist der Kern einer neuen politischen Ordnung gegeben. Am 1. Oktober 1906 wurde als erste Naturschutzbehörde die Staatliche Stelle für Naturdenkmalpflege in Preußen eingerichtet.

Das ökologische Zeitalter

Das ökologische Zeitalter beginnt also mit einem eigenwilligen Gründungsakt, in dessen Zentrum ein menschenleerer Bezirk steht. Aus diesem sind die Menschen ausgeschlossen, zum Schutz der Natur vor den Menschen und zum Schutz der Menschen vor sich selbst. Der *homo sapiens*, der fast die gesamte Erde besiedelt und zahlreiche Lebewesen aus ihrer ursprünglichen Heimat verdrängt hat, ist zu einer Gefahr für das Leben insgesamt und damit auch zu einer Gefahr für sich selbst geworden. Nicht mehr aus seiner Gestaltungsmacht erwächst die Rettung, sondern aus einer Natur ohne Menschen, die von den Menschen vor ihrer Vernichtung durch die Menschen bewahrt werden muss. Das Eigenwillige dieses Gründungsaktes besteht darin, dass dabei kein Mythos und kein Held, weder ein Gott noch ein *homo magnus* eine Rolle spielt, sondern ein solches Erschrecken der Menschen über sich selbst dazu führt, dass ihnen nichts anderes mehr übrig bleibt, als sich von sich selbst zu distanzieren. Weil gerade die Anstrengung, die Welt so einzurichten, dass sich darin gut leben lässt, diese Welt ruiniert hat, hilft es nichts, sich noch mehr anzustrengen. An die Stelle des Selbstvertrauens, mit dem die Menschen zum Maßstab der Dinge geworden sind, ist ein elementares Misstrauen gegen ihr eigenes Können getreten. Sich selbst aus dem Zentrum zu nehmen, wird von nun an eine Übung sein, die den Weg des Überlebens weist.

Wie in den klassischen politischen Lehren der Neuzeit steht am Anfang des ökologischen Paradigmas und seiner Politik ein „Naturzustand", den es allerdings nicht zu überwinden, sondern im Gegenteil zu erhalten gilt. Während der ehemalige *status naturalis*, aus dem die moderne Welt hervorgegangen ist, durch seine Unerträglichkeit gekennzeichnet war, herrscht in diesem Naturzustand eine Ordnung, die sich bereits genügt, die keiner Verbesserung bedarf und vor allem nicht des Menschen, um sie bewohnbar zu machen. Diese Natur muss nicht bezwungen und nicht kultiviert werden.

2 Ebd., S. 1959.

Der Schrecken, der mit dem *status naturalis* der Neuzeit verbunden war, geht jetzt vom *status civilis* und seinen kulturellen Errungenschaften aus, vor denen der ökologische Naturzustand bewahrt werden muss. Die Ängste und Hoffnungen, die mit dem Übergang von einem bedrohlichen Naturzustand zu einem begehrten Kulturzustand verbunden waren, haben sich vollständig verkehrt. Der *status naturalis* und der *status civilis* haben ihre Plätze getauscht. Während für die klassischen politischen Lehren der Neuzeit die Menschen von Natur aus in ein grausames Chaos hineingeboren sind, das nur durch die Vermehrung anthropogener Macht gebändigt werden kann, verkörpert der neue Naturzustand eine Ordnung, die sich von selbst einstellt und die vor allem ohne Menschen auskommt. Der Naturschutz, der sich seit dem letzten Drittel des 19. Jahrhunderts um diese ökologische Ordnung bemüht, hat daher von Anfang an nicht allein ein praktisches, sondern auch ein epistemisches Ziel. Zwar sollen die „Staatsparks" den bedrohten Lebewesen einen „Zufluchtsort" bieten, aber der theoretische Raum, den sie eröffnen, richtet sich als Versprechen an die Welt der Menschen. Der Erhalt der heimischen Pflanzen und Tiere, „besonders auch für die Wissenschaft",[3] wird genau dann zu einer politischen Aufgabe, wenn die anthropologischen Gewissheiten in eine unumkehrbare Krise eingetreten sind und die Suche nach neuen Leitbildern begonnen hat.

Die Naturpolitik der Moderne

Jede Politik ist im Kern eine Naturpolitik, die maßgeblich durch die Abgrenzung der belebten von der unbelebten Natur und die Aufteilung der Lebewesen bestimmt wird. Deren Status bemisst sich nach ihrem Anteil an der Politik, der ihnen gewährt wird, oder den sie von sich aus reklamieren. Selbst dann, wenn sich die Politik ausschließlich an die Menschen richtet, setzt sie zunächst einen Naturbezug voraus, der ihr diese Ausrichtung erst ermöglicht und ihr dadurch den konkreten Raum ihrer Existenz eröffnet. In der antiken europäischen Tradition des politischen Denkens ist die Unterscheidung zwischen dem Leben auf dem Land und dem in der Stadt bereits vorausgesetzt. Das Verständnis der *pólis* als Öffentlichkeit und Quelle demokratischer Politik kann es allerdings nur geben, weil sich schon eine demografische Dichte des menschlichen Zusammenlebens herausgebildet hat, die sich von anderen existierenden Aufteilungen der Lebewesen abhebt. Nicht das verstreute Leben auf dem Land mit seinen bindenden Rhythmen, sondern die Autarkie der Stadt, umgeben von einer bewirtschafteten Natur, bildet den Raum des antiken politischen Denkens, in dem die Bürger ein gelungenes Leben in der Gemeinschaft mit anderen führen können. Nur in diesem Raum kann sich die menschliche Freiheit angemessen entfalten, eingebettet in die Ewigkeit einer Natur, die als sinnvoll erlebt wird und mit erkennbaren Zwecken ausgestattet ist, weil sie es dem Menschen erlaubt, seine wahre Bestimmung zu finden.

3 Ebd., S. 1959.

Diese Auffassung hat sich in der Neuzeit grundsätzlich gewandelt. Die moderne Wissenschaft von der Natur hat nichts mehr mit der alten *theōría* zu tun. Was einmal eine unvergängliche Ordnung war, deren Erkenntnis den Menschen ihren Platz anweist, ist zu einem Objekt geworden, das es zu explizieren und zu manipulieren gilt. In den Dingen liegt keine Wahrheit mehr verborgen, sondern die praktische Potenz einer grenzenlosen Verfügung über ihr Dasein. Die Bestimmung des Menschen besteht jetzt allein in seiner Gestaltungsmacht. An die Stelle der *pólis* ist die Gesellschaft getreten, die sich selbst produziert und für die alles andere bloß ein Mittel ihrer eigenen Produktion ist. Mit der modernen Emanzipation der Menschen hat sich daher zugleich ein Abgrund aufgetan, in dem die Menschen sich selbst ausgeliefert sind: „Wenn es keinen höheren Maßstab mehr gibt als das Ideal unserer Gesellschaft, dann sind wir vollkommen außerstande, kritischen Abstand von diesem Ideal zu gewinnen."[4] Aus einem Verständnis von Politik, das sich an ewigen Wahrheiten orientiert, ist eine fundamental historische Welt geworden, die das überzeitliche Naturrecht durch ein positives Recht ersetzt. Von jetzt an ist allein der menschliche Gesetzgeber die Quelle allen Rechts. Mit der Entdeckung der Geschichte erscheint nun prinzipiell alles als variabel und historisch relativ. Die Wahrheit der Welt ist zu ihrer Machbarkeit geworden, in deren Possibilität die Menschen mit sich allein und ungeschützt vor sich selbst sind.

Die moderne Ordnung ist eine Ordnung des Nullpunkts. Sie ist nicht mehr gerahmt durch eine Natur, die bis dahin das Vorbild einer menschlichen Nachahmung abgegeben hat. Im Gegenteil, wo die natürlichen Vorgaben am geringsten sind, da erweist sich die menschliche Gestaltungsmacht am größten. Der Nullpunkt ist dort gegeben, wo das „Minimum an ontologischer Disposition" zugleich das „Maximum an konstruktiver Potentialität"[5] freisetzt. Der Mensch wirkt jetzt wie ein selbständiger Schöpfer im großen Maßstab, der seine Werke analog zum Gott der Genesis aus dem Nichts erschafft. Um das tun zu können, muss alles, was bislang Bedeutung hatte, in Zweifel gezogen werden. Erkenntnis besteht nicht mehr in einer Übereinstimmung von Denken und Sein, bei der die menschliche Welt als Abbild einer kosmologischen Ordnung erscheint. Zum Ausgangspunkt aller Konstruktionen der modernen Gesellschaft wird eine anthropologische Sonderstellung, die die Menschen zur gleichen Herrschaft über die Lebewesen befähigt wie über die Gegenstände. Der neue Geist sieht sich in einem Gegensatz zur Natur, aus der er sich herausarbeiten muss, bis er bei sich selbst angekommen ist. Seine bevorzugten Wohnstätten sind die Metropolen des Welthandels, von denen aus er die gesamte Erde erobert und kolonisiert.

Das Projekt der Moderne verdankt sich dabei keiner Entscheidung, sondern einer Katastrophe der Wahrheit. Denn erst mit den konfessionellen Bürgerkriegen am Beginn der Neuzeit ist die Gewissheit untergegangen, dass sich das Gemeinwesen einfügt in ein Weltganzes, in dem auch die Menschen ihren berechtigten Platz haben. Die Erfahrung eines endlosen Krieges

4 Leo Strauss, Naturrecht und Geschichte, Frankfurt a. M. 1977, S. 5.
5 Hans Blumenberg, Die Legitimität der Neuzeit, Frankfurt a. M. 1999, S. 251.

aller gegen alle zwingt zur Loslösung von allen kosmologischen Bindungen. Deren Verlässlichkeit ist in eine Vielzahl von widerstreitenden Überzeugungen zerfallen, auf die sich zu berufen den konfessionellen Konflikt nur weiter anheizt: „Die Gewissensinstanz, anstatt eine *causa pacis* zu sein, ist in ihrer subjektiven Pluralität eine ausgesprochene *causa belli civilis*."[6]

Die Katastrophe der Wahrheit

Die Menschen erscheinen nun von Natur aus in den Krieg hineingeworfen, bestimmt durch eine ständige Angst und ihr Verlangen nach Macht. Diese Natur bietet ihnen keine Heimat mehr, sondern ist grausam und mangelhaft. Als Prämisse der Moderne weist sie aber zugleich den Weg ihrer Überwindung. Weil der Streit ursprünglich und unlösbar ist, können sich die Menschen nicht mehr als *animal sociale* verstehen, sondern müssen die Zuversicht in ihr Zusammenleben selbst hervorbringen. Garantiert werden kann sie nur durch eine souveräne Gewalt, die sich absolut setzt und alle anderen Quellen politischer Legitimation verschließt. Das zukünftige Wohlergehen beruht auf einer Suspendierung der Wahrheit, an deren Stelle das geschichtsphilosophische Paradigma menschlicher Selbstverwirklichung tritt. Aus diesem neuen Absolutismus erwächst die moderne Demokratie. Der historische Akt, der die Menschheit zu einem erhabenen Subjekt macht, entzieht allen anderen Lebewesen ihren Anteil an der Welt.

Ohne die neuzeitliche Naturpolitik wären die revolutionären Ereignisse der Moderne nicht möglich gewesen. Deren Radikalität liegt in dem Versuch, das Gemeinwesen wie ein Werk zu betrachten, das sich vollständig neugestalten lässt. Im Unterschied zu früheren Gründungsakten sind an den modernen keine anderen Lebewesen mehr beteiligt, weder reale noch fiktive. Ihre Konstruktionen sollen von aller alten Metaphysik gereinigt sein. Ihre Rationalität versteht sich als transparent und für alle Menschen zugänglich. Mit ihnen soll die dunkle Vergangenheit, in der auch andere als menschliche Kräfte das Schicksal bestimmt haben, zurückgelassen und ein neuer Anfang gemacht werden, bei dem die Menschen ganz bei sich sind. Ihre politischen Stiftungen ereignen sich „unter den Augen der Zeitgenossen", für alle einsichtig und „bar aller Geheimnisse",[7] im Gegensatz zu den Gründungslegenden früherer Zeiten. In der Moderne kann das Schicksal in die eigene Hand genommen werden, weil es exklusiv als das eigene erscheint. Diese Planbarkeit der Gesellschaft gilt ebenso für den Naturbezug. Für den Fortschritt wird alles andere zur Ressource. Die Zerstörung der Natur setzt nicht erst mit der Industrialisierung ein, ihre Entwertung im Verhältnis zur menschlichen Freiheit ist bereits vollzogen, lange bevor zahlreiche Pflanzen und Tiere für immer von der Erde verschwunden sind. Mit diesem Verlust beginnt jedoch nicht nur das ökologische Schicksal des *homo sapiens*, son-

6 Reinhart Koselleck, Kritik und Krise. Eine Studie zur Pathogenese der bürgerlichen Welt, Frankfurt a.M. 1973, S. 22.
7 Hannah Arendt, Über die Revolution, München 1986, S. 263.

dern offenbart sich zugleich eine anthropologische Krise, die den menschlichen Maßstab prinzipiell infrage stellt.

Das ökologische Schicksal

Der Naturbezug der Moderne, der den Menschen ihre Autonomie gestattet hat, wird im 19. Jahrhundert zu ihrem Verhängnis. Aus der demografischen Dichte geht das politische Drama der Überbevölkerung hervor. In den europäischen Metropolen entstehen ganze Elendsviertel, die den Gesellschaftskörper mit einer wachsenden Unruhe heimsuchen. Erstmals erscheint es als denkbar, dass der Naturhaushalt grundsätzlich von der schieren Menge der Menschen überfordert ist. Wiederkehrende Hungersnöte und Wellen der Auswanderung kulminieren im Gefühl einer kommenden Katastrophe. Angesichts der realen und imaginierten Folgen des Pauperismus mehren sich die Zweifel, ob es mit den verfügbaren Subsistenzmitteln überhaupt noch möglich sein wird, die Menschen dauerhaft zu ernähren. Um den sozialen Fortschritt verlässlich zu sichern, bleibt nichts anderes übrig, als die technische Innovation massiv voranzutreiben. Das gleiche gilt für die Bewirtschaftung der Natur. Aus der Emanzipation von der Natur wird die Notwendigkeit, ihre Produktivität immer mehr zu forcieren. Dieses Programm setzt sich in allen politischen Lagern durch. Die Kosten des sozialen Friedens werden externalisiert. Von nun an ist der ökologische Widerspruch zwischen einer prosperierenden Ökonomie und dem Haushalt der Natur nicht mehr zu beseitigen.

Auch in theoretischer Hinsicht wird die vorausgesetzte Natur unzuverlässig. Mit den neuen Einsichten in die Evolution verschwindet die Hierarchie der Lebewesen ebenso wie die Sonderstellung der Menschen. Aus der klassischen Naturgeschichte wird eine Geschichte der Natur, in der die Lebewesen existenziell auftauchen und wieder verschwinden können. Das Wissen um die Prinzipien der Evolution vertreibt alle aufklärerischen Hoffnungen auf eine Humanisierung der Natur im großen Stil. Wenn sich die neue Naturgeschichte dem Zusammenspiel von Zufällen und Anpassungsleistungen verdankt, dann gilt das auch für die Menschen, denen ebenfalls wie allen anderen Lebewesen keine Ewigkeitsgarantie mehr gegeben ist. Auf diesen metaphysischen Schock reagieren phantasmatische Planungen im Zeichen eines Sozialdarwinismus, um die Herrschaft über das eigene Schicksal zurückzuerlangen. Aus der menschlichen Natur wird eine „Verstaatlichung des Biologischen“[8], die das Leben der Bevölkerung zum Gegenstand umfassender politischer Maßnahmen macht. Rassenideologien sollen sicherstellen, dass die europäische Menschheit nicht im kontingenten Strudel der Evolution untergeht. Sie bilden die Vorgeschichte der grausamen Genozide des 20. Jahrhunderts und verweisen auf die gleiche Logik, mit der bereits die Auslöschung ganzer Populationen in der Tierwelt und der Pflanzenwelt

8 Michel Foucault, In Verteidigung der Gesellschaft, Frankfurt a. M. 2001, S. 282.

gerechtfertigt wurde. Aus der modernen Selbstbehauptung ist längst ein kollektiver Zwang geworden.

Das Naturrecht der Ökologie

Die Karriere des ökologischen Wissens im 20. Jahrhundert ist nicht nur einer Krise der Lebensgrundlagen geschuldet, in die sich die moderne Gesellschaft immer tiefer verstrickt. Nach zwei Weltkriegen und einer humanitären Katastrophe größten Ausmaßes sind zudem die anthropologischen Fundamente nicht mehr fraglos gegeben. Die Emphase, die mit der Entdeckung der Geschichte verbunden war, ist dem Gefühl ihres Endes gewichen. Unter den Bedingungen des *posthistoire* muss die Zukunft aus anderen Quellen geschöpft werden. Von den traditionellen politischen Positionen ist kein radikal Imaginäres mehr zu erwarten. Mit dem ökologischen Thema ist jedoch eine neue Größe in das Feld der Auseinandersetzungen eingetreten, die sich nur unzureichend mit der Zuständigkeit einer Umweltpolitik erfassen lässt.

Auch wenn der Umweltschutz vorrangig zum Staatsziel wird, um die etablierte Lebensweise trotz ihrer Verheerungen nicht aufgeben zu müssen, verändert sich damit die menschliche Autonomie von Grund auf. Immer mehr natürliche Faktoren werden zu politischen und zwingen die Menschen, die Existenz anderer Lebewesen in ihre Planungen einzubeziehen. Die menschlichen Anstrengungen können nicht mehr allein der Verfügbarkeit der Welt gelten, sondern müssen sich nun auch der Sorge um ihren Fortbestand widmen. Dazu muss die humane Sicht zugunsten einer posthumanen überschritten werden. Das geschieht vor allem mittels einer Kritik des modernen Subjekts: „Mit jeder Tatsache, die es findet, hat sich das findende Ich in die geurteilte Welt hinausverlegt. Die Objekte sind entfremdete Subjekte, und das Sein überhaupt ist entfremdeter Geist."[9] So entsteht anstelle des modernen Anthropozentrismus ein Biozentrismus als Grundlage einer ökologischen Ethik. In deren Rahmen beschreibt die nichtmenschliche Sicht auf die menschlichen Angelegenheiten den Ursprung einer neuen Wahrheit.

Nicht die Linien des Globus, die durch die weltweiten Ströme aus Menschen und Dingen gezeichnet werden, bilden daher den Horizont einer ökologischen Gesellschaft, sondern die Erde mit ihrer Biosphäre, die durch die Expansion der Menschen einer potenziellen Verwüstung ausgesetzt ist. Die kolonialen Landnahmen seit der Entdeckung der Neuen Welt am Beginn der Neuzeit waren angetrieben von der Vorstellung eines rechtsfreien Raums, den es anzueignen und aufzuteilen galt. Zur unzivilisierten Natur gehörten dabei auch ihre Bewohner, egal ob Menschen oder Tiere. Daher konnte sich die enorme Gewalt der Eroberer problemlos mit der hohen Mission der Menschenrechte vertragen. Auch die Idee einer Weltgesellschaft nach dem Ende der Kolonialordnung wurde noch vom parallelen Projekt eines Universalismus und einer Unterwerfung getragen. Aus diesem Grund versteht

9 Ludwig Klages, Der Geist als Widersacher der Seele, Bonn 1981, S. 121.

sich die Anrufung der Erde zugleich als Kritik der Globalisierung, mit der die natürliche und kulturelle Vielfalt zunehmend verschwindet. Aus ökologischer Sicht erscheinen die Menschen stets eingebunden in einen Bioregionalismus. Ihre Existenz lässt sich nicht unabhängig von der Existenz anderer Lebewesen erfassen. Jedes Lebewesen lebt mit bestimmten anderen Lebewesen zusammen, an einem bestimmten Ort und unter bestimmten Bedingungen. Verbunden sind die Menschen nicht durch ein anthropologisch Allgemeines, sondern aufgrund ihrer ökologischen Koexistenz mit anderen Lebewesen. Deren notwendiger Lebensraum setzt der menschlichen Expansion ihre Grenzen. Weil sich die ökologische Krise nur in einer Anstrengung weltweiter Kooperation bewältigen lässt, bildet die Erde mit ihren pluralen Lebenswelten nun den Ausgangspunkt eines neuen Allgemeinen. Aus diesem Grund muss das Menschenrecht durch ein Naturrecht ersetzt werden, das dem ökologischen Komplex aus natürlichen und politischen Faktoren gerecht wird.

Die Ökologisierung der Gesellschaft

Im Zuge der neuzeitlichen Ablösung des politischen Raums von seinen kosmologischen Vorgaben ist aus dem höchsten Gut eines Weltganzen das Maximum menschlicher Begierden geworden. Mit der Entdeckung der Absolutheit der Freiheit wurde zugleich ein prinzipiell unbegrenzter Appetit freigesetzt. An die Stelle der Einbettung aller Handlungen in den Rahmen einer übergeordneten Natur trat das Konzept einer menschlichen Natur, die allein durch die Dynamik des Begehrens bestimmt ist. Damit der neue Egoismus der Einzelnen das Gemeinwesen nicht zerstört, sondern ihm möglichst zuarbeitet, wurde es nötig, eine neue politische Regulation der Leidenschaften zu finden: „Seit dem Ende des Mittelalters und vor allem im Gefolge der immer häufigeren Kriege und Bürgerkriege im siebzehnten und achtzehnten Jahrhundert suchte man nach einem Äquivalent für die religiösen Gebote, nach neuen Verhaltensorientierungen und nach Vorkehrungen, die den Herrschenden wie den Beherrschten die so dringlich benötigte Disziplin und Beschränkung auferlegen sollten; und die Ausbreitung von Handel und Wirtschaft schien hierfür recht verheißungsvoll."[10]

Mit der Geburt des modernen Subjekts ist auch der *homo oeconomicus* zur Welt gekommen, der die Übersetzung von Feindschaft in Konkurrenz gewährleisten sollte. Seitdem ist der politische an den ökonomischen Liberalismus gebunden. Ihre Symbiose ermöglicht zwar den sozialen Frieden, aber sie blockiert die Bewältigung der ökologischen Krise. Denn angesichts des Umstands, dass die ökonomischen Imperative den Haushalt der Natur schwerwiegend schädigen, muss die erfolgreiche Ökonomisierung der Gesellschaft in eine Ökologisierung überführt werden. An die Stelle der ökonomischen Regulierung der Leidenschaften tritt dann ihre ökologische

10 Albert Hirschman, Leidenschaften und Interessen. Politische Begründung des Kapitalismus vor seinem Sieg, Frankfurt a. M. 1987, S. 138.

Einhegung. Auf diese Weise wird aus der liberalen Wirtschaftsordnung eine Bioökonomie, in deren Mittelpunkt nicht mehr allein die menschliche Produktivität steht, sondern die aller Lebewesen. Entscheidend ist von jetzt an der Kreislauf der gesamten Biosphäre. Dessen ökologische Formierung des Begehrens stellt zugleich die Quelle eines neuen Liberalismus dar, bei dem die Bindung der menschlichen an die menschenleere Welt eine Entlastung der Menschen von sich selbst bedeutet.

Im Unterschied zu den zahlreichen Aufrufen, zur Natur zurückzukehren, die in wiederkehrenden Wellen die moderne Gesellschaft durchzogen haben, handelt es sich bei ihrer Ökologisierung nicht um die Wiederherstellung einer vormodernen Naturpolitik. Denn die historische Genese des ökologischen Wissens fällt zusammen mit der Verabschiedung einer natürlichen Ordnung, in der die Lebewesen ihre festen Plätze haben. Während die klassische Naturgeschichte auf einer stabilen Taxonomie basierte, geht das ökologische Wissen von einem Gleichgewicht aus, das sich unter verändernden Bedingungen stets neu einfinden muss. An die Stelle von fixen Entitäten treten die Abhängigkeiten der Lebewesen von ihrer Umgebung und voneinander. Das ökologische Wissen hat es daher von Anfang an mit komplexen Beziehungen und ihren zahllosen Interdependenzen zu tun. Aus diesem Grund ist das ökologische Wissen auch für die moderne Gesellschaft attraktiv und ihre Ökologisierung überhaupt möglich.

Weil Gesellschaft und Natur in ihrer Komplexität korrespondieren, lassen sich die ökologischen Prinzipien ebenfalls auf die Gesellschaft übertragen. Eine ökologische Politik umfasst nicht nur die Beziehung zur Natur, sondern auch die Gesellschaft selbst, die sich wie eine Natur aus ökologischer Perspektive betrachten und regulieren lässt: „Was für die Spezies gilt, die in einem Wald zusammenleben, gilt auch für die Gruppierungen und Arten von Menschen in einer Gesellschaft, die sich in einem ähnlich unsicheren Gleichgewicht von Abhängigkeit und Konkurrenz befinden."[11] Auf diese Weise wird aus der natürlichen Biodiversität eine soziale Diversität, die ebenfalls an Modellen des Gleichgewichts orientiert ist. Auch wenn das ökologische Wissen anhand der Krise der Lebensgrundlagen gewonnen wurde, besteht seine Wirksamkeit darin, dass es sich generalisieren lässt und zur Lösung solcher politischen Probleme beitragen kann, die sich mit den klassischen Konzepten nicht mehr bewältigen lassen. Aus dem menschenleeren Bezirk zu Beginn des ökologischen Zeitalters ist längst ein neues Leitbild geworden, dessen ethisch-politische Orientierung nicht mehr dem modernen Motiv menschlicher Autonomie geschuldet ist.

Jenseits des Humanismus

Der neuzeitliche Humanismus hat über Jahrhunderte die westliche Zivilisation geprägt. Alle maßgeblichen philosophischen und politischen Pro-

11 Gregory Bateson, Ökologie des Geistes. Anthropologische, psychologische, biologische und epistemologische Perspektiven, Frankfurt a. M. 1985, S. 555.

gramme der Moderne beruhen auf seinen Grundannahmen. Mit der Krise der Lebensgrundlagen erscheint der Mensch zum ersten Mal nicht als Lösung, sondern als Problem. In dieser Konstellation ist das ökologische Wissen entstanden, das es mit einer eigenständigen Ordnung zu tun hat, die nicht von den Menschen erschaffen wurde und als deren Teil sie erscheinen. Da es sich nicht dem Humanismus, sondern seinen Folgeproblemen zu verdanken hat, ist es dem ökologischen Wissen möglich, ein neues Selbstverständnis der menschlichen Gesellschaft hervorzubringen: „Auch wenn wir die Gesellschaft durch und durch konstruieren, dauert sie, übersteigt sie uns, beherrscht sie uns, hat sie ihre Gesetze, ist sie ebenso transzendent wie die Natur."[12] Im Unterschied zum klassischen Verständnis von Politik basiert der ökologische *dēmos* prinzipiell auf einer Vielzahl unterschiedlicher Lebewesen, die sich nicht versammeln lassen, um ihre Stimmen abzugeben, aber dennoch ihren zunehmenden Anteil an der Politik haben. Das Nichtmenschliche zu denken, könnte daher für die Menschen existenziell wichtig sein.

12 Bruno Latour, Wir sind nie modern gewesen. Versuch einer symmetrischen Anthropologie, Frankfurt a. M. 2008, S. 52.

Kapitalismus als Kannibalismus

Die multidimensionale Krise und der Sozialismus des 21. Jahrhunderts

Von **Nancy Fraser**

Seit dem Ende der Systemkonkurrenz, dem Untergang des realexistierenden Sozialismus, gibt es auf der Welt nur noch ein herrschendes System, wenn auch in durchaus unterschiedlicher Ausprägung, nämlich den Kapitalismus. Da aber die globalen Krisen nicht ab-, sondern zunehmen und sich wechselseitig verstärken, stellt sich eine entscheidende Frage: Was stimmt nicht mit dem Kapitalismus? Kritiker, die den Kapitalismus aus einem eher eng gefassten Blickwinkel, als bloße Wirtschaftsform, betrachten, erkennen an ihm drei wesentliche Fehler: Ungerechtigkeit, Irrationalität und Unfreiheit.

Erstens sehen sie die zentrale Ungerechtigkeit des Systems in der Ausbeutung der Klasse der freien, eigentumslosen Arbeiter durch das Kapital. Letztere arbeiten viele Stunden umsonst und produzieren enormen Reichtum, an dem sie keinen Anteil haben. Der Nutzen fließt vielmehr der Kapitalistenklasse zu, die sich die überschüssige Arbeit und den dadurch erzeugten Mehrwert aneignet und letzteren für ihren eigenen, vom System diktierten Zweck reinvestiert – nämlich um immer mehr davon zu akkumulieren. Die noch schwererwiegendere Folge ist das unerbittliche exponenzielle Wachstum des Kapitals als feindselige Macht, die genau die Arbeiter beherrscht, die es produzieren. Schauplatz dieser Ausbeutung ist die Sphäre der Produktion.

Zweitens besteht nach dieser Sichtweise eine der entscheidenden Irrationalitäten des Kapitalismus in seiner eingebauten Tendenz zu wirtschaftlichen Krisen. Ein Wirtschaftssystem, das auf die unbegrenzte Akkumulation von Mehrwert ausgerichtet ist, der von profitorientierten Unternehmen privat angeeignet wird, ist von Natur aus selbstdestabilisierend. Das Streben nach Kapitalvermehrung durch Produktivitätssteigerung mittels technischen Fortschritts führt immer wieder zu einem Fall der Profitrate, zur Überproduktion von Waren und zur Überakkumulation von Kapital. Reparaturversuche wie die Finanzialisierung schieben den Tag der Abrechnung nur hinaus und sorgen dafür, dass er umso schlimmer ausfällt, wenn er denn kommt. Im Allgemeinen wird der Verlauf der kapitalistischen Entwicklung von periodischen Wirtschaftskrisen unterbrochen: von Boom-Bust-Zyklen, Börsencrashs, Finanzpaniken, Pleitewellen, massiver Wertvernichtung und Massenarbeitslosigkeit.

Und schließlich drittens besagt die eher enge Sichtweise, dass der Kapitalismus zutiefst unfrei und damit konstitutiv undemokratisch ist. Zugegeben, er verspricht oftmals – gerade in seiner europäischen Ausprägung – Demokratie im politischen Bereich. Dieses Versprechen wird jedoch systematisch im Ökonomischen durch soziale Ungleichheit einerseits und durch Klassenmacht andererseits unterlaufen. Insbesondere der kapitalistische Arbeitsplatz ist in den meisten Ländern von jeglichem Anspruch auf demokratische Selbstverwaltung ausgenommen. In dieser Sphäre befiehlt das Kapital und die Arbeiter gehorchen.

Die Probleme des Kapitalismus ergeben sich gemäß dieser Perspektive aus der inneren Dynamik der kapitalistischen Wirtschaft, seine Fehler liegen also primär in seiner wirtschaftlichen Organisation. Dieses Bild ist keineswegs falsch, aber unvollständig. Es zeigt vor allem die dem System inhärenten wirtschaftlichen Übel korrekt auf, versäumt es aber zugleich, eine Reihe von nichtökonomischen Ungerechtigkeiten, Irrationalitäten und Unfreiheiten zu erfassen, die ebenso konstitutiv für das System sind. Um diese zu identifizieren, verlangt der Begriff „Kapitalismus" nach einer grundsätzlichen Klärung. Mit dem Wort wird gemeinhin ein Wirtschaftssystem bezeichnet, das auf Privateigentum und Markttausch, auf Lohnarbeit und gewinnorientierter Produktion beruht. Aber diese Definition ist zu eng gefasst und verschleiert eher das wahre Wesen des Systems, als dass sie es offenlegt.

„Kapitalismus", so werde ich im Folgenden argumentieren, bezeichnet etwas weit Größeres, Umfassenderes, nämlich eine Gesellschaftsordnung, die eine profitorientierte Wirtschaft dazu befähigt, die außerökonomischen Stützen, die sie zum Funktionieren braucht, auszuplündern: Reichtum, der der Natur und unterworfenen Bevölkerungen entzogen wird; vielfältige Formen von Care-Arbeit, die chronisch unterbewertet, wenn nicht gar völlig verleugnet werden; öffentliche Güter und staatliche Befugnisse, die das Kapital sowohl benötigt als auch zu beschneiden versucht; die Energie und Kreativität der arbeitenden Menschen. Obwohl sie nicht in den Unternehmensbilanzen auftauchen, sind diese Formen des Reichtums wesentliche Voraussetzungen für die Profite und Gewinne, die dort sehr wohl verzeichnet sind. Als wesentliche Grundlagen der Akkumulation stellen auch sie konstitutive Bestandteile der kapitalistischen Ordnung dar.

Kapitalismus bezeichnet also nicht nur eine Wirtschaftsform, sondern eine Gesellschaftsform, die es einer offiziell als kapitalistisch bezeichneten Wirtschaft erlaubt, monetären Wert für Investoren und Eigentümer anzuhäufen, während sie den nicht ökonomisierten Reichtum aller anderen verschlingt. Indem sie diesen Reichtum den Konzernen auf dem Silbertablett serviert, lädt sie diese ein, sich an unseren kreativen Fähigkeiten und an der Erde, die uns ernährt, zu laben – ohne die Verpflichtung, das, was sie verbrauchen, wieder aufzufüllen, oder das, was sie beschädigen, zu reparieren.

Damit aber sind den verschiedensten Problemen Tür und Tor geöffnet. Zugespitzt gesagt: Wie der Ouroboros, das alte Bildsymbol einer den eigenen Schwanz fressenden Schlange, ist die kapitalistische Gesellschaft darauf ausgerichtet, ihre eigene Substanz zu verschlingen. Sie ist ein wahrer

Dynamo der Selbstdestabilisierung, der regelmäßig Krisen auslöst, während er routinemäßig die Grundlagen unserer Existenz auffrisst.

Eine seltene Art von Krise in Form mehrerer Fressanfälle

Der Kapitalismus ist also ein kannibalistisches System, dem wir die gegenwärtige globale Krise verdanken. Offen gesagt, handelt es sich um eine seltene Art von Krise, in der mehrere Fressanfälle zusammentreffen. Was wir dank der jahrzehntelangen Finanzialisierung erleben, ist nicht „bloß" eine Krise der grassierenden Ungleichheit und der prekären Niedriglohnarbeit; auch nicht „bloß" eine Krise der Fürsorge oder der sozialen Reproduktion; auch nicht „bloß" eine Krise der Migration und der rassistischen Gewalt. Es handelt sich auch nicht „einfach" um eine ökologische Krise, in der ein sich aufheizender Planet tödliche Seuchen ausspuckt, und nicht „nur" um eine politische Krise, die sich durch eine ausgehöhlte Infrastruktur, einen verstärkten Militarismus und dadurch auszeichnet, dass überall auf dem Globus Politiker Erfolg haben, die sich als starke Männer *(strong men)* gerieren. Oh nein, es ist viel schlimmer: Wir haben es mit einer allgemeinen Krise der gesamten Gesellschaftsordnung zu tun, in der all diese Katastrophen konvergieren, sich gegenseitig verschärfen und uns zu verschlingen drohen. Legt man dieses „kannibalische" Verständnis des Kapitalismus zugrunde, kommen diese fundamentalen Probleme klar zum Vorschein.

Erstens fördert die kannibalische Sicht auf den Kapitalismus einen erweiterten Katalog von Ungerechtigkeiten zutage. Diese sind aber eben nicht ausschließlich in der Ökonomie des Systems begründet, sondern in den Beziehungen zwischen der kapitalistischen Ökonomie und ihren nichtökonomischen Bedingungen. Ein Beispiel dafür ist die Trennung zwischen wirtschaftlicher Produktion, bei der die notwendige Arbeitszeit in Form von Geldlöhnen vergütet wird, und sozialer Reproduktion, bei der die Arbeit unbezahlt oder unterbezahlt ist, naturalisiert oder sentimentalisiert und zum Teil mit Liebe vergütet wird. Diese historisch geschlechtsspezifische Aufteilung verankert wichtige Formen der Herrschaft im Herzen der kapitalistischen Gesellschaften: die Unterordnung der Frau, die Geschlechterbinarität und die Heteronormativität. In ähnlicher Weise errichten kapitalistische Gesellschaften eine strukturelle Trennung zwischen freien „Arbeitern", die ihre Arbeitskraft gegen Lohn zur Deckung ihrer Reproduktionskosten eintauschen können, und abhängigen „Anderen", deren Körper, Land und Arbeitskraft einfach beschlagnahmt werden können. Diese Teilung fällt mit der globalen *colour line* zusammen. Sie trennt die „bloß" Ausbeutbaren von den offen Enteigenbaren und rassifiziert letztere Gruppe als von Natur aus verletzlich. Das Ergebnis ist die Verfestigung einer Reihe von strukturellen Ungerechtigkeiten, darunter rassistisch motivierte Unterdrückung, (alter und neuer) Imperialismus, die Enteignung von Indigenen und Völkermord. Schließlich führen kapitalistische Gesellschaften eine scharfe Trennung zwischen Menschen und nichtmenschlicher Natur ein, die nicht mehr demselben ontologischen Universum angehören. Die nichtmenschliche Natur fungiert allein als Zapfhahn und Senke, weshalb sie sich brutaler Instrumentalisierung ausgesetzt sieht. Selbst wenn man dies nicht als Ungerechtigkeit gegen die „Natur" (oder gegen nichtmenschliche Tiere) betrachten will, ist es doch zumindest eine Ungerechtigkeit gegen bestehende und künftige Generationen von Menschen, denen ein zunehmend unbewohnbarer Planet hinterlassen wird. Generell macht also eine erweiterte Sicht der kapitalistischen Gesellschaft einen erweiterten Katalog struktureller Ungerechtigkeiten sichtbar, der die Klassenausbeutung einschließt, aber weit darüber hinausgeht.

Die systematische Zerstörung der eigenen Grundlagen

Eine sozialistische Alternative zum Kapitalismus müsste neben den ökonomischen Ausbeutungsverhältnissen auch diese anderen gesellschaftlichen Ungerechtigkeiten beseitigen. Sie darf sich nicht darauf beschränken, die Organisation der wirtschaftlichen Produktion zu verändern, sondern muss auch deren Verhältnis zur gesellschaftlichen Reproduktion und damit die Geschlechter- und Sexualordnung transformieren. Ebenso muss sie der Mitnahmementalität des Kapitals mit Blick auf die Natur und der Enteignung des Reichtums der unterjochten Bevölkerungen und damit der rassistischen und imperialistischen Unterdrückung ein Ende machen. Kurz gesagt: Wenn der Sozialismus die Ungerechtigkeiten des Kapitalismus beseitigen soll, muss er nicht „nur" die kapitalistische Wirtschaft, sondern die gesamte institutionalisierte Ordnung der kapitalistischen Gesellschaft verändern.

Aber damit noch nicht genug. Das erweiterte Konzept weitet auch unseren Blick darauf, was als kapitalistische Krise gilt. Wir können auf diese Weise einige eingebaute selbstdestabilisierende Tendenzen erkennen, die über die der kapitalistischen Wirtschaft innewohnenden Dynamiken hinausgehen.

Erstens gibt es eine systemische Tendenz, die soziale Reproduktion zu kannibalisieren – und damit Fürsorgekrisen zu provozieren. In dem Maße, in dem das Kapital versucht, die Bezahlung der unbezahlten Care-Arbeit, von der es abhängig ist, zu vermeiden, übt es regelmäßig enormen Druck auf diejenigen aus, die diese Arbeit in erster Linie leisten: Familien, Gemeinschaften und vor allem Frauen. Die gegenwärtige, finanzialisierte Form der kapitalistischen Gesellschaft erzeugt heute genau eine solche Krise, da sie sowohl eine Kürzung der öffentlichen Bereitstellung sozialer Dienstleistungen als auch eine Erhöhung der Lohnarbeitsstunden pro Haushalt, also gerade auch von Frauen, fordert.

Die erweiterte Sichtweise macht zweitens eine inhärente Tendenz zur ökologischen Krise sichtbar. Da das Kapital es vermeidet, auch nur annähernd die wahren Wiederbeschaffungskosten für die Inputs zu zahlen, die es der nichtmenschlichen Natur entnimmt, laugt es die Böden aus, verschmutzt es die Meere, überflutet es Kohlenstoffsenken und überfordert ganz allgemein die Kohlenstoffspeicherkapazität des Planeten. Es bedient sich kannibalisch am natürlichen Reichtum und verleugnet dessen Reparatur- und Ersatzkosten, wodurch es die metabolische Interaktion zwischen den menschlichen und nichtmenschlichen Komponenten der Natur regelmäßig destabilisiert. Die Folgen sind heute unübersehbar: Was den Planeten zu verbrennen droht, ist nämlich nicht, wie in fast jeder UN-Deklaration bemüht, „die Menschheit", sondern der Kapitalismus.

Die Tendenzen des Kapitalismus zur ökologischen und sozial-reproduktiven Krise sind drittens untrennbar mit seinem konstitutiven Bedarf an enteignetem Reichtum rassifizierter Bevölkerungen verbunden: seine Abhängigkeit von gestohlenem Land, erzwungener Arbeit und geplünderten Rohstoffen; seine Abhängigkeit von rassifizierten Zonen als Deponien für Giftmüll und von rassifizierten Gruppen als Lieferanten von unterbezahlter Care-Arbeit, die zunehmend in globalen Betreuungsketten organisiert wird. Das Ergebnis ist eine Verflechtung von wirtschaftlicher, ökologischer und sozialer Krise mit Imperialismus und rassistisch-ethnischem Antagonismus.

Von der Krise des Regierens zur Untergrabung der Demokratie

Viertens offenbart der erweiterte Blick auf den Kapitalismus eine strukturelle Tendenz zur politischen Krise. In diesem Bereich will das Kapital ebenfalls beides zugleich haben: öffentliche Güter und eine Freistellung von ihrer Finanzierung. Durch die Hinterziehung von Steuern und die Schwächung staatlicher Regulierungen neigt es dazu, die öffentliche Gewalt auszuhöhlen, von der es doch zugleich abhängig ist. Die aktuelle, finanzialisierte Form des Kapitalismus hebt dieses Spiel auf eine ganz neue Ebene. Die Megakonzerne sind den territorial gebundenen öffentlichen Mächten weit überlegen, indem die globale Finanzwelt die Staaten diszipliniert; indem sie Wahlergebnisse, die nicht in ihrem Sinne ausfallen, lächerlich macht und antikapitalistische Regierungen daran hindert, auf die Forderungen der Bevölkerung einzugehen. Das Ergebnis ist eine große Krise des Regierens, die nun mit einer Krise der Hegemonie einhergeht, da sich die Menschen auf der ganzen Welt massenhaft von den etablierten politischen Parteien und dem neoliberalen Common Sense abwenden.

Und schließlich ist da noch das eingebaute Demokratiedefizit des Kapitalismus. Auch dieser Fehler erscheint weitaus größer, wenn wir uns eine erweiterte Sichtweise dieses Gesellschaftssystems zu eigen machen. Das Problem besteht nicht nur darin, dass die Bosse in den Fabriken das Sagen haben. Es geht auch nicht nur darum, dass wirtschaftliche Ungleichheit und Klassenmacht jeden Anspruch auf gleiche demokratische Mitsprache im politischen Bereich zunichtemachen. Ebenso wichtig, wenn nicht sogar noch wichtiger ist, dass dieser Bereich von Anfang an stark beschnitten wurde.

Tatsächlich wird durch die Trennung von Wirtschaft und Gemeinwesen der Spielraum für demokratische Entscheidungen von vornherein radikal verkleinert. Wenn die Produktion an private Unternehmen übertragen wird, sind es nicht wir, die unser Verhältnis zur Natur und das Schicksal des Planeten kontrollieren, sondern die Klasse der Kapitalisten. Ebenso entscheiden nicht wir, sondern sie über die Form unseres Arbeits- und Nichtarbeitslebens – wie wir unsere Energien und unsere Zeit aufteilen, wie wir unsere Bedürfnisse interpretieren und befriedigen. Indem sie die private Aneignung des gesellschaftlichen Überschusses gestattet, ermächtigt die spezifische Verbindung von Wirtschaft und Gemeinwesen schließlich die Kapitalisten, den Gang der gesellschaftlichen Entwicklung zu gestalten und damit unsere Zukunft zu bestimmen. Die zentralen gesellschaftlichen Fragen werden in kapitalistischen Gesellschaften also von vornherein von der politischen Agenda gestrichen. Investoren, die auf maximale Akkumulation aus sind, entscheiden sie hinter unserem Rücken. Kurzum: Der Kapitalismus kannibalisiert nicht nur sich selbst, sondern auch uns – er raubt uns die kollektive Freiheit, gemeinsam zu entscheiden, wie wir leben wollen.

Wie hätte ein Sozialismus für das 21. Jahrhundert auszusehen?

Mit der Rückkehr des „Kapitalismus" aufgrund der Erkenntnis seiner fundamentalen Krisenhaftigkeit hat aber auch der „Sozialismus" ein Comeback erlebt – als Bezeichnung für die bedeutendste Alternative zum Kapitalismus. Wenn aber der Sozialismus tatsächlich die beschriebene kapitalistische Kannibalisierung überwinden will, steht er vor einer ziemlich großen Aufgabe. Er muss eine neue Gesellschaftsordnung erfinden, die nicht „nur" die Klassenherrschaft überwindet, sondern auch die Asymmetrien zwischen den Geschlechtern, die rassistische/ethnische/imperialistische Unterdrückung und die politische Herrschaft in den unterschiedlichsten Bereichen. Ebenso muss er vielfältige Krisentendenzen entinstitutionalisieren: nicht „nur" wirtschaftliche und finanzielle, sondern auch ökologische, sozial-reproduktive und politische. Schließlich muss ein Sozialismus für das 21. Jahrhundert den Geltungsbereich der Demokratie erheblich erweitern – und zwar nicht „nur" durch die Demokratisierung der Entscheidungsfindung innerhalb einer vordefinierten „politischen" Zone. Grundlegender ist, dass er die Definition und Abgrenzung, die Festlegung der Rahmen (der *frames*), die das „Politische" ausmachen, selbst demokratisieren muss. Sprich: Er muss den Geltungsbereich der demokratischen politischen Selbstbestimmung weit über seine derzeitigen kläglich engen Grenzen hinaus erweitern.

So gesehen ist die Aufgabe, den Sozialismus für das 21. Jahrhundert neu zu denken, durchaus beachtlich. Wenn diese Aufgabe bewältigt werden kann (und das ist ein großes Wenn), dann nur durch die gemeinsamen Anstrengungen vieler Menschen, darunter Aktivisten und Theoretikerinnen. Es gilt, die in sozialen Kämpfen gewonnenen Einsichten mit programmatischem Denken und politischer Organisation zusammenzuführen. In der Hoffnung, einen Beitrag zu diesem Prozess zu leisten, möchte ich abschließend drei Überlegungen anstellen, die zeigen sollen, wie die vorangegangene Diskussion ein neues Licht auf einige klassische Topoi sozialistischen Denkens wirft.

Die erste betrifft die institutionellen Grenzen. Diese ergeben sich, wie wir gesehen haben, aus den institutionellen Trennungen des Kapitalismus:

seiner Trennung von Produktion und Reproduktion, von Ausbeutung und Enteignung, von Wirtschaft und Politik, von menschlicher Gesellschaft und nichtmenschlicher Natur.

Ziehen wir die Grenzen neu – nachhaltig und gerecht

Genau diese Trennungen sind dazu prädestiniert, in kapitalistischen Gesellschaften zu Krisenherden und Kampfschauplätzen zu werden. Für Sozialistinnen ist deshalb die Frage, ob und wie gesellschaftliche Sphären voneinander abgegrenzt und miteinander verbunden sind, mindestens genauso wichtig wie die Frage nach ihrer internen Organisation. Anstatt sich einseitig auf die innere Organisation der Wirtschaft (oder auch der Natur, der Familie oder des Staates) zu konzentrieren, müssen Sozialisten über das Verhältnis der Wirtschaft zu ihren gesellschaftlichen Bedingungen nachdenken. Wenn der Sozialismus sämtliche institutionalisierten Formen kapitalistischer Irrationalität, Ungerechtigkeit und Unfreiheit überwinden soll, muss er die Beziehungen zwischen Produktion und Reproduktion, Gesellschaft und Natur, dem Ökonomischen und dem Politischen neu denken.

Dabei geht es nicht darum, dass Sozialisten darauf abzielen sollten, diese Trennungen ein für alle Mal zu beseitigen. Im Gegenteil, der katastrophale sowjetische Versuch, die Unterscheidung zwischen „dem Politischen" und „dem Ökonomischen" aufzuheben, kann als allgemeine Warnung vor einem solchen Bestreben dienen. Aber wir können – und müssen – die institutionellen Grenzen, die wir von der kapitalistischen Gesellschaft geerbt haben, neu denken. Wir sollten zumindest versuchen, sie neu zu ziehen, damit dringende Angelegenheiten, die der Kapitalismus ins Ökonomische verwiesen hat, politisch oder sozial werden. Wir sollten auch darüber nachdenken, ihren Charakter zu verändern, die Grenzen weicher und durchlässiger zu gestalten. Wir sollten uns auf jeden Fall überlegen, wie wir die verschiedenen Bereiche, die durch sie getrennt werden, miteinander kompatibel und wechselseitig responsiv, nicht antithetisch und nicht antagonistisch machen können. Mit Sicherheit muss eine sozialistische Gesellschaft die Neigung des Kapitalismus überwinden, Nullsummenspiele einzuführen, die der Natur, der öffentlichen Macht und der sozialen Reproduktion das wegnehmen, was sie der Produktion geben.

Noch wichtiger ist, dass wir die gegenwärtigen Prioritäten in diesen Bereichen umkehren müssen. Wenn kapitalistische Gesellschaften die Imperative der sozialen, politischen und ökologischen Reproduktion denen der Warenproduktion unterordnen, die ihrerseits auf Akkumulation ausgerichtet ist, müssen Sozialistinnen die Dinge auf den Kopf stellen: Sie müssen die Pflege der Menschen, den Schutz der Natur und die demokratische Selbstverwaltung als höchste gesellschaftliche Prioritäten einführen, die wichtiger sind als Effizienz und Wachstum. In der Tat besteht die Aufgabe des Sozialismus genau darin, die Dinge in den Vordergrund zu stellen, die das Kapital in den verleugneten Hintergrund drängt.

Schließlich muss ein Sozialismus für das 21. Jahrhundert den Prozess der institutionellen Gestaltung demokratisieren, das heißt, die Gestaltung und den Umfang der gesellschaftlichen Bereiche zu einer politischen Frage machen. Kurz gesagt: Was der Kapitalismus hinter unserem Rücken für uns entschieden hat, sollte nun im Rahmen kollektiver demokratischer Verfahren von uns entschieden werden. Daher sollten wir uns selbst daran beteiligen, was Rechtstheoretiker als „Redomaining" bezeichnen: die Grenzen neu ziehen, die gesellschaftlichen Bereiche abstecken und entscheiden, was in diese Bereiche aufgenommen werden soll. Dieser Prozess kann als „metapolitisch" angesehen werden, das heißt als Mobilisierung politischer Prozesse des Redomaining (zweiter Ordnung), um politische Räume (erster Ordnung) demokratisch zu konstituieren. In diesem Fall entscheiden wir selbst politisch, welche Angelegenheiten politisch behandelt werden und in welchen politischen Arenen. Um als wirklich demokratisch gelten zu können, muss die sozialistische Umgestaltung jedoch gerecht sein. Erstens muss die Entscheidungsfindung in angemessener Weise inklusiv sein; bei jeder Angelegenheit, die erörtert wird, müssen alle Betroffenen das Recht haben, sich zu beteiligen. Darüber hinaus muss die Beteiligung zu gleichen Bedingungen erfolgen. Demokratie erfordert eine gleichberechtigte Beteiligung und ist daher mit struktureller Herrschaft unvereinbar.

Aber es gibt noch eine andere, weniger bekannte Idee, an der sich der Prozess ebenfalls orientieren sollte. Nennen wir sie „Pay as you go". Der Sozialismus des 21. Jahrhunderts, der alle Formen des Trittbrettfahrens und der sogenannten primitiven Akkumulation ablehnt, muss die Nachhaltigkeit all jener Produktionsbedingungen sicherstellen, die der Kapitalismus so rücksichtslos kaputtgemacht hat. Mit anderen Worten: Eine sozialistische Gesellschaft muss sich bemühen, den gesamten Reichtum, den sie in der Produktion und Reproduktion verbraucht, wieder aufzufüllen, zu reparieren oder zu ersetzen.

Zunächst muss sie die Arbeit, die Gebrauchswerte produziert (einschließlich der Care-Arbeit, die die Menschen erhält), sowie die Arbeit, die Waren produziert, wiederherstellen. Darüber hinaus muss sie all den Reichtum ersetzen, den sie einem Außen entnimmt – also Bevölkerungen und Gesellschaften in der Peripherie sowie der nichtmenschlichen Natur. Und schließlich muss sie die politischen Kapazitäten und öffentlichen Güter wieder auffüllen, auf die sie im Zuge der Befriedigung anderer Bedürfnisse zurückgreift. Mit anderen Worten: Es darf kein Trittbrettfahren geben, wie es der Kapitalismus gleichzeitig fördert und ablehnt. Diese Bedingung ist eine conditio sine qua non für die Überwindung der intergenerationellen Ungerechtigkeit, die der kapitalistischen Gesellschaft eigen ist. Nur wenn sie beachtet wird, kann ein Sozialismus für das 21. Jahrhundert die vielfältigen Krisentendenzen und Irrationalitäten des Kapitalismus überwinden.

Dies bringt mich zu einer zweiten Reihe von Überlegungen, die die klassische sozialistische Frage nach dem Überschuss betreffen. Der Überschuss ist der Fundus an Reichtum, den die Gesellschaft kollektiv erwirtschaftet und der über das hinausgeht, was sie benötigt, um sich auf ihrem gegenwärtigen Niveau und in ihrer gegenwärtigen Form zu reproduzieren. In kapitalistischen Gesellschaften wird der Überschuss als Privateigentum der Kapitalistenklasse behandelt und von den Eigentümern veräußert, die das System dazu zwingt, ihn immer und immer wieder, ohne Ende, zu reinvestieren in der Hoffnung, noch mehr davon zu produzieren. Das ist, wie wir gesehen haben, sowohl ungerecht als auch selbstdestabilisierend.

Demokratisieren wir den Überschuss – als kollektiven Reichtum

Eine sozialistische Gesellschaft muss die Kontrolle über den gesellschaftlichen Überschuss demokratisieren. Sie muss die Überschüsse demokratisch verteilen und durch kollektive Entscheidungen genau festlegen, was mit den vorhandenen Überkapazitäten und Ressourcen geschehen soll – und auch, wie viel Überkapazitäten sie in Zukunft produzieren will und ob sie angesichts des Klimawandels überhaupt Überschüsse produzieren möchte. Der Sozialismus muss also den in der kapitalistischen Gesellschaft verankerten Wachstumsimperativ entinstitutionalisieren. Das bedeutet nicht, wie einige Ökologinnen jetzt argumentieren, dass wir Degrowth als fest eingebauten Gegenimperativ institutionalisieren müssen. Es bedeutet vielmehr, dass wir die Frage des Wachstums (wollen bzw. brauchen wir es überhaupt und wenn ja, wie viel, welcher Art, wie und wo?) zu einer politischen Frage machen müssen, die es auf der Grundlage multidimensionaler, von der Klimawissenschaft informierter Überlegungen zu entscheiden gilt. In der Tat muss ein Sozialismus für das 21. Jahrhundert alle diese Fragen als politische Fragen behandeln, als Gegenstand demokratischer Verfahren.

Wir können den Überschuss auch als gewonnene Zeit begreifen: Zeit, die nach der notwendigen Arbeit für die Bedürfnisbefriedigung und für die Wiederauffüllung dessen, was wir verbraucht haben, übrig bleibt; also Zeit, die freie Zeit sein könnte. Die Aussicht auf freie Zeit war ein Dreh- und Angelpunkt aller klassischen Darstellungen der sozialistischen Freiheit, auch der von Marx. In der Anfangsphase eines neuen Sozialismus hätten wir aber vermutlich erst einmal relativ wenig zusätzliche freie Zeit. Der Grund dafür liegt in der enormen unbezahlten Rechnung, die die sozialistische Gesellschaft vom Kapitalismus erben würde. Obwohl der Kapitalismus sich seiner Produktivität rühmt und obwohl Marx selbst ihn für einen wahren Motor der Überschussproduktion hielt, habe ich meine Zweifel. Das Problem ist, dass Marx den Überschuss so gut wie ausschließlich in der nicht vergüteten Arbeitszeit sah, die das Kapital den Lohnarbeitern entzieht, nachdem diese genügend Wert produziert haben, um ihre eigenen Lebenshaltungskosten zu decken. Den verschiedenen unentgeltlichen Leistungen, die das Kapital enteignet und sich aneignet, schenkte er dagegen viel weniger Aufmerksamkeit und noch weniger der Tatsache, dass es deren Reproduktionskosten nicht decken kann.

Was wäre, wenn wir diese Kosten in unsere Berechnungen einbeziehen würden? Was wäre, wenn das Kapital für die unentgeltliche Reproduktionsarbeit, für die ökologische Reparatur und Wiederherstellung, für den Reichtum, der den rassifizierten Menschen entzogen wurde, und für die öffentlichen Güter hätte zahlen müssen? Wie viel Überschuss hätte es dann wirklich produziert?

Beziehen wir die Reproduktionskosten ein: Keine Märkte oben und unten

Das ist natürlich eine rhetorische Frage. Wie genau man sie zu beantworten versuchen könnte, ist unklar. Klar ist jedoch, dass eine sozialistische Gesellschaft eine saftige Rechnung für jahrhundertelang nicht bezahlte Kosten erben würde. Sie würde zudem eine saftige Rechnung für massenhaft unbefriedigte Bedürfnisse der Menschen überall auf der Welt erben: Gesundheitsversorgung, Wohnraum, nahrhafte (und leckere) Lebensmittel, Bildung, Transport usw. Auch diese Bereiche sollten nicht als überschüssige Investitionen betrachtet werden, sondern als absolute Notwendigkeit. Das Gleiche gilt für die dringliche und riesige Herausforderung einer Dekarbonisierung der Weltwirtschaft – eine Aufgabe, die keineswegs optional ist. Generell bekommt die Frage, was notwendig und was überflüssig ist, im Lichte unserer erweiterten Vorstellungen vom Kapitalismus und vom Sozialismus eine ganz andere Bedeutung. Das trifft auch auf einen dritten wichtigen Topos der Gesellschaftstheorie zu: die Rolle der Märkte in einer sozialistischen Gesellschaft. In dieser Frage lassen sich die Implikationen des kannibalischen Kapitalismuskonzepts auf eine simple Formel bringen: keine Märkte oben, keine Märkte unten, aber möglicherweise einige Märkte dazwischen.

Lassen Sie mich das erklären. Was ich mit „oben" meine, ist die Verteilung des sozialen Überschusses. Angenommen, es gibt einen sozialen Überschuss zu verteilen, dann muss er als kollektiver Reichtum der Gesellschaft insgesamt betrachtet werden. Keine Privatperson, kein Unternehmen und kein Staat kann ihn besitzen oder das Recht haben, einseitig über ihn zu verfügen. Als wahrhaft kollektives Eigentum muss der Überschuss über kollektive Entscheidungs- und Planungsprozesse verteilt werden – eine Planung, die demokratisch organisiert werden kann und muss. Marktmechanismen sollten auf dieser Ebene keine Rolle spielen. Die Regel lautet: weder Märkte noch Privateigentum „at the top".

Dasselbe gilt für „unten", womit ich die Ebene der Grundbedürfnisse meine: Unterkunft, Kleidung, Nahrung, Bildung, Gesundheitsversorgung, Transport, Kommunikation, Energie, Freizeit, sauberes Wasser und saubere Luft zum Atmen. Es stimmt natürlich, dass wir nicht ein für alle Mal festlegen können, was genau als Grundbedürfnis gilt und was genau erforderlich ist, um es zu befriedigen. Auch das muss Gegenstand demokratischer Diskussionen, Auseinandersetzungen und Entscheidungen sein. Aber was auch immer dazu gezählt wird, muss als Rechtsanspruch bereitgestellt werden und nicht auf der Grundlage der individuellen Zahlungsfähigkeit. Das bedeutet, dass die Gebrauchswerte, die wir zur Befriedigung dieser Bedürfnisse produzieren, keine Waren sein können, sondern sie müssen öffentliche Güter sein. Das verweist übrigens auf einen entscheidenden Nachteil von Vorschlägen für ein universelles (oder bedingungsloses) Grundeinkommen hin, das vorsieht, den Menschen Geld zu überweisen, damit sie Dinge zur Befriedigung ihrer Grundbedürfnisse kaufen können. Auf diese Weise wird die Befriedigung der Grundbedürfnisse nämlich als Ware behandelt. Eine sozialistische Gesellschaft sollte sie aber als öffentliche Güter betrachten. Es sollte an der Basis keine Märkte geben.

Also keine Märkte unten oder oben. Aber was ist mit dem Dazwischen? Sozialistinnen sollten sich das Dazwischen als einen Raum vorstellen, in dem mit einer Mischung aus verschiedenen Möglichkeiten experimentiert werden kann: ein Raum, in dem Märkte einen Platz finden könnten, ebenso wie Genossenschaften, Commons, selbstorganisierte Assoziationen und selbstverwaltete Projekte. Viele traditionelle sozialistische Vorbehalte gegen Märkte würden sich in dem Kontext, den ich mir hier vorstelle, auflösen oder abschwächen, da ihre Funktionsweise weder die Dynamik der Kapitalakkumulation und der privaten Aneignung des gesellschaftlichen Überschusses befeuern noch davon verzerrt werden würde. Sobald der obere und der untere Bereich sozialisiert und dekommodifiziert sind, würden sich Funktion und Rolle der Märkte in der Mitte verändern. Dieses Vorhaben scheint klar genug, auch wenn wir jetzt noch nicht genau sagen können, wie es konkret umgesetzt werden soll.

Viele solcher Ungewissheiten schreien nach Reflexion und Klärung durch diejenigen, die eine erweiterte Konzeption des Sozialismus für das 21. Jahrhundert entwickeln wollen. Gewiss, die von mir hier skizzierte Sichtweise ist eindeutig partiell und vorläufig. Sie befasst sich nur mit einer Teilmenge der dringlichsten und relevantesten Fragen und tut dies in einer Weise, die eingestandenermaßen sondierend ist. Dennoch hoffe ich, die Vorzüge dieser Herangehensweise an die Frage, was Sozialismus heute bedeuten sollte, aufgezeigt zu haben.

Einer dieser Vorzüge ist die Aussicht, den Ökonomismus der gängigen Vorstellungen zu überwinden. Ein weiterer Vorteil ist die Möglichkeit, die Relevanz des Sozialismus für eine breite Palette aktueller Probleme aufzuzeigen, die über die der traditionellen Arbeiterbewegungen hinausgehen, nämlich soziale Reproduktion, struktureller Rassismus, Imperialismus, Entdemokratisierung und Klimawandel. Ein dritter Vorteil ist, dass sie ein neues Licht auf einige klassische Topoi des sozialistischen Denkens werfen kann, darunter institutionelle Grenzen, den sozialen Überschuss und die Rolle der Märkte.

Darüber hinaus schließlich hoffe ich, etwas Einfacheres, aber Wichtigeres gezeigt zu haben: dass es sich lohnt, das sozialistische Projekt im 21. Jahrhundert weiterzuverfolgen; dass „Sozialismus" kein bloßes Schlagwort oder Relikt der Geschichte bleiben muss, sondern der Name einer echten Alternative zu dem System werden kann, das derzeit den Planeten zerstört und unsere Chancen auf ein freies, demokratisches und gutes Leben zunichtemacht.

Systemwandel oder Klimakollaps

Warum wir eine tiefgreifende Transformation unserer Ökonomie brauchen

Von **Fabian Scheidler**

Die industrielle Zivilisation hat das Leben auf der Erde in das sechste große Artensterben seiner Geschichte gestürzt. Auch der *Homo sapiens* wird davon nicht unberührt bleiben: Wenn Nahrungsketten reißen, maritime Ökosysteme zusammenbrechen, die Himalaja-Gletscher und mit ihnen die wichtigsten Süßwasserquellen Asiens schwinden, wenn die Bestäubung von wichtigen Nutzpflanzen durch zu hohe Temperaturen oder durch das Verschwinden von Insekten ausbleibt, kann es schon in den nächsten Jahrzehnten zu einem Zusammenbruch der globalen Nahrungsmittelproduktion kommen. Darauf weist auch eine Studie im Auftrag des britischen Versicherers Lloyd's hin.[1] Die Konflikte, die daraus erwachsen können, sind in unserer waffenstarrenden Welt mit einer Milliarde Kleinwaffen und 14 000 Atomsprengköpfen völlig unabsehbar.

Die Chancen, ein dystopisches Kollapsszenario abzuwenden, hängen entscheidend davon ab, ob es gelingen wird, die gegenwärtige räuberische Ordnung, welche die Natur zu einem toten, beliebig ausbeutbaren Objekt degradiert hat, zu überwinden und durch ein System zu ersetzen, das unseren existenziellen Verbundenheiten Rechnung zu tragen vermag. Der Wandel, der dafür notwendig ist, durchzieht alle Lebensbereiche, von der Ökonomie und Politik über die Bildung und Wissenschaften bis zu unseren Kosmologien.

Die moderne Megamaschine ist sowohl ein komplexes als auch ein *totales* System: Es ist sowohl in unseren Köpfen, Körpern und menschlichen Beziehungen verankert als auch in ökonomischen und politischen Institutionen, in Rechtsformen von Unternehmen, in Gesetzen und internationalen Verträgen, in Grenzzäunen und Panzerbataillonen. Das Tückische an solchen allumfassenden Systemen besteht darin, dass sich nicht einfach einzelne Teile herausnehmen und verändern lassen, sondern sich im Prinzip alles zugleich ändern muss, weil alles mit allem zusammenhängt. Man kann zwar zum Beispiel versuchen, innerhalb eines Staates die Ökonomie von einer ausbeuterischen und destruktiven Profitmaximierungslogik auf eine Gemeinwohllogik umzupolen; aber dafür braucht es zugleich internationale Abkommen, die verhindern,

1 Lloyd's Emerging Risk Report 2015, Food System Shock. The insurance impacts of acute disruption to global food supply.

dass das Kapital über Nacht ins Ausland flieht und das Land dem Zusammenbruch überlässt. Man kann auch versuchen, das Schulsystem zu ändern, um Menschen die volle Entfaltung ihrer Persönlichkeit zu ermöglichen, statt sie dafür zu dressieren, entfremdete Arbeiten auszuführen; aber dann braucht es auch, wie bereits der schwedische Ministerpräsident Olof Palme vor einem halben Jahrhundert bemerkte, eine nicht entfremdete Arbeitswelt, in der selbstständig fühlende und denkende Menschen tätig sein können.

Komplexe soziale Systeme wie das moderne Weltsystem haben einen gewissen Spielraum für Veränderungen, der jedoch nicht unendlich groß ist. Bewegungen für Arbeiter- und Frauenrechte, für ein allgemeines, freies und gleiches Wahlrecht, für Frieden, Ökologie und eine menschenfreundliche Bildung haben in den letzten zwei Jahrhunderten große Fortschritte erreicht. Ohne sie dürften Frauen noch immer nicht wählen, müssten Arbeiter 60 Stunden in der Woche schuften, würden Schulkinder weiterhin geschlagen, könnten Staaten noch immer willkürlich über ihre Untertanen verfügen und Unternehmen ihren Dreck vollkommen ungefiltert in Wasser, Luft und Erde entsorgen. Doch bei allen Erfolgen sind zugleich Grenzen der Veränderung erkennbar. Das grundlegende Prinzip der Megamaschine ist trotz allem unberührt geblieben: der Zwang zur endlosen Expansion, die Umwandlung einer lebenden Mitwelt in tote Waren und die damit einhergehende Verwüstung der Biosphäre. Dieses Prinzip ist der harte Kern dieser Zivilisation, ihre Urfunktion, um die sich alle anderen Institutionen formiert haben. Aus diesem Grund ist er auch nicht auf dieselbe Weise zu verändern wie einzelne Missstände.

Die heute weitverbreiteten Gefühle von Ohnmacht gegenüber einer unaufhaltsamen Maschinerie, die uns auf den Abgrund zusteuert, sind daher mehr als verständlich. Auch die Fridays-for-Future-Bewegung, die mit einem bemerkenswerten Elan angetreten ist und Millionen von Menschen weltweit für den Klimaschutz auf die Straße gebracht hat, musste diese bittere Erfahrung machen: Die politisch-ökonomische Maschine walzt weitgehend ungerührt an ihnen vorbei, auch wenn hie und da mal ein grünes Fähnchen aus dem Fenster geschwenkt wird. In der Coronakrise zeigte sich dies einmal mehr in aller Deutlichkeit: Trotz Appellen, die Krise für einen ökologischen Umbau zu nutzen und nicht die Fehler des Finanzcrashs von 2008 zu wiederholen, wurden Milliarden, ja Billionen von Euro und Dollar erneut in die destruktivsten Branchen der Erde, darunter die Automobil- und Flugzeugindustrie, kanalisiert; auf diese Weise wurde der tödliche Pfad, auf dem wir uns befinden, weiter zementiert.

Aber bedeutet dies alles, dass gesellschaftliches Engagement für Veränderung letztlich gar keinen Sinn hat? Nicht unbedingt. Um aber den langfristigen Sinn von Engagement zu begreifen, braucht es eine andere Vorstellung von systemischer Veränderung. Komplexe Systeme lassen sich nicht linear umbauen, so wie man bei einem Haus schrittweise den Grundriss verändern und neue Inneneinrichtungen und Heizsysteme einbauen kann. Bei lebenden Systemen – und dazu gehört auch unser Gesellschaftssystem – sind die Wirkungen von Eingriffen nichtlinear und oft nicht planbar. Die mitunter frustrierende Erfahrung, dass selbst massive Veränderungsbemühungen über lange Zeiträume keine Wirkung entfalten, bedeutet daher nicht, dass sich Verhältnisse zu anderen Zeiten nicht plötzlich sehr schnell wandeln können.

Wie komplexe soziale Systeme entstehen und vergehen

Komplexe soziale Systeme haben, wie alle lebenden Strukturen, Entwicklungszyklen. Sie entstehen, entfalten sich und sterben früher oder später. Die Vorstellung, dass ausgerechnet das gegenwärtige System ewig sein sollte – wie es etwa der amerikanische Politologe Francis Fukuyama mit seinem Slogan vom „Ende der Geschichte" einst verkündete –, ist absurd. Wie alle sozialen Systeme wird es irgendwann enden und, sofern den Menschen auf diesem Planeten noch eine Zukunft beschieden ist, neuen Organisationsformen Platz machen. Wann genau dies geschieht und auf welche Weise, lässt sich so wenig voraussagen wie das, was an seine Stelle treten wird. Klar ist allerdings, dass die Krisen und Brüche, die wir schon jetzt erleben, zunehmen werden, solange die globale Megamaschine weiter expandiert und die sie tragenden Ökosysteme zerstört.

Der Übergang von einem System zu etwas Neuem ist notwendigerweise ein chaotischer Prozess, der sich nicht vollständig planen und steuern lässt. Je instabiler und chaotischer ein System wird, desto größeren Einfluss können selbst kleine Bewegungen und Turbulenzen auf die folgende Entwicklung haben. Der Prozess des Zerfalls und der Neuorganisation durchläuft dabei verschiedene Phasen: zum einen relativ lange Zeiträume, in denen das System anscheinend unverändert operiert; zum anderen plötzliche Brüche, heftige Krisen, in denen sich in sehr kurzer Zeit die Weichen für den weiteren Verlauf der Geschichte stellen, zum Beispiel Finanzkrisen, ökologische Katastrophen, Kriege oder Pandemien. Ein systemischer Übergang besteht in der Regel aus einer Kaskade von solchen Kipppunkten, die sich über Jahrzehnte, bisweilen auch Jahrhunderte erstrecken kann.

Was aber an einem solchen Kipppunkt geschieht, hängt entscheidend davon ab, was die Menschen in der Zeit davor, also in den scheinbar unbewegten Phasen, getan und gedacht haben, wie sie sich organisiert haben, wie sich Machtverhältnisse, Denkmuster, Debatten und kulturelle Hegemonien verschoben haben. Denn in der Krise, wenn die Uhren plötzlich sehr schnell gehen, zeigt sich, welche Teile der Bevölkerung rasch, entschlossen und koordiniert handlungsfähig sind, wer in der Lage ist, das politische und weltanschauliche Vakuum, das in solchen Situationen oft entsteht, zu füllen, und wer ein Verständnis dafür besitzt, welche Weichen gestellt werden müssen, um sich in die eine oder die andere Richtung zu bewegen. Niemand kann heute wissen, was die zukünftigen Kristallisationspunkte für bestimmte Umbruchprozesse sein werden. Weder hätte irgendjemand voraussagen können, dass ein Teenager mit Asperger-Syndrom und einem Pappschild vor dem schwedischen Parlament eine globale Klimabewegung in Gang setzen würde, noch kann heute jemand sagen, was aus dieser Bewegung wird, wie sie die Menschen langfristig verändert und welche Rolle all das in Zukunft spielen wird. Als sich die schwarze Bürgerrechtlerin Rosa Parks in den Südstaaten der USA 1955 weigerte, einem Weißen im Bus den Platz frei zu machen, konnte sie nicht ahnen, dass dieser kleine Schritt der Zündfunke für eine Bewegung sein würde, die schließlich Millionen Menschen mobilisierte und das Land tiefgreifend veränderte. Gewiss, all diese Bewegungen haben den destruktiven Kern der Megamaschine bisher bei Weitem nicht überwunden; und doch können sie einen entscheidenden Unterschied dabei machen, ob in den kommenden Krisen die Weichen weiter auf einen tödlichen Zusammenbruch gestellt oder ob neue Strukturen geschaffen werden, die langfristig ein menschenwürdiges und friedliches Leben ermöglichen.

Die Epidemie der Einsamkeit überwinden

Eines der größten Hindernisse dafür, uns derartige systemische gesellschaftliche Veränderungen auch nur vorzustellen, ist die Atomisierung der Menschen, ihre Isolation. Seit einigen Jahren sprechen immer mehr Psychologinnen und Sozialwissenschaftler von einer „Epidemie der Einsamkeit", die sich in vielen Ländern der Erde ausbreitet. Dieses Phänomen betrifft keineswegs nur die älteren Generationen, wo chronische Einsamkeit bereits seit langem grassiert, sondern zunehmend auch junge Menschen, die keine Freunde mehr haben und beziehungslos im Cyberspace herumirren. Eine Studie im Auftrag der britischen Regierung kam 2017 zu dem Ergebnis, dass 9 Millionen von 67 Millionen Menschen im Land nach eigenen Angaben unter häufiger oder chronischer Einsamkeit leiden. Als Reaktion auf die Studie ernannte die Regierung sogar einen Einsamkeitsminister, der allerdings wegen mangelnder Mittel für sein Ressort bald das Handtuch warf.

Die britische Kulturhistorikerin Fay Bound Alberti weist in ihrem Buch „A Biography of Loneliness. The History of an Emotion" darauf hin, dass die Wurzeln dieser Einsamkeit weit in die Vergangenheit zurückreichen. Die neoliberale Epoche der letzten Jahrzehnte hat diese Entwicklung deutlich verstärkt, die Ursprünge liegen aber wesentlich weiter zurück, in der Zeit der Industrialisierung, als Fabrikarbeit, Disziplinarinstitutionen und Geldökonomie die Netzwerke sozialer Verbundenheit unterminierten. Im Englischen etwa fand das Wort „Einsamkeit" *(loneliness)* erst seit 1800 Verbreitung.

Die Atomisierung der Gesellschaft und das Verstummen der Welt, das damit einhergeht, werden uns jedoch oft als Naturzustand des Menschen verkauft. Von klein auf hören wir, dass jeder seines eigenen Glückes oder Unglückes Schmied sei, wir lernen schon in der Schule, uns in Konkurrenz zu anderen zu definieren. Wir bekommen gesagt, dass Anerkennung und Reichtum für jeden erreichbar seien, wenn man sich nur genügend anstrengt und möglichst viele andere aus dem Rennen wirft. Dabei ist diese Ideologie eine offensichtliche Lüge: Dass alle an die Spitze kommen, ist unmöglich, denn die Spitze ist nur dadurch definiert, dass sie auf einer Pyramide von unzähligen Menschen ruht, die sie tragen. Oder um es mit einem anderen Bild zu sagen: Damit einige wenige im Scheinwerferlicht stehen können, muss es überall sonst dunkel sein. Auf politischer Ebene hat die zunehmende Vereinzelung dazu geführt, dass kollektives Handeln und Selbstorganisation im größeren Stil für viele überhaupt nicht mehr vorstellbar sind. Gesellschaftliche Weichenstellungen werden als Summe individueller Entscheidungen verstanden – ob als Konsumentin im Supermarkt oder als Wähler an der Urne. Diese Konsumdemokratie der Einsamen ist ausgesprochen praktisch für all jene, die den Status quo einschließlich sozialer Ungleichheit und Raubbau am Planeten so lange wie möglich aufrechterhalten wollen. Denn große systemische Veränderungen, die etwa Infrastrukturen oder Eigentumsverhältnisse betreffen und sich nur auf einer kollektiv-politischen Ebene verändern lassen, stehen so gar nicht zur Debatte. Die Geschichte zeigt, dass solche strukturellen Veränderungen immer nur dann stattfinden, wenn Menschen sich dauerhaft organisieren und neue Beziehungen untereinander aufbauen. Oder, um genauer zu sein: wenn sie ihre Beziehungen, die durch die Maske des Geldes unsichtbar gemacht wurden, wieder sichtbar machen. Wenn wir erkennen, dass wir mit der Busfahrerin, die um die Ecke wohnt, dem marokkanischen Erntehelfer, der unsere Tomaten pflückt, der Kaffeebäuerin in Guatemala und dem Minenarbeiter im Kongo ein Netz von Beziehungen bilden, das uns trägt und unser Leben ermöglicht, dann beginnen wir, aus der künstlichen Einsamkeit, in die uns die Ideologie der Trennung sperrt, auszubrechen.

Die abgespaltene Natur: Industrielle Landwirtschaft und Klimakrise

Die Einsamkeit und Entfremdung bezieht sich nicht allein auf die menschliche Mitwelt, sondern auch auf die Welt der Tiere und Pflanzen. Während wir unseren Kindern in Bilderbüchern und Filmen noch immer idyllische Bauernhöfe aus Omas Zeiten zeigen, sieht die Realität in der Regel vollkommen anders aus: Industrielle Tierhaltung und automatisierte Massenschlachtungen dokumentieren die extreme Entfremdung im Umgang mit Tieren, die zu bloßen Objekten im Räderwerk der Geldvermehrung degradiert werden. Das Verhältnis zur nichtmenschlichen Natur ist strukturell schizophren: Empathie, Sorge und Wertschätzung sind auf einen sehr engen Kreis begrenzt, etwa den eigenen Hund und den Garten, während die großen Kreisläufe der Nahrungsmittelproduktion ausgeblendet und einer gnadenlosen Ausbeutungslogik preisgegeben werden.

Dabei sind industrielle Landwirtschaft, Massentierhaltung und Fischerei neben der Verbrennung fossiler Brennstoffe der größte Faktor bei der rasanten Zerstörung der Biosphäre. Etwa ein Drittel der Treibhausgase weltweit stammt aus Landwirtschaft und Entwaldung, vor allem aus der Rodung für Weiden und den Anbau von Futtermitteln für die Fleischproduktion, aus der Rinderzucht und aus der Überdüngung, die große Mengen von Methan und Lachgas freisetzt. Auch die Erschöpfung von Süßwasserquellen, die sich in vielen Teilen der Welt abzeichnet, hat ihre Ursache vor allem in der Agrarindustrie.

Die Absurdität dieses ganzen Systems gipfelt darin, dass es bei alledem nicht einmal eine auskömmliche Ernährung für alle bereitstellt, sondern etwa 800 Millionen Menschen jeden Tag hungrig zu Bett gehen lässt, während auf der anderen Seite Berge von Junkfood und billigen Fleischmassen ausgeworfen werden, deren stetig wachsender Konsum eine beträchtliche Zahl von Krankheiten hervorruft, vom Diabetes bis zur Adipositas. Und all dies wird künstlich mit gewaltigen Subventionen aus Steuergeldern am Leben erhalten, allein in der EU in Höhe von etwa 50 Mrd. Euro pro Jahr.

Dieses System ist der Inbegriff der totalen Entfremdung von der uns ernährenden Mitwelt. Es zeigt zugleich, wie tödlich es ist, unsere Beziehungen zur Pflanzen- und Tierwelt der Logik einer endlosen Ertrags- und Profitsteigerung zu überantworten. Der Weltagrarbericht und die Studien des UN-Sonderberichterstatters für das Recht auf Nahrung haben gezeigt, dass zur Erhaltung der lebenserhaltenden Ökosysteme ein Umstieg auf ökologische und überwiegend kleinbäuerliche Landwirtschaft dringend notwendig ist. Nur auf diese Weise kann die gesamte Weltbevölkerung ernährt werden, ohne einen Systemkollaps herbeizuführen.[2]

Nicht zuletzt die Pandemien, die aus der Massentierhaltung und der Zerstörung von Wildtierhabitaten hervorgehen, machen es überdeutlich: Ein tiefgreifender Wandel unserer Beziehungen zur nichtmenschlichen Natur ist eine Überlebensfrage. „We are nature defending itself" – wir sind Natur, die sich selbst verteidigt: Dieser Leitspruch der neuen globalen Ökologiebewegung bringt es auf den Punkt. Es geht nicht darum, stellvertretend für eine Natur zu agieren, die irgendwo getrennt von uns „da draußen" ist, sondern um die Erkenntnis, dass wir niemals getrennt von ihr waren, dass alles, was wir ihr antun, letztlich ein Schlag gegen uns selbst ist.

Eine Ökonomie der Verbundenheit

Obwohl die Weltwirtschaft ein Netzwerk ist, das scheinbar alles mit allem verbindet – und obwohl das Internet eine Art „globales Dorf" geschaffen hat, in dem im Prinzip alle mit allen kommunizieren können –, beruht unsere Ökonomie bei näherer Betrachtung doch auf einer Reihe von tiefen Trennungen. Die grundlegendste dieser Trennungen ist die Abspaltung der Natur, die als tote Verfügungsmasse für das Räderwerk der endlosen Geldvermehrung dient. Diese Entbettung aus der Biosphäre macht die moderne Ökonomie so gefährlich: Sie verhält sich auf der Erde wie eine Armee außerirdischer Kolonisatoren, die alles mitnehmen, was sie kriegen können.

Die Trennungen durchziehen aber auch die soziale Sphäre. Zunächst einmal werden die Arbeitenden auf vielerlei Weise an einer konstruktiven Kooperation gehindert und gegeneinander ausgespielt. Abhängig Beschäftigte müssen im Wesentlichen tun, was ihnen gesagt wird, die Entscheidun-

2 Stephan Albrecht und Albert Engel (Hg.), Synthesebericht zum Weltagrarbericht, weltagrarbericht.de, Hamburg 2009; Olivier de Schutter, Agroecology and the Right to Food, srfood.org, Genf 2011.

gen werden von den Eigentümern und Managerinnen getroffen. Wie Noam Chomsky treffend bemerkte, sind große kapitalistische Unternehmen im Grunde nach dem Muster absolutistischer Tyranneien organisiert. Das hat auch zur Folge, dass die Arbeitenden von den Früchten ihrer Arbeit und der damit verbundenen Sinnerfahrung getrennt sind. Was sie produzieren, ist im Grunde austauschbar. An die Stelle der befriedigenden Sinnerfahrung, nützliche Dinge für eine Gemeinschaft herzustellen, tritt als abstrakte Kompensation das Geld, mit dem man hofft, sich einen Teil des Lebens, das durch die entfremdete Arbeit geraubt wird, zurückkaufen zu können.

An der Spitze der Pyramide ist diese Form der Entfremdung ebenfalls zu finden. Zwar erhalten Topmanager das Hundert- bis Tausendfache eines Arbeiterlohns als Kompensation; doch auch für sie ist der Inhalt ihrer Tätigkeit vollkommen austauschbar, denn ihr einziger Zweck im großen Getriebe besteht darin, den Shareholder Value für die Anteilseigner zu steigern, egal mit welchen Mitteln und mit welchen verheerenden Konsequenzen. Die Anteilseigner selbst wiederum sind ebenfalls von den Wirkungen ihres Handelns getrennt: Die Rechtsform einer Aktiengesellschaft etwa schließt ausdrücklich eine Verantwortung und Haftung der Aktionäre aus. Oft wissen sie nicht einmal, was das Unternehmen im Einzelnen tut, um ihre Dividende zu erwirtschaften. Es ergibt sich also eine Kette der strukturellen Verantwortungslosigkeit und systemischen Blindheit, die in die Tiefenstrukturen unserer Ökonomie eingebaut ist. Aus diesem Grund ist es für eine zukunftsfähige Ökonomie entscheidend, wieder Feedbackschleifen in die wirtschaftlichen Beziehungen einzuführen, die allen Beteiligten die ökologischen und sozialen Auswirkungen ihrer Handlungen unmittelbar zurückspiegeln.

Um uns eine Ökonomie vorzustellen, die die Netzwerke der Verbundenheit sowohl zwischen den Menschen als auch zwischen Menschen und der mehr-als-menschlichen Welt anerkennt und pflegt, statt sie zu verdunkeln, auszubeuten und zu zerstören, müssen wir zunächst das gängige Modell von der Beziehung zwischen Wirtschaft, Gesellschaft und „Umwelt" vom Kopf auf die Füße stellen. In diesem Modell gilt die Wirtschaftsordnung als das übergeordnete System, in das sich alles andere einfügen muss. Die soziale Organisation hat sich nach den ökonomischen Rahmenbedingungen zu richten, eine Auffassung, die sich etwa in Angela Merkels berühmten Worten von der „marktkonformen Demokratie" spiegelt. Noch eine Stufe darunter steht schließlich die „Umwelt", die man berücksichtigt, wenn die Bedürfnisse der Wirtschaft und der Gesellschaft gestillt sind. In der Realität verhält es sich hingegen genau umgekehrt: Das übergeordnete System ist die Biosphäre, jede denkbare menschliche Ordnung kann stets nur ein Subsystem von ihr sein und ist in jedem Moment von der Funktionsfähigkeit des übergeordneten Systems abhängig. Der Planet kann ohne Menschen auskommen, die Menschheit aber nicht eine Sekunde ohne den Planeten. Ein Subsystem kann das übergeordnete System niemals beherrschen und auch nicht unbegrenzt darin wachsen. Die beiden zentralen Prämissen der Industriegesellschaft – endloses Wachstum und Naturbeherrschung – sind aus diesem einfachen Grund tödliche Illusionen, die auf einer Verkehrung der realen Rangfolge beruhen.

Gesellschaften lassen sich außerdem prinzipiell nicht der Ökonomie unterordnen, denn jede denkbare Wirtschaft kann wiederum nur ein Teilsystem der Gesellschaft sein. Wenn Eltern zum Beispiel die Versorgung ihrer Kinder von monetären Gewinnerwartungen abhängig machten, würde die Menschheit rasch aussterben.

Stellt man das verkehrte Modell vom Kopf auf die Füße, ergeben sich sofort vollkommen andere Prioritäten. Die Bewahrung der lebenserhaltenden Funktionen der Biosphäre bekommt Vorrang vor allen anderen Erwägungen, ganz einfach, weil ohne diese Funktionen alles andere nichts ist. Die Rede von Kompromissen zwischen Umwelt und Wirtschaft, wie sie unsere politischen Debatten beherrscht, ergibt logisch keinerlei Sinn. Wenn sich zeigt, dass eine bestimmte Wirtschaftsordnung mit der Erhaltung der Biosphäre unvereinbar ist, muss sie geändert werden. Egal, wie schwierig das sein mag.

Die britische Ökonomin Kate Raworth hat die biosphärischen und sozialen Grenzen der Wirtschaft in das Bild eines Donuts gefasst: Am inneren Rand liegen die sozialen Fundamente der Ökonomie. Dazu gehören Zugang zu Nahrung, Wasser, Energie, Wohnung, Gesundheitsversorgung, Bildung sowie Netzwerken und Institutionen, die politische, soziale und juristische Gerechtigkeit herstellen. Der äußere Rand wird von den ökologischen Grenzen gebildet, darunter das Klimasystem, Süßwasserzyklen, Bodennutzung und Biodiversität. Was zwischen diesen beiden Rändern liegt, bildet den Spielraum, in dem sich eine zukunftsfähige Ökonomie bewegen kann.[3]

Die gegenwärtige Ökonomie erweist sich in dieser Perspektive als maximal falsch konstruiert: Sie überzieht bei Weitem die ökologischen Grenzen und stellt dabei noch nicht einmal eine Sicherung der elementaren sozialen Fundamente für das Gros der Weltbevölkerung bereit.

Eine Wirtschaft jenseits von Wachstums- und Profitzwang

Zu den Grundprinzipien einer zukunftsfähigen Ökonomie gehört, dass sie nicht auf permanente Expansion, also auf Wachstum angewiesen sein darf, denn es ist vor allem die Expansion, die für die ökologischen Krisen verantwortlich ist. Statt auf Wachstum würde sie auf eine gerechtere Verteilung der Produktion setzen. Das Problem der Unterversorgung von großen Teilen der Weltbevölkerung liegt ja keineswegs in einer zu geringen weltweiten Produktion, sondern zum einen in der extrem ungleichen Verteilung, zum anderen in der zunehmenden ökologischen Zerstörung durch die Überproduktion.

Um die Ökonomie aber von Wachstumszwang und Überproduktion zu befreien, genügt es nicht, wie manche Wachstums- und Konsumkritiker glauben, wenn alle Bewohner der reichen Länder einfach weniger verbrauchen und den Gürtel enger schnallen. Denn täten wir dies und ließen dabei die bisherigen Institutionen so, wie sie sind, würden wir in kürzester Zeit in eine massive Krise geraten. Würden wir zum Beispiel aufhören, ständig neue

3 Kate Raworth, Die Donut-Ökonomie. Endlich ein Wirtschaftsmodell, das den Planeten nicht zerstört, München 2018.

Autos, Möbel, Smartphones und Kleidungsstücke zu kaufen, müssten die entsprechenden Firmen schrumpfen und einen großen Teil ihrer Belegschaften vor die Tür setzen; die Leute hätten in der Folge weder das Geld, ihre Miete noch ihre Kredite zu bezahlen, der Staat würde massiv an Einnahmen verlieren und müsste seinerseits Leistungen kürzen und Personal entlassen. Das Ergebnis wäre eine umfassende Wirtschafts-, Finanz- und Staatskrise mit verheerenden sozialen Konsequenzen. Zwar macht es individuell Sinn, den eigenen Konsum in Frage zu stellen und zu reduzieren, gesamtgesellschaftlich ist damit allerdings noch längst keine Lösung erreicht, solange die tieferen Strukturen unangetastet bleiben.

Um einen Ausweg aus der Krise zu finden, genügt es auch nicht, wie Anhänger eines „grünen Wachstums" glauben, wenn wir statt der bisherigen „dreckigen" Güter einfach „saubere" kaufen. Das Beispiel der Elektromobilität zeigt dies sehr deutlich. Die Herstellung eines Elektroautos emittiert derzeit wesentlich mehr CO_2 als die Produktion eines vergleichbaren konventionellen Pkw, vor allem wegen der großen Batterien. Elektroautos verschlingen darüber hinaus große Mengen Seltener Erden und anderer Mineralien, etwa Lithium, für deren Abbau ganze Landstriche verwüstet und enorme Süßwassermengen verbraucht werden. Schon jetzt bahnt sich etwa in den Anden aus diesem Grund eine ökologische und soziale Katastrophe an, und dies bei einer noch minimalen Produktion von E-Autos.[4] Wollte man die derzeitigen etwa eine Milliarde Pkw weltweit durch angeblich saubere Elektroautos ersetzen, wäre das nächste ökologische Desaster programmiert und die Klimakrise keineswegs gelöst.[5] Statt einer bloßen Umstellung auf alternative Antriebe braucht es daher vollkommen andere Mobilitätskonzepte und eine massive Reduzierung des automobilen Verkehrs.

Kapitalgesellschaften als Doomsday Machine

Um aus der Verwüstung der Biosphäre und dem Zwang des Immermehr auszusteigen, müssen wir uns daher als Erstes nicht mit dem Konsum, sondern mit der Produktion befassen. Die 500 größten Kapitalgesellschaften der Welt kontrollieren etwa 40 Prozent des Weltsozialproduktes und zwei Drittel des Welthandels. Sie sind der Kern und Motor dieser Ökonomie. Abgesehen davon, dass sie durch ihre dominante Stellung über enorme politische Macht verfügen, stellen sie auch noch ein viel tieferes Problem dar: Sie sind so strukturiert, dass sie permanent expandieren müssen. Kapitalgesellschaften haben nur einen einzigen Zweck, der in ihrer Rechtsform festgeschrieben ist: Sie müssen das eingelegte Kapital vermehren. Nur aus diesem Grund existieren sie. Und da sich Geld nicht, wie bisweilen geglaubt wird, von selbst vermehrt, sondern auf Dauer nur, wenn auch mehr Güter und Dienstleistun-

4 Susanne Götze, Lithium-Abbau in Südamerika – Kehrseite der Energiewende, „Deutschlandradio", 30.4.2019.

5 Umwelt- und Prognoseinstitut Heidelberg, Ökologische Folgen von Elektroautos. Ist die staatliche Förderung von Elektro- und Hybridautos sinnvoll?, Heidelberg 2019.

gen produziert werden, ist die Kapitalvermehrung an einen zunehmenden Durchsatz von Materialien gekoppelt.[6]

Die Kapitalgesellschaft, besonders in Form der Aktiengesellschaft, ist eine der folgenreichsten Erfindungen der Menschheitsgeschichte. Anders als im Falle eines individuellen Unternehmers, der sich, wenn er reich genug ist, jederzeit zur Ruhe setzen und sein Vermögen zur Schau stellen oder verprassen kann, ist ihr ein abstrakter Zwang zur Weiterverwertung des Kapitals in einem endlosen Kreislauf von Profit und Reinvestition eigen. Wenn sie darin innehält, geht sie unter. Für diejenigen, die ihr Geld dort anlegen, gleicht sie einer Maschine, die wie von selbst ständig mehr Geld auswirft. Was dieses Unternehmen zu diesem Zweck konkret tut, ob es Maschinengewehre oder Babysocken herstellt, ob es Wälder abholzt oder Ozeane nach den letzten Fischreserven durchpflügt, ist für die Shareholder vollkommen gleichgültig. Sie müssen sich damit auch gar nicht näher beschäftigen, da sie für die Handlungen und Verbrechen dieser Unternehmen keinerlei Haftung übernehmen.

Die rechtliche Konstruktion, auf der die modernen Kapitalgesellschaften seit 400 Jahren beruhen, ist bei näherer Betrachtung eine Monstrosität, eine Art *Doomsday Machine* aus dem Kabinett des Dr. Seltsam. Wie der Dokumentarfilm „The Corporation" anschaulich zeigt, agieren diese „juristischen Personen" strukturell psychopathisch. Sie verfolgen manisch nur ein einziges Ziel, nämlich die Geldvermehrung; sie sind unfähig, die Interessen anderer Lebewesen zu berücksichtigen; und sie entziehen sich systematisch jeder Verantwortung für die Zerstörungen, die sie hinterlassen. Sie sind, mit anderen Worten, der Inbegriff der Großen Trennung.

Die Pathologie dieser Unternehmen liegt dabei nicht in der individuellen Gier ihrer Manager. Wer eine Kapitalgesellschaft leitet, kann theoretisch der netteste Mensch der Welt sein, er kann Biomöhren im Garten anbauen und Geflüchtete in seinem Haus beherbergen. Aber in seiner Funktion als CEO hat er nur einen einzigen Zweck zu erfüllen: die Quartalszahlen zu steigern. Erfüllt er diese Funktion nicht, spuckt die Maschine ihn aus.

Der Umbau der institutionellen Logiken

Aus diesem Grund geht es bei einer Transformation der Ökonomie nicht um Appelle an „Corporate Responsibility" und dergleichen, sondern um einen Umbau der institutionellen Logiken. Anstelle von strukturell psychopathischen Institutionen brauchen wir solche, die auf Respekt für das Leben, auf Empathie, Verantwortung und Verbundenheit beruhen.

Solche Institutionen sind keineswegs eine ferne Utopie. Bestimmte Formen von Arbeiterkooperativen und Genossenschaften etwa sind so konstruiert, dass sowohl alle Beschäftigten an Entscheidungen beteiligt sind als auch die

6 BIP-Wachstum und Ressourcenverbrauch lassen sich zwar bis zu einem gewissen Grad entkoppeln. Allerdings werden solche Effizienzgewinne großenteils durch den „Rebound-Effekt" aufgefressen, vgl. Tilman Santarius u.a., Rethinking Climate and Energy Policies: New Perspectives on the Rebound Phenomenon, New York 2016.

sozialökologischen Auswirkungen unternehmerischen Handelns bei den Entscheidungen berücksichtigt werden. Die Initiative für eine „Gemeinwohlökonomie", die von dem Österreicher Christian Felber angestoßen wurde und mittlerweile in Dutzenden Ländern aktiv ist, hat solche Prinzipien systematisiert und zu einem ökonomisch-politischen Modell ausgebaut. Es sieht vor, dass alle Unternehmen Gemeinwohlbilanzen vorlegen müssen, die nicht nur über das finanzielle Ergebnis Auskunft geben, sondern auch über die Folgen der unternehmerischen Aktivitäten über die gesamte transnationale Wertschöpfungskette hinweg, vom Ressourcenabbau bis zur Entsorgung. Auf diese Weise werden die sonst abgespaltenen Kollateralschäden zunächst einmal sichtbar gemacht. Im nächsten Schritt geht es darum, welche Konsequenzen daraus folgen. Das Modell sieht vor, dass Unternehmen mit einer guten Gemeinwohlbilanz systematisch bevorteilt werden, indem sie weniger Steuern zahlen, günstigere Kredite bekommen und öffentliche Aufträge erhalten. Gemeinwohlschädigende Unternehmen dagegen zahlen hohe Steuern, bekommen keine oder nur sehr teure Kredite und keine öffentlichen Aufträge – und würden damit langfristig aus dem Verkehr gezogen. Auf diese Weise werden unsere Verbundenheiten mit dem biosphärischen und gesellschaftlichen Stoffwechsel in die Struktur der Unternehmen und in die politischen Rahmenbedingungen eingeschrieben: Wer diese Verbundenheiten pflegt und nährt, gedeiht selbst; wer sie unterminiert, geht unter.

Hinzu kommt: Mit zunehmender Größe eines Unternehmens geht es Schritt für Schritt in die Hand der Beschäftigten über. Betriebliche Entscheidungen werden bei großen Unternehmen von einem Gremium getroffen, das aus gewählten Belegschaftsvertretern und Repräsentantinnen aller „Stakeholder" besteht, also der Menschen und Ökosysteme, die von den Entscheidungen betroffen sind. Damit würde auch die Trennung der Arbeitenden von den Entscheidungen und den Konsequenzen ihres Tuns überwunden.

Das Problem von solchen alternativen Modellen besteht allerdings darin, dass sie in Nischen bleiben und es mit den Giganten der Weltwirtschaft nicht aufnehmen können. Und das wiederum liegt vor allem daran, dass Staaten die großen Kapitalgesellschaften in vielerlei Hinsicht systematisch bevorteilen und zu großen Teilen sogar künstlich am Leben erhalten, auf Kosten aller anderen Akteure. Zum Beispiel durch Subventionen: Der Internationale Währungsfonds schätzt, dass die fossilen Industrien, also Erdöl, Erdgas und Kohle, jedes Jahr mit der unvorstellbaren Summe von 5 Billionen (5000 Mrd.) Dollar staatlich gefördert werden.[7] Allein in Deutschland wird außerdem die Autoindustrie jedes Jahr mit 15 Mrd. Euro subventioniert, vor allem durch Dienstwagenprivilegien, Pendlerpauschalen und Abwrackprämien. Der Flugverkehr, der für die weltweit am schnellsten steigenden Treibhausgasemissionen verantwortlich ist, wird, ebenfalls allein in Deutschland, mit zwölf Mrd. Euro jährlich gefördert, unter anderem durch den Verzicht auf Kerosin- und Mehrwertsteuern.[8] Hinzu kommt, dass die Infrastrukturen für den Flugverkehr,

7 David Coady u.a., How Large Are Global Energy Subsidies? IMF Working Paper, Washington 2015.
8 Umweltbundesamt, Umweltschädliche Subventionen in Deutschland, aktualisierte Ausgabe 2016, S. 44.

besonders Flughäfen, überwiegend von der öffentlichen Hand bezahlt werden; der Berliner Flughafen BER, der bisher etwa sieben Mrd. Euro verschlungen hat, ist nur ein Beispiel. Konkursgefährdete Fluggesellschaften wie Air Berlin oder Lufthansa werden darüber hinaus immer wieder mit verbilligten Staatskrediten in Milliardenhöhe am Leben erhalten.

Das gesamte Großbankensystem in Ländern wie Deutschland, Großbritannien, Frankreich, Italien, Spanien und den USA würde ohne staatliche Hilfen in Billionenhöhe gar nicht mehr existieren. Dabei handelt es sich nicht allein um die Rettungspakete von 2008/09, sondern auch um die praktisch zinslosen Kredite der Europäischen Zentralbank und der Federal Reserve Bank sowie die sogenannten Euro-Rettungsschirme, die im Wesentlichen die Banken und nicht die Bevölkerungen gerettet haben. Das Problem dieser Subventionen ist nicht allein, dass dadurch Steuergelder verschwinden, die dringend für die sozialen Sicherungssysteme und den Klimaschutz gebraucht werden, sondern auch, dass auf diese Weise Strukturen am Leben erhalten werden, die den ökologischen Kollaps weiter vorantreiben. Denn es sind ebendiese künstlich alimentierten Banken, die Tag für Tag die großen Finanzströme in die destruktivsten Branchen der Erde kanalisieren: in die Erdöl- und Kohleförderung, in den Bergbausektor, in die Auto- und Flugbranche, in die industrielle Landwirtschaft und die Rüstung.

Nimmt man all diese Sektoren und noch einige mehr zusammen, zeigt sich, dass die meisten der 500 größten Unternehmen der Welt ohne staatliche Hilfe gar nicht mehr existieren würden. Wir haben es hier also nicht mit einem Markt zu tun, sondern mit einem Geflecht aus Staaten und Oligopolen. Das Hindernis auf dem Weg zu einer zukunftsfähigen Ökonomie sind daher nicht allein die großen, destruktiv agierenden Kapitalgesellschaften, sondern auch die Staaten, die sie künstlich ernähren.

Dabei ließe sich dies im Grunde relativ einfach ändern. Denn über die Verwendung von Steuergeldern entscheiden – anders als über Unternehmensinvestitionen – in einer Demokratie Parlamente. Statt die Gelder weiter in die Vernichtung des Planeten zu lenken, könnten sie auch in einen sozialökologischen Tiefenumbau investiert werden, in dezentrale, ökologische und gemeinwohlorientierte Strukturen. Das hätte volkswirtschaftlich sogar erhebliche Vorteile: Nicht nur würden die enormen Kosten für Umweltschäden und soziale Schieflagen gesenkt; das Geld würde auch, statt in Steueroasen wie den Bermudas zu verschwinden, in regionale Kreisläufe gelenkt.

Allerdings wurde die Chance, einen solchen Umbau zu beginnen, bisher – und zwar auch und gerade in der Coronakrise – gründlich verschlafen. Über die Billionen von Euro und Dollar, die Staaten in die Hand nahmen, um sie einmal mehr zu erheblichen Teilen in die fossilen Strukturen zu kanalisieren, gab es kaum eine breite öffentliche Debatte. Stattdessen wurde alles getan, um die alte, ächzende Maschine wieder flottzumachen, so dass sie ihren Weg zum Abgrund so schnell wie möglich fortsetzen kann. Wie viele Krisen unsere Gesellschaft noch brauchen wird, um irgendwann einmal andere Entscheidungen zu treffen, ist nicht vorauszusehen. Allzu viele Chancen dürften wir allerdings nicht mehr haben.

Zerstörerischer Reichtum

Wie eine globale Verschmutzerelite das Klima ruiniert

Von **Sighard Neckel**

Vor einigen Jahren machte die britische Soziologin Rebecca Elliott ihrem Fach den Vorschlag, auf die Klimakrise und die ökologischen Zerstörungen nicht länger nur mit umweltsoziologischen Begleitstudien zu reagieren, sondern mit einer umfassenden „Soziologie der Verluste".[1] Der Klimawandel konfrontiere Gesellschaften überall auf der Welt mit dem Verschwinden von Naturräumen, dem Artensterben, der Zerstörung bewohnbarer Siedlungsgebiete – und nicht zuletzt mit dem Ruin ökonomischer Werte und Investments in historisch beispiellosen Dimensionen. Diese Verluste sind allerdings keine Resultate von reinen Naturkatastrophen, sondern ebenso sozial organisiert wie die Wirtschafts- und Lebensweisen, die sie herbeiführen. Sie betreffen verschiedene Gesellschaftsklassen in verschiedenen Regionen der Welt in unterschiedlichem Maße. Am stärksten sind dabei weltweit die Ärmsten betroffen. Doch wie Elliotts Studie anhand ausfallender Versicherungsleistungen etwa bei Überflutungen oder Flächenbränden zeigt, werden inzwischen auch die Reichen und Superreichen von solchen Verlusten eingeholt.

Tatsächlich sind die Klimakrise und die Kipppunkte des Erdsystems in ihren Auswirkungen weder exakt vorhersehbar noch etwa verlässlich zu kontrollieren oder zu begrenzen, weshalb der Verlust planetarischer Lebensgrundlagen am Ende auch die am meisten Privilegierten nicht verschonen wird. Ein kapitalistisches Akkumulationsregime, das unablässig die Steigerungen der Güterproduktion, der Gewinnerwartungen und des Konsums zur Voraussetzung hat, führt schließlich in eine ökologische Selbstdestruktivität, die auch großen Reichtum vernichtet.

Nicht weniger bedeutsam als Elliotts Befund, dass Reichtum jedweder Art durch ökologische Zerstörung bedroht wird, ist allerdings die Frage, wie dieser Reichtum selbst zu den ökologischen Zerstörungen beiträgt, die ihn am Ende möglicherweise selber ruinieren. Reichtum interessiert im Folgenden also nicht hinsichtlich der Konsequenzen, die der Klimawandel für ihn hat, sondern als eine der wichtigsten Ursachen dafür, dass der Klimawandel zu zerstörerischen Verlusten in Wirtschaft, Gesellschaft und im Erdsystem führt. Damit unterscheidet sich meine Perspektive auch von jener Theorie des Verlustes, die im deutschsprachigen Raum kürzlich Andreas Reckwitz skiz-

1 Rebecca Elliott, The Sociology of Climate Change as a Sociology of Loss, in: „European Journal of Sociology", 3/2018, S. 301-337.

ziert hat.[2] Reckwitz geht es darum, die „Strukturprinzipien der Moderne als Motoren der Verlustpotenzierung" zu entziffern, was für ihn zwangsläufig die andere Seite des Fortschritts darstellt. Der Klimawandel und seine Folgen seien hierbei nur Facetten eines allgemeinen Modernitätsregimes, das vom menschlichen Tod bis zu Naturkatastrophen Verlusterfahrungen unsichtbar zu machen verspricht.

Mit dem Klimawandel kommt diese „Verlustinvisibilisierung" (Reckwitz) allerdings in dem Maße an ihr Ende, wie Wetterextreme, Flächenbrände, Dürren und Überflutungen auch die Zentren des globalen Kapitalismus heimsuchen. Im „Atlas der verschwindenden Orte" sind neben Küsten in Bangladesch und in Puerto Rico auch New York, das Steuerschlupfloch Cook Islands, Shanghai und Hamburg als Hochrisikogebiete beim Anstieg des Meeresspiegels verzeichnet.[3] Solche „Verlusteskalationen" (Reckwitz) haben jedoch klar benennbare Ursachen, die weit spezifischer sind als die allgemeinen Strukturprinzipien der Moderne. Und so stellen sich die ökologischen Verluste, die heute die Stabilität des Erdsystems bedrohen, als Folgen einer kapitalistischen Wirtschafts- und Ungleichheitsordnung dar, in der die Konzentration extremen Reichtums eine der Hauptursachen für Klimaschädigung und Umweltzerstörung ist.

Nun könnte man argumentieren, dass gerade bezüglich der Treibhausgasemissionen und des umweltschädlichen Ressourcenverbrauchs nicht extremer Reichtum das eigentliche Problem sei, sondern vor allem der weit verbreitete Wohlstand insbesondere der oberen Mittelschichten, und dies hauptsächlich in Europa, Nordamerika und Ostasien. Tatsächlich waren laut dem neuesten „World Inequality Report 2022" die wohlhabendsten 10 Prozent der Weltbevölkerung – also knapp 800 Millionen Menschen – 2019 für 47,6 Prozent aller Treibhausgase verantwortlich, hingegen die ärmste Hälfte der Weltbevölkerung – also gut vier Milliarden Menschen – nur für zwölf Prozent aller Emissionen.[4] Auch in Deutschland emittierten die wohlhabendsten zehn Prozent aller Haushalte mit 34 Tonnen CO_2-Äquivalenten im Jahr fast sechsmal so viele Treibhausgase wie die gesamte ärmere Hälfte der deutschen Bevölkerung (5,9 Tonnen) zusammen.[5] Und dennoch ist der ökologische Fußabdruck[6] der Superreichen – trotz ihrer numerischen Vernachlässigbarkeit – von besonderem Belang, und dies gleich aus mehreren Gründen. Zum ersten sind die Treibhausgasemissionen der Reichsten so überproportional hoch, dass sie selbst von den wohlhabendsten Mittelklassen nicht auch

2 Vgl. Andreas Reckwitz, Verluste und Moderne. Eine Kartierung, in: „Merkur", 1/2022, S. 5-21.
3 Vgl. Christina Conclin, Marina Psaros und Lawrence Susskind, The Atlas of Disappearing Places. Our Coast and Oceans in the Climate Crisis, La Vergne 2021.
4 Vgl. Lucas Chancel et al., World Inequality Report 2022, Cambridge 2022, S.123.
5 Ebd. S. 196.
6 Der persönliche Treibhausgas-Fußabdruck im World Inequality Report 2022 bezieht sich auf die jährlichen Treibhausgasemissionen einer je Einkommenskategorie durchschnittlichen Person. Die Fußabdrücke berücksichtigen alle Emissionen, die aus dem direkten Energieverbrauch (z. B. durch den Kraftstoffverbrauch eines Autos) als auch aus indirekter Energienutzung resultieren (CO_2-Emissionen zur Herstellung von Waren und Dienstleistungen zur Aufrechterhaltung eines Lebensstils). Die Schätzungen berücksichtigen ebenfalls die Importe und Ausfuhren von Kohlenstoff, der in Waren und Dienstleistungen aus oder in andere Länder gebunden ist, sowie die Emissionen, die in Investments enthalten sind.

nur annähernd erreicht werden. Selbst in Deutschland mit seiner vergleichsweise begüterten Mittelklasse emittiert das reichste Prozent der Bevölkerung fast zehnmal so viel CO_2 pro Kopf wie die mittleren Einkommenslagen.[7]

Superreichtum als Treiber der ökologischen Krise

Global betrachtet, trägt das oberste eine Prozent in der weltweiten Einkommenshierarchie (77 Millionen Personen) fast 17 Prozent zu den Treibhausgasemissionen bei und übertrifft mit durchschnittlich 110 Tonnen CO_2-Äquivalenten den schon extrem hohen ökologischen Fußabdruck der oberen Mittelklassen um mehr als das 3,5fache, den globalen Durchschnitt um mehr als das 16fache.[8] Das Top-Tausendstel der Hochvermögenden (7,7 Millionen Menschen) übertrifft mit einem Anteil von über sieben Prozent aller CO_2-Emissionen die oberen Mittelklassen sogar um das 15fache und den globalen Durchschnitt um das 70fache. Ganz extrem wird es bei den Top 0,01 Prozent – also den eigentlichen Superreichen, die der World Inequality Report weltweit mit 770 000 Personen angibt. Auf sie entfallen mit durchschnittlich 2531 Tonnen CO_2 pro Jahr fast vier Prozent aller weltweiten Emissionen. Das ist mehr, als ganz Deutschland und Japan zusammen an Treibhausgasen emittieren.

Zum zweiten tragen die Hochvermögenden in exponentieller Weise zur weiteren Steigerung der Treibhausgasemissionen bei, während in anderen Sozialklassen gerade auch der reicheren Länder die Emissionen sinken.[9] Zwischen 1990 und 2019 wuchsen, global berechnet, die Emissionen pro Kopf um sieben Prozent an. Am stärksten nahmen die Emissionen in der ärmeren Hälfte der Weltbevölkerung zu, allerdings auf einem sehr niedrigen Niveau, sodass die ärmere Hälfte auch heute nur für zwölf Prozent aller Emissionen verantwortlich ist. In den weltweit mittleren Einkommensklassen nahm der Anstieg an CO_2 vergleichsweise moderat um vier Prozent zu, wobei in den reicheren Ländern insbesondere der EU die Emissionen der Arbeiterschichten und der unteren Mittelschichten sogar um durchschnittlich 15 bis 20 Prozent sanken. Im Unterschied dazu stiegen die Emissionen bei den reichsten ein Prozent im gleichen Zeitraum um 26 Prozent an, bei den obersten 0,01 Prozent sogar um 81 Prozent. Daher kommt der World Inequality Report zu dem Befund, dass heute zwei Drittel der Ungleichverteilung aller CO_2-Emissionen auf die zunehmende Ungleichheit innerhalb von Ländern zurückgehen – und nicht mehr auf die Ungleichheit zwischen Ländern, wie dies noch 1990 der Fall gewesen ist. Auch deshalb ist es verfehlt, beim Thema Klimagerechtigkeit pauschal von *dem* Globalen Norden und *dem* Globalen Süden zu sprechen. Denn die Ungleichheit innerhalb all dieser Länder, gleichgültig ob Nord oder Süd, ist bei den Treibhausgasemissionen weit bedeutender als die Gegensätze, die in solch fragwürdigen Globalkategorien ausgedrückt werden.[10]

7 Vgl. Chancel u.a., a.a.O., S. 196.
8 Vgl. hier und im Folgenden ebd. S. 123 ff.
9 Vgl. ebd. S. 124 f.
10 Diese Kategorien sind auch deswegen zu pauschal, weil sie z.B. den „Globalen Osten" (China, Südkorea, Japan) vergessen bzw. nicht wissen, wie und wo sie etwa Ostasien einsortieren sollen.

Drittens schließlich sind die Reichsten nicht nur hinsichtlich ihres Konsums die größten Verursacher der Erderwärmung und der ökologischen Destruktion, sondern gerade auch aufgrund ihrer wirtschaftlichen Investments, die immense Emissionen begründen. Bei den obersten ein Prozent kommt zum verschwenderischen Luxus ihres Lebensstils noch hinzu, dass sie in unvergleichbarer Weise die unternehmerischen Entscheidungen bestimmen, die Emissionen hervorrufen – und dabei von diesen Emissionen auch noch überaus stark finanziell profitieren. Laut der *Carbon Majors Database* (Climate Accountability Institute) waren zwischen 1988 und 2015 einhundert weltweit agierende Unternehmen für über 70 Prozent aller fossilen Emissionen durch Industrie und Konsum verantwortlich, von denen sich die Mehrzahl im Besitz privater Investoren befindet.[11] Mit anderen Worten: Die Reichen und Superreichen stellen zugleich eine weltweite „Verschmutzerelite" (*Polluter Elite*) dar, wie dies in der speziellen Forschung zur *Carbon Inequality* heute genannt wird. Diese Spezialdisziplin der ökologischen Ungleichheitsforschung hat sich im letzten Jahrzehnt stärker ausdifferenziert. Überwiegend werden hierbei drei Dimensionen unterschieden, in denen sich ein Teufelskreis von ökologischen und sozialen Ungleichheiten dokumentiert: der ungleiche Zugang zu Umweltressourcen, die ungleiche Betroffenheit von ökologischen Risiken sowie das ungleiche Ausmaß in der Verantwortlichkeit für Umweltverschmutzung und Treibhausgasemissionen.[12]

Was die ungleiche Verantwortlichkeit für die ökologische Krise anbelangt, lassen sich wiederum zwei Dimensionen unterscheiden – extremer Überkonsum und die Emissionen, die durch Investments reicher Kapitalbesitzer entstehen.

Über den exzessiven Konsum von Superreichen wird die Öffentlichkeit in unzähligen Berichten regelmäßig unterrichtet, über ihre Traumvillen, Privatjets, Mega-Events und Luxusyachten. In jüngerer Zeit beziehen sich solche Reportagen häufiger auch auf den enormen Ressourcenverbrauch und das gewaltige Ausmaß an Umweltzerstörung, das mit der Verwendung ihres Vermögens verbunden ist. Diese mediale Berichterstattung hat überwiegend episodischen Charakter und ist meist an möglichst exzentrischen Phänomenen interessiert. Aktuell ist dies zum Beispiel die private Raumfahrt von Multimilliardären. So wissen wir etwa, dass die 11-minütigen Space Trips von Richard Branson oder Jeff Bezos im Juli 2021 insgesamt ca. 300 Tonnen CO_2 in die Atmosphäre verbracht haben, etwa 75 Tonnen pro Passagier.[13] Dies ist in elf Minuten ungefähr so viel, wie ein Mensch der eine Milliarde am anderen Ende des Wohlstands während seiner gesamten Lebenszeit emittiert.

Das nächstprestigereiche Statussymbol von Multimilliardären sind ihre Superyachten mit fester Crew, Hubschrauberlandeplätzen und integrierten Unterseebooten. Dieses Statussymbol der *superrich* hat es in den Sozialwissenschaften mittlerweile schon zu ganzen Abhandlungen und Monogra-

11 Vgl. Dario Kenner, Carbon Inequality. The Role of the Richest in Climate Change, Abingdon/New York 2019, S. 38. sowie climateaccountability.org.

12 Vgl. Lucas Chancel, Unsustainable Inequalities. Social Justice and the Environment, Cambridge/Mass. 2020.

13 Vgl. Katharine Gammo, How the billionaire space race could be one giant leap for pollution, theguardian.com, 19.7.2021.

phien gebracht.[14] Der Kulturwissenschaftler Wolfgang Kemp hat dabei die schöne Formulierung gefunden, dass bei den Superreichen der „Wille zur Yacht" als unabdingbarer Ausweis ihrer ökonomischen Potenz gilt. Ganz vorn liegt dabei der Ölmilliardär, Stahlmagnat (und bis vor kurzem noch Eigentümer vom FC Chelsea London) Roman Abramowitsch, der eine 162 Meter lange Yacht besitzt, deren wahnwitziger CO_2-Ausstoß über 22000 Tonnen jährlich beträgt.[15] Damit verursacht er allein für diese Yacht in einem Jahr so viele Treibhausgase wie 40 Durchschnittsdeutsche im Verlauf ihrer gesamten statistischen Lebenserwartung.

Die Hypermobilität der Superreichen

Während private Transportmittel (Autos, Flugzeuge, Helikopter) über ein Drittel und die Yachten fast zwei Drittel ihrer Gesamtemissionen ausmachten, tragen die Häuser und Apartments der Superreichen, obgleich von gigantischen Dimensionen, weniger als drei Prozent zu ihren Gesamtemissionen bei.[16] Tatsächlich ist ein zentrales Merkmal im Lebensstil der Reichsten ihre Hypermobilität. Sie ergibt sich nicht nur aus den weltweiten Geschäftsbeziehungen, sondern zeigt auch die Zugehörigkeit zu einer globalen Elite an, die an keinen Ort gebunden ist, vielmehr einen kosmopolitischen Zuschnitt hat und hohe Mobilität als Indikator eines hohen Status betrachtet.[17]

Das wichtigste Fortbewegungsmittel des Jetsets der Reichsten ist das Flugzeug. Fliegen seinerseits ist die energieintensivste menschliche Aktivität im Verhältnis zur dafür verwendeten Zeit (mit Ausnahme der bereits erwähnten privaten Raumfahrt). Allerdings wird die Bedeutung des Flugverkehrs für die Klimakrise insgesamt zumeist überschätzt. Da die Mehrheit der Weltbevölkerung noch nie geflogen ist, trägt der gesamte globale Passagierflugverkehr allenfalls drei bis vier Prozent zu den Treibhausgasemissionen bei.[18] Selbst den so reisefreudigen Deutschen werden in ihren durchschnittlichen CO_2-Bilanzen nur 5,8 Prozent ihrer Treibhausgase durch Flugreisen in Rechnung gestellt. Doch während der viel beschworene Mallorcaurlaub für die öffentliche Flugscham herhalten muss, sind es tatsächlich nur etwa fünf Prozent der deutschen Bevölkerung, die – zumeist geschäftlich – überdurchschnittlich häufig fliegen und damit den Durchschnittswert des CO_2-Ausstoßes beim Flugverkehr insgesamt anwachsen lassen. Aus England liegen Daten vor, wonach ein Fünftel aller Flüge auf nur ein Prozent der Briten zurückzuführen ist, und ein schwedischer Tourismusforscher von der Universität Lund hat errechnet, dass Super-

14 Vgl. Wolfgang Kemp, Der Oligarch, Springe 2016, sowie Grégory Salle, Superyachten. Luxus und Stille im Kapitalozän, Berlin 2022.

15 Vgl. Beatriz Barros und Richard Wilk, The Outsized Carbon Footprints of the Super-Rich, in: „Sustainability: Science, Practice and Policy", 1/2021, S. 316-322.

16 Ebd. S. 318.

17 Siehe hierzu auch die Beiträge in T. Birtchnell und J. Caletrío (Hg.), Elite Mobilities, London/New York, 2014.

18 D. S. Lee u.a., The Contribution of Global Aviation to Anthropogenic Climate Forcing for 2000 to 2018, in: Atmospheric Environment 2020, sciencedirect.com, 1.1.2021; Anzahl der beförderten Personen im Luftverkehr von 2004 bis 2022 in Deutschland, de.statista.com, 1.2.2023.

reiche aus der Kategorie eines Bill Gates durch Fliegen bis zu 10000mal so viel CO_2 freisetzen wie eine europäische Durchschnittsperson.[19]

Doch ergibt die alleinige Betrachtung des gewaltigen CO_2-Ausstoßes der Reichen und Superreichen aufgrund ihres gewaltigen Überkonsums bei weitem kein vollständiges Bild – auch wenn sich die Öffentlichkeit darauf gern fokussiert. So sendete die ARD unlängst eine Reportage über „Das Klima und die Reichen", in der so gut wie ausschließlich von den Privatflugzeugen, den Yachten und den teuren Sportwagen der Reichen berichtet wurde.[20] Am Ende stand der Vorschlag, den Konsum über eine bestimmte CO_2-Durchschnittsmenge pro Kopf hinaus massiv zu verteuern, so dass jeder exzessive Überkonsum kostspielig auch für die Reichen wird.

Ob dieser Vorschlag allerdings an diesem Überkonsum etwas ändern würde, darf getrost bezweifelt werden. Ein schon älteres, aber bis heute bewährtes Theoriemodell aus der Soziologie besagt das Gegenteil. Thorstein Veblen hat in seiner Theorie des „demonstrativen Konsums" von 1899 gezeigt, dass hohe Preise für Luxusgüter geradezu einen Anreiz für Reiche darstellen, diese Güter auch zu erwerben.[21] Je teurer das Gut, umso mehr Exklusivität verspricht es, und genau dies ist es, worauf der demonstrative Konsum hinauswill. Die Preise für Luxusgüter zu erhöhen, ist daher eine erfolgreiche Geschäftsstrategie, ihre Nachfrage bei den Reichen zu steigern, die untereinander in einem „neidvollen Vergleich" stehen, wie Veblen dies seinerzeit nannte. Verteuert man also den CO_2-Preis für den Reichenkonsum, wird er dadurch nur noch anziehender – und die Umweltzerstörung verwandelt sich noch mehr in ein Privileg derer, die es sich leisten können.

Doch letztlich ist der Ressourcenverbrauch von Privatjets, Traumvillen und Luxusyachten, so exorbitant er auch sein mag, klimapolitisch weniger von Belang als die gewaltigen Emissionen, für welche jene Unternehmen verantwortlich sind, die die Reichtumsklassen besitzen. Sie bestimmen maßgeblich deren Investitionsentscheidungen und Geschäftsmodelle und profitieren finanziell von deren emissionsträchtigen wirtschaftlichen Aktivitäten. Der CEO einer Airline, der eine Flotte von hunderten Flugzeugen organisiert, die jährlich Millionen Tonnen CO_2-Äquivalente emittieren, verdankt seine Einkünfte und Aktienoptionen genau dieser klimaschädlichen Aktivität. Dies trifft umso mehr für die Investoren aus den fossilen Industriezweigen und den Energieunternehmen zu, die in Ländern wie Deutschland zu 60 Prozent an der Emittierung von Treibhausgasen beteiligt sind.[22] Dem reichsten einen Prozent in der Vermögensverteilung kommt dabei eine besonders wichtige Rolle zu. Diese Superreichen halten den größten Teil ihres Reichtums als Produktiv- und Finanzvermögen, während bereits bei den danach kommenden neun Prozent Immobilien zumeist das Hauptvermögen ausmachen und Investments

19 Stefan Gössling, These celebrities cause 10000 times more carbon emissions from flying than the average person, lunduniversity.lu.se, 23.10.2019.
20 Panorama, Das Klima und die Reichen, ardmediathek.de, 12.1.2023.
21 Thorstein Veblen, Theorie der feinen Leute. Eine ökonomische Untersuchung der Institutionen, Frankfurt a. M. 1986.
22 Sachverständigenrat für Umweltfragen (SRU), Pariser Klimaziele erreichen mit dem CO2-Budget, umweltrat.de, 14.5.2020, S.53.

einen deutlich geringeren Anteil in den Portfolios stellen. Entsprechend hat die Carbon Inequality-Forschung in den letzten Jahren globale Datenbanken erstellt, in denen mehrere hundert hochvermögende Personen mit direkten oder indirekten Beteiligungen vor allem an der Öl- und Gasindustrie aufgelistet sind.[23] Die Unternehmensemissionen wurden dann ins Verhältnis zu den Werten ihrer Unternehmensanteile gesetzt, um auf diese Weise Fallstudien zu einzelnen Emissionsprofilen von Superreichen zu erstellen.

Emissionen aus Investments: Rex Tillerson als Exempel

Eines dieser Profile betrifft etwa Rex Tillerson, langjähriger Präsident und CEO des Erdölkonzerns *ExxonMobil* – und unter Donald Trump zeitweilig amerikanischer Außenminister. ExxonMobil ist weltweit eines der größten Unternehmen für fossile Brennstoffe; seine historische Verantwortung für Emissionen reicht bis in die Mitte des 19. Jahrhunderts zurück.[24] Nach eigenen Unternehmensangaben hatte ExxonMobil im Jahr 2015 122 Millionen Tonnen CO_2 direkt emittiert. Geteilt durch den Marktwert seiner Aktienanteile ergibt sich so für Tillerson ein Emissionsvolumen von jährlich über 52 000 Tonnen CO_2, die mit seinem Investment direkt verbunden sind.[25]

Solche Emissionen, die hier allein auf das Investment bei ExxonMobil zurückgehen, stellen jene Treibhausgase weit in den Schatten, die mit dem extremen Überkonsum der Superreichen verbunden sind, selbst bei den höchsten Werten etwa eines Roman Abramowitsch. Den Investment-Emissionen dieser Polluter Elite, die die emissionsstärksten Unternehmen kontrollieren, kommt daher größte Bedeutung zu. Für die Verursachung von Klimaschädigung und Umweltzerstörung trägt sie eine Verantwortung, die mit keiner anderen Bevölkerungsgruppe vergleichbar ist. Dass die Polluter Elite durch Klimaschädigung höchste Renditen erzielt, zugleich aber unter den Folgen des Klimawandels bisher kaum zu leiden hat, stellt überdies eine drastische Form ökologischer Ungerechtigkeit dar.

Unabhängig von Einzelpersonen bewirken die jeweiligen Investitionsströme in den Händen der Reichsten die Zerstörung ganzer Ökosysteme. Gut erforscht wurde dies im Zusammenhang mit der Rodung der tropischen Regenwälder in Brasilen und Südostasien, aber auch der Nadelwälder Kanadas und Russlands. Eine aktuelle Studie zeigt, wie die Finanzriesen unter den Vermögensfonds zunehmend in den Agrarsektor tropischer Regionen investieren.[26] Die Hauptgründe für diesen Trend sind die Preisanstiege für Agrarrohstoffe im letzten Jahrzehnt, die starken Fundamentaldaten des Agrarsektors und die attraktiven Renditen. Die massiven Investitionsströme

23 Vgl. Kenner, a.a.O., S. 26 ff.
24 Obwohl der Konzern seit den 1980er Jahren über eigene Berechnungen zur dramatischen Erderwärmung durch fossile Brennstoffe verfügte, wurde von ihm jahrzehntelang der Klimawandel in Abrede gestellt, vgl. das Interview mit dem Klimaforscher Stefan Rahmstorf, in: „die tageszeitung", 3.3.2023.
25 Vgl. Kenner, a.a.O., S. 32.
26 Vgl. im Folgenden M. Graziano Ceddia, The Super-Rich and Cropland Expansion via Direct Investments in Agriculture, in: „Nature Sustainability", 3/2020, S. 312–318.

in die tropische Landnutzung stehen in einem direkten Zusammenhang mit dem großflächigen Anbau von Agrarprodukten wie Ölpalmen, Soja und Zuckerrohr, wofür Wälder gerodet und kleinbäuerliche Mischwirtschaften aufgelöst werden müssen. Dies trägt nicht nur zu einem starken Rückgang lokaler Anbauflächen und damit zur Gefährdung der Ernährungssicherheit bei, sondern ebenfalls zu erheblich gesteigerten Kohlenstoffemissionen und zum Verlust der biologischen Vielfalt. In Ländern wie Brasilien haben die Direktinvestitionen Hochvermögender in die Landnutzung innerhalb der letzten 20 Jahre zu einer Ausweitung gerodeter Flächen um bis zu zehn Prozent geführt.[27] Zerstörerischen Reichtum zu begrenzen, ist somit eine der wichtigsten Maßnahmen zur Vermeidung solch gravierender ökologischer Verluste, wie sie die gerodeten tropischen Regenwälder zweifellos darstellen.

Ökologische Verluste durch Refeudalisierung

Die Eskalation von Verlusten wird, so hatte ich eingangs gesagt, in der aktuellen soziologischen Diskussion auf die Strukturprinzipien der Moderne zurückgeführt. Die heutige Reichtumskonzentration steht aber auch in ihren ökologischen Folgen zu diesen Strukturprinzipien durchaus im Widerspruch. Was soziale Ungleichheit betrifft, gehört zu den modernen Strukturprinzipien ja nicht zuletzt die Integrationsfunktion des sozialen Systems, die durch die Konzentration extremen Reichtums ausgehebelt wird. An anderer Stelle habe ich dies als Refeudalisierung des modernen Kapitalismus beschrieben, die sich konträr zu den funktionalen und normativen Prinzipien moderner Statusordnungen verhält.[28] Wenn extremer Reichtum zur Bildung einer ständischen Milliardärsklasse führt, der hinsichtlich von Politik, Wirtschaft und Ökologie fast unbegrenzte Handlungsoptionen zuwachsen, bricht in den modernen Gesellschaften der Gegenwart ein neues Zeitalter an, das an die aristokratische Machtfülle in vorbürgerlichen Epochen erinnert.

Die ökologischen Verluste, die durch extremen Reichtum herbeigeführt werden, sind ein Beispiel dafür, dass Refeudalisierung nicht nur die Integrationsfähigkeit moderner Sozialordnungen infrage stellt, sondern auch die Funktionsfähigkeit des Erdsystems – und damit die ökologischen Voraussetzungen für den Bestand (nicht nur) moderner Gesellschaften. All dies lässt sich aus den allgemeinen Strukturprinzipien der Moderne nicht erklären, wenn man nicht blind für die epochalen Brüche dieser Moderne sein will.

Ein weiterer Unterschied zur Soziologie der Verluste, wie Andreas Reckwitz sie versteht, ist die Frage der Zurechenbarkeit. Da es zu den Strukturprinzipien der Moderne gehöre, ständig Altes durch Neues zu ersetzen und dadurch Verluste zu produzieren, seien Reckwitz zufolge „viele Verlusterfahrungen politisch überhaupt nicht zuzuordnen" und „grundsätzlich ambivalent", wobei sich Reckwitz ausdrücklich auch auf die „Folgen des Anthro-

27 Ebd. S. 316.
28 Vgl. Sighard Neckel, The Refeudalization of Modern Capitalism, in: „Journal of Sociology", 3/2020, S. 472-486.

pozäns" bezieht.[29] Allerdings wird man die dramatischen ökologischen Zerstörungen in Zeiten einer menschgemachten Natur heute kaum noch als „ambivalent" bezeichnen können. Indem sie die natürlichen Lebensgrundlagen gefährden, stellen die Krisen des Erdsystems eine fundamentale Bedrohung für jedwede soziale Ordnung dar, in der menschliches Zusammenleben sich künftig vollziehen kann. Zum anderen sind diese ökologischen Zerstörungen alles andere als ein anonymer Prozess. Sie sind mit einer spezifischen Wirtschaftsordnung verbunden, in der die Möglichkeit, durch private Reichtumsvermehrung katastrophale ökologische Verluste herbeizuführen, fast keinen Beschränkungen unterliegt. Aber fällt, wie es Reckwitz vertritt, eine solche Zurechnung nicht auf die „Haltung einer pauschalen Entlarvung" zurück, vor der sich eine Soziologie der Verluste besser in Acht nehmen sollte? Auch andere Stimmen, beispielsweise aus dem aktuellen Klimadiskurs, warnen davor, sich mit den Reichen und Superreichen Sündenböcke für die ökologische Krise zu suchen. So bezeichnete unlängst der Klimaforscher Felix Ekardt die Jagd nach reichen Klimasündern als kontraproduktiv für den Klimaschutz, da sie alle anderen in der Sicherheit wiege, selber kaum etwas ändern zu müssen. Dies sei umso fragwürdiger, als „selbst deutsche Arbeitslosengeldempfänger kaufkraftbereinigt im Weltmaßstab wohlhabend" seien und deutsche Mittelschichtsfamilien erst recht, sodass sie einen unvertretbar großen ökologischen Fußabdruck aufweisen würden.[30]

Nun kann gar nicht bestritten werden, dass der ökologische Fußabdruck wohlhabender Mittelschichten in Deutschland um ein Mehrfaches über den Belastungsgrenzen des Erdsystems liegt. Dieser Fußabdruck geht indes nur teilweise auf deren Konsumfreude und Lebensstile zurück. Da die Mehrzahl aller Emissionen in Deutschland energiebedingt sind, sind hierfür vor allem fossile Infrastrukturen die Ursache, deren Nutzung nicht allein der persönlichen Entscheidungsfreiheit unterliegt. Auch besteht das Vermögen wohlhabender Mittelschichten überwiegend aus Immobilienbesitz für den Eigenbedarf, woraus kaum Einfluss auf Unternehmensentscheidungen resultiert, die massive ökologische Verluste verursachen können. Hierin unterscheiden sich die Mittelschichten von den Reichen, deren wichtigste Kapitalanlage Unternehmensbeteiligungen in Form von Aktien sind.

Ganz anders sieht es hingegen bei den von Felix Ekardt ins Feld geführten „deutschen Arbeitslosengeldempfängern" aus den unteren Schichten aus, da diese zumeist vollkommen vermögenslos sind. Der Global Inequality Report stellt in diesem Zusammenhang fest, dass die unteren Schichten von EU-Staaten wie Deutschland und selbst der USA die Reduktionsziele des Pariser Klimaabkommens bis 2030, in Pro-Kopf-Emissionen gerechnet, bereits heute fast und mitunter sogar vollständig erreicht haben.[31] Und dennoch müssen ärmere Haushalte damit rechnen, dass CO_2-Abgaben Konsum und Lebensführung verteuern und Klimapolitik ihre Kaufkraft merklich verringert.

29 Vgl. Reckwitz, a.a.O., S. 7.
30 Felix Ekardt, Klimakrise – Pffft, die anderen sind doch noch viel schlimmer, zeit.de, 26.12.2022.
31 Vgl. Lucas Chancel und Thomas Piketty, Dekarbonisierung erfordert Umverteilung, in: Greta Thunberg, Das KlimaBuch, Frankfurt a. M. 2022, S. 448.

Kann es da gerecht sein, von denjenigen, die schon jetzt auf dem angestrebten Emissionsniveau sind, erheblich größere materielle Anstrengungen für den Klimaschutz zu verlangen als von jenen, die hundertfach darüber liegen und die von der Klimaschädigung, die sie selbst herbeiführen, finanziell auch noch profitieren?

Auch in einer anderen Hinsicht stellt es keine Suche nach Sündenböcken dar, wenn man die enormen ökologischen Zerstörungen benennt, die maßloser Reichtum herbeiführt. Denn erst durch den Vergleich der Umweltschädigung unterschiedlicher Sozialklassen wird klar, dass es ohne eine tiefgreifende Umverteilung zu Lasten des Reichtums keine wirksame Dekarbonisierung gibt. Andernfalls würden alle dafür notwendigen Schritte in breiten Bevölkerungsschichten als sozial ungerecht aufgefasst werden und daher auf Widerstand stoßen. Zudem zeigen finanzökonomische Berechnungen, dass bereits eine mäßige Erhöhung der Vermögensteuern für Multimillionäre durch einen Zuschlag für Umweltschädigung genau jene knapp zwei Prozent des globalen Einkommens generieren könnte, die man dringend benötigt, um durch gezielte Investitionen den Klimawandel zumindest abzuschwächen.[32]

Schließlich sprechen auch normative Gründe dafür, dass ohne eine Begrenzung von Reichtum andere Bevölkerungsgruppen kaum bereit sein werden, ihr umweltschädigendes Verhalten zu verändern. Im Unterschied zu privatem Eigentum gehören die Erdatmosphäre und das Ökosystem niemandem allein, sondern stellen ein kollektives Gut dar. Man weiß aber aus der Forschung über Kollektivgüter, dass sogenannte *free rider*, die bedenkenlos ein Kollektivgut missbrauchen, maßgeblich die Bereitschaft jedes Einzelnen untergraben, selbst zur Erhaltung gemeinsamer Güter beizutragen. Die reichen Trittbrettfahrer des Erdsystems stellen daher die Motivation aller Bürgerinnen und Bürger infrage, auf Umweltschädigung zu verzichten. Zwischen der Bekämpfung zerstörerischen Reichtums und der Notwendigkeit allgemeiner Verhaltensveränderungen besteht somit ein direkter Zusammenhang. Hinzu kommt die Tatsache, dass der ökologisch zerstörerische Reichtum in der Hand vergleichsweise weniger Milliardäre den Charakter einer Bevorrechtung und somit von Privilegien annimmt, worauf moderne Gesellschaften notorisch empfindlich reagieren. Die Beschneidung solcher Privilegien ist daher ökologisch wirksamer als der Aufruf zum allgemeinen Verzicht, zumal die sachliche Grundlage solcher Appelle sowieso mehr als zweifelhaft ist. Zieht man alle diese Aspekte zusammen, so stellt sich am Ende die Frage, ob der zerstörerische Reichtum nicht Rückwirkungen auf das haben müsste, was wir heute unter „Reichtum" verstehen. Kann es im Zeitalter der ökologischen Katastrophen, der globalen Erwärmung und des massenhaften Artensterbens noch richtig sein, höchsten privaten Reichtum als Ausdruck potenzierten Wohlstands zu verstehen? Oder steht dieser Reichtum nicht vor allem für einen allgemeinen Verlust an Wohlstand, Glück und Lebenschancen, den moderne Gesellschaften schon um ihres Bestands willen nicht länger hinnehmen sollten?

32 Vgl. ebd. S. 449.

Propheten der Untätigkeit

Die Propaganda von der technischen Beherrschbarkeit der Klimakrise

Von **Michael E. Mann**

Unser Planet hat sich schon jetzt gefährlich erwärmt. Dennoch ergreifen wir noch immer nicht die erforderlichen Maßnahmen, um die größte globale Krise abzuwenden, mit der wir jemals konfrontiert waren. Ein Grund dafür sind die Taktiken der treibenden Kräfte für Klimaleugnung und Verzögerung von Klimaschutzmaßnahmen.

Die Anstifter klimapolitischer Untätigkeit versuchen, den tatsächlichen Fortschritt beim Klimaschutz zu kapern, indem sie „Lösungen" wie Erdgas, CO_2-Abscheidung oder Geoengineering propagieren, welche aber keine wirklichen Lösungen sind. Teil der Strategie ist die Verwendung beruhigender Begriffe wie „Brückentechnologien", „saubere Kohle", „Anpassung" oder „Resilienz". Diese sollen die Illusion von Taten vermitteln, sind aber in Wahrheit leere Versprechen. Dieser Schachzug verschafft ihnen die Möglichkeit einer plausiblen Ablehnung: So können die Untätigkeitsbefürworter schließlich behaupten, Lösungen angeboten zu haben – wenngleich keine geeigneten. Es handelt sich um Verzögerungstaktiken, die darauf abzielen, sinnvolle Maßnahmen zu verhindern, während die fossile Brennstoffindustrie weiterhin Mitnahmeeffekte nutzt und ungerechtfertigte Gewinne macht. Der Klimaaktivist Alex Steffen bezeichnete diese Taktik deshalb auch als „räuberische Verzögerung". Es ist entscheidend, dass wir diese Bemühungen als Betrug identifizieren und entlarven, denn die Zeit läuft uns davon. Wir können uns keine weitere Verzögerung leisten, wenn es um die Klimakrise geht.

Eine Brücke ins Nirgendwo

Erlauben Sie mir, Ihnen eine Brücke in eine Zukunft ohne fossile Brennstoffe schmackhaft zu machen. Aber Vorsicht, lassen Sie sich nicht ködern, denn in Wirklichkeit könnte es sich um eine Brücke ins Nirgendwo handeln. Die Brückentechnologie ist Erdgas: ein Gas, das natürlich vorkommt, auf Englisch den Namen „natural gas" trägt und das hauptsächlich aus Methan besteht – das gleiche Methan, das, wie wir wissen, von Kühen ausgeatmet wird und zum Treibhauseffekt beiträgt. Erdgas ist nicht aktuellen biogenen

Ursprungs, sondern ein Brennstoff, der aus fossilen Quellen stammt – von Pflanzen und Tieren, die vor Millionen von Jahren starben und unter der Erdoberfläche begraben wurden. Tief in der Erdkruste verwandelten sie sich unter großem Druck und hoher Hitze in ein Gemisch aus Kohlenwasserstoffmolekülen, die heute in festem, flüssigem oder gasförmigem Zustand vorliegen (Kohle, Öl bzw. Gas). Wie andere Kohlenwasserstoffe ist auch Erdgas sehr energiereich und kann zum Heizen, Kochen oder zur Stromerzeugung genutzt werden.[1]

Erdgasvorkommen finden sich in Sedimentbecken auf der ganzen Welt, von Saudi-Arabien über Venezuela bis zum Golf von Mexiko, von Montana, North und South Dakota bis zu den marinen Sedimentgesteinen der Marcellusformation, die sich im Appalachenbecken abgelagert haben. Zu diesem Gebiet gehört auch mein Heimatstaat Pennsylvania, wo die Entdeckung umfangreicher Erdgasvorkommen in den letzten anderthalb Jahrzehnten zu einer explosionsartigen Zunahme von Erdgasbohrungen geführt hat. Mittlerweile kommen aus Pennsylvania mehr als zwanzig Prozent des gesamten in den Vereinigten Staaten geförderten Erdgases. Der Frackingboom hat dem Staat Einnahmen in Milliardenhöhe beschert. Er hat auch, verzeihen Sie das Wortspiel, eine hitzige Debatte darüber ausgelöst, welche Rolle Pennsylvania bei der Ausweitung der Förderung fossiler Brennstoffe spielen sollte – in einer Zeit, in der uns die Folgen des Klimawandels zunehmend betreffen.

Die Diskussion findet auch auf einer immer größeren politischen Bühne statt. Der australische Erdgasboom gefährdet schon länger die verabschiedeten CO_2-Emissionsziele. Sogar noch während die verheerenden Buschbrände im Sommer 2019/2020 wüteten, hatte Australiens konservativer Premierminister Scott Morrison, der eifrig für fossile Energieträger eintritt, ein Zwei-Milliarden-Dollar-Programm zur Förderung der heimischen Erdgasindustrie angekündigt. Die tragische Ironie hat er offenbar nicht verstanden.

In der Zwischenzeit wurde Erdgas in den Vereinigten Staaten von der Trump-Regierung ebenso stark gefördert. Als Versuch, das Image von Erdgas zu verbessern, wurde es in „Freiheitsgas" umbenannt. Die Unterstellung, es werde irgendwie dazu beitragen, Frieden und Freiheit zu fördern, erinnert an Propagandakampagnen vergangener Zeiten. So benutzte beispielsweise die Tabakindustrie Anfang des 20. Jahrhunderts die Phrase „Fackeln der Freiheit", um Frauen zum Rauchen zu ermutigen. Im Zuge der ersten Welle des Feminismus in den USA wollte man sie davon überzeugen, dass dies eine Form der Emanzipation sei.

Der Einsatz von Erdgas wird oft als Brückentechnologie bezeichnet, die dazu beitragen soll, uns langsam von kohlenstoffintensiveren Brennstoffen wie Kohle zu entwöhnen und sanft an eine Zukunft mit erneuerbaren Energien heranzuführen. Dies ist darin begründet, dass Erdgas im Vergleich

1 Eine andere Methode ist die Verflüssigung zu sogenanntem Liquefied Natural Gas (LNG). Die LNG-Technologie ist vergleichsweise jung und besonders für die USA interessant, da sich so Erdgas mit Tankern über Meere hinweg exportieren lässt. Sie ist nicht zu verwechseln mit dem deutschen Begriff „Flüssiggas" oder „Autogas", das aus einem Gemisch von Propan und Butan besteht und sich bei deutlich höheren Temperaturen verflüssigen lässt als Erdgas. – Anm. d. Ü.

zu Kohle nur die halbe Menge an CO_2-Emissionen pro Watt Leistung verursacht. Tatsächlich ist die Verdrängung der kohlenstoffintensiveren Kohle durch Erdgas – die „Umstellung von Kohle auf Gas" – teilweise für die Abflachung der globalen CO_2-Emissionen verantwortlich. In den Vereinigten Staaten zum Beispiel konnten die Treibhausgasemissionen im Stromsektor im Zeitraum von 2007 bis 2014 um 16 Prozent reduziert werden.

»Methanschlupf«: Wie Fracking die Erderwärmung beschleunigt

Erdgas unterscheidet sich von allen anderen fossilen Brennstoffen darin, dass es nicht nur ein fossiler Brennstoff, sondern auch selbst ein Treibhausgas ist. Und Methan wirkt als Treibhausgas innerhalb von zwanzig Jahren fast hundertmal stärker als CO_2. Das bedeutet, dass es nicht nur dann eine Erwärmung verursacht, wenn es im Zuge der Energieumwandlung verbrannt wird und CO_2 freisetzt, sondern auch, wenn es selbst in die Atmosphäre entweicht. Bei der hydraulischen Frakturierung – dem Fracking – wird Grundgestein aufgebrochen, um an schwer zu erschließende Erdgasvorkommen zu gelangen. Durch diesen Prozess entweicht zwangsläufig ein Teil des Methans direkt in die Atmosphäre, es wird als „Methanschlupf" bezeichnet.

Die Obama-Regierung versuchte, diese Art der Methanemissionen zu begrenzen, indem sie von den Unternehmen verlangte, die Methanfreisetzung aus Bohrungen, Pipelines und Lagerstätten zu begrenzen. Die Trump-Regierung hob diese Maßnahmen jedoch wieder auf und verkündete, dass dies der Industrie Millionen von Dollar sparen würde.

Wir anderen bezahlen dafür. Untersuchungen aus dem Jahr 2020 haben gezeigt, dass der sprunghafte Anstieg der Methanwerte in der Atmosphäre in den vergangenen Jahrzehnten auf die Erdgasförderung zurückzuführen ist und nicht aus der Landwirtschaft und Viehzucht oder natürlichen Quellen wie Torfmooren und schmelzendem Permafrost stammt. Außerdem ist der Anstieg von Methan für bis zu 25 Prozent der Erwärmung in diesem Zeitraum verantwortlich. Aus der Verknüpfung der Fakten lässt sich die Schlussfolgerung ziehen, dass der Methanschlupf aus dem Fracking erheblich zur Erwärmung beiträgt – und zwar in etwa dem Maße wie die nominell gesunkenen CO_2-Emissionen aufgrund der Umstellung von Kohle auf Gas.

Es gibt aber auch noch andere Probleme mit dem Begriff Brückentechnologie. Das offensichtlichste ist wohl, dass wir keine Jahrzehnte mehr haben, um die Dinge in den Griff zu bekommen. Denn wenn wir eine Erwärmung jenseits der kritischen Grenze von 1,5 Grad Celsius abwenden wollen, haben wir nur noch ein Jahrzehnt Zeit, um die globalen CO_2-Emissionen um den Faktor zwei zu reduzieren. Das ist eine sehr kurze Brücke. Hinzu kommt, dass eine verstärkte Nutzung von Erdgas zur Stromerzeugung wahrscheinlich die Investitionen in eine echte, kohlenstofffreie Lösung im Energiesektor – die erneuerbaren Energien – verdrängen wird. Denn letztlich besteht das Problem mit Erdgas darin, dass die Lösung für ein Problem, das durch fossile Brennstoffe geschaffen wurde, nicht ein fossiler Brennstoff sein kann.

Warum sollte man dann nicht einfach das CO_2 auffangen, das bei der Verbrennung von Kohle in einem Kohlekraftwerk freigesetzt wird, bevor es in die Atmosphäre gelangt? Anschließend könnte man es einlagern: unter der Erdoberfläche oder unter dem Meeresboden. Diese Vorgehensweise wird als Carbon Capture und Storage (CCS) bezeichnet, hin und wieder auch als Carbon Capture und Sequestration. Im deutschsprachigen Raum wird gelegentlich auch die Übersetzung CO_2-Abscheidung und -Speicherung verwendet. Das Verfahren wurde teilweise bereits implementiert, befindet sich aber noch in den Kinderschuhen.

Schmutzige Kohle

Bei CCS wird in der Regel das bei der Verbrennung von Kohle freigesetzte Kohlenstoffdioxid aus den Emissionen herausgewaschen und abgetrennt, komprimiert und verflüssigt. Es wird dann tief in die Erde gepumpt, mehrere Kilometer unter die Oberfläche, wo es mit porösem Lavagestein reagiert und Kalkstein bildet. Dieser Ansatz ahmt die geologischen Prozesse nach, in denen CO_2 über lange erdgeschichtliche Zeiträume hinweg eingelagert wurde, und bietet Potential für die langfristige geologische Einlagerung des Treibhausgases.

In Illinois wurde der erste großmaßstäbliche Machbarkeitsnachweis für CCS erbracht. Unter dem Namen FutureGen sollten Daten über Effizienz, Restemissionen und andere Aspekte gesammelt werden, um die Leistung der CCS wissenschaftlich bewerten zu können. Wenn CCS in Zukunft in größerem Maßstab kommerziell eingesetzt werden sollte, wären diese Daten von entscheidender Bedeutung. Das Demonstrationsprojekt wurde von einer Allianz aus dem US-Energieministerium sowie Kohleproduzenten, -nutzern und -händlern finanziert. Es wurde jedoch 2015 aufgrund von Schwierigkeiten bei der Beschaffung öffentlicher Mittel abgebrochen. Es folgten weitere CCS-Projekte, darunter das Großprojekt Petra Nova in Texas.

Trotz seines Scheiterns lieferte FutureGen einige nützliche Einblicke in die Durchführbarkeit von CCS. Die an dem Projekt beteiligten Wissenschaftler schätzten, dass sie jährlich etwa 1,3 Mio. Tonnen CO_2 einlagern könnten, was etwa 90 Prozent der Menge an CO_2-Emissionen entspricht, die bei der Kohleverbrennung in dem Kraftwerk freigesetzt werden. Der Standort für FutureGen selbst wurde auch wegen seiner günstigen Lage ausgewählt, da er direkt über geologischen Formationen liegt, die sich für die Abscheidung von Kohlenstoff eignen. Möglicherweise trifft dies für viele bestehende Kohleverbrennungsstandorte nicht zu. Laut Global CCS Institute ist aktuell weltweit eine Abscheidung von fast 100 Mio. Tonnen CO_2 pro Jahr mittels 51 CCS-Anlagen geplant. Davon sind derzeit 19 Anlagen in Betrieb, 32 sind entweder im Bau oder in der Entwicklung. Acht davon befinden sich in den Vereinigten Staaten.

CCS mag wie ein narrensicherer Weg klingen, um kohlebasierte Treibhausgasemissionen zu reduzieren, doch das Verfahren wirft ernsthafte Fragen hinsichtlich der Skalierbarkeit auf. Es ist einfach nicht machbar, die Milliarden Tonnen des jährlich anfallenden CO_2 zu vergraben, das derzeit bei der Kohleverbrennung entsteht. Zudem könnten unvorhergesehene Faktoren wie Erdbeben, seismische Aktivitäten oder Grundwasserströmungen die Wirksamkeit von CCS an jedem Standort gefährden. Unachtsam eingelagerter Kohlenstoff könnte leicht freigesetzt werden und somit wieder in die Atmosphäre gelangen.

Auch in wirtschaftlicher Hinsicht gibt es ein Problem. Kohle ist derzeit gegenüber anderen Energieformen nicht wettbewerbsfähig. Es handelt sich, wie wir bereits gesehen haben, um eine sterbende Industrie. Die Forderung nach der Einlagerung von CO_2 aus Kohlekraftwerken wird diese Art der Stromerzeugung nur noch teurer machen und den Zusammenbruch der Industrie beschleunigen. Es sei denn, die Regierungen, also Steuerzahler wie Sie und ich, kommen dafür auf. In diesem Fall würden wir schmutzige Energie subventionieren, die immer noch ein Klimarisiko in sich birgt, und nicht die billigere, saubere Energie, die dieses Risiko mindern kann. Das wäre eine echte Perversion wirtschaftlicher Anreizstruktur.

Schließlich gibt es noch die grundlegendere Einschränkung, dass CCS nicht einmal unter den besten Rahmenbedingungen CO_2-neutral ist. Selbst wenn die von den FutureGen-Wissenschaftlerinnen und -Wissenschaftlern geschätzte Sequestrierungsrate von 90 Prozent korrekt und allgemein repräsentativ für CCS wäre, würden immer noch 10 Prozent des CO_2 in die Atmosphäre entweichen. Mit CCS ausgerüstete Kohlekraftwerke würden weiterhin jedes Jahr zig Millionen Tonnen CO_2 ausstoßen. Abgesehen davon wird der größte Teil des CO_2, das bei CCS abgeschieden wird, in Ölbohrungen zur verbesserten Ölgewinnung eingeleitet. Bei der Verbrennung des dort gewonnenen Öls wird somit ein Vielfaches mehr CO_2 freigesetzt, als ursprünglich durch CCS abgeschieden wurde. So viel zur CO_2-Freundlichkeit!

Allem Gerede über „saubere Kohletechnologie" zum Trotz gibt es eine solche Technologie noch nicht. Und solange die Messdaten der Versuchsanlagen nicht gesammelt und untersucht worden sind – ein Prozess, der Jahre dauern wird –, bleibt es unklar, wie viel CO_2 tatsächlich mittels CCS abgeschieden werden kann. Es könnte noch Jahrzehnte dauern, bis die Wirksamkeit einer echten, langfristigen Kohlenstoffeinlagerung ermittelt werden kann. Aber wir wissen, dass schon ein weiteres Jahrzehnt zusätzlicher Treibhausgasemissionen im Rahmen des „business-as-usual"-Ansatzes uns einem katastrophalen Klimawandel aussetzen würde.

Michael Barnard, Chefstratege von TFIE Strategy, einer Denkfabrik, die sich auf saubere Energielösungen konzentriert, drückte es treffend aus: „Wir befinden uns in einem Loch, das wir geschaffen haben, indem wir Kohlenstoff aus dem Boden in den Himmel geschaufelt haben. Als Erstes müssen wir mit dem Schaufeln aufhören. Alles, was CCS tut, ist, Teelöffelmengen aus riesigen Schaufeln von Kohlenstoff zu entnehmen und sie wieder in das Loch zu geben."

Aber CCS ist für Unternehmen der fossilen Brennstoffwirtschaft natürlich attraktiv, da es ihnen die Erlaubnis für die weitere Förderung und den

Verkauf fossiler Brennstoffe erteilt. Für Klimaaktivisten stellt das jedoch ein Gräuel dar, weil die Behauptung, damit klimaneutral zu sein, zweifelhaft ist. Es ist daher nicht überraschend, dass CCS im Zentrum der politischen Debatte um den Green New Deal stand.

In einem offenen Brief erhoben Anfang 2019 in den USA mehr als 600 Umweltorganisationen die Forderung nach einer bestimmten Variante des Green New Deal. Die Organisationen warnten, dass sie „sich energisch gegen jede Gesetzgebung wenden werden, die […] Unternehmenspläne fördert, die Gewinne über Lasten und Vorteile für die Gemeinschaft stellen, einschließlich marktbasierter Mechanismen […] wie den Handel mit CO_2 und Emissionen und anderer Ausgleichsmechanismen". Diese Formulierungen verschleierten, dass aus Sicht der Verbände auch „CO_2-Abscheidung und -Speicherung" sowie „Atomkraft" und „Energie aus Abfall und Biomasse" auf die schwarze Liste gehörten. Solche übermäßig restriktiven Formulierungen scheinen eine Reihe prominenter Mainstream-Umweltorganisationen davon abgehalten zu haben, den Brief zu unterzeichnen – darunter den Sierra Club, die Audubon Society und den Environmental Defense Fund.

Eine prominente Organisation, die dennoch unterzeichnete, war Sunrise Movement, eine von Jugendlichen geführte Aktivistengruppe, die Ende 2018 auf sich aufmerksam machte. In den Nachrichten war vor allem über ihre Versuche zu lesen, die Mehrheitsführerin im Repräsentantenhaus, Nancy Pelosi, zu drängen, einen Ausschuss zur Ausarbeitung eines Green New Deal einzusetzen. Sunrise verlangte, dass bei jeder Planung die Finanzierung „massiver Investitionen in die Abscheidung und den Entzug von Treibhausgasen aus der Atmosphäre" gewährleistet sein müsse, was im Widerspruch zu den restriktiven Formulierungen über die Kohlenstoffabscheidung in dem von ihnen unterzeichneten Brief zu stehen scheint. Sunrise verzichtet allerdings mittlerweile auf den Begriff „Abscheidung" und spricht nur noch vom „Entzug von Treibhausgasen", was auf eine Unterstützung des natürlichen Abbaus durch Wiederaufforstung und regenerative Landwirtschaft hindeutet, aber nicht auf CCS, da es nicht erwähnt wird.

James Temple, leitender Redakteur für Energie bei der renommierten „MIT Technology Review", setzte sich mit dem Brief der Umweltschützer auseinander und verfasste einen Artikel mit dem Titel „Let's Keep the Green New Deal Grounded in Science" (Der Green New Deal muss wissenschaftlich fundiert bleiben). Temple argumentierte, dass die im Brief beschriebene Art von „schnellem und aggressivem Handeln", das notwendig sei, um die gefährliche Erwärmung von 1,5 Grad Celsius abzuwenden, wahrscheinlich unvereinbar mit einer Politik ist, die wichtige Optionen wie die CO_2-Abscheidung vom Tisch wischt.

Was hier zum Vorschein kommt, ist ein Kampf zwischen progressiven und gemäßigten Klimaaktivisten bezüglich der Rolle von Industrie und marktwirtschaftlichen Mechanismen. Während ich aus wissenschaftlicher und wirtschaftlicher Sicht die Vorteile einer CO_2-Bepreisung erkenne – und damit auf der Seite der Gemäßigten stehe –, tendiere ich in Bezug auf die Fragwürdigkeit von CCS-Systemen aus den oben genannten Gründen zur

Seite der Progressiven, mit Ausnahme von derzeit schwer zu dekarbonisierenden Sektoren wie der Zementproduktion.

Geoengineering oder: »Was kann da schon schiefgehen?«

Wenn also „saubere Kohle" und Erdgas als „Brückenkraftstoff" keine Lösungen sind, gibt es dann einen anderen Ausweg aus der Klimakrise? Vielleicht sollten wir Geoengineering in Betracht ziehen – ein Konzept, bei dem in globalem Maßstab technologische Eingriffe an unserem Planeten vorgenommen werden in der Hoffnung, die durch Treibhausgasemissionen erzeugte Erderwärmung zu kompensieren. Viele dieser vorgeschlagenen Konzepte klingen, als wären sie direkt einem Science-Fiction-Film entsprungen. Und wie bei Science-Fiction üblich, passieren oft schlimme Dinge, wenn man an Mutter Natur herumpfuscht. Auch wenn wir weder einen von Affen beherrschten Planeten noch riesige feuerspeiende Dinosaurier oder institutionalisierten Kannibalismus zu erwarten haben, könnten wir schlimmere Dürreperioden, eine schnellere Eisschmelze oder eine Reihe anderer unangenehmer Überraschungen erleben. In einem Gesamtsystem, das wir nicht vollständig verstanden haben, müssen wir damit rechnen, dass unbeabsichtigte Folgen auftreten. Wenn wir diesen Planeten mit verkorksten Geoengineeringversuchen ruinieren, gibt es anschließend kein „Zurück" mehr. Wie man so schön sagt: „Es gibt keinen Planeten B."

Betrachten wir zum Beispiel die Idee, reflektierende Partikel (Sulfat-Aerosole) in den stabilen oberen Teil der Atmosphäre (die Stratosphäre) zu schießen, wo diese jahrelang bleiben würden. Dieser vom Menschen geschaffene Eingriff würde den Vorgang imitieren, durch den Vulkanausbrüche unseren Planeten abkühlen. Ein explosiver, tropischer Vulkanausbruch kann genügend reflektierende Sulfatpartikel in die Stratosphäre schleudern, um den Planeten eine Weile abzukühlen. Der Ausbruch des Mount Pinatubo 1991 auf den Philippinen kühlte die Erde für etwa fünfzehn Monate um 0,6°C ab.

Dieser Plan hat den Vorteil, dass er durchführbar ist. Dazu müssten jedoch mit speziell konstruierten Kanonen beträchtliche Mengen an Sulfat-Aerosolen in die Stratosphäre abgefeuert werden – locker die gleiche Menge, die bei der Eruption des Pinatubo freigesetzt wurde. Man kann sich leicht ausrechnen, dass alle paar Jahre eine Injektion von Partikeln in der Größenordnung des Pinatubo-Ausbruchs notwendig wäre, um den gegenwärtigen CO_2-bedingten Erwärmungseffekt zu kompensieren. Dieses Vorgehen wäre, im Vergleich zu anderen Maßnahmen der Schadensbegrenzung, auch relativ kostengünstig.

Das System hat jedoch den entscheidenden Nachteil, dass es zu schweren klimatischen Nebenwirkungen kommen kann. Zunächst einmal würden wir ein ganz anderes Klima bekommen als das, an das wir gewöhnt sind. Die räumliche Verteilung der durch Geoengineering induzierten Abkühlung ist nämlich keinesfalls das Spiegelbild der Erwärmung durch Treibhausgase. Das liegt daran, dass ihr andere physikalische Vorgänge zugrunde liegen.

Bei der Abkühlung reduzieren wir das einfallende Sonnenlicht, während wir beim Treibhauseffekt die Abstrahlung von Wärmeenergie von der Erdoberfläche blockieren. Diese Effekte haben sehr unterschiedliche räumliche Ausprägungen. Zwar würde sich die Erde unter dem Einsatz von Sulfat-Aerosolen möglicherweise im Durchschnitt nicht erwärmen, jedoch würden sich einige Gebiete abkühlen und andere erwärmen. Es ist davon auszugehen, dass sich einige Regionen sogar noch schneller erwärmen würden, als dies ohne Geoengineering der Fall wäre. Es ist denkbar, dass wir beispielsweise die Destabilisierung des westantarktischen oder grönländischen Eisschildes und den globalen Meeresspiegelanstieg beschleunigen. Klimamodelle deuten auch darauf hin, dass die Kontinente möglicherweise trockener und so Dürren verschlimmert würden.

Es gibt noch weitere potentiell unangenehme Nebenwirkungen auf die Umwelt. Schließlich war es die Freisetzung von Schwefeldioxid durch Kohlekraftwerke und die daraus resultierende Zunahme von Sulfat-Aerosolen in der unteren Atmosphäre, die uns in den 1960er und 1970er Jahren, vor der Verabschiedung der Luftreinhaltegesetze, den sauren Regen bescherte. Die Sulfatpartikel aus dem Geoengineering würden sich zwar zunächst weiter oben in der Stratosphäre befinden, aber auch sie würden letztlich auf die Erdoberfläche gelangen, wo sie Flüsse und Seen versauern würden. Und dann ist da noch das „Ozonloch". Obwohl sich die Ozonschicht größtenteils erholt hat, befinden sich noch genügend ozonschädigende Chemikalien in der Stratosphäre, um durch den zusätzlichen Kick der injizierten Sulfat-Aerosole eine weitere Zerstörung der schützenden Schicht wahrscheinlich zu machen.

Wie bei jedem „Vertuschungsansatz" im Zusammenhang mit dem Klimawandel, der die eigentliche Ursache des Problems (also die CO_2-Emissionen) nicht beseitigt, würde sich auch CO_2 sowohl in der Atmosphäre als auch im Ozean weiter anreichern. Das Problem der Versauerung der Ozeane, manchmal als „böser Zwilling der globalen Erwärmung" bezeichnet, würde sich weiter verschlimmern. Die weltweiten Korallenriffe und kalkhaltigen Meeslebewesen wie Schalentiere und Weichtiere wären weiter bedroht und die Nahrungsketten der Ozeane in Gefahr.

Geoengineering mit Sulfat-Aerosolen ist ein faustischer Pakt: Es würde von uns verlangen, kontinuierlich Sulfat-Aerosole in die Stratosphäre zu injizieren, während sich CO_2 weiter in der Atmosphäre anreichert. Gibt es einen großen Krieg, eine Seuche, einen Asteroideneinschlag oder irgendetwas anderes, das den erforderlichen regulären Rhythmus der Sulfatinjektionen stört, würde der Kühleffekt innerhalb weniger Jahre verschwinden. Wir würden in nur wenigen Jahren eine Erwärmung erleben, die sich eigentlich über Jahrzehnte erstreckt hätte, was dem Begriff des „abrupten Klimawandels" eine ganz neue Bedeutung verleihen würde.

Eine der bittersten Absurditäten bei diesem angepeilten Technologiekonzept wäre, dass es die Nutzung von Solarenergie, eine der wichtigsten und sichersten Lösungen für das Klima, wahrscheinlich stark einschränken würde. Die Sulfat-Aerosole würden die Sonneneinstrahlung verringern, die auf die Erdoberfläche trifft und für die Solarenergiegewinnung zur Verfügung steht. Das würde die ohnehin schon schwierige Aufgabe, unsere Abhängigkeit von den fossilen Brennstoffen (die Ursache des Klimaproblems) zu reduzieren, noch schwieriger machen.

Von den Bäumen lernen

Ein weiteres viel diskutiertes Geoengineeringkonzept ist die Eisendüngung der Ozeane. In einem Großteil der Weltmeere ist Eisen der wichtigste wachstumslimitierende Nährstoff für Algen (Phytoplankton), die bei der Photosynthese CO_2 aufnehmen. Daher ist es möglich, regelrechte Algenblüten auszulösen, die das CO_2 verstoffwechseln, indem man Eisenstaub in den Ozean streut. Wenn das Phytoplankton abstirbt, neigt es dazu, auf den Meeresboden zu sinken, sodass sich das gebundene CO_2 dort ablagert.

Einer der Vorteile der Eisendüngung von Ozeanen besteht darin, dass sie das Problem an der Wurzel packt, indem sie der Atmosphäre CO_2 entzieht. Das bedeutet, dass sie einer Versauerung der Weltmeere entgegenwirkt. Sie ist ein Beispiel für „Negativemissionstechnologien", die tatsächlich CO_2 aus der Atmosphäre entziehen können. Die Vorstellung ist so verlockend, dass eine Reihe von Unternehmen vor mehr als einem Jahrzehnt versuchte, das Verfahren zu kommerzialisieren. Eine Firma verkaufte sogar CO_2-Gutschriften und versprach, eine Tonne des Treibhausgases für nur fünf US-Dollar zu beseitigen – ein wahres Schnäppchen für jede Organisation oder jedes Unternehmen, das seinen CO_2-Fußabdruck verringern möchte.

Nachfolgende Experimente zeigten jedoch, dass das Konzept nicht wirklich funktioniert, da die Eisendüngung zwar zu einem stärkeren CO_2-Kreislauf im oberen Bereich des Ozeans führt, jedoch zu keiner ersichtlichen Zunahme der Ablagerung von CO_2 in der Tiefe. Es kommt folglich zu keiner dauerhaften Entfernung des atmosphärischen CO_2. Noch schlimmer: Studien haben gezeigt, dass es sogar die Blüte bestimmter Rotalgen („Red Tide") begünstigen kann, die zu „Toten Zonen" in den Meeren führen. Mangels eines Nachweises der Wirksamkeit und mit zunehmender Besorgnis über unbeabsichtigte Folgen hat sich die Unterstützung für das Geoengineering durch Eisendüngung verflüchtigt.

Um beim Thema zu bleiben: Könnte es nicht doch andere „Technologien mit negativen Emissionen" geben, die sich sicher und kostengünstig umsetzen lassen? Bäume tun es schließlich auch: Sie nehmen CO_2 aus der Atmosphäre auf, indem sie Photosynthese betreiben, und sie speichern den Kohlenstoff in ihren Stämmen, Ästen und Blättern. Sie lagern den Kohlenstoff auch im Boden ein – in ihren Wurzeln und über abgestorbene Blätter und Äste, die herunterfallen und zum Teil des Bodens werden.

Vielleicht können wir von den Bäumen lernen und es sogar noch besser machen. Auch Bäume sind nämlich keine perfekten CO_2-Speicher. Sie atmen, genau wie wir – und dabei geben auch sie CO_2 an die Atmosphäre ab. Und wenn sie sterben und sich zersetzen, entweicht ein Teil des gespeicherten Kohlenstoffs wieder in die Atmosphäre. Dieser Vorgang ist Teil des langfristigen Gleichgewichts des terrestrischen Kohlenstoffkreislaufs. Wir könnten versuchen, einen aus klimatischer Sicht perfekten „Baum" zu erschaffen – einen Baum, der effizienter CO_2 aus der Luft zieht als normale Bäume und nichts davon wieder an die Atmosphäre abgibt. Die „Blätter" solch synthetischer Bäume könnten mit Natriumkarbonat (Waschsoda) behandelt werden. Anstatt zu sterben und sich zu zersetzen, könnten diese „Bäume" das CO_2, das sie der Atmosphäre entziehen, in Natron umwandeln, das langfristig gelagert werden kann. Ein solches Konzept wurde nicht nur von Wissenschaftlern entworfen, seine Realisierbarkeit wurde bereits durch Machbarkeitsstudien belegt. Man geht davon aus, dass etwa zehn Millionen dieser synthetischen Bäume, verteilt auf der ganzen Welt, einen beträchtlichen Teil unserer derzeitigen CO_2-Emissionen aufnehmen könnten – möglicherweise bis zu zehn Prozent. Aber diese sogenannte direkte Luftabscheidung wäre schwierig und teuer zu bewerkstelligen und würde wohl mehr als 500 Dollar pro Tonne entferntem CO_2 kosten. Ein ähnlicher Ansatz, der kürzlich vorgestellt wurde, ist die Entnahme von atmosphärischem CO_2 durch die künstliche Verstärkung der Verwitterung von Gesteinen. Dieses Konzept könnte günstiger sein und etwa im Bereich von 50 bis 200 US-Dollar pro Tonne CO_2 liegen. Aber seine Anhänger räumen ein, dass damit bestenfalls etwa zwei Mrd. Tonnen pro Jahr entfernt werden könnten – ein wahrer „Tropfen auf den heißen Stein" im Hinblick auf die derzeitigen CO_2-Emissionen.

Das bedeutet, dass es derzeit viel einfacher und billiger ist, die Anreicherung von Kohlendioxid in der Atmosphäre von vornherein zu verhindern, indem die Verbrennung fossiler Brennstoffe eingeschränkt wird. Aber die Kosten für solche Verfahren könnten durch mehr Forschung und die Skaleneffekte der Massenproduktion erheblich gesenkt werden. Und sollten wir, nachdem wir alles unternommen haben, um unsere CO_2-Emissionen zu reduzieren, immer noch auf eine katastrophale Erwärmung zusteuern, benötigen wir vielleicht eine Art Notlösung.

Von allen Geoengineeringverfahren scheint die direkte Abscheidung aus der Luft das sicherste und wirksamste zu sein. Im Gegensatz zu CCS, das unsere Abhängigkeit von fossilen Brennstoffen fortsetzt, könnte diese Form der CO_2-Ablagerung zusammen mit der natürlichen Wiederaufforstung ein wichtiger Bestandteil erweiterter Anstrengungen sein, CO_2 aus der Atmosphäre „abzusaugen" – eine Strategie, die wohl in jedes umfassende Klimaschutzprogramm gehört. Aber da wir hier nur über höchstens zehn Prozent der gegenwärtigen CO_2-Emissionen sprechen, liegt es auf der Hand, dass dies keine primäre Minderungsstrategie sein kann.

Es werden noch viele weitere Konzepte vorgeschlagen. Sie reichen von der Anbringung reflektierender Spiegel im Weltraum bis zur Erzeugung künstlicher Wolken, um die Ozeane vor direkter Sonnenstrahlung abzuschirmen. Sie sind alle mit politischen und ethischen Komplikationen behaftet. Zum einen stellt sich die Frage: Wer darf den globalen Thermostat einstellen? Für tief gelegene Inselstaaten ist die CO_2-Konzentration schon heute zu hoch. Den dort lebenden Menschen droht bereits der Verlust ihres Landes und ihres reichen kulturellen Erbes durch den erwarteten Anstieg des Meeresspiegels um mehrere Meter. Während der Globale Norden debattiert, ob eine gefährliche Erwärmung von 1,5 oder 2 Grad Celsius noch vermieden werden kann, ist diese für viele bereits Realität. Die einen werden daher den Thermostat auf eine niedrigere Temperatur einstellen wollen als die anderen. Wer darf das letztlich entscheiden? Man kann sich leicht vorstellen, dass es eine neue Art globaler Konflikte geben wird, wenn „Schurkenstaaten" Geoengineering nutzen, um das Klima so zu steuern, dass es für sie optimal ist. Eine Simulation an Klimamodellen könnte zum Beispiel ergeben, dass eine Injektion von Sulfat-Aerosolen die Dürre lindern könnte, unter der ein bestimmtes Land leidet. Dies würde jedoch zur Folge haben, dass an anderer Stelle eine Dürre entsteht. Manche sagen, dass es in dem andauernden Konflikt im Nahen Osten im Grunde immer um den Zugang zu knappen Süßwasserressourcen ging. Könnte Geoengineering eine weitere Waffe sein, um diesen andauernden Kampf zu befeuern?

Geoengineering als moralische Versuchung

Ein grundlegendes Problem mit Geoengineering ist, dass es eine sogenannte moralische Versuchung bzw. einen Fehlanreiz darstellt. Es ist ein Szenario, in dem eine Partei, zum Beispiel die fossile Brennstoffindustrie, Handlungen fördert, die für sie selbst scheinbar vorteilhaft sind, aber für eine andere Partei ein Risiko darstellen. Geoengineering bietet eine potentielle Krücke für die Nutznießer unserer anhaltenden Abhängigkeit von fossilen Brennstoffen: Warum sollten wir unsere Wirtschaft mit drakonischen Regulierungen für Kohlenstoff belasten, wenn wir eine billige Alternative haben? Die beiden größten Schwachstellen in dieser Argumentation sind, dass erstens der Klimawandel eine weitaus größere Bedrohung für unsere Wirtschaft darstellt als die Dekarbonisierung sowie zweitens Geoengineering keineswegs preiswert und zudem mit großen potentiellen Schäden verbunden ist.

Doch trotz der Vorbehalte, Nachteile und Risiken hat sich Geoengineering als attraktiv für die Interessen der fossilen Energiewirtschaft und ihre Unterstützer erwiesen. Sie dürfen ihren Kuchen behalten, müssen nichts davon abgeben und können gleichzeitig behaupten, eine „Klimalösung" zu unterstützen – jedoch eine, die das Geschäftsmodell der fossilen Brennstoffe nicht gefährdet. Das Zentrum für Internationales Umweltrecht (Center for International Environmental Law, CIEL) stellt in einem Bericht über Geoengineering aus dem Jahr 2019 fest: „Ob die am stärksten angepriesenen Strategien zur Entfernung von CO_2 und zur Veränderung der Sonneneinstrahlung wirtschaftlich sind, hängt davon ab, ob weiterhin kohlenstoffintensive Brennstoffe produziert und verbrannt werden." CIEL weist darauf hin, dass „das hypothetische Versprechen eines zukünftigen Geoengineerings bereits von den großen Herstellern fossiler Brennstoffe benutzt wird, um die fortgesetzte Produktion und Nutzung von Öl, Gas und Kohle für die kommenden Jahrzehnte zu rechtfertigen."

Geoengineering spricht auch konservative Verfechter der freien Marktwirtschaft an, da es der Vorstellung entspricht, dass marktorientierte technologische Innovationen jedes Problem lösen können, ohne dass staatliche Interventionen oder Regulierung nötig wären. Ein Preis für CO_2 oder Anreize für erneuerbare Energien? Zu schwierig und zu riskant! Ein massives, unkontrolliertes Experiment durchführen, um die Auswirkungen der globalen Erwärmung irgendwie auszugleichen? Perfekt!

Es ist durchaus keine Überraschung, dass Rex Tillerson – für den als ehemaliger Geschäftsführer des weltgrößten Fossilkonzerns ExxonMobil einiges auf dem Spiel steht – behauptet, der Klimawandel sei „nur ein technisches Problem". Es ist auch nicht verwunderlich, dass einige der bekannten Untätigkeitsbefürworter, wie Bjørn Lomborg und das Breakthrough Institute, Geoengineering als vermeintlich wichtigstes Mittel zur Abschwächung von Klimaveränderungen beworben haben.

Vielleicht noch aufschlussreicher ist jedoch die Tatsache, dass sich der Wirtschaftsmagnat und Microsoft-Gründer Bill Gates dieser Idee angeschlossen hat. In einem Artikel in „Fortune" berichtete der Journalist Marc Gunther: „Gates ist davon überzeugt worden, dass das Risiko einer globalen Erwärmung schlimmer ist, als die meisten Menschen denken. Ihm ist klar, dass die Regierungen der Welt es versäumt haben, die durch die Verbrennung von Kohle, Öl und Erdgas verursachten Emissionen einzudämmen. [...] So sprang der Microsoft-Milliardär und Menschenfreund in die Bresche und wurde zum weltweit führenden Geldgeber für die Erforschung von Geoengineering – also von gezielten, großflächigen Eingriffen in das Klimasystem der Erde, um den Klimawandel und seine Folgen zu verhindern."

Gates unterstützte zwei Klimawissenschaftler, David Keith von der Harvard University und Ken Caldeira von der Stanford University, mit mehreren Millionen US-Dollar, damit sie Forschungen und Experimente mit Geoengineering durchführten. Dazu gehört die relativ sichere Abscheidung aus der Luft, aber auch die potentiell gefährliche stratosphärische Sulfat-Aerosol-Injektion. In ihrem „Guardian"-Kommentar „The Fossil Fuel Industry's Invisible Colonization of Academia" (Die unsichtbare Kolonisierung der akademischen Welt durch die fossile Brennstoffindustrie) haben Benjamin Franta und Geoffrey Supran diese beiden Zentren der Geoengineeringforschung in Stanford und Harvard als Beispiele dafür ausgewählt, wie „die Vereinnahmung der akademischen Forschung durch die fossile Brennstoffindustrie ein ‚Elefant im Raum' und eine Bedrohung für die Bekämpfung des Klimawandels ist".

Keith hat „so viel wie kein anderer Forscher dafür getan, um das heikle Thema Geoengineering in Richtung des wissenschaftlichen Mainstreams zu verschieben", so James Temple von Technology Review. Keith ist Mitglied im Breakthrough Institute und Unterzeichner des „Ecomodernist Manifesto", einer techno-optimistischen, pseudo-umweltbewussten Streitschrift, die der „Guardian"-Kolumnist George Monbiot als „geschichtsvergessen" charakterisiert sowie als „eine Weltanschauung, die – paradoxerweise – einfach nur altmodisch ist". Keith gehört zur Leitung eines von Bill Gates finanzierten, gewinnorientierten Unternehmens zur Umsetzung von Geoengineering und plant derzeit die Durchführung von Praxistests, um die Machbarkeit der stratosphärischen Injektion von Sulfat-Aerosolen zu belegen.

Im Jahr 2019 leitete Keith eine Studie über mutmaßliche Auswirkungen von Geoengineering mit Sulfat-Aerosolen auf das globale Klima, die auch eine Modellierung beinhaltete. Auf Twitter warb er für die Ergebnisse seines Teams und behauptete, er und seine Co-Autoren hätten gezeigt, dass „keine Region durch solares Geoengineering schlechter gestellt“ werde. Andere führende Klimawissenschaftlerinnen und Klimawissenschaftler bestritten diese Behauptung. So wies Chris Colose, ein Klimaforscher am *NASA Goddard Institute for Space Studies*, darauf hin, dass das Simulationsexperiment eine Art Täuschung sei: „Sie bringen eigentlich gar keine Aerosole in die Atmosphäre ein, sondern reduzieren lediglich die Sonneneinstrahlung, um das Geoengineering nachzuahmen. Man könnte meinen, das sei relativ unwichtig, [aber] die Steuerung der Sonne ist faktisch der perfekte Regler. Wir wissen fast genau, wie sich eine Reduzierung des solaren Lichteinfalls auf die Energiebilanz eines Planeten auswirkt. Die Wechselwirkungen zwischen Aerosol und Klima sind dagegen viel komplexer.“

Es geht um den politischen Willen

Ken Caldeira, der mittlerweile seine Anstellung in Stanford niedergelegt hat, um direkt für Bill Gates zu arbeiten, schaltete sich später ein und behauptete: „Es gibt Hinweise darauf, dass solares Geoengineering voraussichtlich Klimaschäden reduzieren würde.“ Auch diesbezüglich waren viele führende Klimawissenschaftlerinnen und -wissenschaftler anderer Meinung. Der Klimaforscher Daniel Swain von der University of California in Los Angeles meinte, es sei „seltsam“, dass die regionalen Details der Klimamodelle in diesen idealisierten Geoengineeringexperimenten „ziemlich wörtlich genommen“ werden, tatsächlich „aber in Bezug auf mögliche Abweichungen unter großem Vorbehalt zu sehen sind“, und er fügte hinzu, dass es zwar „viele Beweise“ dafür gebe, dass Sulfat-Aerosol-Geoengineering tatsächlich die globale Durchschnittstemperatur senken würde, „aber das ist nicht alles, was zählt!“. Jon Foley, Geschäftsführer von Project Drawdown, fügte hinzu, dass es „ein Glücksspiel“ sei, sich auf solche idealisierten Experimente zu verlassen, „besonders, wenn es den Modellen schwerfällt“, detaillierte Temperaturmuster zu reproduzieren. Matthew Huber, ein führender Klimaforscher an der Purdue University, äußerte zwei Bedenken: Zum einen, ob der Mensch das erforderliche, äußerst strukturierte Vorgehen beim Geoengineering überhaupt handhaben kann, und zum anderen, ob die Modelle zuverlässig genug sind, um einige der möglichen Überraschungen zu erfassen, die auf uns zukommen könnten.

Man kann sich des Eindrucks nicht erwehren, dass Wissenschaftler wie Keith und Caldeira zu einem gewissen Grad an Selbstüberschätzung leiden, wenn es darum geht, von den Ergebnissen ihrer stark idealisierten Modellversuche zu umfassenden Schlussfolgerungen über die reale Welt zu gelangen. Aber man hat auch das Gefühl, dass ihre Einstellung zum Geoengineering die Schwelle von der sachlichen Untersuchung zur Parteinahme überschreitet. Als Wissenschaftler ist das in Ordnung, solange man offen damit umgeht. Allerdings scheint es beiden unangenehm zu sein, zuzugeben, dass sie sich für eine Sache einsetzen. Keith und Caldeira reagierten jeweils ziemlich abwehrend auf einen Tweet von mir, in dem ich erklärte, dass viele „Geoengineeringbefürworter […] Geoengineering als eine Rechtfertigung sehen, um wie bisher üblich weiter fossile Brennstoffe zu verfeuern." Damals verwirrte mich die Tatsache, dass sie dachten, der Tweet sei an sie gerichtet, was er nicht war. Ich stellte mir ernsthaft die Frage, ob sie sich tatsächlich als „Geoengineeringbefürworter" betrachten. Beide redeten zweideutig und unterschieden zwischen einer öffentlichen Einflussnahme für die Forschung und einer öffentlichen Einflussnahme für die praktische Umsetzung. Ich würde sagen, dass ihre Worte und Handlungen solche Unterscheidungen verschwimmen lassen.

Das grundlegende Problem beim Geoengineering ist letztlich das enorme Risiko durch das Herumbasteln an einem komplexen System, das wir nicht vollständig verstehen. Der Geoengineeringexperte Alan Robock von der Rutgers University ist der Ansicht, dass Geoengineering zu riskant ist, um es jemals auszuprobieren. „Sollten wir diesem komplizierten technischen System den einzigen bekannten Planeten mit intelligentem Leben anvertrauen?", fragte sich Robock. „Wir wissen nicht, was wir nicht wissen." Auch der bereits erwähnte CIEL-Bericht betont, den „schonungslosen Widerspruch zwischen dem […] Narrativ, dass Geoengineering eine moralisch notwendige Ergänzung zu drastischen Klimaschutzmaßnahmen ist" und zugleich „ein einfacher Weg ist, um die Notwendigkeit eines echten Systemwandels zu vermeiden oder zu verringern." Dabei würden Wissenschaft und Technik „auf konvergente Weise zeigen, dass Veränderungen sowohl dringend notwendig als auch zunehmend machbar sind." Demnach gehe es „bei der Bewältigung der Klimakrise auch weniger um Technologie als vielmehr um politischen Willen."

Kulturkampf und Klimakrise

Die US-Rechte als Anti-Umweltbewegung

Von **Ella Müller**

Im August 2023 lud der amerikanische Sender Fox News alle republikanischen Bewerberinnen und Bewerber um die Präsidentschaftsnominierung zum ersten Fernsehduell ein. Bis auf Donald Trump nutzten die Wettbewerber diese Gelegenheit, direkt zum konservativen Kernpublikum zu sprechen. Im Laufe der hitzigen Debatte baten die Moderatoren die Anwesenden schließlich um ein Handzeichen, falls sie daran glaubten, dass die Klimakrise durch Menschen verursacht sei. Die Kandidaten erstarrten, keine Hand regte sich. Eines wurde an diesem Abend damit erneut deutlich: Die Leugnung der Ursachen der Klimakrise und die Ablehnung von Ökologie und Klimaschutz sind heute ein fester Bestandteil der politischen Agenda der Republikanischen Partei und Teil der politischen Identität des rechten Amerikas.

Das war nicht immer so. Die Radikalisierung der Republikaner im Bereich Umwelt- und Klimaschutz war kein Selbstläufer, sondern das Ergebnis von politischen Entscheidungen und bewussten Weichenstellungen. In der Geschichte der amerikanischen Rechten findet man immer wieder Momente, in denen die republikanische Führung offen für den Ausbau von Natur- und Umweltschutz war, während sie in anderen Kontexten bereits vehement gegen Bürgerrechte und Gleichberechtigung kämpfte: Es war Richard Nixon, der 1970 die Environmental Protection Agency ins Leben rief; Ronald Reagan unterschrieb 1987 das Montreal Protocol und machte damit den Kampf gegen das Ozonloch zum Erfolg; George H.W. Bush reformierte den Clean Air Act und berief erfahrene Umweltschützer in sein Kabinett.

Umweltpolitik war folglich lange ein Feld, auf dem Republikaner und Demokraten mühelos zueinanderfanden und großer Konsens zu herrschen schien. Doch davon ist wenig übriggeblieben. Amerika ist heute die Heimat des Klimawandelskeptizismus und – noch – die einzige westliche Demokratie, in der die konservative Volkspartei geschlossen die Ursachen der Klimakrise leugnet und ihre Auswirkungen banalisiert. In der wohlhabendsten Industrienation der Welt bekämpft ein großer Teil der politischen Elite Klimaschutz, während die amerikanischen Medien gezwungen sind, ganzjährig von katastrophalen Extremwetterlagen zu berichten, deren gewaltige Zerstörungskraft eine unmittelbare Folge der fortgeschrittenen globalen Erwärmung ist. Die Vereinigten Staaten, die Wiege der modernen Umweltbewegung, halten heute zahlreiche ökologische Negativrekorde.

Der Umgang der beiden politischen Parteien mit der Klimakrise könnte dabei unterschiedlicher kaum sein. Während Donald Trump die globale Erwärmung als „chinesische Verschwörung" abtut und seine Amtszeit dazu nutzte, den staatlichen Umweltschutz insgesamt systematisch auszuhöhlen und den Abbau der natürlichen Ressourcen des Landes in Höchstgeschwindigkeit voranzutreiben, hat sein Nachfolger Joe Biden 2022 mit dem Inflation Reduction Act (IRA) die ehrgeizigste Dekarbonisierungsreform unterschrieben, die das Land bisher gesehen hat.

Der Kontrast zum überparteilichen umweltpolitischen Aufbruch macht die Kluft zwischen den beiden Parteien besonders erklärungsbedürftig. Wo ist der ökologische Konsens der späten 1960er und 1970er Jahre hin? Wie wurde aus der Partei des Präsidenten Richard Nixon, der die nationale Umweltschutzbehörde gegründet und den Artenschutz zur nationalen Pflicht erklärt hatte, die Heimat all derjenigen, die Umweltschutz vehement bekämpfen?

Umweltschutz als Teil politischer Großkonflikte

Anti-Environmentalism wird häufig als Relikt einer präökologischen Zeit beschrieben. Widerstand gegen Umweltschutzmaßnahmen spielte in der historischen Forschung bisher als eigenständiges politisches Projekt kaum eine Rolle, sondern wurde oft nur als die Hürde, die es für die Umweltbewegung zu überwinden galt, beschrieben. Auch deshalb blieb der Blick auf diejenigen, die Widerstand gegen Umweltschutzmaßnahmen leisteten, meist oberflächlich: Im Zentrum stehen Industriekonzerne, die, angetrieben von Profitinteressen, die Notwendigkeit von Umweltschutz bestreiten oder internationale Netzwerke, die den öffentlichen Diskurs manipulieren. Darüber hinaus hätte die Angst vor einer Schwächung der internationalen Wettbewerbsfähigkeit und vor dem Verlust von Arbeitsplätzen in strukturschwachen Regionen Großindustrielle mit Arbeitnehmerinnen und Arbeitnehmern in ihrem Kampf gegen Umweltschutz vereint.

Manches an diesen Interpretationen ist plausibel: etwa die Bedeutung, die den strukturellen Veränderungen und dem industriellen Wandel zum Beispiel im Nordwesten der USA oder den Veränderungen auf dem globalen Rohstoffmarkt zugesprochen wird. Allerdings zeichnet diese Perspektive auch ein Bild, das in seiner Eindeutigkeit problematisch ist. Bei der historischen Analyse des *Anti-Environmentalism* ist es wichtig, dass man unterscheidet zwischen Protest gegen ökologische Maßnahmen als wichtiger Bestandteil eines gesellschaftlichen Aushandlungsprozesses um das angemessene Maß und die richtige Form von Umweltschutz – und Widerstand gegen Klimaschutz als politisches Projekt reaktionärer Bewegungen. Es ist höchste Zeit, dass wir die tiefergehende Ablehnung der Forderungen und Werte der Umweltbewegung als historischen Gegenstand ernst nehmen – nicht nur, weil die Folgen dieses Widerstandes dramatische Spuren hinterlassen haben, sondern auch, weil die Motive, Dynamiken und Entwicklung dieser Bewegung sowie die dahinterstehende Haltung und Ideologie viel über die kulturellen Verschiebungen und die politischen Großkonflikte in den USA aussagen. Dafür muss man *Anti-Environmentalism* in seiner Vielschichtigkeit und auch Widersprüchlichkeit erklären, anstatt das Phänomen zu belächeln, zu marginalisieren oder künstlich zu homogenisieren; gleichzeitig darf man den Widerstand gegen Umweltschutz nicht entkoppeln von den gewaltigen politischen und kulturellen Verschiebungen, die die amerikanische Gesellschaft seit den 1960er Jahren geprägt haben.

Umweltschutz, verstanden als *conservation*, als bewahrend, als Mittel gegen eine aus der Balance geratene Modernisierung, war durchaus anschlussfähig in der konservativen Bewegung – vor allem dann, wenn davon keinerlei Bedrohung für die etablierten ethnischen und kulturellen Hierarchien ausging. Und trotzdem konnte die ökologische Frage sich nicht dauerhaft den Dynamiken der Radikalisierung entziehen und wurde schließlich sogar zu einem besonders umkämpften Schlachtfeld der sogenannten *culture wars*. Erst wenn man die Geschichte der Umweltpolitik und des Konservatismus verknüpft, wird diese Entwicklung verständlich und die historische Bedeutung der antiökologischen Bewegung für die jüngere politische und Gesellschaftsgeschichte der USA sichtbar.

Verhinderte Chancen: Klimaschutz in den 1980er Jahren

Ende der 1970er Jahre standen die Voraussetzungen für den Start in eine effektive Klimaschutzpolitik zunächst nicht schlecht. Nach Jahren intensiver Klimaforschung lagen wesentliche Informationen zum Treibhauseffekt vor. Im Kongress gab es keine politische Kraft, die grundsätzliche Zweifel an diesen Erkenntnissen hegte oder sich einen strategischen Vorteil davon versprach, sie zu leugnen. Die Erkenntnisse aus der Klimaforschung trafen außerdem auf eine amerikanische Gesellschaft, die dem Thema Umweltschutz mehrheitlich positiv gegenüberstand und nach den Ölkrisen der Vorjahre die Vorteile einer Energiewende durchaus nachvollziehen konnte. Doch mit Reagans Wahlsieg 1981 hielt ein neuer programmatischer Antiökologismus Einzug in die Debatte, der auch von dem Bedürfnis des neuen Präsidenten getrieben war, sich von der vorherigen Regierung abzugrenzen.

Ihre volle Wirkmacht entfaltete die neue Ablehnung der Umweltbewegung dank des Eingreifens der fossilen Industrie – vor allem von ExxonMobil. Der Erdölkonzern hatte bereits nach den ersten Warnungen vor den möglichen Folgen eines Treibhauseffekts damit begonnen, sich intern mit dem Thema auseinanderzusetzen. Nachdem der Kongress 1977 das erste Klimaschutzgesetz diskutiert hatte, identifizierte die Unternehmensspitze CO_2-Reduktion als Bedrohung des eigenen Geschäftsmodells und reagierte mit einer kommunikativen Doppelstrategie: Auf der einen Seite wurde die interne Forschungsabteilung ausgebaut. Der Konzern holte sich anerkannte Klimatologen und Physiker wie Brian Flannery oder Haroon Kheshig ins Haus, die mit ihrem Team in Fachzeitschriften publizierten, im intensiven Austausch mit ihren Kolleginnen und Kollegen an den staatlichen Instituten standen und insgesamt eine konstruktive Rolle in diesem wachsenden Forschungsfeld spielten. Regelmäßig informierten sie außerdem das Management über die neuesten Befunde der Klimaforschung und fassten bereits 1979 zusammen: „Die am weitesten verbreitete Theorie ist die folgende: Der Anstieg (des CO_2 in der Atmosphäre) ist auf die Verbrennung fossiler Brennstoffe zurückzuführen; die zunehmende CO_2-Konzentration wird zu einer Erwärmung der Erdoberfläche führen; der derzeitige Trend des Verbrauchs fossiler Brennstoffe wird vor dem Jahr 2050 dramatische Umweltauswirkungen verursachen."

Auf diese Weise stellte der Konzern nicht nur sicher, dass die Unternehmensführung durchgehend eine realistische Vorstellung vom Klimawandel hatte, er sicherte sich auch ein öffentliches Mitspracherecht bei politischen Entscheidungsfindungsprozessen in der Klima- und Umweltpolitik, wo die hauseigenen Wissenschaftlerinnen und Wissenschaftler an Anhörungen teilnahmen. Auf der anderen Seite baute der Konzern eine PR-Abteilung auf, die den Forschungsstand in Sachen Klimaschutz systematisch zu delegitimieren suchte; sie intensivierte ihre Arbeit ab den frühen 1990er Jahren massiv, also genau in dem Moment, in dem der Internationale Klimarat IPCC einen öffentlichen Konsens in der Forschung verkündete und der Earth Summit anstand. Der Konzern adressierte gezielt ein akademisches Publikum, das sich politisch in der Mitte verortete und dessen Angehörige sich als informierte Meinungsführer verstanden. Der wichtigste Zugang zu dieser Gruppe war die Kommentarseite der „New York Times", auf der ExxonMobil zwischen 1972 und 2001 regelmäßig teure *advertorials* schaltete – Anzeigen, die im Stil eines Zeitungsartikels abgedruckt werden und deshalb im besonderen Maße von der Glaubwürdigkeit des Mediums profitieren. Der Konzern beanspruchte so über Jahrzehnte Anzeigenfläche auf einer der beliebtesten Seiten des wohl einflussreichsten amerikanischen Leitmediums.

Während der überwiegende Teil der internen Kommunikation keinen Zweifel daran ließ, dass der Klimawandel eine Bedrohung für die Menschheit darstellte und anthropogene Ursachen hatte, drückten über achtzig Prozent der Anzeigen Zweifel an eben diesen Tatsachen aus. Das nahm teilweise bizarre Formen an: Während 1995 etwa intern festgehalten wurde, dass *contrarian theories* keine überzeugenden Argumente gegen das bestehende Modell des durch CO_2-Emissionen verursachten Klimawandels vorzuweisen hätten, verkündete der Konzern unmittelbar vor dem Klimagipfel in Kyoto den Leserinnen und Lesern der „New York Times": „Machen wir uns nichts vor: [...] Wir wissen immer noch nicht, welche Rolle die vom Menschen verursachten Treibhausgase bei der Erwärmung des Planeten spielen könnten." Doch auch außerhalb der bezahlten Anzeigen entfaltete die Desinformationskampagne Wirkung und die 1990er bildeten hier eine Zäsur. Ende der 1980er Jahre – also als die ökologische Aufbruchsstimmung nach den antiökologischen Reagan-Jahren einen erneuten Höhepunkt erreichte – konzentrierten sich die Leitmedien noch darauf, die Ursachen für die globale Erwärmung zu erläutern und verschiedene Lösungsvorschläge zu diskutieren. Dies änderte sich, als die Republikaner den Kampf gegen Klima- und Umweltschutz fest in ihrem Programm verankerten und sich damit dezidiert gegen den Forschungsstand stellten. Das Thema wurde so zunehmend als politisiert wahrgenommen, und damit schien die Direktive des politischen Journalismus zu greifen, nach der immer beide Parteien zu Wort kommen und vor allem ihre Wortmeldungen als gleichermaßen legitim präsentiert werden müssen.

Die Kampagne zeigt Wirkung

Es gibt Versuche, den Einfluss der fossilen Desinformationskampagnen und der republikanischen Programmatik auf die öffentliche Debatte und vor allem die mediale Berichterstattung über den Klimawandel empirisch zu erfassen. 2004 veröffentlichten die Wissenschaftler Jules Boykoff und Maxwell Boykoff eine Untersuchung zum Umgang der klassischen Leitmedien mit dem Aufstieg der Klimawandelleugner. Sie konnten nachweisen, dass die Berichterstattung der „New York Times", der „L. A. Times", der „Washington Post" und des „Wall Street Journals" zwischen 1988 und 2002 aktiv dazu beigetragen hatte, dass sich der öffentliche Diskurs über den Klimawandel vom akademischen Stand der Debatte entkoppelte. Während sich der wissenschaftliche Kenntnisstand dank intensiver Forschung verbesserte und so weit konkretisierte, dass bald kein Zweifel mehr an den Ursachen der Erderwärmung bestand und zudem die Prognosen immer genauer wurden, zeichneten die Medien das gegenteilige Bild und konzentrierten sich in ihrer Berichterstattung zunehmend auf vermeintliche Unsicherheiten, Zweifel und Unstimmigkeiten. Das dahinterstehende Versagen, den tatsächlichen Forschungsstand und die wissenschaftliche Debatte für ein nicht wissenschaftliches Publikum zu übersetzen, hatte dabei weniger mit fachlicher Überforderung zu tun, sondern war vielmehr Ausdruck taktischer Entscheidungen.

Das Neutralitätsgebot sei von den Medienschaffenden so interpretiert worden, dass „beiden Seiten" – ohne Ansehen der wissenschaftlichen Substanz ihrer Behauptung – gleichermaßen Raum gegeben werden müsse, so Boykoff und Boykoff: Das Gebot der politisch ausgewogenen Berichterstattung *(balanced reporting)* habe die Reichweite einer kleinen Gruppe von Klimawandelskeptikern enorm erweitert. Die traditionellen Leitmedien entpuppten sich mit dieser Form des *bothsidesism* als unfreiwillige, aber effiziente Gehilfen der industriellen Desinformationskampagnen.

Für die Leserinnen und Leser verfestigte sich so der Eindruck, dass sich bei diesem Thema zwei Lager gegenüberstünden, die gleichermaßen substanzielle Forschungsergebnisse produzierten und ähnlich legitime Positionen formulierten. Vergleichende politikwissenschaftliche Studien haben inzwischen auch gezeigt, dass es sich hierbei weitestgehend um ein amerikanisches Spezifikum handelt: In keinem anderen westlichen Industrieland wurde bisher so oft über vermeintliche Unstimmigkeiten oder Ungewissheiten in der Klimaforschung berichtet wie in den USA.

Bleibt die Frage, wie die Anerkennung dieser *climate contrarians* in den amerikanischen Leitmedien die Haltung der amerikanischen Gesellschaft zum Klimaschutz beeinflusste. Unzweifelhaft ist, dass die meisten Amerikanerinnen und Amerikaner über viele Jahre ein völlig falsches Bild des Debattenstands in der Forschung hatten. Während seit Mitte der 1990er Jahre Konsens über die Ursachen des Klimawandels besteht, nahmen 2006 in einer Umfrage von „ABC News" über 64 Prozent der Befragten an, dass es einen großen Dissens in der Klimaforschung gebe. Im selben Jahr stimmten nur 56 Prozent der Befragten in einer weiteren Umfrage des „Time Magazin" der Aussage zu, dass ein globaler Temperaturanstieg belegt sei – fast zwei Jahrzehnte, nachdem der Klimaforscher James Hansen den Mitgliedern des US-Kongresses mitgeteilt hatte, dass die Erwärmung bereits messbar sei.

Der Aufstieg der Klimawandelleugner in den 1990er Jahren lässt sich also mit dem Zusammenspiel verschiedener Faktoren erklären: der Entscheidung der Erdölindustrie, ihr Geschäftsmodell mit Hilfe gezielter Desinformation zu verteidigen; der aktiven Verleumdung der Klimaforschung, angeführt von konservativen Thinktanks; der geringen Immunität der Leitmedien gegenüber der großangelegten Desinformationskampagne und der Sabotage des öffentlichen Diskurses durch die konservative Bewegung; den antiökologischen Reflexen und Traditionen der Republikanischen Partei seit Reagan und der damit verbundenen habituellen Distanz zur Umweltbewegung.

Während sich die republikanische Fraktion im Kongress beim Thema Klimaschutz in den 1990er Jahren radikalisierte, blieb Umweltschutz auch im konservativen Amerika zunächst beliebt. Es brauchte Verstärker, um die Positionen der Republikaner an der Basis zu verankern. Es war unter anderem der Sender „Fox News", der die Ablehnung von Klimaschutz und die Leugnung der Klimakrise in die Fläche trug und so den gesellschaftlichen Aushandlungsprozess über das Thema zerstörte. Die Berichterstattung des Senders über das Thema Klimawandel war von Beginn an durch eine größere Skepsis gegenüber der Forschung und den politischen Lösungsvorschlägen geprägt als die anderer Sender – allerdings waren diese Unterschiede selbst Mitte der Nullerjahre deutlich geringer ausgeprägt als heute. Auch auf Fox News beschrieben die meisten Beiträge den Klimawandel bis 2006 noch als eine „ökologische Tragödie", bei der die Menschen durch den Gebrauch fossiler Brennstoffe ihre Umwelt und Lebensgrundlage zerstörten.

Das änderte sich ab 2007: Die Forschungsergebnisse und Prognosen der Klimaforschung verschwanden aus dem Programm, es fand keine Form von Vermittlung bzw. Aufklärung über dieses Phänomen mehr statt. Stattdessen dominierten nun Berichte, in denen die globale Erwärmung als bewusst betriebenes liberales Täuschungsmanöver und falscher Alarm dargestellt wurde oder ausschließlich die vermeintlichen ökonomischen Risiken von Klimaschutz im Fokus standen. Ein gutes Beispiel für diese qualitative Verschiebung war die Berichterstattung rund um die Veröffentlichung des vierten IPCC-Sachstandberichts im Februar 2007. Der Weltklimarat schlug darin Alarm. Wenige Tage später wurde Al Gores Klimafilm „An Inconvenient Truth" mit zwei Oscars ausgezeichnet. Die Dokumentation über die Ursachen und Folgen der globalen Erwärmung trug wesentlich dazu bei, die naturwissenschaftliche Debatte einem breiten Publikum zugänglich zu machen.

Für die Zuschauerinnen und Zuschauer von Fox News sah die Welt allerdings etwas anders aus: An einem normalen Nachrichtenabend teilte ihnen um 18 Uhr erst ein Experte des Competitive Enterprise Institute mit, dass Gore die Manifestation eines intoleranten Linken sei und damit perfekt in die alarmistische Klimabewegung passe. Um 20 Uhr durften sie dem konservativen Starmoderator Bill O'Reilly dabei zuschauen, wie er ausführlich den Klimawandelleugner Patrick Michaels interviewte: „Der IPCC-Bericht ist vollkommen überbewertet." Im anschließenden „Hannity-Report" machte sich dann der gleichnamige Showmaster Sean Hannity darüber lustig, dass es im ganzen Land kalt sei – obwohl die Umweltbewegung doch die ganze Zeit mit einer globalen Erwärmung drohe.

Die Paralellwelt in »Fox News«

In der Berichterstattung von Fox News über die globale Erwärmung dominierten Verleumdung, Ignoranz und Hohn. Allein 2008 verdreifachte sich die Anzahl an Sendungen, in denen es um den Klimawandel ging – ohne dass die Erkenntnisse der Klimaforschung dabei ernst genommen wurden. Aus der Perspektive eines treuen Fox-News-Konsumenten war es von nun an unmöglich, auch nur eine Ahnung der wissenschaftlichen Zusammenhänge und drohenden Folgen der Klimakrise zu bekommen – während die Extremwetterlagen vor der eigenen Haustür zunahmen.

Mit der Gründung des Senders in den 1990er Jahren, dem Aufstieg erzkonservativer Radiosender und dem Entstehen eines dichten Netzwerks aus rechten Blogs und Websites wurde das Land zu einem Ort, dessen Medienkonsumentinnen und -konsumenten in zunehmend voneinander getrennten Wirklichkeiten leben. Die Vereinigten Staaten gerieten so in eine epistemische Krise, in der die Wählerinnen und Wähler keine Wahrnehmung der Realität mehr teilten und damit die Grundlage für eine lösungsorientierte Debatte fehlte. Rückblickend wirkt der republikanische Umgang mit der Klimakrise seit den 1990er Jahren wie der sprichwörtliche Kanarienvogel im Bergwerk, an dem man die grundlegende Radikalisierung des konservativen Amerika auch vor 2016 gut hätte erkennen können. Die Debatte um die globale Erwärmung schien eine Art Testfeld für die amerikanische Rechte zu sein, mit welchen Mitteln sich Deutungshoheit erringen ließ, wenn eine Mehrheit der amerikanischen Bevölkerung die eigenen Überzeugungen nicht teilte.

Die Einstellung der US-Gesellschaft zu politischen Fragen wie Umwelt- und Klimaschutz wird seit Jahrzehnten konstant von Umfrageinstituten gemessen. Hier lassen sich politische Prioritäten, einschneidende Ereignisse oder der Erfolg von Informations- und Aufklärungskampagnen gut ablesen. Zwischen April 2008 und September 2009 wird dabei eine plötzliche Veränderung sichtbar: Der Glaube an den Klimawandel brach im konservativen Amerika massiv ein. Bis dahin hatte zumindest noch die Hälfte der republikanischen Wählerinnen und Wählern keine Zweifel an der Existenz der globalen Erwärmung; 2010 glaubten nur noch knapp 30 Prozent den Ergebnissen der Klimaforschung. Nachdem die Spitze der Republikaner jahrelang für ihren Widerstand gegen Klimaschutz selbst unter den eigenen Wählerinnen und Wählern keine Mehrheit hatte, wurde *Anti-Environmentalism* nun zum ersten Mal zur dominanten Haltung des konservativen Lagers. In keinem anderen politischen Feld drifteten die beiden politischen Lager von da an so schnell und weit auseinander; die Themen Klima- und Umweltschutz wurden in die obersten Ränge sogenannter Polarisierungsindexe katapultiert.

Vielen Beobachterinnen und Beobachtern schien es, als erkläre vor allem die globale Wirtschaftskrise von 2008 die plötzliche Feindseligkeit gegenüber Klimaschutz. Jüngere empirische Analysen zeigen allerdings die Grenzen dieser Erklärung. Sie konnte weder den einseitig parteiischen Charakter dieser Verschiebung erklären (obwohl Amerikanerinnen und Amerikaner beider politischer Lager von der Wirtschaftskrise betroffen waren, änderten nur republikanische Wählerinnen und Wähler ihre Haltung) noch die Tatsache, dass die USA das einzige Land waren, in dem sich ein solch dramatischer Einbruch im Klimabewusstsein messen ließ (obwohl die Rezession selbstverständlich kein rein amerikanisches Phänomen war). Auch das parallel wachsende Misstrauen des konservativen Amerika in Wissenschaft und Forschung lässt sich nicht kausal mit der Rezession in Verbindung bringen.

Wichtiger als die Krise 2008 waren der Einzug des ersten schwarzen Präsidenten ins Weiße Haus im Januar 2009 und der Aufstieg der Tea Party. Diese Bewegung wurde anfangs als populistische Revolte sogenannter Modernisierungsverliererinnen und -verlierer missinterpretiert. Empirische Untersuchungen machten allerdings schnell deutlich, dass es sich bei den Aktivistinnen und Aktivisten fast ausschließlich um Weiße handelte, die keinesfalls als sozial schwach eingestuft werden konnten und die den Affordable Care Act (Obamas ehrgeizige Gesundheitsreform und wichtigstes innenpolitisches Projekt) zwar als Anlass für ihre Proteste beschrieben, aber darüber hinaus ein spezifisches Weltbild teilten: Sie bestritten die amerikanische Herkunft Obamas und stellten somit nicht nur die Legitimität seiner Präsidentschaft infrage, sondern machten auch deutlich, wer in ihren Augen zum „wahren" Amerika dazugehörte und wer nicht. Sie forderten den Abbau all jener staatlichen Programme, die der verbreiteten Wahrnehmung nach vor allem Minderheiten zugutekamen.

Sie waren aber nicht grundsätzlich gegen sozialstaatliche Maßnahmen, solange diese wie das Rentensystem Social Security oder die Gesundheitsversorgung für ältere Menschen MediCare ihnen selbst oder denjenigen zugutekamen, die sie als ihresgleichen wahrnahmen. Die Präzision, mit der die Protestierenden hier differenzierten, war bestechend. Und sie hatten auch eine eindeutige Haltung in ökologischen Fragen: 75 Prozent der Aktivistinnen und Aktivisten der Tea Party stritten die Existenz des Klimawandels ab – nirgendwo sonst lässt sich eine vergleichbar hohe Dichte an Klimawandelleugnern feststellen. Die Ablehnung von Klima- und Umweltschutz wurde zu einem wichtigen *rallying cry* der Bewegung. Der *Anti-Environmentalism* der republikanischen Führung hatte endlich seine Graswurzelbewegung gefunden.

Die Tea Party versorgte das konservative Amerika nach der deutlichen Niederlage von John McCain 2008 mit einer neuen politischen Identität. Auch wenn sie als Protestbewegung von unten beschrieben wurde, spielten etablierte Politikerinnen und Politiker ebenso eine zentrale Rolle bei der Organisation der lokalen Ableger wie die Institutionen der Neuen Rechten. Darüber hinaus wurde die Bewegung großzügig von einer republikanischen Wirtschaftselite und den konservativen Mediennetzwerken unterstützt.

Warum Obamas Klimapolitik scheiterte

In den Obama-Jahren, Jahrzehnte nachdem Wissenschaftler den Treibhauseffekt zu messen begonnen hatten, machte die amerikanische Rechte den Kampf gegen die Klimabewegung zum Kernbestandteil ihrer Identität. Aus dem Protest gegen ökologische Einzelmaßnahmen und habitueller Distanz zur Umweltbewegung wurde ein politisches Projekt. Das veränderte den Kontext, in dem von nun an über Klimaschutz entschieden werden konnte: Der Aushandlungsprozess über das richtige Maß und die richtige Form von Umweltschutz wurde zunächst im Kongress und dann in Reaktion auf den Amtsantritt Obamas durch die Tea Party einseitig von der amerikanischen Rechten abgebrochen.

Zu einem eindrücklichen und für die Umweltbewegung besonders schmerzhaften Beleg für diese Verschiebung wurde 2009 das Schicksal von Obamas wichtigster Klimaschutzinitiative. Angetrieben von der Überzeugung, dass sich die politische Kluft zwischen den beiden Parteien in Washington schließen lasse, entwickelte die Obama-Administration eine ambitionierte Klimaschutzreform. Die Waxman-Markey American Clean Energy and Security Bill wollte die Abhängigkeit des Landes von fossilen Brennstoffen mit Hilfe neuer Standards, Investitionen und vor allem mit einem *Cap-and-trade*-Mechanismus (Emissionshandel mit Obergrenze) beenden.

Anders als seine Nachfolger hatte Obama mit zunächst sechzig Sitzen im Senat die politische Mehrheit, um ein solch ambitioniertes Vorhaben umzusetzen. Dennoch versuchte er, lagerübergreifende Gemeinsamkeiten zu schaffen, indem er beim Klimaschutz dezidiert nicht auf staatliche Regulierung, sondern auf marktwirtschaftliche Anreize setzte. Zahlreiche prominente Republikaner hatten *cap-and-trade* im Wahlkampf als neuen Ansatz eines *Free Market Environmentalism* propagiert, allen voran Obamas Gegenspieler in der Präsidentschaftswahl John McCain. Doch die inhaltliche Ausgestaltung von Politik spielte für den konservativen Kampf gegen die Obama-Administration keine Rolle. Nach ihrer Wahlniederlage wollten die Republikaner von *cap-and-trade* nichts mehr wissen, Obamas *super majority* im Senat bröckelte und der linke Flügel der Demokratischen Partei verweigerte einer dezidiert marktorientierten Klimareform den Rückhalt – Obamas Klimapolitik scheiterte krachend.

Mit dem Einzug von Donald Trump ins Weiße Haus im Januar 2017 wurde *Anti-Environmentalism* schließlich zur Staatsdoktrin und von der Regierung systematisch, konsequent und zügig umgesetzt. Tatsächlich schien es wenige andere Politikfelder zu geben, in denen die anfangs recht unvorbereitete Trump-Administration so effizient und wirkungsvoll vorging wie beim Abbau von Umweltschutz.

Die 2020er Jahre: Gelingt Bidens Klimastrukturreform?

Mit der Verabschiedung des Inflation Reduction Act im Sommer 2022 hat die Biden-Administration ein gewaltiges Binnenentwicklungsprogramm begonnen, das versucht, das Land aus der Abhängigkeit von fossilen Brennstoffen (und dem ökonomischen Niedergang) heraus zu industrialisieren. Die Biden-Administration interpretiert Klimaschutzpolitik als Industrialisierungsprogramm und Jobmotor und bewusst nicht als Verkehrs- oder Agrarwende, die darauf abzielen, Mobilitäts- oder Ernährungsverhalten zu ändern. Es ist bemerkenswert, welche Dynamik dieser Ansatz im ganzen Land bereits ein Jahr nach der Unterzeichnung des Gesetzes ausgelöst hat.

Auch international sind die Folgen beachtlich. Es könnte tatsächlich sein, dass die USA mit ihrem in Europa zunächst als protektionistisch verunglimpften Inflation Reduction Act (IRA) den Elektrifizierungswettlauf in Gang gesetzt haben, den sich die internationale Gemeinschaft vom Pariser Klimaabkommen versprochen hatte. Doch obwohl die finanziellen Bundesmittel freigegeben sind, hängt die Umsetzung – der Bau von Windparks, die Produktion von Solaranlagen und Batterien, die Elektrifizierung der Infrastruktur, des Baugewerbes und der Mobilität im öffentlichen und im privaten Bereich etc. – von den Bundesstaaten und Gemeinden ab.

Wenn man verstehen will, welche Schlüsse die Republikanische Partei aus diesen Entwicklungen zieht, muss man nach Florida schauen. Im Küstenstaat lassen sich die dramatischen Folgen der Klimakrise nicht mehr ignorieren, geschweige denn leugnen. Floridas Gouverneur Ron DeSantis hat deshalb 2021 in Zusammenarbeit mit den Demokraten das Resilient Florida Program ausgearbeitet, das 1,2 Mrd. Dollar für den Bau von Dämmen, Abflussbecken und weitere Maßnahmen vorsieht und den (wohlhabenden) Gemeinden an der Küste helfen soll, sich an die neuen Bedingungen anzupassen.

Dieses scheinbare Eingeständnis an die De-facto-Realität der Klimakrise darf allerdings nicht als politisches Umdenken und Abkehr von einem dogmatischen *Anti-Environmentalism* missverstanden werden. Parallel zu diesen staatlichen Resilienzprogrammen verfolgt die Republikanische Partei in Florida eine aggressive antiökologische Politik, deren erklärtes Ziel die Sabotage erneuerbarer Energien und jeglicher Form von Dekarbonisierung oder Naturschutz ist. Anfang 2021 wurde in Florida das etwas umständlich benannte Preemption Over Restriction of Utility Services Gesetz verabschiedet, eine sogenannte „ban-all-bans"-Bill, die es Gemeinden und Städten im Sunshine State untersagt, vollständig auf Solar- oder Windenergie umzusteigen. Jede Form von Subvention oder politischer Förderung erneuerbarer Energien wird hier zur illegalen Diskriminierung fossiler Brennstoffe erklärt.

Auf der begleitenden Pressekonferenz beschrieb Ron DeSantis Klimaschutzpolitik abfällig als „left-wing stuff".

Ähnlich unmissverständlich ging er mit dem Thema *divestment* um, dem Versuch, staatliche Investitionen in klimaschädlichen Branchen zu vermeiden und stattdessen Dekarbonisierung zu fördern. Im Staat Florida ist es nun offiziell untersagt, Pensionsfonds aus fossilen Brennstoffen abzuziehen. In diesem politischen Umfeld hat sich in Florida und anderen republikanisch dominierten Staaten ein Netzwerk aus Non-profit-Organisationen und Beratungsinstituten gebildet, die die Folgen der Klimakrise wie den Anstieg des Meeresspiegels problematisieren und Gegenmaßnahmen fordern, diese Symptome der Erwärmung aber so entkontextualisieren, dass weder die globale Klimakrise noch fossile Brennstoffe als Ursache erwähnt werden – aus ideologischen oder taktischen Gründen. Hier formt sich eine konservative Umwelt- und Klimapolitik, die die Ursachen der Krise weiterhin ignoriert und versucht, Steuermittel dem eigenen, wohlhabenden Wählerklientel zukommen zu lassen. Während die Klimakrise also eskaliert, lässt die konservative Bewegung in den USA vom antiökologischen Dogmatismus nicht ab.

Anti-Environmentalism: Ein republikanisches Minderheitenprojekt

Der gesellschaftliche Aushandlungsprozess um die Umwelt- und Klimapolitik geht also durchaus weiter, aber unter den Bedingungen einer gespaltenen Medienlandschaft, der damit einhergehenden epistemischen Krise und unter dem Einfluss rechter Geldgeber. Die feindselige Haltung der amerikanischen Rechten gegenüber allem, was diese als „linken" *Environmentalism* begreift, ist nicht nur ökologisch fatal, sie wird zunehmend auch zur Belastung für die Demokratie: Für keine dieser antiökologischen Positionen gibt es eine gesellschaftliche Mehrheit in den USA.

Befragt man die amerikanische Bevölkerung nach ihrer Haltung zum Klimaschutz und zu konkreten Umweltschutzmaßnahmen, bekommt man keinesfalls den Eindruck, es mit einer polarisierten Gesellschaft zu tun zu haben. Zuletzt hat eine gemeinsamen Studie der Yale und der George Mason University gezeigt: Im Jahr 2022 finden es 84 Prozent der Befragten richtig, dass Landwirten finanziell dabei geholfen wird, ihre Böden klimafreundlicher zu bewirtschaften; 78 Prozent sind dafür, neue Arbeitsplätze für Bergleute und Menschen aus der Erdölindustrie zu schaffen, sodass Kohleminen geschlossen und Ölbohrungen beendet werden können; 68 Prozent unterstützen den Vorschlag, dass mehr Bundesmittel an Gemeinden mit geringen Budgets und *communities of color* fließen sollten, die besonders stark von Luft- und Wasserverschmutzung betroffen sind, und knapp 80 Prozent fordern den Ausbau erneuerbarer Energien auf öffentlichem Land.

Es handelt sich beim republikanischen *Anti-Environmentalism* also um ein Minderheitenprojekt. Trotzdem hat er in gewisser Weise einen bemerkenswerten Siegeszug erlebt: von der politischen Randständigkeit ins Machtzentrum und ideelle Herz der Republikanischen Partei. *Anti-Environmentalism* ist kein Relikt vergangener Zeiten. Er war und ist auch nicht anachronistisch, sondern im hohen Maße das Produkt zentraler politischer Entwicklungen der letzten Jahrzehnte.

Klare Absage an die Demokratie

Gleichzeitig ist die Zunahme von Umweltbewusstsein zum Signum moderner, demokratischer Systeme geworden: Es wird in der Zeitgeschichte beschrieben als das Ergebnis von mündigem Protest engagierter Bürgerinnen und Bürger, als Ausdruck des Aufstiegs sozialer Bewegungen, die Folge von Aufklärungsarbeit und schließlich das anscheinend logische Produkt von wissenschaftlichem Erkenntnisgewinn. Diesen Zusammenhang nimmt die konservative Bewegung als bedrohlich wahr. Sie sieht sich trotz wirtschaftlicher und politischer Macht in der Defensive.

In diesem Zusammenhang erfüllt die Skandalisierung ökologischer Sachthemen eine wichtige Funktion: Die Aufregung über eine mögliche staatliche Regulierung von Abgasen, Heizungen oder Gasherden dient auf Fox News, bei rechten Thinktanks und bei republikanischen Politikern dazu, die konservative Basis in dem Gefühl zu bestätigen, von einer linken Übermacht belagert zu werden. Diese permanente Selbstviktimisierung des rechten Amerikas legitimiert auch die radikalsten Mittel im Kampf gegen das liberale Amerika: Von hier führt ein direkter Weg zur antiliberalen Politik von Ron DeSantis in Florida oder zu dem gewalttätigen Angriff auf den demokratischen Machtwechsel am 6. Januar 2021.

Joe Bidens Industrie- und Investitionspolitik werden von der Administration mit der Hoffnung verbunden und legitimiert, die Wut des weißen Amerikas außerhalb der Städte besänftigen zu können und den politischen Kulturkampf im Land auf diese Weise zu entschärfen. Doch weder der politische *Anti-Environmentalism* der konservativen Bewegung noch der Angriff der Rechten auf Bürgerrechte, Wohlfahrtsstaat und demokratische Institutionen sind von sozialer Not oder ökonomischen Abstiegsängsten getrieben. Dahinter steht eine klare Absage an eine Demokratie, in der die Würde jedes einzelnen Menschen unantastbar ist, in der die Rechte von Minderheiten uneingeschränkt geschützt sind und die politische Entwicklung des Landes gewaltfrei und von einer Mehrheit der Gesellschaft bestimmt wird, selbst wenn diese Mehrheit nicht mehr weiß und christlich ist.

Deshalb lässt sich auch eine Zukunft vorstellen, in der zwar die Eskalation der Klimakrise aufgrund industrieller Dekarbonisierung in den kommenden Jahren entschleunigt wird, in der grüne Jobs Wohlstand zurück in abgehängte Teile der USA bringen und die soziale Not zumindest etwas abgemildert wird – in der aber zugleich der Kampf des rechten Amerikas gegen eine pluralistische, liberale Demokratie ungezügelt weitergeht und breite Teile der Bevölkerung entrechtet sind.

Die Chimäre der Klimaneutralität

Über die entlastende Wirkung eines neuen Mantras

Von **Guido Speckmann**

Wer bietet mehr, wer hat noch nicht: Auf der klimapolitischen Weltbühne ging es Ende 2020, Anfang 2021 zu wie auf einer Auktion. Gegenstand der Begierde: die Klimaneutralität. Die EU will sie bis 2050, Großbritannien, Kanada, Japan und Südkorea ebenso. Und was war der Jubel groß, als der neue US-Präsident Joe Biden ankündigte, die USA ebenfalls ab 2050 klimaneutral wirtschaften lassen zu wollen. Nur China lässt sich etwas länger Zeit: Erst 2060 soll die „Netto-Null" stehen, neben Treibhausgasneutralität *das* Synonym für Klimaneutralität. Und mit diesem Ziel stehen die Staaten nicht allein: Schon vor längerer Zeit sind Unternehmen, Ölmultis, Versicherer, Finanzkonzerne und Kommunen auf den Zug der Klimaneutralität aufgesprungen. Es gibt klimaneutrale Milch im Supermarkt, es kann klimaneutral getankt werden und selbstverständlich werden die online bestellten Waren klimaneutral zugestellt. Binnen kürzester Zeit ist der Begriff der Klimaneutralität zu dem prägenden Wort des Klimadiskurses avanciert, das wie ein Mantra völlig unreflektiert vor sich hingebetet wird.

Dieser muntere Bekenntnis-Reigen dürfte entscheidend von den neuen klimapolitischen Bewegungen mitangestoßen worden sein. Fridays for Future strebt die Netto-Null bis 2035 an, Extinction Rebellion Deutschland indes hat das Ziel der Klimaneutralität bis 2025 inzwischen aus dem Forderungskatalog gestrichen.[1] Zudem spielte das UN-Klimasekretariat eine wichtige Rolle, als es im Juni 2020 die internationale Kampagne *Race to Zero* ausrief. Deren Ziel ist es, die CO_2-Emissionen bis 2050 auf Netto-Null zu senken, also Klimaneutralität zu erreichen. Die Liste der Unterstützer liest sich beeindruckend: Der Netto-Null-Initiative haben sich Stand September 2022 über 11 000 nichtstaatliche Akteure angeschlossen, darunter 8307 Unternehmen, 595 Finanzinstitute und 1136 Städte, heißt es auf der UN-Website.[2] Inzwischen ruft die Kampagne dazu auf, „rigorose und sofortige Maßnahmen zu ergreifen, um die globalen Emissionen bis 2030 zu halbieren".

Wird der Klimaschutz jetzt also endlich von den Entscheidungsträgern ernst genommen? Null Emissionen mehr, Produkte und Dienstleistungen, die neutral sind, also keine Auswirkung auf das Klima haben – das hört sich

1 Sitzt XR Deutschland im falschen Dampfer? Warum ist die Forderung nach Netto-Null ein Problem?, extinctionrebellion.de.
2 Vgl. Race To Zero Campaign, unfccc.int.

in der Tat gut an. Doch bisher ist die globale Klimapolitik die Geschichte der Verkündung von hehren Zielen, die jedoch nie erreicht wurden. Gerade deshalb lohnt es sich, den so wohlklingenden Begriff der Klimaneutralität genauer unter die Lupe zu nehmen.

Die Entstehung der »grünen« Netto-Null

Das englische Adjektiv *carbon-neutral* wurde bereits 2006 in den USA vom „New Oxford American Dictionary" zum Wort des Jahres gewählt. Die Auszeichnung reflektierte den damaligen, vorwiegend auf individuelle Handlungen abzielenden Gebrauch des Wortes: Demnach sollen eigene Aktivitäten wie Autofahren oder Fliegen durch Aufforstungsprojekte oder Investitionen in erneuerbare Energien ausgeglichen werden. In der Begründung hieß es damals: „Die zunehmende Verwendung des Wortes ‚klimaneutral' spiegelt nicht nur die Ökologisierung unserer Kultur wider, sondern auch die Ökologisierung unserer Sprache."[3]

Die globale Verwendung des Wortes „klimaneutral" begann eine knappe Dekade später, mit dem UN-Rahmenübereinkommen über Klimaänderungen von 2015, bekannt als Pariser Klimaabkommen. Zwar taucht der Terminus im Vertrag selbst nicht auf, doch während der Verhandlungen zu diesem scheint er verstärkt verwendet worden zu sein.[4] Im Abkommen wird das Phänomen in Artikel 4.1 als „Gleichgewicht zwischen den anthropogenen Emissionen von Treibhausgasen aus Quellen und dem Abbau solcher Gase durch Senken" umschrieben. In UN-Statements und anderen für die Öffentlichkeit verfassten Dokumenten ist dann mit ausdrücklichem Hinweis auf das Paris-Abkommen von Treibhausgas- oder Klimaneutralität die Rede. Noch 2015 wurde vom UN-Klimasekretariat die Initiative *Climate Neutral Now* initiiert, um die im Paris-Vertrag avisierte Klimaneutralität bis 2050 zu erreichen. Insofern hat das Paris-Abkommen die Treibhausgasneutralität zum Ziel aller globalen Klimapolitik gemacht.

Wie aber sollen die weltweiten Zu- und Abflüsse von Treibhausgasen in ein Gleichgewicht gebracht werden? Die Initiative Climate Neutral Now bringt es auf den Begriff: durch Messen, Reduzieren und Kompensieren (Measure, Reduce, Offset). Im Klartext: Der sogenannte CO_2-Fußabdruck soll ermittelt und die Treibhausgase sollen, soweit es geht, reduziert werden – und jene, die „gegenwärtig nicht vermieden werden können", sollen mit von den Vereinten Nationen zertifizierten Kohlenstoffgutschriften ausgeglichen werden. Zum Beispiel, indem ein deutscher Kraftwerksbetreiber die Aufforstung von Wäldern in anderen Ländern finanziert. Dieser Ansatz geht einerseits davon aus, dass es letztlich egal ist, wo die emittierten Treibhausgase neutralisiert werden. Schließlich wirken diese global, weshalb der Ausgleich dort stattfin-

3 Zit. nach Sybille Bauriedl, Klimaneutralität, in: dies. (Hg.), Wörterbuch Klimadebatte, Bielefeld 2016, S. 189.

4 Vgl. Hans-Jochen Luhmann und Wolfgang Obergassel, Klimaneutralität versus Treibhausgasneutralität, in: „GAIA – Ökologische Perspektiven für Wissenschaft und Gesellschaft", 1/2020, S. 27-33, hier S. 27f.

den könne, wo das einfach und kostengünstig möglich ist. Andererseits liegt der Annahme, CO_2 überhaupt kompensieren zu können, eine gleichermaßen naturwissenschaftliche wie marktkompatible Perspektive zugrunde. Diese geht davon aus, dass Emissionen gemessen, addiert, bilanziert und gehandelt werden können. Voraussetzung für das Kompensieren ist somit ein globaler Markt für Verschmutzungsrechte. Dieses komplexe Geflecht aus Klimaschutztransaktionen, Zertifizierungen und Monitoring entstand bereits 1997 – mit dem Kyoto-Protokoll.

Emissionen kompensieren – oft sogar mit gegenteiligen Effekten

Grundsätzlich gibt es zwei Arten der Kompensation: die freiwillige auf individueller und Unternehmensebene und die auf staatlicher Ebene im Rahmen des Kyoto-Protokolls. Die Mechanismen des Kyoto-Protokolls, Joint Implementation und Clean Development (CDM), stehen indes massiv in der Kritik.

Denn finanzstarken Akteuren in den frühindustrialisierten Staaten werde es auf diese Weise ermöglicht – so der erste Kritikpunkt –, sich vor der Reduktion der eigenen Emissionen zu drücken. Stattdessen sollen messbare Mengen freigesetzter Kohlenstoffe durch das Verhindern potentieller Kohlenstoffemissionen im globalen Süden ausgeglichen werden. Klimaschutz wird somit bloß verlagert. Große Konzerne und mächtige Staaten erkaufen sich das Recht, die Umwelt weiter zu verschmutzen und können im Grundsatz weitermachen wie gehabt. Der Ansatz, Emissionen hierzulande mit Emissionen anderswo auszugleichen, negiert zudem den gesundheitsschädigenden Charakter von Emissionen. Laut Weltgesundheitsorganisation sterben global jedes Jahr 4,2 Millionen Menschen vorzeitig, weil sie Luft einatmen mussten, die von Autos, Kohlekraftwerken, Fabriken und der industriellen Landwirtschaft verschmutzt wurde. Andere Studien gehen gar von über 8,7 Millionen Toten aus. Und die Hauptursache für die schlechte Luft ist zugleich auch jene für den Klimawandel, nämlich die Verbrennung fossiler Brennstoffe.

Kritikpunkt Nummer zwei: Die Kompensationsprojekte setzen zudem eine globale soziale Spaltung voraus, sprich: unterschiedliche Niveaus bei Industrialisierung, Energieverbrauch und Entwicklung. Stünden dagegen alle Staaten auf einer vergleichbaren „Entwicklungsstufe", würde es kaum noch Potentiale für Kompensationen geben. Denn Industrialisierung geht stets mit Landnutzungsänderungen und Flächenverbrauch sowie einem erhöhten Energie- und Ressourcenverbrauch einher, in dessen Folge Moore und Wälder, also Kohlenstoffsenken, verschwinden – und damit auch die Möglichkeit der Kompensation.

Hinzu kommt drittens: Da sich im Pariser Klimaabkommen fast alle Staaten – nicht nur wie im Kyoto-Protokoll lediglich die Industriestaaten mit Ausnahme der USA – dazu verpflichtet haben, ihre Emissionen zu reduzieren und die verbliebenen zu kompensieren, schwindet das Potential der Kompensationsprojekte weiter – immer vorausgesetzt, dass sich die Vertragsstaaten an ihre Minderungsziele halten. Zusätzliche Emissionsreduktionen könne es nicht geben, wenn die Länder bereits ihr Maximum tun, so die NGO *Carbon Market Watch* in einer Analyse. „Kompensationen können nur zu einem Nullsummenspiel führen", lautet das Fazit. „Denn eine Tonne CO_2 wird irgendwo emittiert, und eine Tonne wird irgendwo anders reduziert. Sie können daher nicht zur langfristigen Emissionsreduktion eingesetzt werden und sind nicht mit der Idee vereinbar, auf globaler Ebene Netto-Null-Emissionen anzustreben."[5] Anders ausgedrückt: Wenn alle Länder irgendwo auf dieser begrenzten Erde ihre CO_2-Emissionen kompensieren sollen, stellt sich die Frage, wo das nötige Außen liegen soll, an dem dies noch möglich ist.

Der vierte Kritikpunkt an den Kompensationen ist der Zeitverzug: In dem Moment, wo das Zertifikat über eine CO_2-Reduktion gehandelt wird, ist der Effekt des Ausgleichs noch Zukunftsmusik.[6] Um es an einem sehr beliebten „Deal" zu verdeutlichen: Fliege ich von Frankfurt nach New York und kompensiere das mit der Finanzierung einer Aufforstung in Chile, werden die Bäume erst viele Jahre später CO_2 aufnehmen. Auch muss gewährleistet sein, dass die Bäume für mindestens hundert Jahre, der Verweildauer von Kohlenstoff in der Atmosphäre, vor Rodungen geschützt sind. Zudem führen Aufforstungsprojekte und der marktkonforme Waldschutz im Rahmen der sogenannten REDD-Programme zu Konflikten um Landnutzungsrechte im globalen Süden, deren Leidtragende häufig Indigene sind.[7] Überdies stellt sich die Frage, wer sich das Aufforstungsprojekt letztlich anrechnen kann und wird? Lufthansa – und damit der deutsche Staat, in dem Lufthansa seinen Hauptsitz hat? Oder Chile, das Land, in dem die Aufforstung tatsächlich durchgeführt wird? Die Gefahr der Doppelzählung ist – das zeigt die bisherige Erfahrung – sehr real und wird auch bei den Kompensationsmechanismen im Pariser Klimaabkommen fortbestehen.[8]

Das wohl wichtigste und zudem problematischste Kriterium bei Kompensationsprojekten ist schließlich – fünftens – die erforderliche Zusätzlichkeit. Wäre der Wald in Chile nicht auch ohne die Klimaschutzinvestition der Lufthansa aufgeforstet worden, lautet die Gretchenfrage.

Die Praxis ist mehr als ernüchternd. So zeigte zuletzt eine Recherche, dass jahrelang Millionen Waldschutzzertifikate verkauft wurden, ohne dass Kohlenstoff eingespart wurde.[9] Etliche Studien konnten zeigen, dass viele Projekte bereits angestoßen worden waren, bevor sie in den globalen Kohlenstoffmarkt eintraten. Teils wurden die Emissionen im Vorfeld sogar künstlich nach oben getrieben, so dass das Ausgangsszenario übertrieben hoch berechnet wurde. Die fatale Folge: Es wurden zu viele Zertifikate emittiert und verkauft. Millionen Zertifikate aus russischen und ukrainischen Klima-

5 Carbon Market Watch, Carbon markets 101. The Ultimate guide to global offsetting mechanism, carbonmarketwatch.org, 31.7.2020, S. 11.

6 Vgl. Eva Rechsteiner, Die Risiken der Klimaneutralität. Weshalb die derzeitigen Umsetzungsversuche den Prinzipien der Klimagerechtigkeit widersprechen, klima-der-gerechtigkeit.de, 22.4.2020.

7 World Rainforest Movement, REDD. A Collection of Conflicts, Contradictions and Lies, wrm.org.uy, 3.12.2014.

8 Vgl. Carbon Market Watch, Above and Beyond Carbon Offsetting. Alternatives to Compensation for Climate Action and Sustainable Development, carbonmarketwatch, 15.12.2020, S. 5f.

9 Grün getarnt, zeit.de, aktualisiert 1.5.2023; More than 90% of rainforest carbon offets by biggest cerifiert are worthless, theguratdian.com, 18.1.2023.

schutzprojekten, so eine Studie des Stockholm Environment Institute, führten sogar zu einem Anstieg der globalen Treibhausgasemissionen.[10] Das Stockholmer Institut zeigte des Weiteren, dass fast drei Viertel aller Joint-Implementation-Projekte keine Emissionsreduktionen bewirkt haben – oder weniger als deklariert.[11] Das Freiburger Öko-Institut kam sogar zu der Schlussfolgerung, dass 85 Prozent der analysierten Clean-Development-Mechanism-Projekte und 73 Prozent des potentiellen Angebots an zertifizierten Emissionsreduktionen für den Zeitraum 2013 bis 2020 eine geringe Wahrscheinlichkeit der Zusätzlichkeit aufwiesen.[12]

Die Fehler der beiden Instrumente, so die Befürchtung, könnten im Kohlenstoffmarkt des Pariser Abkommens fortgeführt werden. Darüber hinaus besteht die Gefahr eines viel zu großen Angebots an CDM-Zertifikaten, die in den Kohlenstoffmarkt im Rahmen des Pariser Abkommens überführt werden könnten. Dann aber stünden viel zu viele Gutschriften für die Nutzung zur Verfügung, ohne dass dies tatsächlich zur Reduktion einer einzigen Tonne CO_2 führen würde. Bis mindestens 2035 könnte das die Lage sein.[13]

Seit dem Klimagipfel in Glasgow 2021 wird um die Ausgestaltung des Kohlenstoffmarktes gerungen. Wie auch immer diese ausfällt: Höchst bemerkenswert ist bereits jetzt, dass der UN-regulierte Kohlenstoffhandel durch das Pariser Klimaabkommen wiederbelebt wird, obwohl er zuvor so dürftige Ergebnisse gebracht hat und unter anderem eben wegen dieser Misserfolge und infolge der gescheiterten UN-Klimakonferenz von Kopenhagen 2009 massiv an Reputation verloren hatte.[14]

Abscheidungen und Negativemissionen – eine hochriskante Wette

Neben der bereits im großen Stil betriebenen Praxis des Kompensierens bedeutet Klimaneutralität schließlich auch massiven Auftrieb für das Abscheiden und Speichern von Kohlenstoffen, das sogenannte *Carbon Capture and Storage*, oder kurz: CCS.[15] Bei diesen Verfahren soll das CO_2 aus beispielsweise der Stahl- oder Zementherstellung aufgefangen und unterirdisch gespeichert werden. Die Betonung liegt auf „soll". Denn CCS ist alles andere als kommerziell anwendbar, schon gar nicht im großen Stil. Das hängt mit den zahlreichen Problemen zusammen, die diese Technik mit sich bringt. Das Verfahren benötigt ein hohes Maß an Energieeinsatz, der womöglich aus fossilen Quellen stammt. Es ist teuer und keineswegs sicher, dass der Kohlenstoff auf Dauer gespeichert werden kann, die Gefahr der Leckagen ist immer

10 Has Joint Implementation reduced GHG emissions? Lessons learned for the design of carbon market mechanisms, sei.org, 24.8.2015.
11 Vgl. Bettina Dyttrich, Kompensieren als Klimakiller, in: „woz", 29.11.2018.
12 Öko-Insitut e.V., How additional is the Clean Development Mechanism?, oeko.de, 3/2016, S. 11.
13 Carbon Market Watch, Carbon markets 101, a.a.O., S. 6.
14 Vgl. Mareike Blum und Eva Lövbrand, The return of carbon offsetting? The discursive legitimation of new market arrangements in the Paris climate regime, in: „Earth System Governance" 2/2019, S. 2, sciencedirect.com.
15 Vgl. Samuel Alexander und Joshua Floyd, Das Ende der Kohlenstoff-Zivilisation. Wie wir mit weniger Energie leben können, München 2020, S. 74ff.

gegeben. In der Vergangenheit sind daher weltweit immer wieder Großversuche eingestellt worden.

Eine weitere Form des Entziehens von Kohlenstoffen aus der Atmosphäre sind „Negative Emissionstechnologien“ (NET). Hierunter versteht man einerseits Praktiken wie die Bepflanzung großer Landflächen mit Bäumen und Pflanzen, Seegras- und Algenzucht, Biokohleproduktion sowie die Düngung der Ozeane und andererseits Geoengineering-Methoden wie die Kohlendioxidentnahme *(Carbon Dioxide Removal)*. Gerade letztere ist noch unausgereifter, teurer, energieintensiver und risikoreicher als das CCS. Eine Studie kam zu dem Urteil, dass gerade die fossilen Industrien bei der Entwicklung und Förderung von Geoengineering-Technologien eine tragende Rolle spielen – und somit versuchen, ihre Geschäftsmodelle bewusst am Leben zu erhalten oder neue zu erschließen.[16]

Negative Emissions- und Abscheidungstechniken können auch kombiniert werden. Abscheidung und Speicherung von Kohlenstoff aus Biomasseenergie (BECCS) lautet dafür der Fachbegriff. Dabei werden Bäume gepflanzt, die CO_2 aufnehmen. Dann wird Holz zur Stromerzeugung verbrannt, aber das Kohlenstoffdioxid abgeschieden und gespeichert. Der große Nachteil hier: Es werden enorme Wassermengen und Flächen benötigt, die mit Flächen zur Lebensmittelproduktion konkurrieren oder auf Kosten der Biodiversität gehen. Und es ist keineswegs sicher, dass die angenommene Speicherung in Biomasse tatsächlich eintritt. Umso besorgniserregender ist es, dass fast alle etablierten Analysen für atmosphärische CO_2-Minderungspfade, einschließlich der des UN-Weltklimarates (IPCC), „äußerst mutige Annahmen über CCS und NET treffen“, so die Energiewissenschaftler Samuel Alexander und Joshua Floyd. Der internationale politische Diskurs über das Klima stütze sich auf Technologien, hauptsächlich BECCS, die theoretisch plausibel sind, aber in der Praxis nicht existierten. CCS und NET seien somit ein „risikoreiches Glücksspiel“ und grenzten an „fahrlässiges Verhalten“.[17]

Was also, wenn die ungedeckte Wette nicht aufgeht? Dann würde es noch viel schwieriger, die Emissionen zu vermeiden, weil weitere wertvolle Zeit verstrichen ist, in der man auf das Potential der Negativemissionen gehofft hat, während die Bemühungen zu einer echten Reduktion der Emissionen vernachlässigt wurden. Denn Emissionsreduktionen, auf die in der Gegenwart verzichtet wird, können im globalen kumulativen Kohlenstoffbudget nicht durch zukünftige Emissionsreduktionen ersetzt werden. Genau dieses Phänomen zeichnet sich jedoch ab, wie eine Studie der Lancaster University zeigt: Die Befragung von 80 politischen Entscheidungsträgern, Managern, Akademikern und NGO-Vertretern hat ergeben, dass die Hoffnung auf Negativemissionen als Element der Netto-Null die Emissionsreduktion bereits verlangsamt hat. Und weitere Forschung und Investitionen in Negativ-Emissionstechnologien könnten diesen Prozess noch beschleunigen. Denn sie

16 Fuel to the Fire. How Geoengineering Threatens to Entrench Fossil Fuels and Accelarate the Climate Crisis, boell.de, 2.2.2019.
17 Samuel und Floyd, a.a.O., S. 75.

signalisieren: Es ist wohl nur noch eine Frage der Zeit, bis diese Techniken ausgereift sind – also können wir uns ruhig zurücklehnen, was die jetzige Reduktion von Emissionen anbelangt.[18]

Klimaneutralität als Greenwashing – zur Legitimation des Status quo

Die Schlussfolgerung der Forscher lautet daher: Es ist absolut notwendig, über die Klimaneutralität hinauszugehen und die beiden Ziele, Emissionsreduktionen und Negativemissionen, klar voneinander zu trennen und nicht das eine auf das andere anzurechnen. Denn obwohl bei den Bekenntnissen zur Klimaneutralität auch die Reduktion von Emissionen eine Rolle spielt, ist bereits absehbar, dass sich Staaten und Unternehmen mit den Schlupflöchern Kompensation, Abscheidung und Negativ-Emissionstechnologien von der Notwendigkeit der CO_2-Einsparung freikaufen werden.

Klimaneutralität fungiert damit im Ergebnis als Greenwashing – und entlastet so von der eigenen Verantwortung für den globalen Klimaschutz: Mit der technikoptimistischen Wette auf Negativemissionen und der Möglichkeit, über einen komplexen globalen Markt Kohlenstoffemissionen andernorts zu „neutralisieren", entledigen sich Staaten, Unternehmen und Einzelpersonen der Pflicht, ihre eigenen Emissionen zu reduzieren. Klimaneutralität ist somit die aktuellste Rechtfertigung der Industriestaaten, das zu unterlassen, was tatsächlich notwendig wäre, um die Folgen des Klimawandels abzumildern: mit der Verbrennung von Öl, Kohle und Gas jetzt endlich aufzuhören – und zwar hier, im globalen Norden.

Der Begriff der „Netto-Null" legt dagegen nahe, dass es mit Wachstum, Kapitalismus und dem gewohnten Konsumniveau weitergehen kann wie gehabt. Nur ein bisschen grüner soll alles werden. Erneuerbare Energien sollen die fossilen ersetzen, haben aber noch vor allem einen Alibi-Charakter, da sie bis heute nur an der Stromerzeugung einen nennenswerten Anteil haben. So aber werden weiterhin jährlich fossile Energieträger in Milliardenhöhe subventioniert: Bereits ein Jahr vor der russischen Invasion in die Ukraine wurden die Investitionen in Gaspipelines und Flüssiggasterminals allein in Europa für die nächsten zehn Jahre auf über 70 Mrd. Euro geschätzt.[19]

Der Begriff der Klimaneutralität erfüllt somit eine ideologisch verschleiernde Funktion: Er suggeriert, dass Klimaschutz betrieben wird und die Pariser Klimaziele auf diese Weise eingehalten werden können. Das aber wird gerade nicht der Fall sein.[20] So fügt sich die Klimaneutralität ein in die Geschichte neoliberalen Umweltmanagements, das marktwirtschaftlichen Gesetzen folgt. Dabei zeigt es sich unberührt von der erdrückenden Beweislast: Denn trotz jahrzehntelanger globaler Klimapolitik der marktwirtschaft-

18 Duncan McLaren, The problem with net-zero emissions targets, carbonbrief.org, 30.9.2019; ders. u.a., Beyond „Net-Zero": A Case for Separate Targets for Emissions Reduction and Negative Emissions, frontiersin.org, 21.8.2019.
19 Vgl. Wie neue Pipelines den Klimaschutz durchkreuzen, in: „Süddeutsche Zeitung", 3.2.2021.
20 Vgl. Hans-Josef Fell und Thure Traber, Der Pfad einer Klimaneutralität ab 2050 verhehlt die Klimaziele von Paris, energywatchgroup.org, 12/2020.

lichen Art steigen die Emissionen weltweit weiter. Einzige Ausnahmen: die globalen Wirtschaftseinbrüche von 2008/2009 infolge der Finanzkrise oder 2020 infolge der Corona-Pandemie.

Somit liegt eigentlich klar auf der Hand, was erfolgreicher Klimaschutz sein könnte: eine Verringerung der Wirtschaftstätigkeit, da diese immer mit Ressourcen- und Energieverbrauch einhergeht; Energiesuffizienz, also Strategien zur nachhaltigen Begrenzung des Energiebedarfs, und damit schließlich die Entwicklung einer Postwachstumsgesellschaft. Keineswegs aber reichen wegen der Gefahr von Rebound-Effekten nur Energieeffizienz und das Ersetzen der fossilen durch erneuerbare Energien. Denn diese haben unter anderem aufgrund der geringeren Energiedichte und eines niedrigeren sogenannten Erntefaktors (Verhältnis der eingesetzten zur erzeugten Energie) nicht das Potential, so viel Energie zur Verfügung zu stellen, als dass das bisherige, immens hohe Niveau aufrechterhalten werden könnte.[21]

Damit stellen sich jedoch unangenehme Fragen nach grundsätzlichen strukturellen Änderungen: Energiesuffizienz ist mit Wachstum im Sinne von mehr Umweltverbrauch nicht vereinbar, Kapitalismus wiederum ist ohne Wachstum des Bruttoinlandsprodukts (BIP) kaum vorstellbar, weil die Konkurrenz der Unternehmen diese bei Strafe des Untergangs zur permanenten und unbeschränkten Kapitalakkumulation zwingt. Weshalb sie stets versuchen, die Produktion effizienter und innovativer zu gestalten, um ihren Warenausstoß und damit ihre Profite zu erhöhen. Bricht das BIP in Rezessionen und Krisen ein, hat das Massenarbeitslosigkeit und Massenelend zur Folge, was wiederum die Krise des Systems verstärkt. Das erforderliche BIP-Wachstum geht jedoch stets einher mit Umweltverbrauch – allen Hoffnungen auf Entkopplung und grünes Wachstum zum Trotz.[22] Denn der Zwang der Unternehmen zur Innovation und Effizienz wird nicht genutzt, um den Input zu verringern und den Output auf einem gleichbleibenden Niveau zu halten, sondern um den Ausstoß an Waren zu erhöhen.

Eine tatsächlich nachhaltige Produktionsweise mit weniger Ressourcen- und Energieverbrauch hätte dagegen zwangsläufig ein geringeres Konsumniveau zur Folge. Da zudem die frühindustrialisierten Staaten historisch betrachtet bis heute die meiste Energie und die meisten Ressourcen verbraucht haben, muss auch aus Gerechtigkeitsgründen ihr Konsumlevel viel drastischer sinken, damit die später industrialisierten Länder zumindest ein Niveau erreichen können, das allen Menschen ein Leben ohne Armut ermöglicht.

Es versteht sich, dass vor diesem Hintergrund „Klimaneutralität" die weitaus angenehmere Option ist. Sie gaukelt eine Antwort auf die Klimafrage vor und bejaht zugleich die Frage, ob unser Wirtschafts- und Wohlstandsmodell in seiner jetzigen Form konserviert werden kann. Schöner kann Klimaschutz nicht sein, untauglicher aber auch nicht.

21 Vgl. ausführlich Samuel und Floyd, a.a.O., S. 89-116.
22 Vgl. European Environmental Bureau, Decoupling Debunked. Evidence and arguments against green growth as a sole strategy for sustainability, eeb.org, 9.7.2019.

Konservierende Subventionen

Warum billige Energie für die Industrie der ökologischen Transformation schadet

Von **Reinhard Loske**

Der Preis für Industriestrom ist als Folge von Russlands Angriff auf die Ukraine und des daraus resultierenden Boykotts von (sehr preisgünstigem) russischem Erdgas durch die meisten westlichen Industriestaaten stark angestiegen. Das gilt insbesondere in Deutschland, wo sich Bundesregierung und energieintensive Industrien in trauter Eintracht und sehenden Auges in die Abhängigkeit von russischem Gas begeben und so Putins strategischer Erdgaspolitik zu einem Erfolg verholfen haben.

Dass für dieses „Klumpenrisiko" irgendwann ein Preis zu zahlen sein würde, hätte die Allianz aus Bundesregierung, Erdgasbranche und Schwerindustrie spätestens seit der Krim-Annexion 2014 vorhersehen müssen, zumal es viele mahnende Stimmen im In- und Ausland gab. Geschehen ist bekanntermaßen das Gegenteil: Durch Nord Stream 2 sollte die Abhängigkeit von Russland noch vergrößert werden. Das deutsche Modell, niedrige Energiepreise als Booster für hohe Exportüberschüsse des produzierenden Gewerbes zu nutzen, galt als sakrosankt.

All das ist mittlerweile (traurige und aufzuarbeitende) Geschichte. Aber was ist in Sachen Industrie und Energie nun der richtige Weg nach vorn? Lange war der „Industriestrompreis", also ein politisch festgelegter Höchstpreis für energieintensive Betriebe aus Branchen wie der Chemie-, Stahl-, Aluminium-, Glas- oder Papierindustrie die favorisierte Lösung einer ungewohnten Allianz aus Grünen, SPD und Industrieverbänden.

Die Ampelkoalition einigte sich schließlich auf eine Art „Industriestrompreis light": Anfang November 2023 beschloss sie eine Strompreisentlastung für Unternehmen von 12 Mrd. Euro allein für 2024. So soll die Stromsteuer für alle Betriebe des produzierenden Gewerbes gesenkt werden – von 1,537 Cent je Kilowattstunde auf nur noch 0,05 Cent, den von der EU vorgeschriebenen Mindestsatz. Außerdem werden rund 350 energieintensive Unternehmen, die im internationalen Wettbewerb stehen, von den Kosten durch den EU-Emissionshandel mit CO_2-Zertifikaten entlastet. 90 besonders stromintensive Unternehmen werden mit dem „Super-Cap" noch zusätzlich begünstigt. Da diese beiden Instrumente nicht aus dem Bundeshaushalt, sondern aus dem Klima- und Transformationsfonds finanziert werden sollen, bleibt nach dem Urteil des Bundesverfassungsgerichts abzuwarten, wie genau und für wie lange sie umgesetzt werden. Unabhängig davon, welche Entlastung tatsächlich kommt, stellt sich die Frage: Wie sinnvoll sind Subventionen für die energieintensiven Grundstoffindustrien, die ja in der einen oder anderen Weise vom Steuerzahler finanziert werden müssen?

Begründet wurde die Forderung nach einem Brückenstrompreis von SPD, Grünen, Ministerpräsidentenkonferenz, Industrieverbänden und -gewerkschaften damit, dass die energieintensiven Industrien für einen Übergangszeitraum geschützt und wettbewerbsfähig gehalten werden müssten – nicht zuletzt, weil andere Staaten wie die USA und China ihre entsprechenden Branchen ebenfalls unterstützen. Im Mittelpunkt stand folgendes Argument: Ohne umfassende Subventionen beim Industriestrompreis, sei mit der Abwanderung der energieintensiven Betriebe aus Deutschland zu rechnen.

Gerade diese Unternehmen jedoch brauche man in besonderer Weise, um den Wohlstand im Lande zu erhalten und die Transformation in Richtung Nachhaltigkeit voranzutreiben, so sinngemäß und recht pauschal das Bundeswirtschaftsministerium. Für das Jahr 2030 wird angenommen, dass sich die Strompreise durch einen starken Zuwachs an Solar- und Windenergie sowie den beschleunigten Bau von (potenziell „wasserstofffähigen") Gaskraftwerken auf einem Niveau einpendelt, welches staatliche Subventionierung dann überflüssig mache.

Im Gegenzug für die Gewährung einer solch erheblichen Subvention sollten die begünstigten Branchen glaubhafte Transformationsanstrengungen in Richtung Klimaverträglichkeit nachweisen, sich an vorhandene Tarifverträge halten und die Erhaltung von Standorten zusichern. Wie die Überprüfung von Klimaschutz, Standortsicherung und Tariftreue konkret gestaltet werden sollte, hatte das Ministerium nicht näher ausgeführt. Ist ein Brückenstrompreis (oder ähnliche Subventionen) für die energieintensiven Industrien aus einer nachhaltigkeits-, wettbewerbs-, gerechtigkeits- und gemeinwohlorientierten Perspektive nun der richtige Weg oder doch eher ein Irrweg?

Die Entlastung beim Strompreis verschleppt Zukunftsinvestitionen

Die umwelt- und klimaschädlichen Subventionen liegen in Deutschland nach Angaben des Umweltbundesamtes bei jährlich rund 65 Mrd. Euro, wobei dieser Betrag eher als konservative Schätzung gelten muss. 40 Prozent dieser Subventionen entfallen auf den Energiebereich und hiervon wiederum ein erheblicher Teil auf Privilegien der energieintensiven Industrien, vor allem auf Steuer-, Abgaben- und Umlagebefreiungen.

Mit dem Herunterdrücken der Strompreise für energieintensive Industrien würden die umweltschädlichen Subventionen im Energiebereich erheblich ansteigen – und das, obwohl von Teilen der Ampelkoalition immer wieder die Notwendigkeit des deutlichen Absenkens ebendieser problematischen Subventionen beschworen wird. Das ist nicht stimmig, auch wenn zugegebenermaßen momentan die Subventionen für fossile Energien weltweit steigen. Gegen diese fatale Tendenz, die weder mit den Pariser Klimazielen noch einer fairen Weltwirtschaftsordnung zu vereinbaren ist, abgestimmt vorzugehen, wäre eine wichtige Aufgabe der EU. Jedenfalls fehlt das zur Subventionierung der Industriestrompreise verwendete Geld für echte Investitionen in die ökologische Transformation und den Klimaschutz.

Der Brückenstrompreis schwächt die Energiewende

Manchmal gerät über die starke Konzentration auf den Ausbau erneuerbarer Energien in Vergessenheit, dass eine klimaschutzorientierte Energiewende auf drei Pfeilern ruht: der Energieeinsparung, der Verbesserung der Energieeffizienz auf allen Stufen von Energiebereitstellung und -verbrauch sowie der Substitution von fossilen durch erneuerbare Energien. Das künstliche Absenken von Energiepreisen schwächt alle drei Pfeiler der Energiewende, vor allem aber die beiden erstgenannten.

Wenn der Staat garantiert, dass Energiepreise ein bestimmtes Niveau nicht übersteigen, verringert er den Anreiz, Energie einzusparen und effizient zu verwenden. Er bremst damit in einem zentralen Sektor das Streben nach einer systematischen Verbesserung der gesamtwirtschaftlichen Energieproduktivität, also des Verhältnisses des Bruttoinlandsprodukts zum Energieaufwand, mit dem es erzeugt wird.

Schon während der vergangenen 15 Jahre stieg die Energieproduktivität in Deutschland lediglich um bescheidene 1,4 Prozent pro Jahr. Der Wert müsste aber mindestens doppelt so hoch liegen, um klimapolitisch wirksam und wettbewerbspolitisch förderlich zu sein. Statt auf zügige Transformation soll also wieder einmal auf gedämpften Umbau gesetzt werden. Zudem sind die Annahmen über die Länge der „Brücke" und das Erreichen des Ufers unschlagbar niedriger Preise für Sonnen- und Windenergie sehr optimistisch.

Aus einer Perspektive von Energieeinsparung und verbesserter Energieeffizienz ist der Brückenstrompreis kein geeignetes Instrument, um technische oder organisatorische Innovationen in der Industrie zu fördern.

Transformative statt konservierende Strukturpolitik

Grundsätzlich gilt, dass staatliche Struktur- und Industriepolitik legitim ist und sinnvoll sein kann. Welcher wirtschaftliche Entwicklungspfad eingeschlagen wird, darf nicht nur das Ergebnis von wettbewerblichen Erwägungen und einzelbetrieblichen Rationalitäten sein, sondern ist auch volkswirtschaftlich, politisch, gesellschaftlich und aus Sicherheitsperspektive zu definieren, mindestens in der Tendenz. Eine kohlenstofffreie Energieerzeugung oder eine abfallfreie Kreislaufwirtschaft anzustreben, das sind ja selbst strukturpolitische Ziele par excellence.

Eine Haltung, die dem Motto folgt: „Wirtschaft findet in der Wirtschaft statt, da hat der Staat nichts zu suchen", wird den Herausforderungen unserer Tage nicht gerecht. Man kann im politischen Diskurs also durchaus zu der

Einschätzung gelangen, dass die energieintensive Industrie weitmöglichst im Lande zu halten und im Transformationsprozess temporär zu stützen ist, auch wenn das Argument nicht absolut gesetzt werden darf.

Zu hinterfragen ist allerdings, ob man das mit einer tendenziell am Status quo orientierten Politik der „schützenden Hand" tun sollte. Diese Vorgehensweise hat schon in anderen Sektoren der Volkswirtschaft eher zu Problemen als zu Verbesserungen geführt. Ein altes und ein neues Beispiel zeugen davon:

Beispiel Steinkohlebergbau: Mit den Argumenten Versorgungssicherheit und Sozialverträglichkeit wurden in Deutschland vom Staat insgesamt Steinkohlesubventionen zwischen 200 und 300 Mrd. Euro ausgeschüttet, vorwiegend Absatzhilfen, Abnahmegarantien und Anpassungsgelder. Hinzu kommen die Ewigkeitskosten des Bergbaus wie das Abpumpen des Oberflächenwassers in Bergsenkungsgebieten oder das Reinigen und Überwachen des Grundwassers im Umfeld alter Kokereien. Hätte man das viele Geld oder zumindest Teile davon in einen früheren Kohleausstieg, ökologischen Strukturwandel, Innovationsförderung, Qualifizierung, Weiterbildung und eine neue Gründungskultur investiert, stünde etwa das Ruhrgebiet heute wirtschaftlich besser da.

Beispiel Automobilindustrie: Weil Deutschlands Automobilindustrie besonders im sogenannten Premiumsegment stark ist, glaubten Bundesregierungen aller Couleur lange Zeit, es gelte, die Branche und vor allem ihre schweren Karossen durch Winkelzüge aller Art vor allzu ambitionierten Emissionsminderungszielen aus Brüssel zu schützen – vermeintlich mit Erfolg. Diese „schützende Hand" hat aber letztlich das Gegenteil von dem bewirkt, was intendiert war. Durch die lange Fokussierung auf den Verbrennungsmotor und die generelle Automobilfixierung der Politik wurden der notwendige Anpassungsdruck zur Entwicklung von Elektromobilität und intermodalen Verkehrskonzepten gesenkt und die Wettbewerbsfähigkeit im Bereich nachhaltiger und elektrischer Mobilität geschwächt. Neue Akteure setzen nun die Champions der alten Automobilwelt unter erheblichen Wettbewerbsdruck. Dass diese mithalten können, ist noch keineswegs ausgemacht. Ob die Idee, das Prinzip der „schützenden Hand" für die energieintensive Industrie nun noch weiter auszudehnen, wirklich eine gute ist, ist also auch aus industriepolitischer Perspektive sehr fragwürdig.

Quersubventionierung der energieintensiven Industrie ist nicht gerecht

Wenn der Strompreis für die energieintensive Industrie auf vergleichsweise niedrigem Niveau gedrückt wird, darf man unter gegebenen Marktbedingungen annehmen, dass deren Stromnachfrage steigen wird. Bei konstantem oder nur leicht steigendem Energieangebot führt das zu anziehenden Preisen für all jene, die nicht unter das Sonderregime des Industriestrompreises fallen. Mit anderen Worten: Insbesondere Dienstleitungsbetriebe sowie die Bürgerinnen und Bürger insgesamt zahlen für den subventionierten

Industriestrompreis doppelt: Als Steuerzahler finanzieren sie die Subvention für die energieintensive Industrie mit, als Stromkunden zahlen sie selbst einen höheren Strompreis. Es gehört nicht viel Fantasie dazu, sich vorzustellen, dass diese doppelte Quersubventionierung von großen Teilen der Bevölkerung als ungerecht empfunden würde und Wasser auf die Mühlen der Populisten von links bis rechts wäre.

Nun muss man sicher das Argument gelten lassen, dass der Mittelstand und die industrienahen Dienstleistungsbetriebe ja auch nichts davon hätten, wenn der Industrie die wirtschaftliche Grundlage abhanden käme, zumal beide über Lieferketten verbunden sind. Aber zum einen ist zu fragen, ob das Lamento der Lobbyisten der energieintensiven Industrien über angeblich existenzbedrohende Strompreise wirklich glaubwürdig ist. Übertriebene Horrorszenarien in die Welt zu setzen, gehörte nämlich schon in der Vergangenheit zu deren Geschäftsmodell, etwa bei der Torpedierung des Emissionshandels. Und zum anderen kann man über die Gerechtigkeitsfrage nicht einfach hinweggehen, denn sie ist für alle einfach zu stellen und zu verstehen: Ist es gerecht, wenn die Privilegien der einen ausgedehnt werden und die anderen dafür bezahlen? Wohl eher nicht.

Ein deutscher Sonderweg ist unvereinbar mit dem »European Green Deal«

Ein durch die deutsche Regierung subventionierter Industriestrompreis nach dem ursprünglich vom Wirtschaftsministerium favorisierten Modell hätte wohl im Sinne der EU-Regeln als wettbewerbsverzerrende Beihilfe gegolten. Entsprechend zeigte sich die EU-Kommission wenig angetan von der Idee eines „Brückenstrompreises", anders als bei eher zukunftsgerichteten Beihilfen für Chipfabriken oder für den Einsatz von Wasserstoff in der Stahlindustrie, wobei man auch diese durchaus kritisch hinterfragen kann, zumindest in ihrer Höhe. Mit dem jetzt angestrebten Modell kann die Bundesregierung vermutlich Kritik aus der EU abschwächen, mit den Zielen des „European Green Deal" und der europäischen Klimaschutzstrategie „Fit for 55" sind die latent strukturkonservierenden Subventionen für die energieintensive Industrie dennoch kaum vereinbar.

Zur Erinnerung: Die CO_2-Emissionen der EU müssen bis 2030 um 55 Prozent gegenüber 1990 sinken, in Deutschland um 65 Prozent. Spätestens bis 2050 soll Europa treibhausgasneutral werden. Derzeit liegen die Emissionen der EU bei minus 27 Prozent gegenüber 1990. Das, was an Emissionsminderungen zwischen 1990 und 2022 geschafft wurde, also in 32 Jahren, muss nun in acht Jahren noch einmal erbracht werden. Da sind indirekt wirkende Abschwächungsmaßnahmen beim Klimaschutz kontraproduktiv, insbesondere wenn sie vom selbst ernannten „Vorreiter" Deutschland kommen.

Hinzu kommt: Deutschlands Großhandelsstrompreise liegen keineswegs signifikant höher als in anderen europäischen Ländern. Kostspielige nationale Alleingänge, wie sie Teile der Bundesregierung mit einem Industriestrompreis ins Auge gefasst hatten, würden andere EU-Mitgliedstaaten finanziell überfordern und in ihrer Wettbewerbsfähigkeit treffen. So könnte sich in Europas Hauptstädten und in Brüssel einmal mehr der Eindruck verfestigen, Deutschland fordere von anderen zwar gerne Solidarität, vergesse diese aber sehr schnell wieder, wenn es um eigene nationale Interessen gehe. Und seien wir ehrlich: Wäre das von der Hand zu weisen?

Die weltwirtschaftliche Arbeitsteilung ist kein Wunschkonzert

Im Plädoyer des Bundeswirtschaftsministeriums für einen deutschen Industriestrompreis vom Mai 2023 heißt es: „Deutschland braucht seine Grundstoffindustrien genauso wie neue Zukunftsindustrien." Gegen eine solche standortbejahende Willensbekundung ist zunächst einmal wenig einzuwenden. Deutschland ist mit seinem vergleichsweise hohen Industrieanteil an der Wertschöpfung in der Vergangenheit ja auch recht gut gefahren. Aber ein wenig klingt die Ministeriumsformulierung doch nach einer wirtschaftspatriotischen Logik, die dem Motto folgt: „Was wir haben, wollen wir behalten und durch Subventionen schützen. Was sich an Neuem bietet, wollen wir fördern oder zu uns holen. So schaffen wir Wachstum und Wohlstand!"

Ob diese Sicht eine realistische ist, muss allein aus einem Grund bezweifelt werden: Weder die ärmsten Länder des Globalen Südens noch die aufstrebenden Schwellenländer Asiens, Afrikas und Südamerikas sind mit der jetzigen Form der internationalen Arbeitsteilung zufrieden. Sie werden sich nicht länger mit der Rolle der nützlichen Rohstoff- und Vorproduktlieferanten für den Globalen Norden zufriedengeben und versuchen, die postkolonialen Strukturen der globalen Arbeitsteilung zu überwinden. Immer deutlicher ist dieses Signal zu hören, von der BRICS-Gruppe über die Gruppe der 77 bis zur UN-Vollversammlung.

Es dürfte kaum reichen, den Ländern des Globalen Südens mit grüner Transformationsrhetorik eine goldene Zukunft in Aussicht zu stellen, in der sie mit kritischen Rohstoffen, seltenen Erden, Biomasse, Bioenergie, Wasserstoff, unbetretbaren „CO_2-Speicher-Wäldern" und vorübergehend auch Erd- und Flüssiggas für den Globalen Norden ihren Wohlstand erwirtschaften sollen. Viele NGOs und politische Gruppierungen im Globalen Süden sprechen schon heute von einem neokolonialen Modell des „Ressourcenextraktivismus", das sich vor allem gegen indigene Bevölkerungen und lokale Gemeinschaften richte.

Jedenfalls werden viele der „Entwicklungs-" und Schwellenländer darauf pochen, dass bei ihnen in Zukunft auch wertschöpfungsintensivere Teile der Produktions- und Lieferketten mit hoher Fertigungstiefe und qualifizierter Beschäftigung angesiedelt werden. Im Umkehrschluss bedeutet das aber auch, dass nicht alle energieintensiven Industrien auf ewig im Globalen Norden verbleiben können, sondern Teile dorthin wandern, wo die Rohstoffe gefördert werden und die Bedingungen für die Erschließung erneuerbarer Energiequellen besser sind als hier. Dabei bedeutet weniger Grundstoffindustrie nicht automatisch weniger Wohlstand oder gar – wie vom Bundeswirtschaftsministerium insinuiert –, weniger Nachhaltigkeit. Manche dieser Industrien weisen eine Produktpalette auf, die alles andere als nachhaltig ist. Warum etwa sollte die erdöl- und gasbasierte Chemieindustrie für die Produktion von Pestiziden (wie Glyphosat oder Neonicotinoide) und Stickstoff-, Phosphor- und Kaliumdünger für die industrielle Landwirtschaft oder von Plastikvorprodukten aller Art generell mit niedrigen Strompreisen belohnt werden?

Wäre es nicht sinnvoller, diese Industriebetriebe gezielt darin zu unterstützen, Klimaneutralität, Boden- und Biodiversitätsschutz, Abfallfreiheit sowie sanftere Produktionsverfahren („Naturstoffchemie statt Chlorchemie") und Dienstleistungen (beispielsweise „Chemikalien-Leasing") zum neuen Goldstandard der Branche zu machen? Vieles spricht dafür.

Fünf Leitlinien für einen sozialökologischen Umbau der Industrie

Die politische Lage in Sachen Brückenstrompreis war verzwickt. Es erstaunt vor allem, dass der grüne Teil der Ampelkoalition so vehement alle Argumente ausschlug, die den Brückenstrompreis aus sozialökologischer Perspektive kritisch einordnen. Weniger erstaunt wiederum, dass Union, Liberale und AfD das Kind gleich mit dem Bade ausschütten wollten und die vollständige Abschaffung von Stromsteuern vorschlugen. So würde der preisinduzierte Stromsparanreiz für alle entfallen – wie es jetzt tatsächlich für das produzierende Gewerbe sein wird. Und das bisherige Aufkommen aus der Stromsteuer, etwa sieben Mrd. Euro jährlich, die in die Stabilisierung der Sozialkassen fließen, würde wegfallen. Die Stromsteuer abzuschaffen, ist also noch problematischer als ein Brückenstrompreis. Was aber dann?

Auch wenn angesichts der Lücke im Klima- und Transformationsfonds, die das Urteil des Bundesverfassungsgerichts vom 15. November gerissen hat, die Ausgangslage noch schwieriger geworden ist: Es führt kein Weg daran vorbei, eine passgenaue Strategie zu entwerfen, die der ökologischen Transformation der Wirtschaft und der sozialen Gerechtigkeit dient. Diese sollte folgende Punkte berücksichtigen:

Erstens: Gießkannenförderung durch Subventionen ohne Schwerpunktsetzung ist für die staatliche Unterstützung der Industrie der vollkommen falsche Ansatz. Absolute Priorität müssen an Nachhaltigkeit, Innovation, Qualifizierung und verbesserter Resilienz ausgerichtete Instrumente haben. Das muss von der Investitionsförderung über die Unterstützung von Forschung und Entwicklung bis zum Abbau unnötiger Bürokratie reichen. Ob für Zwecke der Transformation mittelfristig die Schuldenbremse aufgeweicht oder neu interpretiert werden muss, ist offen zu diskutieren.

Zweitens: Die vorhandenen spezifischen Instrumente zur Stützung energieintensiver Unternehmen, die unter temporären Transformations- oder Wettbewerbsdruck geraten, können im Bedarfsfall ausgeschöpft werden und reichen vom Spitzenausgleich bei der Stromsteuer über die (EU-rechtskonforme) Strompreiskompensation im Rahmen des europäischen Emissionshandels bis zum Schutz vor unlauterem Wettbewerb und Ökodumping an Europas Außengrenzen. Solche Sonderwege müssen aber zeitlich begrenzt bzw. so weit wie möglich an Klimaschutzzusagen geknüpft werden. Gleichzeitig sollte die energieintensive Industrie ermutigt werden, innovative Instrumente zur Sicherstellung attraktiver Strombezugskosten einzusetzen, etwa die sogenannten Power Purchase Agreements. Diese bilateralen Verträge zwischen den Lieferanten von grünem Strom und Industrieunternehmen erhöhen die Planungssicherheit auf beiden Seiten und wirken zugleich als Booster für den Ausbau erneuerbarer Energien.

Drittens: Die Energiewende ist nun mit deutlich höherer Geschwindigkeit voranzutreiben. Dabei muss aber klar sein, dass sie drei Dimensionen umfasst: Energieeinsparung, Verbesserung der Energieeffizienz und starker Aufwuchs in den Bereichen erneuerbare Energieerzeugung, Energiespeicherung und Wasserstoffwirtschaft. Zu warnen ist vor einer Rhetorik, die den Schluss nahelegt, mit der Umstellung auf erneuerbare Energien seien alle Grenzen der Energienutzung quasi aufgehoben und winkten uns extrem niedrige Energiepreise. Eine solche Haltung, die während der Atomenergieeuphorie in den 1960er Jahren schon einmal herrschte, verkennt, dass jede Form der Energieerzeugung auch Kosten und Schattenseiten hat, von Flächenverbrauch über schmutzigen Rohstoffabbau bis zu Speicherbedarfen. Es gibt auch Grenzen des „grünen Wachstums".

Viertens: Den Veränderungen in der internationalen Arbeitsteilung sollten wir nicht mit Angst, sondern mit Zuversicht begegnen. In Deutschland und Europa geht es nun darum, den Transformationsprozess in Richtung Nachhaltigkeit mit hohen öffentlichen Investitionen und vor allem dem Ermutigen und Anreizen von privaten Investitionen voranzubringen. Es gibt so unendlich viel zu tun, wofür alle Kräfte guten Willens gebraucht werden. Neben dieser Hausaufgabe tritt aber in Zukunft gleichgewichtig der Einsatz für eine faire Weltwirtschaftsordnung, für nachhaltige und gerechte Austauschbeziehungen. Eine Haltung, die den Globalen Süden als bloßen Rohstofflieferanten für Europa sieht und alles Wertschöpfungsintensive für sich reklamiert, ist weder zukunftsfähig noch erfolgversprechend. Wir werden kooperieren und auch fair teilen müssen.

Fünftens und nicht zuletzt: Es gibt auch bei uns viele Menschen, denen relativ hohe Energiepreise arg zu schaffen machen, denen Energiearmut droht. Es ist deshalb überfällig, dass die Ampelkoalition endlich ihr Versprechen einlöst, ein angemessen hohes „Klimageld" einzuführen, das aus den Erlösen des Emissionshandels gespeist wird. Dieses Instrument ist gleich aus zwei Gründen essenziell: Es entlastet einkommensschwache Gruppen tatsächlich. Und es entzieht der populistischen Phrase die Grundlage, die Energiewende sei ein gegen die „kleinen Leute" gerichtetes „Projekt der politischen Eliten".

Gesellschaftliche Unterstützung ist das, was die Energiewende im Lichte der eskalierenden Klimakrise jetzt am dringendsten braucht. Ein Brückenstrompreis – oder auch andere ausgedehnte Subventionen für energieintensive Industrien – tragen dazu nicht bei.

Strahlend »grüne« Zukunft

Wie die EU die Energiewende sabotiert

Von **Anika Limbach**

Am Ende ist die Entscheidung tatsächlich gefallen. Anfang 2022 verpasste die EU-Kommission Atomkraft und Erdgas ein grünes Label – trotz massiver Kritik an ihrem kurz zuvor versendeten Entwurf zur Taxonomie.[1] Die beiden Energieformen wurden in dem „ergänzenden delegierten Rechtsakt" zwar nur den „Übergangstechnologien" zugeordnet, jedoch unter Bedingungen, die einen langen, teils jahrzehntelangen Betrieb entsprechender Kraftwerke erlauben. Damit aber wird der Begriff „Übergang" zur Worthülse.

Zu den Kritiker:innen dieser Entscheidung gehören nicht nur Umweltverbände und Klimaschützer:innen, sondern auch Wirtschafts- und Finanzexpert:innen sowie zahlreiche Wissenschaftler:innen einschließlich der *Platform on Sustainable Finance*, einem EU-Beratungsgremium, das über zwei Jahre hinweg maßgeblich an der Ausarbeitung der EU-Taxonomie beteiligt war.[2] All diese Expert:innen hatten zweierlei gehofft: Zum einen sollten große Finanzströme in Europa fortan in nachhaltige Wirtschaftsaktivitäten gelenkt werden, zum anderen sollte ein einheitliches grünes Siegel Greenwashing auf dem Finanzmarkt unterbinden. Doch mit der Aufnahme von Atomkraft und Erdgas in das EU-Regelwerk wird dieses Ziel in sein Gegenteil verkehrt. Zwar ist aus der Finanzbranche zu hören, dass sich private Investoren auch in Zukunft davor hüten werden, Geld in die Atomindustrie zu stecken. Gleichzeitig aber spricht sich Jean-Jacques Barbéris, Vorstand der größten europäischen Fondsgesellschaft Amundi, für Investitionen in Atomkraft aus – als Teil eines nachhaltigen Fonds.[3] Was allerdings noch stärker als private Finanzentscheidungen ins Gewicht fällt: Auch bei der Vergabe öffentlicher Gelder und bei EU-Förderprogrammen wird die nun geltende Taxonomie eine wichtige Rolle spielen. So ist das bis zu 750 Mrd. Euro umfassende, zur Hälfte durch grüne Anleihen finanzierte Resilienzprogramm „NextGenerationEU", das eine nachhaltige Ankurbelung der Wirtschaft nach der Corona-Pandemie fördern soll, ausdrücklich an die Taxonomiekriterien gekoppelt.[4]

1 European Commission, EU taxonomy: Commission presents Complementary Climate Delegated Act to accelerate decarbonization, ec.europa.eu, 2.2.2022.
2 European Commission, Platform on Sustainable Finance's response to the consultations on the taxonomy draft complementary Delegated Act, ec.europa.eu, 24.1.2022.
3 Dennis Kremer, „Ja, Atomkraft ist nachhaltig", faz.net, 27.1.2022.
4 Europäische Kommission, Fragen und Antworten: Erste Ausgabe grüner Anleihen im Rahmen von NextGenerationEU, ec.europa.eu, 12.10.2021.

Auch wenn die EU es gerne so hätte – Erdgas ist alles andere als nachhaltig. Denn bei Förderung und Transport des fossilen Brennstoffs entstehen schädliche Klimagase. Doch ausgerechnet diese Erdgasemissionen wurden bei der Einstufung ausgespart. Ebenfalls unberücksichtigt bleibt der Klimagasausstoß, welcher der Herstellung vermeintlich „CO_2-armem" Wasserstoffs vorgelagert ist. Wird Erdgas zu dessen Produktion genutzt, könnte dies nach Ansicht von Karsten Löffler, einem Mitglied der Platform on Sustainable Finance, unter Umständen zu einem höheren Ausstoß von CO_2 führen als ohne die derzeit von vielen so euphorisch gefeierte Wasserstofftechnologie.[5] Für die Aufnahme von Erdgas in die Taxonomie ist vor allem die alte und neue Bundesregierung verantwortlich – namentlich Olaf Scholz. Durch ihre Stellungnahme zum Jahreswechselentwurf erreichte sie sogar, dass die Regeln für Gaskraftwerke nochmals aufgeweicht wurden. So muss der Brennstoffwechsel grün gelabelter Gaskraftwerke von fossilem Gas auf Wasserstoff nicht wie zuvor geplant ab 2026, sondern erst ab 2035 vollzogen werden. Über diesen Skandal kann auch die klare Kritik der Regierung an dem grünen Siegel für Atomkraft nicht hinwegtäuschen.

Freibrief für die Atomindustrie

Diese Kritik ist dennoch mehr als gerechtfertigt. Denn die nun geltenden Bestimmungen zur Atomkraft, die maßgeblich Frankreich forciert hat, sind für die Europäische Union noch verheerender als jene für Erdgas. Sie stellen der Industrie geradezu einen Freibrief aus: Betreiber von Atomkraftwerken müssen sich nicht für den Schadensfall versichern. Zudem gelten bis 2045 genehmigte AKW-Neubauten als nachhaltig, genauso wie Nachrüstungen überalterter Reaktoren im Zuge ihrer Laufzeitverlängerung (bis 2040). Und auch die in Europa nach wie vor ungeklärte Frage, wie der radioaktive Müll über Jahrtausende so sicher wie möglich endgelagert werden soll, darf bis 2050 offen bleiben. Dieses großzügige Geschenk an Frankreich kam keineswegs überraschend. Obwohl sich das Europäische Parlament in einem Votum 2018 mehrheitlich gegen die Aufnahme der Atomkraft in die Taxonomie ausgesprochen hatte, erhöhte Präsident Emmanuel Macron dahingehend stetig den Druck. Er schmiedete mit Finnland und osteuropäischen Ländern eine Pro-Atom-Allianz. Zudem setzten seine Unterhändler 2019 bei der EU-Kommission einen zweifelhaften „Kompromiss" durch: Demnach sollten Gutachter nochmals „überprüfen", ob Atomkraft mit den Nachhaltigkeitszielen der Taxonomie bzw. dem Grundsatz „Do no significant harm" („Verursache keinen maßgeblichen Schaden") vereinbar sei.[6]

Dass die Atomkraft gegen diesen Grundsatz verstößt, liegt auf der Hand – und jedes unabhängige Expertengremium hätte dies bestätigt. Nicht so aber das „Joint Research Centre" (JRC) der EU, das von EURATOM mitfinanziert

5 Vgl. Öko-Siegel für Atomkraft und Gas? Was schlägt die Kommission vor, und wie geht es weiter?, youtube.de, 3.2.2022.
6 Werner Mussler, Taxonomie-Kompromiss. Atomkraft soll nur fast als grün gelten, faz.net, 17.12.2019.

wird und der Atomlobby nahesteht. Der im März 2021 veröffentlichte Bericht des Gremiums zugunsten einer nachhaltig gelabelten Atomkraft erhielt vom deutschen Bundesamt für die Sicherheit der nuklearen Entsorgung (BASE) denn auch ein vernichtendes Urteil. Der Bericht „betrachtet die Folgen und Risiken der Kernenergienutzung für Mensch und Umwelt sowie für nachfolgende Generationen nur unvollständig oder spart diese in seiner Bewertung aus", heißt es in der Fachstellungnahme. Außerdem missachte er „Grundsätze wissenschaftlichen Arbeitens".[7] Die EU-Kommission ignorierte diese und andere kritische Bewertungen und folgte stattdessen dem Votum der atomfreundlichen Expertengruppe.

Gefälligkeitsgutachten im Sinne der Atomlobby

In der Tat liest sich der JRC-Bericht teilweise wie eine Zusammenstellung haltloser Behauptungen der Atomlobby. Dass Atomkraft in Europa angeblich in hohem Maße zum Klimaschutz beitrage, leiten die Autor:innen wortreich von zwei fragwürdigen Aussagen ab: Zum einen produziere diese Technologie im gesamten Lebenszyklus weniger als 100 Gramm CO_2 pro Kilowattstunde; zum anderen verbleibe der Atomstromanteil am europäischen Energiemix bis 2050 bei 22 Prozent. Die erste Behauptung ist höchst umstritten, die zweite lässt den längst bestehenden Abwärtstrend außer Acht.[8] Der Bericht unterstellt also einen massiven AKW-Ausbau und versucht diesen mit einem vermeintlich wachsenden Interesse an Mini-Reaktoren, den sogenannten Small Modular Reactors (SMR), zu begründen.

Den Risiken für Mensch und Umwelt widmet sich das Gutachten hingegen nur höchst unzulänglich, obwohl es eine wesentliche Aufgabenstellung war. Es beschränkt sich auf vorhersehbare Ereignisse und lässt Unfälle, die die Sicherheitsbestimmungen überschreiten, außen vor – so als hätte es die Super-GAUs von Harrisburg, Tschernobyl und Fukushima nicht gegeben. Der Bericht erwähnt diese zwar, führt sie aber nur als Ausnahmen, die man nach entsprechenden Nachrüstungen so gut wie ausschließen könne. Außerdem, so die Gutachter, sei die Gefahr eines Super-GAUs bei den Reaktoren der sogenannten dritten Generation gebannt. Auch das riesige Entsorgungsproblem wird als gelöst angesehen, denn Finnland, Schweden und Frankreich, so die Behauptung, verfügten in den nächsten Jahren über funktionierende Endlager für hochradioaktiven Müll.

Das BASE, das hierzulande den neuen Prozess einer landesweiten Suche nach einem Endlager betreut,[9] widerlegte jedes einzelne dieser Scheinargumente. Seiner Bewertung nach verharmlost der JRC-Bericht das Unfallrisiko

7 European Commission, JRC report: Technical assessment of nuclear energy with respect to the 'do no significant harm' criteria of Regulation (EU) 2020/852 ('Taxonomy Regulation'), ec.europa.eu, 29.3.2021. Bundesamt für die Sicherheit der nuklearen Entsorgung, BASE-Fachstellungnahme: Kernenergie ist nicht „grün", base.bund.de, 10.11.2021.

8 Vgl. Jo Harper und Gero Rueter, Faktencheck: Ist Atomenergie klimafreundlich?, dw.com, 11.11.2021; Hannah Ritchie und Max Roser, Electricity Mix, ourworldindata.org.

9 Vgl. Wolfgang Ehmke, „Not in my Backyard": Wohin mit dem Atommüll, in: „Blätter", 3/2021, S. 113-120; Rebecca Harms, Atommüll: Keine Endlagerung ohne Bürgerbeteiligung, in: „Blätter", 1/2022, S. 13-16.

erheblich und verschweigt, dass durch Nachrüstungen die Sicherheit überalterter Reaktoren nur teilweise verbessert werden kann. Einer Versprödung des Baumaterials könne man so kaum entgegenwirken. Der Fokus auf neue Reaktortypen und deren angebliche Sicherheit verstelle den Blick darauf, dass alte und immer marodere Meiler den meisten Atomstrom erzeugen, und zwar noch über Jahrzehnte hinweg. Die Gutachter:innen unterschlagen zudem, dass sich Mini-Reaktoren erst im Konzeptstadium befinden, von ihrer Marktreife sehr weit entfernt sind und ebenfalls nicht laufen werden, ohne Atommüll zu produzieren. Der strahlende Müll jedoch belaste praktisch alle nachfolgenden Generationen. Nach 70 Jahren Atomkraftnutzung gebe es weltweit immer noch kein Endlager. Und selbst wenn es eines gäbe, fehlten doch Erfahrungswerte, um dessen Risiken sicher einschätzen zu können. Außerdem ließen sich die Gegebenheiten für ein Endlager in einem Land nicht auf ein anderes übertragen. Mittel- und leichtradioaktiven Müll lasse das JRC unberücksichtigt, genauso wie die Gefahren der Proliferation und alle negativen Auswirkungen des Uranabbaus.

Festzuhalten bleibt, dass die von Kommissionspräsidentin Ursula von der Leyen durchgeboxte Ergänzung zur Taxonomie vor allem Frankreich nützt, oder genauer gesagt: Emmanuel Macron und der französischen Atomindustrie. Das gilt besonders für die Möglichkeit, Laufzeitverlängerungen als nachhaltig einzustufen. Denn die 56 französischen Reaktoren liefern mehr als zwei Drittel des landesweiten Stroms. 19 von ihnen haben die besonders kritische Grenze von vierzig Betriebsjahren bereits jetzt überschritten, weitere folgen bald.[10] Damit sie von der französischen Atomaufsicht (ASN) eine Genehmigungsverlängerung erhalten können, müssen sie umfangreich nachgerüstet werden. Das kostet nach Angaben des französischen Rechnungshofes allein für den Zeitraum 2014 bis 2030 100 Mrd. Euro. Kein Wunder also, dass der hochverschuldete, überwiegend staatliche Energiekonzern EDF alles daran setzt, an billige Kredite zu gelangen. Allerdings wird Geld allein die massiven Probleme von EDF nicht lösen können. Wegen des Fachkräftemangels können die Altmeiler nur nacheinander, nicht zeitgleich generalüberholt werden. Viele von ihnen werden also ohne die notwendige Nachrüstung jahrelang am Netz bleiben, was die ASN offensichtlich durchgehen lässt.

Indessen wird die französische Reaktorflotte immer störanfälliger. Das betrifft nicht nur die ältesten Meiler. Vor kurzem mussten einige jüngere, baugleiche Reaktoren wegen entdeckter Risse im Notkühlsystem außer Betrieb genommen werden. Inzwischen besteht der Verdacht auf ernstzunehmende Korrosionsschäden. Ende vergangenen Jahres standen bis zu 17 Reaktoren gleichzeitig still, weshalb Frankreich riesige Mengen Strom – bis zu 13 Gigawatt – importieren musste. Ein großer Teil davon kam aus Deutschland. Auch im vergangenen Januar floss mehr Strom von hier ins Nachbarland als umgekehrt. Über Jahrzehnte hinweg hat sich Frankreich in eine energiewirtschaftliche Sackgasse hineinmanövriert. Nun scheint die Erkenntnis, dass

10 Liste der Nuklearanlagen in Frankreich, wikipedia.de.

die Lösung in einem massiven Zubau erneuerbarer Energien liegt, langsam durchzudringen. Nach einer Umfrage des Instituts für Strahlenschutz und Reaktorsicherheit ist Atomkraft in der Bevölkerung inzwischen die zweitunbeliebteste Energieform. Die oft schlecht geredete Windkraft steht im Ranking dagegen an zweiter Stelle, gleich hinter der beliebtesten Energieform, der Solarenergie. Doch anstatt diese Stimmung in der Bevölkerung aufzugreifen und umzusteuern, kündigte Macron im Dezember 2020 medienwirksam an, in Zukunft sechs große Atommeiler zu bauen und die Entwicklung von Mini-Reaktoren voranzutreiben.[11] Das aber ist völlig unrealistisch. Denn zum einen gibt es bislang keine funktionierenden Prototypen. Zum anderen ist die eine Milliarde Euro, die Macron dafür aufwenden will, eine lächerlich kleine Summe im Vergleich zu den Kosten, die mit solchen Projekten verbunden wären. Und dennoch ist es sehr viel Geld, zieht man in Betracht, dass es an anderer Stelle, nämlich für die Beschleunigung der Energiewende, fehlt. Durch das neue EU-Nachhaltigkeitssiegel könnten nun noch wesentlich größere Summen fehlgeleitet werden.

Für eine Energiewende ohne bürokratische Hürden

Dass die Mini-Reaktoren so viel Aufmerksamkeit und Zustimmung erfahren, lässt sich nur mit dahinterliegenden Motiven erklären, die oft – wie in Frankreich – militärischer Natur sind.[12] Bislang vorliegende Konzeptstudien beruhen auf gänzlich unterschiedlichen Reaktortypen – auch auf solchen, die sich inzwischen als unzulänglich herausstellten, wie etwa die sogenannten Schnellen Brüter oder Hochtemperaturreaktoren. Zum einen soll eine Art Baukastensystem für eine hohe Kosten- und Zeitersparnis bei der Herstellung dieser Reaktoren sorgen, zum anderen versprechen passive, von der Stromzufuhr unabhängige Sicherheitssysteme eine hohe „Unfalltoleranz". Doch nichts davon ist auch nur annähernd belegt.[13]

Im Gegenteil: Der SMR-Prototyp in Argentinien, seit 2014 in Bau, wird als solcher nicht ans Netz gehen, da sich seine Funktionsweise als zu komplex erwies. Die angesetzte Planungs- und Entwicklungszeit wurde zudem um ein Vielfaches überschritten, genauso wie die Kosten, die über denen von herkömmlichen Reaktoren liegen. Ähnlich verhält es sich mit den beiden 2020 fertiggestellten Mini-Reaktoren auf dem russischen Atomschiff „Lomonossow". Explodierende Kosten, Bauverzögerungen und die schlechte Leistung der Meiler offenbarten, dass die Idee, sie in großer Stückzahl herzustellen, nicht umsetzbar ist.

Wie aber ist – angesichts dieses Festhaltens an einer „Zombie"-Technologie – eine schnelle Energiewende in Ländern wie Frankreich überhaupt noch

11 Notre avenir énergétique et écologique passe par le nucléaire. Déplacement du Président Emmanuel Macron sur le site industriel de Framatome, elysee.fr, 8.12.2020.

12 Vgl. dazu Angelika Claußen, Mit „grünen" AKWs zu neuen Atomwaffen, in: „Blätter", 2/2022, S. 97-99.

13 Bundesamt für die Sicherheit der nuklearen Entsorgung, Sicherheitstechnische Analyse und Risikobewertung einer Anwendung von Small Modular Reactors (SMR), base.bund.de.

möglich?[14] Trotz des enormen Potentials der erneuerbaren Energien wurden ihnen in Frankreich seit jeher Steine in den Weg gelegt. Nachdem Wind- und Solarkraft im Jahr 2018 sogar einen Kapazitätsrückbau verzeichneten,[15] nimmt die Anzahl erneuerbarer Anlagen zwar wieder zu – allerdings nur sehr langsam: im Schnitt 1,2 Gigawatt bei Wind- und 0,8 Gigawatt bei Solarkraft. Würde dieses Ausbautempo beibehalten, verfügten die erneuerbaren Energien in Frankreich auch in 100 Jahren nicht über einen Anteil von hundert Prozent am Strommarkt . Im Jahr 2020 lag dieser daher auch nur bei 23,3 Prozent.[16] Zum Vergleich: In Deutschland betrug er im gleichen Jahr 44,9 Prozent.

Rein ökonomisch betrachtet, stünde in Frankreich einer stark beschleunigten Energiewende nichts im Wege, denn inzwischen ist Strom aus Wind- und Solarkraft erheblich billiger als Atomstrom. Der dringend benötigte Netzausbau vor allem auf regionaler Ebene ist zwar kostspielig, doch fällt er zusammen mit dem Ausbau der Erneuerbaren immer noch preisgünstiger aus als die Nachrüstung alter Atommeiler, ganz zu schweigen vom AKW-Neubau.[17] Auch Batteriespeicher haben in den vergangenen Jahren einen beispiellosen Preisverfall erlebt, so dass sie in Kombination mit Freiflächensolaranlagen längst konkurrenzfähig sind.[18] Doch wer in Frankreich eine erneuerbare Anlage errichten will, muss eine Vielzahl bürokratischer und institutioneller Hürden überwinden.[19] Diese zu beseitigen wäre eine vordringliche politische Aufgabe, die allerdings bislang daran scheitert, dass die Übermacht des zentralistisch organisierten Staatskonzerns EDF – der nach wie vor auf die Atomkraft setzt – politisch nicht in Frage gestellt wird.

Frankreich ist innerhalb der EU nicht das einzige Land, das weiterhin auf Atomkraft setzt. Auch Finnland, Schweden, die Niederlande und Belgien besitzen uralte Reaktoren, die bereits vierzig Jahre und länger laufen. Ohne fortwährende Subventionen wären diese Zeitbomben schon längst abgeschaltet worden. Die nun von der EU beschlossene Taxonomie wird deren Laufzeiten ebenfalls verlängern – genauso wie die der zwei bundesdeutschen Uranfabriken in Lingen und Gronau, die einen großen Teil dieser Uraltmeiler mit Brennstoff versorgen. Atomkraftgegner:innen fordern schon seit Jahren deren Schließung. Wenn die Bundesregierung es tatsächlich ernst meint mit ihrem „Nein“ zum nachhaltigen EU-Siegel für Atomkraft, sollte sie dieser Forderung schnellstmöglich nachkommen und sich angesichts der unverändert hohen Gefahren, die durch einen nicht auszuschließenden GAU wie auch durch die weltweit nach wie vor ungeklärte „Endlager“-Frage von der Atomkraft ausgehen, vehement für eine Abkehr von dieser einsetzen – und für eine ausreichende Finanzierung tatsächlich nachhaltiger Energien.

14 Vgl. Bernhard Pötter, Der Zombie der Klimadebatte: Falsche Verheißung Atomkraft, in: „Blätter“, 8/2021, S. 13-16.
15 Installed Capacity per Production Type, https://transparency.entsoe.eu.
16 Ritchie/Roser, a.a.O.
17 So die Aussage von Sven Rösner, dem Geschäftsführer des deutsch-französischen Büros für die Energiewende, dfbee.eu.
18 Lazard's levelized cost of energy Analysis – Version 15.0. lazard.com, Oktober 2021.
19 Erneuerbare in Frankreich. Viel zu wenig Dynamik bei der Energiewende, energiezukunft.eu, 20.1.2021.

Radikal machbar: Neun Gründe für einen Green New Deal

Von **Naomi Klein**

Im Oktober 2018 veröffentlichte der UN-Weltklimarat (IPCC) einen Bericht, der eine größere Wirkung hatte als jede andere Publikation in der einunddreißigjährigen Geschichte der mit dem Friedensnobelpreis gewürdigten Organisation. In diesem Bericht wurden die Folgen einer Erderwärmung von unter 1,5 Grad Celsius untersucht. Angesichts der eskalierenden Katastrophen, die wir bei einer Erwärmung von etwa 1 Grad Celsius bereits sehen, wurde festgestellt, dass die Menschheit bei einer Erwärmung unterhalb der Schwelle von 1,5 Grad noch die besten Chancen hätte, einen wahrlich desaströsen Zusammenbruch zu verhindern. Doch dies zu erreichen sei äußerst schwierig. Laut der Weltorganisation für Meteorologie der Vereinten Nationen befinden wir uns auf dem Weg zu einer Erwärmung um 3 bis 5 Grad bis zum Ende des Jahrhunderts. Um den schwerfälligen Dampfer der Wirtschaft rechtzeitig zu wenden und damit die Erwärmung unter 1,5 Grad zu halten, müssten weltweit, so der IPCC, die Emissionen in lediglich zwölf Jahren – also bis Ende 2030 – um etwa die Hälfte reduziert und bis 2050 auf Netto-Null gesenkt werden. Und das nicht nur in einem Land, sondern in jeder größeren Volkswirtschaft. Da der CO_2-Gehalt in der Atmosphäre bereits jetzt das unbedenkliche Niveau massiv übersteigt, wäre es außerdem notwendig, ihr einen Großteil des CO_2 wieder zu entziehen, ob durch kostspielige Abscheidungstechnologien, deren tatsächliche Wirkkraft niemand kennt, oder mit den altbewährten Methoden: durch die Pflanzung von Milliarden Bäumen und anderer Kohlenstoff bindender Vegetation. Dieses Ende der Umweltverschmutzung in Hochgeschwindigkeit, so stellt der Bericht fest, ist nicht mit einzelnen bürokratischen Maßnahmen wie der CO_2-Steuer zu erreichen, obwohl auch solche Instrumente einbezogen werden müssten. Vielmehr sei es notwendig, Energieerzeugung, Landwirtschaft, Verkehr und Wohnungsbau in unseren Gesellschaften gezielt und sofort umzugestalten. Wir brauchen, so der erste Satz im Resümee des Berichts, „rasche, weitreichende und nie dagewesene Veränderungen in allen Bereichen unserer Gesellschaft".

Dies war keineswegs der erste erschreckende Bericht und auch nicht der erste unmissverständliche Appell angesehener Wissenschaftler, die Emissionen radikal zu senken. Meine Bücherregale sind voll von Literatur mit solchen Schlussfolgerungen. Doch wie Greta Thunbergs Reden sorgte der laute Ruf des IPCC nach einem tiefgreifenden sozialen Wandel und die

Kürze der Zeitachse, auf der diese Veränderungen stattfinden müssen, dafür, dass sich der Blick der Öffentlichkeit endlich auf das Problem richtete.

Heute wissen wir, auch dank des IPCC-Berichts, dass wir uns in einer rasch voranschreitenden Krise befinden, auch wenn es nicht immer so scheinen mag. In dem vergangenen Jahrzehnt hat unser Planet massiven und irreparablen Schaden erlitten, angefangen vom rapiden Abschmelzen des arktischen Meereises bis hin zum Massensterben von Korallenriffen. Zum einen ist damit das Bewusstsein für die drohende Gefahr gewachsen, zum anderen aber ist eine neue, bisher unbekannte Hoffnung am Horizont aufgetaucht.

Der Ruf nach einem radikalen Green New Deal

Aus den verschiedensten Winkeln der Vereinigten Staaten und der ganzen Welt ertönte die Aufforderung an die Regierungen, der Klimakrise mit einem radikalen Green New Deal zu begegnen. Der Gedanke ist ganz einfach: Im Prozess der Transformation unserer gesellschaftlichen Infrastruktur in dem Tempo und Ausmaß, wie es die Wissenschaft verlangt, hat die Menschheit die Jahrhundertchance, sich von einem Wirtschaftsmodell zu verabschieden, das die allermeisten Menschen in den verschiedensten Bereichen benachteiligt. Was unseren Planeten zerstört, zerstört auch die Lebensqualität der Menschen in vielerlei anderer Hinsicht – von der Stagnation des Lohnniveaus über krasse Ungleichheit und den Zerfall der öffentlichen Versorgung. Die Lösung dieser tieferliegenden Probleme bietet uns zugleich die Chance, mehrere miteinander verflochtene Krisen mit einem Schlag zu beenden.

Mit der Bewältigung der Klimakrise können wir hunderte Millionen guter Arbeitsplätze auf der ganzen Welt schaffen, in systematisch abgehängte Gemeinden und Länder investieren, die Versorgung von Kranken und Kindern absichern und vieles mehr. Durch diesen Wandel würden Volkswirtschaften entstehen, die die lebenserhaltenden Systeme der Erde schützen und erneuern und zugleich die Menschen respektieren und stützen, die von ihnen abhängig sind. Im Hinblick auf die Dimensionen, wenn auch nicht in allen Einzelheiten, bezieht das Konzept des Green New Deal seine Inspiration aus Franklin D. Roosevelts New Deal, der mit einem bunten Strauß politischer Maßnahmen und öffentlicher Investitionen auf das Elend und den Zusammenbruch während der Weltwirtschaftskrise der dreißiger Jahre reagierte. Damals wurden Gesetze zur Sozialversicherung und zum Mindestlohn, zur Zerschlagung von Banken, zur Elektrifizierung der ländlichen Gebiete und zum Sozialwohnungsbau in den Städten erlassen, mehr als zwei Milliarden Bäume gepflanzt und Bodenschutzprogramme in der von Staubstürmen verheerten Dust Bowl aufgelegt.

Die diversen Pläne für eine Transformation unter dem Green New Deal führen in eine Zukunft, in der die schwierige Aufgabe des Umbaus unserer Gesellschaft angepackt und der Verzicht auf verschwenderischen Konsum vollzogen wurde. In eine Zukunft, in der sich der Alltag arbeitender Menschen in vielfacher Hinsicht verbessert hat und ihnen wesentlich mehr

Zeit für Muße und künstlerische Betätigung zur Verfügung steht, sie leichten Zugang zu bezahlbaren öffentlichen Verkehrsmitteln und Wohnungen haben, die klaffenden Einkommensunterschiede zwischen Männern und Frauen und zwischen verschiedenen ethnischen Gruppen endlich beseitigt wurden und das Stadtleben nicht mehr ein endloser Kampf gegen Verkehr, Lärm und Umweltverschmutzung ist.

Die Kritiker des Green New Deal haben allerdings eine Vielzahl ernstzunehmender Argumente, warum all die angestrebten Maßnahmen nichts bringen werden. In Washington herrscht ein Zustand der Lähmung. Selbst wenn die republikanischen Klimaleugner ihre Macht verlieren, wird es bei den Demokraten immer noch zahllose Politiker der Mitte geben, die überzeugt sind, dass ihre Wähler keine Lust auf einen radikalen Umschwung haben. Er wäre teuer, und die dafür nötigen Haushaltsgelder bewilligt zu bekommen wäre eine Herkulesaufgabe. Deshalb sei es besser, so sagt man uns, eine Klimapolitik voranzubringen, der viele aus dem rechten Lager zustimmen könnten, etwa einen Wechsel von Kohle- zu Atomstrom oder eine moderate CO_2-Steuer, die als „Dividende" unter allen Bürgern verteilt wird.

Das Hauptproblem bei solchen Maßnahmen besteht jedoch darin, dass sie uns nicht zum Ziel führen würden. Um die Unterstützung von 317 Republikanern zu erhalten, die in Geld aus fossilen Energieträgern schwimmen, müsste die CO_2-Bepreisung so niedrig sein, dass sie keinen großen Effekt hätte. Atomkraft ist im Vergleich zu den erneuerbaren Energien teuer, und es dauert lange, sie bereitzustellen – ganz zu schweigen von den Gefahren der Uranförderung und der Lagerung des entstehenden Mülls.

Letztlich aber können wir die Emissionen nicht so weit und so schnell reduzieren wie erforderlich, um unsere gefährliche Bahn zu verlassen, ohne dass unsere Industrie und Infrastruktur grundlegend umgebildet werden. Die gute Nachricht lautet, dass der Green New Deal nicht annähernd so undurchführbar oder unrealistisch ist, wie viele Kritiker behaupten. Ich möchte neun Gründe dafür nennen, dass der Green New Deal eine Chance hat – eine Chance, die mit jedem Mal wächst, da wir an die Öffentlichkeit treten und uns dafür einsetzen.

1. Der Green New Deal wird ein enormer Jobmotor sein

Wo immer auf der Welt massiv in erneuerbare Energien und Effizienz investiert wurde, waren diese Sektoren stets stärkere Jobmotoren als die fossilen Brennstoffe. Als sich der Bundesstaat New York verpflichtete, bis 2030 (also nicht schnell genug) die Hälfte seiner Energie aus Erneuerbaren zu gewinnen, schoss die Zahl neuer Arbeitsplätze gleich darauf in die Höhe.

Die kurze Zeit für die Umsetzung des Green New Deal, die für die USA vorgesehen ist, wird ihn hier zu einer wahren Jobmaschine machen. Selbst ohne Unterstützung durch die Regierung in Washington – und ja, sogar trotz der Sabotage durch das Weiße Haus – entstehen in der grünen Ökonomie schon jetzt mehr Arbeitsplätze, als in der Öl- und Gasproduktion vorhanden sind.

Laut dem US Energy and Employment Report (USEER) von 2018 überstieg ihre Zahl in den Sektoren Wind- und Sonnenenergie, Effizienz und anderen sauberen Energiebereichen insgesamt diejenige in der Fossilindustrie im Verhältnis drei zu eins. Der Grund dafür ist eine Kombination aus staatlichen sowie kommunalen Anreizen und den sinkenden Kosten für die Erneuerbaren. Ein Green New Deal würde einen kometenhaften Aufstieg dieser Industrie auslösen und gleichzeitig gewährleisten, dass die Löhne und Zusatzleistungen mit denen im Öl- und Gassektor vergleichbar sind.

Es mangelt nicht an Forschungsergebnissen, die all dies bestätigen. So zeigte beispielsweise 2019 eine Studie zu einem Programm im Stil des Green New Deal, das der Bundesstaat Colorado aufgelegt hatte, dass damit mehr Stellen geschaffen wurden als verloren gingen. In der vom Political Economy Research Institute der University of Massachusetts Amherst veröffentlichten Untersuchung wurde der Frage nachgegangen, was es den Staat kosten würde, die Emissionen bis 2030 um 50 Prozent zu reduzieren. Wie sich herausstellte, würden etwa 585 Stellen, die nicht im Management angesiedelt sind, verloren gehen. Andererseits aber werde Colorado mit Investitionen in saubere Energie in Höhe von jährlich 24,5 Mrd. Dollar „im Bundesstaat etwa 100 000 Stellen pro Jahr schaffen“. Viele weitere Studien ergaben ähnlich erstaunliche Resultate. Nach einem von der BlueGreen Alliance, einem Bündnis aus Gewerkschaften und Umweltschutzorganisationen, vorgelegten Plan würde ein sechsjähriges Investitionsprogramm für den öffentlichen Nahverkehr und Hochgeschwindigkeitszüge mit etwa 40 Mrd. Dollar jährlich in diesem Zeitraum mehr als 3,7 Mio. Arbeitsplätze schaffen. Und einem Bericht der Europäischen Transportarbeiter-Föderation zufolge würden durch umfassende Maßnahmen zur Emissionsreduzierung im Transportsektor um 80 Prozent 7 Mio. neue Jobs auf dem Kontinent entstehen. Weitere 5 Mio. Arbeitsplätze im Bereich sauberer Energien würden die europäischen Emissionen bei der Stromerzeugung um 90 Prozent senken.

2. Die bei einem Green New Deal entstehenden Kosten werden zu einer gerechteren Wirtschaft führen

Wie der IPCC-Bericht des Jahres 2018 zweifelsfrei zeigt, werden astronomisch hohe Kosten entstehen, wenn es uns nicht gelingt, die Erderwärmung unter 1,5 Grad Celsius zu halten. Lassen wir die Temperaturen um 2 Grad Celsius (im Gegensatz zu 1,5 Grad) steigen, werden sich die wirtschaftlichen Schäden weltweit auf 69 Billionen Dollar belaufen, so die Schätzung des Klimarats.

Natürlich würde auch der Green New Deal hohe Kosten mit sich bringen, aber seine Verfechter haben eine Reihe von Möglichkeiten für die Finanzierung dargelegt. Alexandria Ocasio-Cortez etwa vertritt die Ansicht, dass die USA das Vorhaben genauso finanzieren sollten wie bislang alle Notstandsmaßnahmen: indem der Kongress einfach die Mittel bewilligt, die vom Kreditgeber letzter Instanz in Gestalt des Weltwährungsfonds abgesichert würden. Laut New Consensus, dem Thinktank, der eine ähnliche Politik vertritt wie Ocasio-Cortez, „werden durch den Green New Deal neue Arten von Waren und Dienstleistungen entstehen, die die zusätzlichen Ausgaben ausgleichen. Von daher besteht kein Grund zu Bedenken, es könnte durch dessen Finanzierung ein wirtschaftlicher Stillstand eingeleitet werden, ebenso wenig, wie dies bei der Finanzierung von Kriegen oder Steuererleichterungen der Fall war."

Die Partei Demokratie in Europa – DiEM25 fordert indessen für einen Green New Deal einen Mindeststeuersatz für die „Apples" und „Googles" dieser Welt, damit sie nicht mehr die internationalen Schlupflöcher nutzen können, um sämtliche Abgaben zu vermeiden. Ferner plädiert sie für eine Abkehr von der orthodoxen Geldlehre und für massive öffentliche Investitionen in grüne Anleihen, unterstützt von den Zentralbanken: „Um der echten existenziellen Bedrohung zu begegnen, mit der wir heute konfrontiert sind, müssen wir die Wirtschaftspolitik, die uns an diese Schwelle geführt hat, einer Revision unterziehen. Austerität ist gleichbedeutend mit Vernichtung." Beobachter wie Christian Parenti betonen, dass die Staatsregierungen den Übergang mit ihrer Erwerbspolitik fördern können.

Kurz gesagt, es gibt eine Vielzahl von Möglichkeiten der Finanzierung, darunter auch einige, die einen Angriff auf eine unhaltbare Konzentration von Reichtum darstellen und die Lasten jenen auferlegen, die die größte Verantwortung für die Umweltverschmutzung tragen. Man kann sich unschwer vorstellen, was das bedeutet. Dank Untersuchungen des Climate Accountability Institute wissen wir, dass himmelschreiende 71 Prozent der gesamten Treibhausgasemissionen seit 1988 auf nur hundert private und staatliche Fossilriesen, die sogenannten „Carbon Majors", zurückzuführen sind.

So gesehen gibt es eine Reihe von Maßnahmen nach dem „Verursacherprinzip", die dafür sorgen können, dass diejenigen, die die größte Verantwortung für die Klimakatastrophe tragen, den höchsten Beitrag zum Umschwung leisten – durch Schadensersatzzahlungen, höhere Lizenzgebühren und Abschaffung von Subventionen. Die direkten Subventionen für die Fossilindustrie belaufen sich weltweit auf etwa 775 Mrd. Dollar jährlich und über 20 Mrd. Dollar allein in den Vereinigten Staaten. Zuallererst müssten diese Subventionen in erneuerbare Energien und Effizienzmaßnahmen umgeleitet werden. Nicht nur die Fossilkonzerne haben jahrzehntelang ihre Spitzengewinne über die Sicherheit unserer Spezies gestellt, dasselbe gilt auch für die Finanzinstitute, die die Investitionen dieser Konzerne in voller Kenntnis der Risiken ermöglicht haben. Deshalb können Regierungen neben der Abschaffung der Subventionen für die Fossilindustrie auch darauf bestehen, einen gerechteren Anteil an den enormen Gewinnen des Finanzsektors zu erhalten. So würde etwa eine Transaktionssteuer laut Europäischem Parlament weltweit 650 Mrd. Dollar in die Staatskassen spülen.

Und dann ist da noch das Militär. Wenn die Verteidigungshaushalte der zehn Länder mit den weltweit höchsten Militärausgaben um 25 Prozent gesenkt würden, könnten jährlich 325 Mrd. Dollar frei werden, so das Stockholmer Institut für Friedensforschung – Gelder, die für die Energiewende und die Vorbereitung von Gemeinden auf das bevorstehenden Extremwetter genutzt werden könnten. Einer Erklärung der Vereinten Nationen zufolge würde schon eine einprozentige Besteuerung der Milliardäre auf der Welt 45 Mrd. Dollar pro Jahr erbringen – einmal abgesehen von dem Geld, das durch die Schließung von Steuerparadiesen generiert werden könnte, um die sich die internationale Gemeinschaft bemühen müsste.

Der private finanzielle Reichtum, der in Steueroasen auf der ganzen Welt gebunkert ist, wurde 2015 auf eine Summe zwischen 24 und 26 Billionen Dollar geschätzt, so James S. Henry, ein erfahrener Berater des in Großbritannien ansässigen Tax Justice Network. Die Verhinderung auch nur eines Teils dieser Steuerflucht würde bedeutend zu den hohen Ausgaben für den dringend nötigen industriellen Wandel beitragen.

3 . Der Green New Deal setzt die Kraft des Notstands frei

Bei einem Green New Deal wird die Klimakatastrophe nicht wie ein Thema auf einer Checkliste gleichwertiger Prioritäten behandelt. Vielmehr folgt er Greta Thunbergs Forderung, zu „handeln, als stünde Ihr Haus in Flammen. Denn das tut es." Da die durch die Wissenschaft festgelegte Frist für einen fundamentalen Wandel so kurz ist, kann sich das kleine Fenster, das uns zur Verfügung steht, um eine wahrhaft katastrophale Erwärmung abzuwenden, schnell wieder schließen, wenn nicht in den nächsten drei Dekaden Jahr für Jahr radikale Veränderungen vorgenommen werden. Eine Notsituation wie einen Notstand zu behandeln bedeutet, dass wir all unsere Energien zum Handeln nutzen, statt schreiend das notwendige Handeln nur anzumahnen, wie es zurzeit zu beobachten ist. Damit würden wir zugleich von den kognitiven Dissonanzen in einer Kultur befreit, die die Notwendigkeiten einer so tiefgreifenden Notsituation leugnet. Der Green New Deal bedeutet für uns alle den Notstand: So furchteinflößend das für manche auch sein mag, die Katharsis und Erleichterung, die für viele andere, insbesondere die Jugend, damit einhergehen, würden eine Menge Energie freisetzen.

4 . Der Green New Deal macht Schluss mit dem Aufschieben

Manche kritisieren die Feststellung in der Green-New-Deal-Resolution, die Vereinigten Staaten müssten in nur einem Jahrzehnt fossilfrei werden. Schließlich sagen Wissenschaftler, dass die Welt bis 2050 Netto-Null-Emissionen erreicht haben muss. Warum also die Eile? Die erste Antwort lautet „Gerechtigkeit": Reiche Länder, die ihren Wohlstand einer grenzenlosen Umweltverschmutzung verdanken, müssen sich am schnellsten dekarbonisieren, damit für die ärmeren Länder, in denen die Mehrheit der Bevölkerung immer noch nicht ihre Grundbedürfnisse wie sauberes Wasser oder Strom stillen kann, Zeit für einen sukzessiven Übergang zur Verfügung steht. Die zweite Antwort ist strategischer Natur: Eine Frist von zehn Jahren bedeutet, dass es keinen Aufschub mehr geben darf. Bis zum Entwurf des Green New Deals verlegten Politiker die ehrgeizigsten Klimaziele stets Jahrzehnte in die Zukunft, in eine Zeit, in der sie selbst gar nicht mehr im Amt sein würden. Die Aufgaben, zu denen sich diese Politiker in ihrer Amtszeit bereit erklärten, waren vergleichsweise leicht, etwa die Einführung des Emissionshandels mit festen Obergrenzen oder die Schließung alter Kohlebergwerke und deren Ersatz durch Erdgasförderanlagen. Den schwierigen Akt hingegen, sich dem gesamten Wirtschaftsmodell der Fossilindustrie entgegenzustellen, wälzten sie immer wieder auf ihre Nachfolger ab.

Die Frist von zehn Jahren für einen Umbau bedeutet nicht, dass absolut alles in dieser Zeit verändert werden muss. Unsere Resolution sieht zwar einen ambitionierten Zeitplan vor, aber wiederholt heißt es ergänzend, „so weit technisch machbar". Im Grunde sagen wir nur, dass wir die Probleme nicht länger aussitzen dürfen. Die Politiker, die sich gegenwärtig für einen Green New Deal einsetzen, würden wohl sagen: „Wir sind diejenigen, die den Job erledigen werden. Niemand sonst." Angesichts der Schäden, die der ständige Hang zum Aufschieben bereits auf der Erde angerichtet hat, ist das eine wirklich große Sache.

5 . Der Green New Deal ist konjunktursicher

In den letzten drei Jahrzehnten war eines der größten Hindernisse für einen nachhaltigen Fortschritt im Klimaschutz die Volatilität der Märkte. In wirtschaftlich guten Zeiten gibt es in der Regel eine gewisse Bereitschaft, ökologische Maßnahmen in Betracht zu ziehen und höhere Preise für Gas, Strom und „grüne" Produkte in Kauf zu nehmen. Verständlicherweise aber verfliegt diese Bereitschaft stets wieder, sobald es zu einem spürbaren Abschwung in der Wirtschaft kommt. Und hier zeigt sich vielleicht am deutlichsten, wie sinnvoll es war, uns bei unserem Klimaprogramm Franklin D. Roosevelts New Deal zum Vorbild zu nehmen – die berühmtesten ökonomischen Anreize aller Zeiten, die es angesichts der schlimmsten Wirtschaftskrise der modernen Geschichte gab. Wenn die Weltwirtschaft in einen neuerlichen Abschwung oder eine weitere Krise gerät, was zweifellos der Fall sein wird, wird die Unterstützung für einen Green New Deal nicht abnehmen wie bei früheren größeren ökologischen Initiativen als Gegenmittel gegen eine Rezession. Da er die Wirtschaft in großem Stil stimulieren und höchstwahrscheinlich Millionen Arbeitsplätze schaffen wird, bietet er die größten Hoffnungen auf ein Ende der wirtschaftlichen Not der Menschen und wird deshalb umso mehr Unterstützung finden.

6. Der Green New Deal ist die beste Garantie gegen Rückschläge

Allzu oft sind die Klimamaßnahmen, die losgelöst von einer umfassenderen Agenda wirtschaftlicher Gerechtigkeit eingeführt werden, in ihren Auswirkungen ungerecht – und die Öffentlichkeit reagiert entsprechend darauf.

Nehmen wir zum Beispiel Frankreich unter Emmanuel Macron, der von seinen Gegnern als „Präsident für die Reichen“ verspottet wird. Macron verfolgt für Frankreich eine klassische Politik des „freien Marktes“, senkt die Steuern für Wohlhabende und Unternehmen, nimmt hart erkämpfte Arbeitsschutzgesetze zurück und erschwert den Zugang zu höherer Bildung – und das alles nach Jahren der Austeritätspolitik unter den Vorgängerregierungen. Vor diesem Hintergrund führte er 2018 eine Benzinsteuer ein, um das Autofahren zu verteuern, den Verbrauch zu senken und mehr Mittel für Klimaprogramme zur Verfügung zu haben.

Nur dass es nicht so lief. Eine enorme Zahl Beschäftigter, die wegen der anderen Maßnahmen des Präsidenten bereits unter starkem wirtschaftlichen Druck standen, betrachtete dieses marktbasierte Vorgehen als direkten Angriff: Warum sollten sie mehr für ihre Fahrten zur Arbeit bezahlen, während die Superreichen nach Belieben ihre Privatjets betanken konnten, um in ihre Steuerparadiese zu fliegen? Wutgeladen gingen Zehntausende auf die Straße, die meisten von ihnen mit gelben Sicherheitswesten (gilets jaunes), und viele Demonstrationen wuchsen sich zu regelrechten Krawallen aus.

„Die Reichen reden über das Ende der Welt, wir haben Angst vor dem Monatsende“, skandierten viele gilets jaunes. In dem verzweifelten Versuch, die Kontrolle über das Land zurückzugewinnen, nahm Macron seine Benzinsteuer zurück, erhöhte den Mindestlohn und machte weitere Zugeständnisse – während er gleichzeitig die Gelbwesten-Bewegung unterdrückte.

Eine der großen Stärken des Green New Deal besteht darin, dass er keinen solchen Gegenschlag auslösen wird. Nichts daran zwingt Menschen, sich zwischen der Sorge um das Ende der Welt und der um das Monatsende zu entscheiden. Es geht einzig darum, eine Politik zu entwickeln, die uns allen ermöglicht, uns um beides zu kümmern: Maßnahmen zur Absenkung der Emissionen zu ergreifen und zugleich die Beschäftigten vom wirtschaftlichen Druck zu befreien. Dies erreichen wir, indem jeder in der neuen Wirtschaftsordnung eine gute Stelle bekommt, Zugang zu elementaren und sozialen Leistungen hat wie Gesundheitsfürsorge, Bildung und Kindertagesstätten und indem grüne Jobs gewerkschaftlich geschützt sind, die Familien ernähren und Zusatzleistungen und Urlaub bieten. Natürlich muss Kohlenstoff bepreist werden, aber die Chancen, dass das auch geschieht, sind viel größer, wenn die Menschen, die die höheren Kosten tragen, nicht diejenigen sind, die sich nur mit Hängen und Würgen über den Monat retten.

7. Der Green New Deal kann ein ganzes Heer von Unterstützern finden

Seit der Veröffentlichung der Green-New-Deal-Resolution lautet die häufigste Kritik, durch die starke Fokussierung auf wirtschaftliche und soziale Gerechtigkeit werde der Klimaschutz schwerer an den Mann zu bringen sein, als wenn man sich allein auf die Kohlenstoffemissionen konzentrieren würde. „Mein Herz ist bei den Grünen“, schrieb Thomas Friedman in der New York Times. „Aber mein Kopf sagt mir, dass man nicht unsere Energie-

und unsere sozialen und ökonomischen Systeme zugleich in großem Maßstab umwandeln kann. Wir müssen der Energie und dem Klima den Vorrang geben. Denn für die Umwelt bedeutet später zu spät. Mit später ist es endgültig vorbei." Friedman geht also davon aus, dass die sozialen und wirtschaftlichen Elemente des Green New Deal seine Umsetzung erschweren. Tatsächlich aber erleichtern sie sie.

Im Gegensatz zu Vorhaben, bei denen die Kosten des Wandels auf die werktätige Bevölkerung abgewälzt werden, sind beim Green New Deal die Reduzierung der Umweltverschmutzung und die Erfüllung der Bedürfnisse der gefährdetsten Beschäftigten und der am stärksten ausgegrenzten Gemeinschaften aufs Engste verbunden. Zu dieser Spielwende kam es durch neue Abgeordnete im Kongress, die bereits für den Lebensunterhalt deckende Löhne und für nicht verpestete Luft und sauberes Wasser gekämpft haben – Frauen wie Rashida Tlaib, die am erfolgreichen Widerstand gegen die giftigen Petrolkokshalden von Koch Industries beteiligt war.

Wer zu den Gewinnern unseres Wirtschaftssystems gehört und von noch größeren Gewinnern bezahlt wird, wie es bei vielen Politikern der Fall ist, wird sich bei jedem Bemühen um eine klimafreundliche Gesetzgebung von dem Gedanken leiten lassen, die Veränderungen so minimal wie möglich zu halten und den Status quo weitgehend zu erhalten. Schließlich haben diese Politiker und ihre Geldgeber vom Status quo ordentlich profitiert. Das war genau die Herangehensweise, die in den Obama-Jahren den Versuch scheitern ließ, den Emissionshandel mit fester Obergrenze durch den Senat zu bringen, und die Macron in Frankreich um die Ohren flog.

Hingegen sind Politiker mit einem Hintergrund in Gemeinschaften, die vom gegenwärtigen System maßlos im Stich gelassen wurden, frei, einen ganz anderen Weg einzuschlagen. Sie beziehen in ihre Klimapolitik auch tiefgreifende und systemische Veränderungen mit ein, denn die sind genau das, was ihre Basis für ein gutes Leben braucht. Jahrzehntelang war das größte Hindernis für die Durchsetzung einer klimafreundlichen Gesetzgebung ein gewaltiges Machtungleichgewicht. Der Widerstand der Fossilunternehmen war heftig, kreativ und hartnäckig. Als dann schwache (und sehr oft ungerechte) marktbasierte Klimamaßnahmen auf die politische Agenda kamen, war die Unterstützung bestenfalls lau. Hingegen zeigt sich jetzt schon, dass der Green New Deal das Zeug hat, eine wirklich intersektionale Massenbewegung hinter sich zu versammeln – nicht trotz seiner umwälzenden Zielsetzungen, sondern gerade wegen ihnen. Wie die Klimagerechtigkeitsorganisationen schon seit Jahren betonen, kämpfen die Gemeinschaften, die am meisten zu gewinnen haben, bis zum Sieg, wenn sie die Bewegung anführen.

8 . Der Green New Deal wird zu neuen Bündnissen führen – und das rechte Lager untergraben

Einer der Seitenhiebe auf den Green New Deal lautet, dass er durch die Verbindung von Klimamaßnahmen mit derart vielen anderen progressiven politischen Zielen den Konservativen in die Hände spiele, die annehmen, dass die Erderwärmung eine Erfindung von Verschwörern sei, die ein sozialistisches System etablieren wollten. Somit würde sich die politische Polarisierung verschärfen.

Natürlich werden die Republikaner in Washington den Green New Deal auch weiterhin als das beste Rezept hinstellen, die Vereinigten Staaten in ein zweites Venezuela zu verwandeln. Damit aber ignorieren sie einen der größten Vorteile unseres Modells, das den Klimanotstand als ein umfassendes Infrastruktur- und Bodensanierungsprojekt betrachtet: Nichts hebt ideologische Trennlinien so schnell auf wie ein konkretes Projekt, das leidenden Gemeinschaften Arbeitsplätze und Ressourcen verschafft.

Einer, der das erkannt hatte, war Franklin D. Roosevelt. Als er im Zuge seiner Arbeitsbeschaffungsmaßnahmen beispielsweise das Netz von Camps für das Civilian Conservation Corps schuf, siedelte er absichtlich viele von ihnen in ländlichen Regionen an, in denen er nicht gewählt worden war. Vier Jahre später, als diese Gemeinschaften die Vorteile des New Deal aus nächster Nähe erlebt hatten, waren sie längst nicht mehr so empfänglich für die Panikmache der Republikaner mit ihrer Hetze gegen eine Machtübernahme durch die Sozialisten und wählten vielfach demokratisch.

Es steht zu erwarten, dass grüne Infrastruktur- und Bodensanierungsprojekte in großem Stil mit den Arbeitsplätzen, die sie generieren, heute eine ähnliche Wirkung haben werden. Sicher werden sich manche nicht von der Überzeugung abbringen lassen, dass der Klimawandel eine Falschmeldung ist – doch wen kümmert das schon, wenn es eine Falschmeldung ist, die zur Entstehung guter Arbeitsplätze und zur Entgiftung der Umwelt führt?

9. Der Green New Deal ist unsere Bestimmung

Das bei weitem größte Hindernis, vor dem wir stehen, ist Hoffnungslosigkeit, das Gefühl, es sei alles zu spät, wir hätten dem Problem zu lange den Rücken gekehrt und wir bekämen es in so kurzer Zeit nicht mehr in den Griff.

All das wäre wahr, wenn der Prozess der Transformation bei null beginnen müsste. Aber es gibt Zehntausende Menschen und sehr viele Organisationen, die seit Jahrzehnten an einem Durchbruch arbeiten, der dem Green New Deal gleichkommt (indigene Gemeinschaften, die ihre Lebensweise bewahrt haben, tun dies seit Jahrhunderten). Diese Kräfte haben weitgehend unbeachtet bereits auf lokaler Ebene Modelle entwickelt und erprobt, wie eine Klimapolitik aussehen kann, in deren Mittelpunkt Gerechtigkeit steht – wie wir Wälder schützen, erneuerbare Energie erzeugen, den öffentlichen Verkehr gestalten können und vieles mehr.

„Gesellschaft? Wer soll das sein?", fragte 1987 die damalige britische Premierministerin Margaret Thatcher, um ihren erbarmungslosen Angriff auf die Sozialsysteme zu rechtfertigen. „So etwas gibt es nicht! Es gibt einzelne Männer und Frauen, und es gibt Familien." Diese düstere Sichtweise – dass wir nicht mehr sind als eine Ansammlung atomisierter Individuen und Kleinfamilien, die nichts von Wert zustande bringen und nur in Kriegen kollektiv handeln können – hat die Vorstellungskraft der Menschen für sehr lange Zeit gelähmt. Kein Wunder, dass so viele von uns glaubten, wir könnten die Herausforderungen der Klimakatastrophe nicht bewältigen.

Doch über dreißig Jahre später löst sich diese Ideologie des „freien Markts" ebenso sicher auf, wie die Gletscher schmelzen und die Eisschilde auseinanderbrechen. An ihre Stelle tritt allmählich eine neue Vision, die uns zeigt, wie wir Menschen sein könnten. Sie kommt von den Straßen, aus den Schulen, von Arbeitsplätzen und sogar aus den Parlamenten. Sie sagt uns, dass wir alle gemeinsam das Gewebe der Gesellschaft bilden.

Und wenn die Zukunft des Lebens auf dem Spiel steht, können wir alles erreichen.

Für die Bewohnbarkeit des Planeten: Wie die ökologische Klasse entsteht

Von **Bruno Latour und Nikolaj Schultz**

Am 9. Oktober 2022 starb im Alter von 75 Jahren Bruno Latour, der bedeutende Wissenschaftssoziologe und Vordenker einer Theorie der Nachhaltigkeit. In seinem letzten Buch „Zur Entstehung einer ökologischen Klasse. Ein Memorandum", das im Suhrkamp Verlag erschienen ist, beschäftigt er sich gemeinsam mit seinem Kollegen Nikolaj Schultz mit der Frage nach dem handelnden Subjekt in der ökologischen Transformation. Dieser Beitrag ist ein bearbeiteter Auszug aus dem Buch. Die Übersetzung aus dem Französischen stammt von Bernd Schwibs. – D. Red.

Ökologische Anliegen – das Klima, die Energie, die Biodiversität – sind heute allgegenwärtig. Dennoch hat die Vielzahl an Konflikten nicht, jedenfalls noch nicht, zu einer allgemeinen Mobilisierung geführt, wie es in früheren Zeiten durch die vom Liberalismus und vom Sozialismus in Gang gebrachten Veränderungen der Fall war. In diesem Sinne ist die Ökologie heute überall und nirgends.

Angesichts des enormen Ausmaßes der laufenden Katastrophe und der allgemeinen Unzufriedenheit über das politische Angebot der traditionellen Parteien, die sich unter anderem in mannigfacher Wahlenthaltung niederschlägt, muss die Ökologie unbedingt in ihrem Zusammenhalt und ihrer Autonomie gestärkt werden. Das haben sich zwar bereits viele ökologische Bewegungen und sogar Parteien auf ihre Fahnen geschrieben. Doch noch sind sie weit davon entfernt, auf ihre Weise und mit ihren eigenen Begriffen die Fronten um sie herum zu bestimmen und so die Gesamtheit ihrer Verbündeten und Gegner in der politischen Landschaft auszumachen. Noch Jahrzehnte nach ihren Anfängen sind sie in den alten Gräben gefangen. Das schränkt die Suche nach Allianzen ein und beeinträchtigt ihren Handlungsspielraum. Will die politische Ökologie existieren, darf sie sich nicht durch andere definieren lassen. Sie muss aus sich heraus und für sich die neuen Quellen von Ungerechtigkeit aufdecken sowie die neuen Fronten ausmachen, an denen sie zu kämpfen hat. Weil sie getragen war von der Sorge um eine Natur, die von der Wissenschaft erkannt wurde und der sozialen Welt äußerlich war, hat sich die politische Ökologie zu lange auf eine pädagogische Version ihres Handelns verlassen: Da man weithin um die Katastrophensituation wusste, würde die Tat zwangsläufig folgen. Doch mittlerweile ist offenbar geworden, dass der Aufruf „Zum Schutz der Natur" weder die sozialen Konflikte beendet hat noch die Aufmerksamkeit von ihnen ablenkt. Im Gegenteil: Er befeuert diese noch. Von den Gelbwesten in Frankreich über die Proteste der indischen Bauern bis hin zu den indigenen Bewegungen in Nordamerika, die sich gegen das Fracking wehren, oder die Debatten um die Frage, welche Auswirkungen Elektroautos haben – der Befund ist eindeutig: Die Konflikte nehmen zu. Von der Natur zu sprechen heißt also nicht, einen Friedensvertrag zu unterschreiben. Es heißt vielmehr anzuerkennen, dass eine Vielzahl von Auseinandersetzungen zu allen möglichen Themen des alltäglichen Daseins, auf allen Stufen und auf allen Kontinenten, besteht. Die Natur eint nicht, sie trennt. Aktuell ist es wohl gerade die enorme Vielfältigkeit der ökologischen Konflikte, die den Versuch einer stimmigen Definition dieser Kämpfe verhindert. Nun ist diese Diversität jedoch kein Manko, sondern ein Trumpf. Und zwar deshalb, weil die Ökologie umfassend die Lebensbedingungen untersucht, die durch das obsessive Beharren auf der Produktion zerstört wurden. Will die ökologische Bewegung jedoch an Konsistenz und Autonomie gewinnen und soll sich dies in einem geschichtsträchtigen Elan gleich dem in der Vergangenheit niederschlagen, dann muss sie ihr Projekt erkennen, es fassen, begreifen und wirksam darstellen und diese Konflikte zu einer für alle verständlichen Aktionseinheit zusammenschweißen.

Überall Konflikte und Gleichgültigkeit

Wenn es stimmt, dass die Ökologie sowohl überall als auch nirgends ist, dann trifft auch und nicht minder zu, dass es einerseits hinsichtlich aller möglichen Themen zu Konflikten kommen kann, während andererseits eine Art Gleichgültigkeit, ein Hang zur Aussöhnung, ein Abwarten und ein trügerischer Friede herrschen. Jede Veröffentlichung des Weltklimarats löst exaltierte Reaktionen aus, doch wie in der Oper versetzen die Kriegsgesänge „Marschieren wir, marschieren wir, bevor es zu spät ist!" die Chöre auch nur um wenige Meter. „Alles muss sich radikal ändern" – und nichts verändert sich.

Wenn es also dringend geboten ist, anzuerkennen, dass ein allgemeiner Kriegszustand herrscht, so muss doch auch eingestanden werden, dass eindeutige Frontlinien zwischen Freunden und Feinden gegenwärtig nur schwer zu ziehen sind. Bei einer ganzen Menge von Themen sind wir selbst gespalten, sind wir zugleich Opfer und Komplizen.

Unter welchen Bedingungen könnte die Ökologie aber die Politik um sich herum organisieren, statt nur eine Bewegung unter anderen zu sein? Darf sie tatsächlich hoffen, den politischen Horizont so zu definieren, wie es einst der Liberalismus, dann die Sozialismen sowie der Neoliberalismus taten, und wie es seit kurzem die illiberalen oder neofaschistischen Parteien tun, deren Aufstieg sich ungebremst fortsetzt? Kann sie von der Sozialgeschichte lernen, wie neue politische Bewegungen entstehen und wie diese den Kampf der Ideen gewinnen, noch bevor sie ihre Fortschritte in Parteistrukturen und Wahlergebnisse übersetzen können?

Während sich die Klassenkonflikte im vorigen Jahrhundert, wenn auch nur grob, nachzeichnen lassen, die es zum Beispiel ermöglichten, Parteien mit erkennbaren Ideologien zu wählen, ist das heute, solange der ökologische Kriegszustand nicht geklärt ist, ungeheuer schwer. Und wie kann man überhaupt von Klassenkonflikten sprechen, wenn noch nicht einmal die ökologische Klasse an sich klar definiert ist?

Was heißt heute Klasse?

Es ist stets ein wenig beängstigend, den Begriff der „Klasse" wieder zu verwenden. Deshalb muss man der Versuchung widerstehen, den Ausdruck „Klassenkampf" unverändert aufzugreifen, auch wenn man zugeben muss, dass er im vorigen Jahrhundert insofern sehr große Dienste leistete, als er die Mobilisierungsbemühungen erleichterte und einte. Der Vorteil dieses Begriffs lag darin, dass er die Grenzen der Struktur der sozialen und der materiellen Welt festzulegen erlaubte, indem er politische Dynamiken in der Begrifflichkeit sozialer Konflikte, der Herausbildung von Erfahrungen und kollektiver Horizonte vorantrieb. Seine Rolle innerhalb der sich vollziehenden Geschichte war klar deskriptiv und performativ. Er beanspruchte, die soziale Realität zu beschreiben und damit den Menschen zu ermöglichen, sich in der Landschaft, die sie bewohnten, zu positionieren. Gleichzeitig war er nie zu trennen von einem Projekt der gesellschaftlichen Transformation.

Von „Klasse" zu sprechen heißt also immer, Schlachtordnung einzunehmen. Und davon zu sprechen, eine „ökologische Klasse" entstehen zu lassen, bedeutet also unvermeidlich, zugleich eine neue Beschreibung und neue Handlungsperspektiven anzubieten. Will sie an Autonomie gewinnen, muss die Ökologie also bereit sein, dem Klassenbegriff eine neue Bedeutung zu verleihen. Richtet man sich an der Marxschen Tradition der „Klassenkämpfe" aus, sind diese zutiefst an den Begriff und das Ideal der Produktion gebunden. Auch wenn es immer verführerisch ist, eine neue Situation in einen anerkannten Rahmen einzufügen, gebietet es die Vorsicht, nicht übereilt geltend zu machen, dass die ökologische Klasse einfach nur die „antikapitalistischen Kämpfe" fortführt. Zahlreiche analytische Köpfe haben zwar den Klassenbegriff entsprechend den Formveränderungen des Gesellschaftsgefüges im 20. Jahrhundert überarbeitet, aber Marx bleibt doch für jeden, der sich auf dieses Gelände wagt, eine leitende Figur. Die „Klassentheorie" bot den Menschen für eine ganz bestimmte historische Periode einen Kompass, an dem sie klar ablesen konnten, was ihre Subsistenz ermöglichte, wo ihr Ort in der sozialen Landschaft war und gegen wen sie kämpften.

In der modernen Bedeutung der Begriffe wurden „Klasse", „Klasseninteresse" und „Klassenkampf", nicht zu vergessen das höchst umstrittene „Klassenbewusstsein", verwendet, um zu beschreiben, wie unterschiedliche Personen ihre Subsistenzbedingungen mit anderen teilten oder aber nicht; wie soziale Gruppen innerhalb einer geschichteten materiellen und sozialen Landschaft unterschiedliche Positionen innehatten; wie schließlich die antagonistischen Beziehungen zwischen den Interessen dieser Gruppen diese unausweichlich in konflikthafte soziale und politische Auseinandersetzungen trieben. Wie der Liberalismus verlieh der Marxismus der Geschichte einen Sinn. Will die ökologische Klasse existieren, muss sie es mindestens genauso gut machen und insbesondere ebenfalls den Sinn der Geschichte definieren – allerdings den ihrer Geschichte!

Der Beitrag der marxistischen Definition von Klasse liegt im Verständnis der materiellen Bedingungen; die sozialen Bedingungen sind nur deren Ausdruck. Brauchbar war der Marxsche Kompass, weil er auf einer verhältnismäßig klaren Beschreibung der zum kontinuierlichen Fortbestand der Gesellschaft notwendigen Prozesse beruhte. Ausgangspunkt ist die Beschreibung der Mechanismen, durch die Gesellschaften sich reproduzieren; danach wird klassifiziert, wie die Akteure in diesem Reproduktionsprozess auf antagonistische Weise verortet sind. In diesem Sinne kann die auf Klassen bezogene Analyse als eine materialistische bezeichnet werden.

Will die ökologische Klasse diese Tradition als Erbschaft übernehmen, muss sie also diese marxistische Lektion akzeptieren und sich ebenfalls im Verhältnis zu den materiellen Bedingungen ihrer Existenz definieren. Der neue Klassenkampf muss auf einem nicht minder materialistischen Ansatz wie der alte beruhen. In diesem wesentlichen Punkt herrscht durchaus Kontinuität. Nur handelt es sich heute nicht mehr um dieselbe Materialität! Daraus erwächst die relative Diskontinuität zwischen den sozialistischen Traditionen und dem, was heute zum Entstehen gebracht werden muss.

Über Produktion und Reproduktion hinausdenken

Für Marx war das Überleben und die Reproduktion der Menschheit erstes Prinzip aller Gesellschaften und ihrer Geschichte. Dementsprechend bestand der erste Schritt jeder Analyse menschlicher Gesellschaften und der sozialen Geschichte notwendig in der Klärung sowohl der materiellen Voraussetzungen – was die Menschen aßen, das Wasser, das sie tranken, die Kleidung, die sie trugen, die Behausungen, in denen sie lebten, usw. –, die es den Gesellschaften und menschlichen Kollektiven ermöglichten zu überleben, als auch der Prozesse, denen sie ihre Entstehung verdanken. Die Produktion dieser materiellen Reproduktionsbedingungen galt Marx als Fundament der sozialen Geschichte. Allerdings ging es vorrangig um die Reproduktion der Menschenwesen.

Wir befinden uns heute in einer ganz anderen historischen Konstellation. Unser Horizont wird nicht mehr ausschließlich durch die Produktion bestimmt. Und vor allem: Wir sind nicht mehr mit derselben Materie konfrontiert. Was aber geschieht, wenn die Definition der materiellen Existenz selbst sich verändert? Da er ein Denken nahezu ausschließlich in Begriffen von „Produktion" und „Reproduktion" voraussetzt, ist der sozialistische Kompass außerstande zu erklären, wie sich heute die Form der Klassenlandschaft verwandelt. Wie bei der Entstehung der mechanischen Zivilisation zwingt uns das Neue Klimaregime, die Prozesse neu zu beschreiben, kraft deren sich die Gesellschaften reproduzieren und weiterbestehen. Einmal mehr: „Alles Ständische und Stehende verdampft."

Wie im 19. Jahrhundert wohnen auch wir heute einer gewaltigen Transformation der materiellen Basis der Gesellschaften bei. Das zwingt uns dazu, uns nicht mehr allein bei den alten Beschreibungen aufzuhalten, um die Fragen zu beantworten, wie die Kollektive weiterleben, wie ihre Subsistenzmittel sich langfristig erhalten können und wie ihre Geschichte geschrieben werden soll. Die Analyse in Begriffen der ökologischen Klasse bleibt materialistisch, aber sie muss sich anderen Phänomenen als der alleinigen Produktion und der alleinigen Reproduktion ausschließlich der Menschen zuwenden. Unmittelbar nach dem Zweiten Weltkrieg haben sich diese Produktionssysteme derart stark beschleunigt, dass dadurch das Erd- und das Klimasystem destabilisiert wurden. Das ist in Begriffen wie „Anthropozän" oder „Große Beschleunigung" recht treffend zusammengefasst. Momentan werden wir Zeugen davon, wie die klimatischen Veränderungen auf dramatische Weise die Kräfte intensivieren und verwandeln, die die Kontinuität und das Überleben der Gesellschaften sicherstellen. Das Produktionssystem ist zu einem Synonym für „Zerstörungssystem" geworden.

Was es heute bedeutet, Materialist zu sein

Was aber könnte eine marxistische Analyse bedeuten, die sich auch auf die Reproduktion des Nichtmenschlichen konzentrierte? Heute Materialist zu sein heißt, zusätzlich zur Reproduktion der für die Menschen günstigen materiellen Bedingungen auch die Voraussetzungen zur Bewohnbarkeit der Erde zu berücksichtigen. Diese zwingen dazu, nicht allein das in Erwägung zu ziehen, was die politische Ökonomie der traditionellen Parteien unter dem Namen „Ressource" zu vereinfachen suchte, sondern eine neue materielle Realität des Planeten. Die Ökonomie richtete ihre Aufmerksamkeit auf den Einsatz von Ressourcen zum Zwecke der Produktion. Aber existiert eine Ökonomie, die in der Lage ist, sich zurückzuwenden in Richtung des Erhalts der Bewohnbarkeitsbedingungen der terrestrischen Welt? Mit anderen Worten, die imstande ist, jener ausschließlichen Aufmerksamkeit für die Produktion den Rücken zu kehren und sie neu auszurichten an der Suche nach den Bewohnbarkeitsbedingungen? Vor dieser Herausforderung steht die neue ökologische Klasse. In diesem Punkt besteht verständlicherweise eine erhebliche Diskrepanz zum traditionellen „Klassenkampf".

Dieser Dissens hinsichtlich der materialistischen Klassenanalyse macht letztlich verstehbar, inwieweit die Analyse in Begriffen der ökologischen Klasse die traditionellen Kämpfe der Linken fortführt und erneuert – freilich auf ihre Weise. Es geht in der Tat darum, sich von der ausschließlichen Konzentration auf die Produktion abzuwenden, um so den Widerstand der Gesellschaft (um ein Motiv von Karl Polanyi aufzugreifen) gegen die Ökonomisierung auszuweiten.

Bestimmte Kämpfe im 20. Jahrhundert waren natürlich von der marxistischen Tradition inspiriert, doch viele andere wurden schlicht im Namen der Absage an eine Expansion der Produktion geführt und gegen ihren ständig zur Schau getragenen unerträglichen Anspruch, sich vom Rest des gesellschaftlichen Lebens abzukoppeln. Wie es der Ökonom Lucas Chancel formuliert: „Die Abschaffung der Sklaverei, die Sozialversicherung, das allgemeine Wahlrecht, die kostenlose Schulbildung, das sind im eigentlichen Sinn keine Fragen der Organisation der materiellen Produktion." Das waren die vitalen Äußerungen der Unmöglichkeit für eine menschliche Gesellschaft, sich durch die Ökonomisierung allein definieren zu lassen. Folglich ermöglicht die Kritik bestimmter Grenzen des marxistisch inspirierten Materialismus auch, die vielfältigen Traditionen des Kampfes gegen die Ökonomisierung zu erneuern. Bis auf diese freilich entscheidende Nuance kann die ökologische Klasse mithin durchaus den Anspruch erheben, an die Geschichte der emanzipatorischen Linken, sie erweiternd, anzuknüpfen. Ein Zeichen, dass diese Wiederaufnahme bereits stattgefunden hat: Die Zahl getöteter Umweltaktivisten ist heute höher als die der Gewerkschafter.

Fasst man die gegenwärtige Situation zusammen, kann man sagen, dass mittlerweile die ganze Welt verstanden hat, dass entschiedenes Handeln nötig wäre, um der Katastrophe Einhalt zu gebieten, es dafür aber an Mittlern, an Motivation, an Führung zum Handeln fehlt. Bis zum Überdruss ist von „Revolution", von „radikaler Transformation", von „Kollaps" die Rede, aber es ist nur zu sichtbar, dass nichts diese Ängste in ein mobilisierendes Aktionsprogramm, das den Herausforderungen entspräche, umsetzt. Insofern ähnelt dieser Aufruf zum Handeln beileibe nicht dem, den unsere Vorgänger aus Kriegszeiten oder den Zeiten des Wiederaufbaus, der Entwicklung und der Globalisierung kannten. Die Energien knüpften damals wirksam an die Ideale an; Einsicht in die jeweilige Lage genügte zur Mobilisierung. Heute scheint die Gewissheit der Katastrophe das Handeln eher zu lähmen. Jedenfalls werden die Vorstellungen von der Welt, die aufzubietenden Energien und die zu verteidigenden Werte nicht instinktiv miteinander in Einklang gebracht. Alle Instinkte sind vielmehr auf die identische „Wiederaufnahme" der überkommenen Auffassung von Produktion gerichtet.

Aufgabe der ökologischen Klasse ist es dagegen, die Quelle dieser Lähmung zu diagnostizieren und die Ängste, das kollektive Handeln, die Ideale und den Sinn der Geschichte neu miteinander in Einklang zu bringen.

Man begreift, woher die Lähmung stammt, wenn man bemerkt, dass die Richtung des Handelns selbst sich umgekehrt hat. Vereinfachend lässt sich sagen, dass in den letzten zwei Jahrhunderten die Energien dann leicht zu mobilisieren waren, wenn es darum ging, die Produktion zu erhöhen und die dabei gewonnenen Reichtümer etwas weniger ungerecht zu verteilen. Zweifellos kam es zu zahllosen Konflikten zwischen den diversen Formen des Liberalismus und den vielfältigen sozialistischen Traditionen. Aber ihnen lag eine vollständige Übereinstimmung hinsichtlich einer Erhöhung der Produktion zugrunde. Uneinigkeit herrschte eher über die gerechte Verteilung der Erträge. Die Entwicklung war unbestreitbar historisch vorgegeben. Man konnte stets auf die Energien bauen, die mit der Losung entfacht wurden: „Vorwärts!" Aus der Sicht des alten Modells klingt die Losung heute dagegen eher wie: „Alles zurück!" Auf einmal erscheinen die Erhöhung der Produktion, der Begriff der Entwicklung selbst, der des Fortschritts als Wahnwitz, der abgestellt werden müsste.

Die Verbindung von Produktion und Zerstörung der Bewohnbarkeitsbedingungen des Planeten zieht eine Krise der Fähigkeiten zur Mobilisierung nach sich. Wen wundert es da, dass die Warnungen der Expertinnen und Experten vor den enormen Bedrohungen so wenige praktische Folgen zeitigen. Die mentale, moralische, organisatorische, verwaltungsmäßige, rechtliche Ausstattung, so lange mit Entwicklung assoziiert, büßt ihre Nützlichkeit ein, weil sie die Aufmerksamkeit auf das lenken sollte, was sich in eine Sackgasse verwandelt hat. Die Verfahrensweise hat sich sichtbar geändert, aber noch ist die neue Ausstattung nicht erarbeitet, die es ermöglichte, in Aktion zu treten. Was bleibt, sind Angst, Schuldgefühle und Ohnmacht. Es ist die Aufgabe der ökologischen Klasse, diese Ausstattung zu liefern.

Die entscheidende Wende besteht darin, der Aufrechterhaltung der Bewohnbarkeitsbedingungen des Planeten Priorität einzuräumen und nicht der Entwicklung der Produktion. In diesem Sinne geht es nicht nur um eine Beschränkung des „Produktivismus", sondern darum, wie es der Anthropologe Dušan Kazik fordert, sich völlig vom Horizont der Produktion als Prinzip der Analyse der Beziehungen zwischen den Menschen und zwischen den Menschen und dem, von dem abzuhängen sie lernen, abzuwenden. Tatsächlich hatte die ausschließliche Konzentration auf die Produktion die unheilvolle Konsequenz, dass alles zu ihrer Entwicklung Erforderliche auf die bloße Rolle von Ressourcen reduziert wurde. Doch der in Jahrmillionen von Lebewesen erzeugte Planet umgibt, umhüllt, gestattet, ermächtigt, gewährleistet mehr als nur Ressourcen für menschliches Handeln.

Die große Wende: Wie die Produktion aus dem Zentrum an den Rand rückt

Wie es die Langzeitgeschichte der Erde belegt, waren es die Lebewesen, die den kontinuierlichen Fortbestand der von ihnen in Milliarden von Jahren geschaffenen terrestrischen Existenz ermöglicht haben – einschließlich Klima, Atmosphäre, Boden und Ozeane. Das Produktionssystem ist nur ein Teil und nicht einmal der wichtigste dieser Gesamtheit. Es ist aus dem Zentrum an den Rand gerückt; dagegen nimmt die Peripherie den ganzen Platz ein. Tatsächlich ist das Produktionssystem eingebettet, eingehüllt in eine ganz andere Organisation, die die Aufmerksamkeit auf Praktiken richten lässt, die die für die Wahrung der Lebensbedingungen notwendige Erzeugung begünstigen – oder aber vernichten. Produzieren heißt zusammenstellen und kombinieren, nicht erzeugen, will heißen: mit Sorgfalt den Fortbestand der Wesen entstehen lassen, von denen die Bewohnbarkeit der Welt abhängt. Um diese Umkehrung zu fassen, wäre es sinnvoller, von Einwicklung zu sprechen, statt die sonderbare Metapher der Entwicklung im Mund zu führen: Alle auf die Produktion bezogenen Fragen sind umgeben von, eingepackt in Erzeugungspraktiken, von denen sie abhängen.

Doch wir sind es gewohnt, Wachstum als einziges Mittel zu begreifen, um uns aus der Affäre zu ziehen, wobei wir vergessen, welche Zerstörungen es anrichtet. Dabei hing Prosperität immer schon von den Erzeugungspraktiken ab. Es geht somit nicht um „weniger Wachstum", sondern darum, endlich wirklich zu prosperieren. Und doch hat noch kein einziger bedingter Reflex, noch kein Instinkt, noch kein Affekt diese Umkehr derart umgesetzt, dass sie zum neuen Sensus communis, zum neuen Gemeinsinn geworden wäre.

Da aber die Geschichte der Klassenkonflikte in den letzten beiden Jahrhunderten ausschließlich auf die Produktion und die Verteilung ihrer Erträge fokussiert war, blieb sie willentlich und systematisch blind für die Grenzen der materiellen Bedingungen des Planeten. Aus diesem Grund kann sich die ökologische Klasse nicht mehr allein anhand der Analyse der Produktionsweise definieren. Der Punkt, an dem sich die neue ökologische Klasse von allen anderen scheidet, besteht darin, dass sie die Stellung der Produktionsverhältnisse vermindern will, während die anderen sie verstärken wollen.

Der reizvolle Euphemismus des „Übergangs" bezeichnet auf die denkbar schlechteste Weise, was im Grunde eine gewaltsame Umkehr ist. Diese Spannung bildet die Grundlage für den neuen Klassenkampf. Von zentraler Bedeutung sind nicht mehr wie einst allein die Klassenkonflikte innerhalb des Produktionssystems, sondern die notwendig konflikthafte Beziehung zwischen dem Erhalt der Bewohnbarkeitsbedingungen und dem Produktionssystem. Diese sekundäre Spannung macht den neuartigen Charakter der gegenwärtigen Lage aus. Die althergebrachten Klassen, die von Marx und die der Liberalen – die von einer ökonomisch geprägten Deutung der Geschichte abhängigen Klassen –, ordnen die Fragen der Bewohnbarkeit den Produktionsverhältnissen unter. Die im Entstehen begriffene ökologische Klasse verfährt umgekehrt. Im grellen Licht der modernen Ordnung offenbart sie die wirklichen Trennlinien: Unter dem Klassenkampf ein anderer Klassenkampf.

Die ökologische Klasse, die um ihre mit der Produktion brechende Definition kämpft, ergänzt also die Produktionsverhältnisse durch die Erzeugungspraktiken, die schon immer das Äußere des menschlichen Handelns definierten, insofern sie schon immer die Produktionsverhältnisse umgaben und umschlossen und sie erst ermöglichten.

Dem Philosophen Pierre Charbonnier zufolge ist die ökologische Klasse dadurch bestimmt, dass sie die Welt, in der man lebt, und die Welt, von der man lebt, in ein und demselben Raum miteinander verbindet. Sie ergänzt mithin die Produktion durch den Rückgriff auf die Bewohnbarkeitsbedingungen, in denen der Produktionswille immer schon eingebettet war. Zwar war die Definition der sozialen Klassen in Wirklichkeit immer schon abhängig von der Schlüsselfrage der Reproduktion (sogar bei Marx), doch hat das Gewicht der Ökonomisierung die marxistischen wie die liberalen Traditionen dazu gedrängt, deren Bedeutung zu leugnen oder zu minimieren. Klassenkampf ist seit je ein Knäuel geosozialer Konflikte gewesen – und wird es heute wieder explizit –, für die die Formatierung durch die Ökonomisierung nicht mehr angemessen ist, da sie den terrestrischen Wesen, einschließlich der Menschen, keinen Platz einräumen kann. Die ökologische Klasse ist also diejenige, die sich der Frage der Bewohnbarkeit annimmt. Aus diesem Grund greift ihre Vision der Geschichte und sogar der Geogeschichte auch weiter aus, ist umfassender und komplexer. Was zunächst als Rückschritt, als Rückwärtsbewegung, fast wie eine „reaktionäre" Position erschien, erweist sich jetzt als eine enorme Erweiterung der Sensibilität für die lebensnotwendigen Bedingungen. Daraus erwächst ihr Konflikt mit den alten Klassen, die nicht in der Lage waren, die realen Voraussetzungen ihres Projekts zu erfassen.

Weder Liberalismus noch Sozialismus haben ernsthaft die Bedingungen der Bewohnbarkeit auch für sie selbst in Betracht gezogen – einmal ganz zu schweigen von den Neofaschisten. In diesem Sinne darf sich die ökologische Klasse – weil sie weiter blickt, weil sie mehr Werte berücksichtigt, weil sie bereit ist, an mehr Fronten für sie zu kämpfen – als rationaler als die anderen Klassen betrachten, in jener Bedeutung, die Norbert Elias diesem Adjektiv verliehen hat. Ihr Ehrgeiz ist also, den Prozess der Zivilisation wieder aufzunehmen, den die anderen Klassen aufgegeben oder verraten haben. Auf alle Fälle geht es darum, wie die Zivilisation aktiv fortgesetzt werden kann.

Die Erweiterung des Horizonts

Bereit zu sein, für jedes Subjekt, für jedes Territorium, die Welt, in der man lebt, zu unterstützen, indem man sie ausdrücklich mit der Welt verbindet, von der man lebt, erweitert den Horizont des Handelns. Diese Erweiterung des Horizonts ermächtigt die ökologische Klasse, sich als legitimer zu erachten, den Sinn der Geschichte zu definieren.

Die durch den alleinigen Horizont der Produktion und der Nationalstaaten beschränkten anderen Klassen bleiben dabei: Sie leugnen weiterhin die Wichtigkeit der Erzeugungspraktiken. Um die bei Elias angedeutete Parallele fortzuführen: Ähnlich wie die aufsteigende bürgerliche Klasse der Aristokratie deren allzu enge Wertvorstellungen ankreidete, spricht heute die neue ökologische Klasse den alten führenden Klassen die Legitimität ab, da sie durch die Krise gelähmt und außerstande sind, für das Abenteuer der modernen Politik einen glaubwürdigen Ausweg zu finden. Daraus schöpft diese neue Klasse ihre Energie, ihre potenzielle Fähigkeit zum Zusammenschluss und, kurzum: ihren Stolz. Indem sie die Definition dessen akzeptiert, was rational ist, um den Lauf der Geschichte zu verändern, macht die ökologische Klasse den gegenwärtig führenden Klassen die Rolle der, wie der Soziologe Bruno Karsenti sie nennt, *classe-pivot,* der Schlüsselklasse, die Rolle derjenigen also streitig, um die herum sich die politischen Positionen organisieren. Die Ökologie wächst aus ihren Kinderschuhen heraus. Sie ist keine Nebenbewegung mehr, vor allem hört sie auf, sich auf die alten sozialen Klassen zu beziehen, die in den alleinigen Produktionsverhältnissen gefangen sind. Mit ihrer Kritik an den bislang „führenden" Klassen befindet sie sich insofern im Recht, als diese weder die Grenzen der Produktion durch eine Beschränkung der Ökonomisierung erkennen noch das Umschwenken auf Praktiken der Erzeugung vorbereiten, noch einen Ausweg finden konnten, der nicht einfach national fundiert war.

Definitionsgemäß verändert die ökologische Klasse die Aufteilung zwischen Innen- und Außenpolitik: Die äußere Erde wird Teil der Innenpolitik. In klassischen Begriffen formuliert, kann man sagen, dass die liberale Tradition, die weithin auch von den sozialistischen Traditionen geteilt wurde, ihr eigenes Projekt der Entwicklung und des Fortschritts verraten hat. Angesichts des Ausmaßes der Katastrophe, die diese führenden Klassen nicht vorherzusehen wussten, haben sie jeden Anspruch verloren, im Namen gleich welcher Rationalität zu handeln. Deshalb fehlt ihnen nunmehr auch jede Legitimität, den Sinn der Geschichte zu definieren und den Respekt der anderen Klassen einzufordern, die sie bislang angeblich hinter sich sammelten. Das erklärt den Hohn, den sie bei den anderen Klassen auslösen.

Ein Kampf an zwei Fronten

Den Horizont des Handelns über die Produktion hinaus und jenseits des von den Nationalstaaten definierten Rahmens zu erweitern: Das wird von jetzt an die Aufgabe der sich formierenden ökologischen Klasse sein. Durch dieses Projekt kann sie ihrerseits hoffen, die anderen Klassen hinter sich zu bringen. Diese Neuausrichtung muss schnellstens geklärt werden, denn als Reaktion auf den Verrat der führenden Klassen sind zahlreiche Bewegungen freigesetzt worden, die eine Bindung an Identität fordern und Schutz innerhalb von mehr oder weniger engen Grenzen suchen, dem überkommenen Schlagwort des nationalistischen Schriftstellers und Politikers Maurice Barrès folgend: „la terre et les morts", die Erde und die Toten.

Das derart eng definierte Territorium liegt allerdings fernab der Richtung, die es einzuschlagen gilt; denn der Boden der Reaktionäre ist noch abstrakter und steriler als jener der Globalisierer. Er ist allein durch die Identität, die Toten bestimmt, und nicht durch die zahllosen Lebenden, die ihm Konsistenz verleihen. Die ökologische Klasse muss daher an mindestens zwei Fronten kämpfen: gegen die illusorische Globalisierung und gegen die Rückkehr in ein von Grenzen umgebenes Inneres. Diese beiden Bewegungen sperren sich gegen die Fragen der Bewohnbarkeit. In beiden Fällen ist die ökologische Klasse genötigt, die Natur der Territorien neu zu definieren, die Beschaffenheit dessen, wovon die Produktion umgeben ist, was sie ermöglicht, beschränkt und kontrolliert. Indem sie innen und außen neu aufteilt, darf sie hoffen, Teile der alten Klassen überzeugen zu können, sich mit ihr zu verbünden, um andere Formen der Förderung ihrer Interessen zu entdecken.

Die ökologische Klasse, im Kampf mit den alten Schlüsselklassen begriffen, erkennt sich mithin das Recht zu, „Boden", „Territorium", „Land", „Nation", „Volk", „Bindung", „Tradition", „Beschränkung", „Grenze" in ihrer eigenen Begrifflichkeit zu definieren – und auf diese Weise selbst zu entscheiden, was „fortschrittlich" ist und was nicht.

Zwei Jahre Ampel: Wie weiter mit der Klimabewegung?

Von **Inken Behrmann und Valentin Ihßen**

Politischer Wandel kommt nicht kategorisch schneller, indem man zu radikaleren Maßnahmen greift." So kritisierte Luisa Neubauer die Aktionsformen der „Letzten Generation" mit scharfen Worten.[1] Kurz darauf ließ sich die Gründerin der Fridays-for-Future-Bewegung, Greta Thunberg, medienwirksam bei einer Blockade verhaften. Sinnbildlicher könnte die strategische Entzweiung der Klimabewegung kaum zum Ausdruck kommen. Während die eine auf die Anschlussfähigkeit der Klimabewegung pocht, setzt die andere auf medienwirksame Disruption.

Heute, vier Jahre nach den größten Mobilisierungserfolgen der Klimabewegung ist klar: Die Begrenzung der Erderwärmung auf 1,5 Grad Celsius, die Fridays for Future in den vergangenen Jahren forderte, ist gescheitert.[2] Laut Angaben der Vereinten Nationen steuert die Weltgemeinschaft selbst mit bisher gemachten Zusagen zur Reduktion von Treibhausgasemissionen auf eine Erderhitzung von 2,6 Grad zu. Und auch in Deutschland wird die Ampelregierung die eigenen Klimaziele in den nächsten Jahren wieder verfehlen.[3]

Das 1,5 Grad-Ziel, mit dem Fridays for Future jahrelang hunderttausende Menschen auf die Straße brachte, ist heute nicht länger haltbar. Dabei handelt es sich um die kritische Grenze, jenseits derer die Folgen der Erderhitzung nur noch schwer absehbar werden. Bei einer Erhitzung um zwei Grad sterben doppelt so viele Tier- und Pflanzenarten aus wie bei einem Temperaturanstieg von „nur" 1,5 Grad. Ernteerträge einiger Nutzpflanzen, wie Mais werden mehr als halbiert und 99 Prozent der Korallenriffe zerstört.[4] Für die Klimabewegung lautet daher die zentrale Frage: Wie kann sie sich neu ausrichten, wenn die Konsequenzen der Klimakrise immer weiter eskalieren? Wie reagiert sie auf die sich zuspitzende Klimarealität – und auf welchen Feldern kann sie noch gewinnen?

Vor der Bundestagswahl 2021 bestand die Strategie weiter Teile der Klimabewegung darin, die damalige Bundesregierung auf eine konsequente 1,5-Grad-Politik zu verpflichten oder mit breitem Protest auf neue progressive parlamentarische Mehrheiten hinzuwirken. Doch trotz der breiten Klima-

1 Neubauer kritisiert „Letzte Generation", tagesschau.de, 12.8.2023.
2 1,5 Grad-Ziel gescheitert – Was müssen wir jetzt fürs Klima tun?, ndr.de, 21.3.2023.
3 Öko-Institut, Projektionsbericht: Deutschland verfehlt Klimaziele, oeko.de, 19.10.2021.
4 Erderwärmung knackt zwei Grad schon Mitte des Jahrhunderts, klimareporter.de, 4.2.2023.

proteste kamen Grüne und Linke bei der Bundestagswahl zusammen nur auf unter 20 Prozent der Stimmenanteile. Für Union, SPD und FDP lautete das Fazit der Wahl also, dass dem Gros der bürgerlichen Mitte bloße Lippenbekenntnisse zu mehr Klimaschutz ausreichen, konkrete Einschnitte durch Steuern oder Verbote sie dagegen überfordern. „Klima schützen oder abgewählt werden" – diese politische Drohkulisse der Bewegung ist spätestens seit dem 26. September 2021 nicht länger glaubwürdig. Im Gegenteil: Spätestens seit dem Beginn des Ukrainekrieges, der damit einhergehenden Energiekrise, aber auch den Aktionen der „Letzten Generation" hat sich die Stimmung im Land gedreht: Es ist ein regelrechter Kulturkampf gegen den Klimaschutz entbrannt. Der gegenwärtige Höhenflug der rechtsradikalen AfD wird diesen vermutlich weiter befeuern. War die Klimabewegung vor kurzem noch tonangebend in der gesellschaftlichen Debatte, ist sie heute in der Defensive.

Die Ampel leuchtet gelb

Blickt man auf die Halbzeitbilanz der Ampelregierung, ist aber auch die Klimapolitik in der Defensive. Schon die im Koalitionsvertrag verabschiedeten Maßnahmen reichen bei weitem nicht aus, um die Klimaziele einzuhalten. Den eigenen Klimazielen gerecht zu werden, würde für die Ampelregierung realpolitisch bedeuten, in den Schlüsselsektoren Energie, Verkehr, Bauen und Landwirtschaft vollkommen neue Maßstäbe zu setzen, wie das Wuppertal Institut in einer Studie feststellte.[5] Doch abgesehen von dem ambitionierten Ziel, bis 2030 im Energiebereich 80 Prozent des Stroms aus Erneuerbaren zu beziehen,[6] gibt es im Koalitionsvertrag nur kleine Verbesserungen.

Und selbst diese entpuppen sich in der Umsetzung allzu oft als Rohrkrepierer: Das angekündigte Gebäudeenergiegesetz wurde nach wochenlanger Debatte und einem politischen Fiasko für den grünen Wirtschaftsminister Robert Habeck fast bis zur Unkenntlichkeit zusammengestrichen. Auch die verbesserten Energiestandards im Wohnungsbau will SPD-Bauministerin Klara Geywitz nun wieder kassieren.[7] Anstatt, wie im Koalitionsvertrag angekündigt, im Verkehrsbereich auf Erhalt statt auf Neubau zu setzen, will FDP-Verkehrsminister Volker Wissing nun 144 neue Autobahnabschnitte bauen.[8] Der schon lange versprochene Deutschland-Takt für die Bahn wurde von 2030 auf 2070 verschoben; die Mittel für den Ausbau der Radinfrastruktur sollen für 2024 gegenüber 2022 fast halbiert werden und die Finanzierung des Deutschland-Tickets ist ebenfalls ungeklärt.[9] Auch in der Agrarpolitik geht es unter dem grünen Landwirtschaftsminister Cem Özdemir kaum

5 Wuppertal Institut, Studie: Wie Deutschland bis 2035 CO2-neutral werden kann, wupperinst.org, 13.10.2020.
6 Mehr Fortschritt wagen, Koalitionsvertrag 2021-2025 zwischen SPD, Bündnis 90/Die Grünen und FDP, S. 56.
7 Geywitz gegen strengere Vorgaben bei Dämmung, tagesschau.de, 21.08.2023.
8 Vgl. Anja Krüger, Volker Wissing und der ewige Autobahnwahn, in: „Blätter", 6/2023, S. 35-38.
9 Pläne für Bahn und Rad bedeuten Abschied vom Fortschritt, vcd.org, 5.7.2023; Streit um Deutschlandticket bleibt ungelöst, zeit.de, 12.10.2023.

voran: Flächen, die eigentlich für den Artenschutz stillgelegt werden sollten, werden mit Verweis auf den Ukrainekrieg und die Schäden von Dürren und Starkregen nun doch weiter bewirtschaftet, der Schutz der Moore als zentrale CO_2-Senken läuft nur schleppend an und entgegen dem Koalitionsvertrag wird ein Verbot des Pestizids Glyphosat jetzt doch nicht kommen.[10] Und während die Ausbauziele im Solarbereich sogar übererfüllt werden, stockt die Energiewende beim Windkraftausbau, weil die dafür nötigen Schwertransporte vom zuständigen Verkehrsministerium nicht rechtzeitig genehmigt werden.[11] Statt Klimapolitik als große Aufgabe des Gemeinwesens zu begreifen, herrscht in der Ampelkoalition Streit. Vor allem die FDP torpediert aus taktischem Kalkül immer wieder längst abgestimmte Beschlüsse. Und die Grünen reagieren darauf, indem sie einen Kuhhandel nach dem anderen eingehen: So tauschten sie die sektorspezifischen CO_2-Einsparziele im Klimaschutzgesetz gegen die Planungsbeschleunigung beim Ausbau der erneuerbaren Energien ein. Für die Aufgabe ihres Memorandums beim Bau neuer Autobahnen bekamen sie das mittlerweile fast völlig ausgehöhlte Gebäudeenergiegesetz. Am Ende bleibt oft nur noch wenig Klimapolitik übrig.

Auf der Ebene des Regierungshandelns gibt es also viele Punkte, an denen die Klimabewegung ansetzen könnte. Doch die Frage, wie die Bewegung wieder in die Offensive kommen kann, hängt nicht nur davon ab. Denn die Regierungsbeteiligung der Grünen spaltet das klimabewegte Milieu: Für Klimaaktivist:innen kommt das Regierungshandeln der Grünen einem Offenbarungseid gleich, für viele Grünen-Wähler:innen dagegen sind die Kompromisse der Ökopartei zwar bitter, aber unter den aktuellen gesellschaftlichen Mehrheitsverhältnissen alternativlos. Vorbei sind also die Zeiten, als die Klimabewegung und die Grüne Partei geeint die Politik der ehemals großen Koalition kritisieren konnten. Es ist komplizierter geworden – nicht obwohl, sondern gerade weil die Grünen heute mitregieren.

Die ambivalente Rolle der Grünen

So unzureichend die Klimapolitik der Ampelparteien auch ist – die Grünen werden sich auch weiterhin darin üben, ihren Wähler:innen zu erklären, warum sie nicht mehr erreichen konnten oder die Forderungen der Bewegung politisch nicht mehrheitsfähig sind. Für die Klimabewegung ist das ein veritables Problem. Denn die Grünen gelten bei vielen als glaubwürdige Verbündete im Kampf für Klimaschutz und können so aus ihrer herausgehobenen Sprechposition in der Regierung den Kämpfen der Bewegungen für Kohleausstieg, Agrar- und Verkehrswende den Wind aus den Segeln nehmen. So bitter es ist: Die Grünen in der Regierung erschweren der Bewegung die gesellschaftliche Mobilisierung für konkrete Klimaschutzmaßnahmen. Die ambivalente Rolle der Partei wurde zuletzt bei der Debatte um den Tagebau Garzweiler in NRW und den Ausbau der LNG-Infrastruktur auf Rügen sichtbar.

10 Jonas Schaible, Warum sich unter Cem Özdemir so wenig ändert, spiegel.de, 4.9.2023.
11 Daniel Krull, Transportstau bremst die Energiewende aus, tagesschau.de, 24.7.2023.

Im Zuge des russischen Angriffs auf die Ukraine und der Sorge um die Versorgungssicherheit in Deutschland handelte der grüne Wirtschaftsminister Habeck mit dem rheinländischen Kohlekonzern RWE einen Deal aus, der zwar einerseits den Kohleausstieg im Jahr 2030 sicherte, gleichzeitig aber die Fördermenge für Braunkohle im rheinischen Revier erhöhte. Die Grünen hatten noch im NRW-Wahlkampf den Erhalt aller Dörfer an der Tagebaukante versprochen, jetzt trugen sie die Räumung von Lützerath mit und stellten sich gegen die Proteste der Klimabewegung.[12] Fast zeitgleich ließ Habeck die Infrastruktur zur Anlandung von Flüssiggas in der Nord- und Ostsee ausbauen – im Eiltempo, gegen den Protest vor Ort und ohne Prüfung auf Umweltverträglichkeit.

Nicht nur die Grünen, auch die ihnen nahestehenden Umweltverbände befinden sich in einem Dilemma: Einerseits müssen sie unzureichende Klimapolitik und faule Deals mit der Industrie kritisieren – auch gegenüber der Ökopartei. Gleichzeitig kann die Kritik der Umweltverbände mittelfristig auch die Glaubwürdigkeit der Grünen beschädigen und so deren Wahlergebnisse zusammenschrumpfen lassen. Umweltverbände und auch die Klimabewegung sind aber auf die Partei als parlamentarischen Arm angewiesen. Schließlich können soziale Bewegungen keine Gesetze verabschieden. Doch im Konflikt um Lützerath riefen zum ersten Mal auch die Verbände groß zum Protest gegen die grüne Regierungspolitik auf.

Angesichts der Langsamkeit und Widersprüchlichkeit politischer Prozesse gegenüber der immensen Bedrohung durch die Klimakrise sind viele Aktivist:innen frustriert, desillusioniert und ratlos. Seit nunmehr zwei Jahren diskutieren sie darüber, wie die Klimabewegung wieder in die Offensive kommen kann. Auf der einen Seite stehen jene, die die Forderungen nach Klimaschutz weiterhin mehrheitsfähig machen wollen. Sie sehen in der Strategie der Fridays for Future, möglichst viele Menschen für Klimaschutz zu mobilisieren, immer noch den zentralen Hebel, um die Regierung zum Handeln zu bringen – auch wenn Pandemie und Ukrainekrieg den gesellschaftlichen Rückhalt für Klimaschutz zuletzt deutlich haben bröckeln lassen.

Für die Aktivist:innen der „Letzten Generation“ dagegen ist die Politik der Ampel der Beweis für das Scheitern von Fridays for Future. Große, für breite Schichten anschlussfähige Demonstrationen haben aus ihrer Sicht zu wenig erreicht. Daher müsse die Klimabewegung mit disruptiven Aktionen des zivilen Ungehorsams wie Straßenblockaden mehr Druck auf Bevölkerung und Regierung ausüben. Damit polarisiert die Letzte Generation und setzt bewusst auf die Aufmerksamkeitsökonomie der Medien. Indem sich die Aktivist:innen bereitwillig und gewaltfrei der Aggressivität von Autofahrer:innen aussetzen und die Videos in den sozialen Medien verbreiten, wollen sie die Mehrheit zwingen, sich klar zu positionieren – für oder gegen Klimaschutz.

In der öffentlichen Debatte wird die Strategiediskussion innerhalb der Klimabewegung auf einen Streit um die Legitimität verschiedener Protestformen reduziert. Für viele, gerade auch innerhalb der Parteien von AfD über

12 Vgl. dazu den Beitrag von Ulrich Brand und Markus Wissen in diesem Buch.

CDU und FDP bis hin zur SPD, ist die Debatte über die Letzte Generation ein willkommener Vorwand, um doch nicht ernst machen zu müssen beim Klimaschutz, ja mehr noch: die Klimaproteste sogar zu kriminalisieren. Hausdurchsuchungen bei Mitgliedern der Letzten Generation, aber auch von Fridays for Future, waren die Folge.

Statt sich in einer Debatte über Aktionsformen zu verlieren, sollte sich die Klimabewegung vielmehr darauf fokussieren, klare Konfliktlinien in der sozialökologischen Transformation zu identifizieren und zu analysieren, wo die Klimabewegung angesichts ihrer neuen, prekären Lage und des rechten Backlashs trotzdem noch gewinnen kann. Sie kann dabei durchaus auf erste Erfolge in der Energiepolitik, aber auch im Verkehrsbereich aufbauen und so Stück für Stück wieder in die Offensive kommen. Gleichzeitig muss sie sich in Acht nehmen, sich nicht in Kulturkämpfe verwickeln zu lassen, die sie nicht gewinnen kann. Stattdessen braucht es überzeugende Aktionsangebote, um von den trockenen Debatten wieder zu einem Gefühl der Selbstwirksamkeit zu finden und so wieder aktiv zu werden.

Was tun?

Es gilt, die Strategiefrage auf Basis einer inhaltlichen Analyse der Regierungspraxis und der gesellschaftlichen Konfliktlinien neu aufzurollen. Wo ist der beste Ansatzpunkt, um möglichst viele Emissionen einzusparen, wo könnten Menschen dafür mobilisiert werden? Das sind die Fragen, um die es jetzt gehen muss.

Schaut man genauer auf die eingangs genannten Politikfelder, zeigt sich: So bitter die Räumung von Lützerath für die Klimaaktivist:innen auch war, mit etwas mehr Abstand lässt sich feststellen, dass die Bewegung im Kohlekonflikt einen Erfolg feiern kann. Der Kohleausstieg ist in Nordrhein-Westfalen auf das Jahr 2030 vorgezogen. Ob nun auch ein so zügiger Kohleausstieg in der Lausitz gelingt, verhandelt das Bundeswirtschaftsministerium aktuell. Der politische Prozess liegt jetzt auf parlamentarischer Ebene. Hier kann die Bewegung nur noch wenig ausrichten.

Anders als bei der Kohlekraft sieht es hingegen im Gasbereich aus. Hier plant die Ampel, neue Gasinfrastruktur als „Brückentechnologie" aufzubauen. Da Gas jedoch genauso klimaschädlich ist wie Kohle, richteten sich neue Proteste von Umweltverbänden wie dem NABU oder der Deutschen Umwelthilfe, Anwohner:innen und dem Bündnis „Ende Gelände" in diesem Jahr bereits gegen die im Bau befindliche und geplante LNG-Infrastruktur vor und auf Rügen. Aufgrund der breiten Bündnismöglichkeiten liegt hier ein vielversprechender Hebel für konkreten Klimaschutz. Gemeinsam mit Tourismusverbänden und Anwohner:innen kann sich die Klimabewegung auf Rügen für die Anliegen der Menschen vor Ort einsetzen und auch in Ostdeutschland gemeinsame Kämpfe mit der Bevölkerung führen.

Aufgrund der hohen Emissionen in der Landwirtschaft und der stockenden Transformation, wäre eigentlich auch die Agrarpolitik ein Feld für Klimakämpfe. Von Bio-Bäuer:innen bis hin zum „Wir haben es satt"-Bündnis gibt es hier eine große unabhängige ökologische Bewegung, deren Agenda Überschneidungen mit der Klimabewegung aufweist. Einerseits ist beispielsweise die Herstellung und Nutzung von Stickstoffdünger sehr CO_2-intensiv, zum anderen zerstört er die Qualität der Böden und verseucht das Trinkwasser. Auch die Massentierhaltung trägt zu hohen CO_2-Emissionen bei. Allerdings fehlen derzeit noch zentrale Orte der Umwelt-, Tier- und Naturzerstörung als Kristallisationspunkte für die Bewegung – die Mast- und Schlachtindustrie ist beispielsweise sehr dezentral organisiert und abgeschirmt. Eine Aufgabe im Landwirtschaftsbereich wäre also in erster Linie Bewegungsaufbau – schnelle Gewinne und große Aktionen sind dagegen aktuell nicht absehbar.

Wie schwierig der Bereich der Wärmewende und Gebäude für die Klimapolitik ist, zeigte sich am Gebäudeenergiegesetz: Als im späten Frühjahr 2023 ein Entwurf des geplanten und im Koalitionsvertrag verabredeten Gesetzes aus der Ressortabstimmung an die Öffentlichkeit gelangt war, wurde dieser umgehend von der „Bild"-Zeitung und der FDP attackiert. Einfallstor für deren Hetzkampagne gegen Habeck's „Heiz-Hammer" war die fehlende Strategie zur sozialen Abfederung dieser massiven Investitionen.[13] Gekonnt spielte die Kampagne mit vielen Mythen über das geplante Gesetz und seine Kosten die soziale gegen die Klimafrage aus.[14] Doch obwohl das Gesetzesvorhaben klimapolitisch einen großen Sprung nach vorn bedeutet hätte, verteidigten es weder die Klimabewegung noch die Umweltverbände – zu tief war nach dem „Fanal von Lützerath" offenbar der Bruch zwischen Bewegung, Verbänden und Partei. Es bleibt strategisch eine verspielte Chance für die Grünen wie für die Klimabewegung. Am Ende steht die Warnung, dass sich der Diskurs schnell gegen Klimaschutz wenden kann, wenn sozialökonomische Fragen der Transformation nicht klar beantwortet sind. Neue Bewegungsprojekte können zwar versuchen, die Brüche etwa zwischen der Klima- und Mieter:innenbewegung zu kitten, eine Massenbewegung für die energetische Sanierung scheint indessen unwahrscheinlich.

Damit bleibt, neben der Mobilisierung gegen Gasinfrastruktur, ein zentrales strategisches Feld für die Klimabewegung: der Verkehrssektor. Nachdem das zuständige Ministerium 16 Jahre von der CSU geführt wurde, sind die Verkehrsemissionen unverändert hoch.[15] Auch profitiert das FDP-geführte Bundesverkehrsministerium am meisten von der Abschaffung der Sektorziele im Klimaschutzgesetz. Längst hätte es ansonsten Sofortmaßnahmen zur Senkung der Treibhausgasemissionen in seinem Bereich vorlegen müssen. Und während das Schienennetz in Deutschland immer maroder wird, schreitet der Autobahnbau munter voran. Mit einem FDP-geführten Verkehrsministerium ist in Person von Volker Wissing zudem ein dezidierter Gegner der Verkehrswende zuständig für den angeblichen Wandel. Nur mit einer Klimabewegung, die den Minister vor sich hertreibt, kann es in diesem Bereich

13 Diese Kosten kommen beim Heiz-Hammer auf Sie zu, bild.de, 20.3.2023.
14 Vgl. dazu Malte Kreutzfeldt, Heizen klimaneutral: Die befeuerte Angst, in: „Blätter", 4/2023, S. 13-16.
15 Verkehr steuert in falsche Richtung, tagesschau.de, 4.11.2021.

vorangehen. Inzwischen hat die Ampelregierung im Verkehrsbereich allerdings ungeplant selbst ein Modellprojekt für den sozialökologischen Wandel geschaffen, von dem die Bewegung nun lernen kann: das 9-Euro-Ticket. Das Ticket erfreute sich in der Bevölkerung höchster Beliebtheit und ermöglichte fast nebenbei für viele den Umstieg vom Auto auf die Bahn. Leider verpasste die Klimabewegung den Moment, um genug Druck für das Fortlaufen des Tickets aufzubauen. Das Nachfolgeticket wurde so mit einem Preis von 49 Euro hauptsächlich zu einem Angebot für Pendler:innen. Die Klimawirkung hingegen fällt dadurch weg. Dennoch zeigt das 9-Euro-Ticket: Im Verkehrsbereich ist ein riesiger Kulturwandel möglich – ganz ohne Kulturkampf. Dafür ist zentral, dass die Klimabewegung zuerst am Preis, statt allein am Infrastrukturausbau ansetzt. Denn der Preis ist gerade für viele arme Menschen entscheidend. Günstige und öffentliche Mobilität ermöglicht einerseits den Umstieg vom Auto auf die Bahn, andererseits aber auch Teilhabe für alle.[16] Schafft man die Nachfrage nach klimafreundlicher Mobilität, muss der Ausbau nachziehen. Mit diesem Ansatz kann die Klimabewegung neue Bevölkerungsgruppen für ihre Anliegen gewinnen.

Hinzu kommt: Nicht alle Weichen im Verkehrsbereich werden im Verkehrsministerium gestellt. Viele Kompetenzen für Straßenbau und -planung, Flächennutzung wie Parkplätze, Tempo-Begrenzungen oder den öffentlichen Nahverkehr – sogar Ticketpreise – liegen bei den Kommunen und Bundesländern. Dies bietet Chancen für eine Verkehrswende am Auto-Minister vorbei. Gleichzeitig zeigen die vergangenen Landtagswahlen insbesondere in Berlin und Bremen aber auch, dass CDU und FDP geradezu einen Kulturkampf um das Recht aufs Auto anzetteln. Strategisch muss es der Klimabewegung also zunächst darum gehen, für das klimaneutrale öffentliche Mobilitätsangebot für alle zu kämpfen, damit der Umstieg vom Auto auf Bus und Bahn für die Mehrheit der Menschen attraktiv wird.

Gerade im Verkehrsbereich kann der Nutzen von Klimaschutz für alle konkret spürbar werden. Denn die Verkehrswende bedeutet nicht nur abstrakte Emissionsminderung, sondern auch eine soziale Politik, die Städte lebenswerter und gesünder macht, den öffentlichen Raum als Ort der Demokratie wiederbelebt, Teilhabe für alle schafft und zudem Biodiversität sichert. Wenn sich die Klimakrise weiter verschärft, sind beispielsweise autofreie Städte mit mehr Grünflächen weit resilienter als die Betonwüsten der obszönen „autogerechten Stadt" des vergangenen Jahrhunderts.

Kein Erfolg ohne starke Bündnisse: Eine Strategie »post 1,5 Grad«

Die Erfahrungen der letzten beiden Jahre zeigen eines allerdings auch ganz deutlich: In Zeiten des Backlashs gegen Klimaschutz und immer größerer Polarisierung kann die Klimabewegung den Kampf gegen fossile Industrieinteressen und den stupiden PS-Liberalismus eines FDP-geführten Ministe-

16 Inken Behrmann und Valentin Ihßen: Deutschlandticket: Verkehrswende retour, in: „Blätter", 4/2023, S. 17-20.

riums ohne starke gesellschaftliche Bündnispartner:innen nicht gewinnen. Der Verkehrsbereich bietet hier vielfältige Möglichkeiten der Kooperation: In den Tarifkonflikten der Bahn- und ÖPNV-Beschäftigten kann die Klimabewegung dazu beitragen, Streiks zu legitimieren und damit gleichzeitig beweisen, dass klimafreundliche Jobs mit guten Arbeitsbedingungen einhergehen können. Auch kann sie hier dem Vorurteil begegnen, vom Klimaschutz würde nur die gehobene Mittelschicht profitieren. Der Schulterschluss mit Beschäftigten in den Verkehrsbetrieben setzt mittelfristig auch die gewerkschaftsnahe SPD unter Druck, Klimapolitik und soziale Gerechtigkeit nicht länger gegeneinander auszuspielen. Die Fridays-for-Future-Kampagne zu den Tarifverträgen der Bus- und Bahnfahrer:innen im öffentlichen Dienst 2019 war dafür ein erster Ansatz.[17] Nun bereitet sich bereits ein Zusammenschluss aus Klimaaktivist:innen und Beschäftigten auf gemeinsame Streiks und Aktionen unter dem Slogan „Wir fahren zusammen" im Frühjahr 2024 vor.

Weitere potenzielle Verbündete im Verkehrsbereich sind all jene, die von der herrschenden Zentrierung aufs Auto nicht profitieren: Menschen ohne eigenen Pkw, Senior:innen und Familien. Für sie sind weniger Autos nicht nur aus Klimaschutzgründen wünschenswert – sie machen die Stadt auch klimaangepasster, sicherer und lebenswerter. Die Klimabewegung kann besonders dort erfolgreich sein, wo sie sich mit der lokalen Bevölkerung gegen klimaschädliche Politik verbündet. Der Widerstand der Tourismusbranche auf Rügen gegen die LNG-Infrastruktur bietet hierfür ein interessantes Beispiel, die Proteste gegen den Fertigbau der Stadtautobahn A100 durch die Berliner Clubszene ein anderes. Dort, wo für Autobahnen weitere ökologisch wertvolle Flächen versiegelt oder Wasserreservoirs gefährdet werden, wehrt sich oftmals auch eine lokale Umweltbewegung gegen die Neu- und Ausbauten – gute Bündnispartner:innen für eine starke Klimabewegung auf dem Land.

Ob in der Stadt oder auf dem Land, mit Aktivist:innen oder Busfahrer:innen: Klimakämpfe, die sich nicht nur gegen das Auto richten, sondern auch für bessere Arbeitsbedingungen, für sichere Städte oder für den Erhalt von Wäldern, Tier- und Pflanzenarten streiten, haben ein besonderes Potenzial. Denn sie versprechen nicht nur eine bessere Zukunft, sondern sie verbessern das Leben für Menschen ganz konkret in der Gegenwart – und zwar auch dann, wenn das 1,5 Grad-Ziel nicht mehr erreicht werden kann.

Solche Kampagnen sind erfolgreiche Beispiele für eine neue Bewegungsstrategie „post 1,5 Grad": Zum einen können sie Menschen motivieren, im Hier und Jetzt anzusetzen, um für eine bessere Zukunft zu kämpfen. Zum anderen machen sie Klimakämpfe zu gesellschaftlichen Bewegungen und legitimieren sie damit über die Interessen der „nächsten Generationen" hinaus. In dem Moment, in dem Fragen des Klimaschutzes wie die Heizungsart oder das Verkehrsmittel von Konservativen zum Kulturkampf stilisiert werden, lassen sich Menschen von Klimaschutz vor allem dann überzeugen, wenn er für sie attraktiv ist. Nur so wird die Klimabewegung am Ende Erfolg haben, bei ihrem Kampf gegen die Beharrungskräfte in Politik und Wirtschaft.

17 Inken Behrmann und Valentin Ihßen, Streikmacht fürs Klima, jacobin.de, 18.10.2021.

Lützerath als Fanal

Warum wir transformative Strategien im Kampf gegen die Klimakrise brauchen

Von **Ulrich Brand und Markus Wissen**

Lützerath bleibt. Selbst wenn die Kohle unter dem Ort im Rheinischen Braunkohlerevier irgendwann abgebaggert sein sollte, wird dessen Name fortwirken: als Symbol für den Mut und den Einfallsreichtum von Menschen, die sich einem mächtigen Konzern ebenso wie der Staatsmacht widersetzen. Lützerath steht auch als Symbol für eine Politik, die die Zeichen der Zeit nicht erkennt. Die Zeichen der Zeit, das sind der Kohleausstieg und der Übergang in eine Produktionsweise, in der das gute Leben aller und nicht die Verteidigung mächtiger Partikularinteressen den zentralen Bezugspunkt bildet.

Dass dies nicht im Sinne von konservativen und liberalen Parteien ist, kann kaum überraschen. Deren historische Funktion besteht darin, gesellschaftliche Veränderungen so lange im Sinne der herrschenden Interessen hinauszuzögern, bis ihre Notwendigkeit unabweisbar geworden ist. Die Empörung über die politischen Versäumnisse richtet sich deswegen in erster Linie gegen die Grünen. Und dies zu Recht: Kaum sind sie zum zweiten Mal nach 1998 Regierungspartei auf Bundesebene geworden, machen sie erneut Politik gegen jene Bewegungen, aus denen sie selbst einst hervorgegangen sind. Beim ersten Mal war es vor allem die Friedensbewegung, die die Grünen unter ihrer damaligen Leitfigur Joschka Fischer brüskierten. Dieses Mal enttäuschten sie die Anliegen der Klimagerechtigkeitsbewegung, deren Stärke sie ihre jüngsten Wahlerfolge mitzuverdanken haben.

Sicherlich hat niemand von der grünen Regierungsbeteiligung eine sozial-ökologische Revolution erwartet. Denn zum einen sind die Grünen nur Teil einer Koalition, in der mit der FDP eine antiökologische Kraft über ein erhebliches Druckpotenzial verfügt. Zum anderen steht außer Frage, dass staatliche Politik anderen Logiken folgt als das Handeln sozialer Bewegungen. Die Möglichkeiten staatlicher Politik werden systematisch durch die herrschenden gesellschaftlichen Verhältnisse beschränkt. Diese schreiben sich in die staatlichen Apparate ein, sie prägen die Denkweisen ihres Personals und bestimmen, welche Probleme in welcher Form überhaupt debattiert werden können. Der von den 1968ern angestrebte „Marsch durch die Institutionen" resultierte im Marsch der Institutionen durch die Protagonist:innen der Bewegung. Das war die Erfahrung der ersten grünen Regierungsbeteiligung: Schneller als ihm lieb war und meist ohne es zu bemerken, verinnerlichte das grüne Spitzenpersonal die institutionellen Restriktionen und missverstand dies als Ankunft auf dem harten Boden der Realität. Gemeint war die Realität der Herrschenden, die sie bis dahin kritisiert hatten und die sie nun mitgestalten wollten.

Das Versäumnis der heute tonangebenden Grünen liegt darin, diese Erfahrung nicht reflektiert zu haben. Stattdessen liefen sie blindlings und unvorbereitet in eine Situation, in der sie schließlich den Quasi-Freibrief für einen der weltweit größten Umweltsünder als klimapolitischen Kompromiss verkaufen sollten. Über so viel grünen Realitätssinn wird sich RWE vermutlich noch länger die Hände reiben. Denn in Zeiten einer eskalierenden Klimakrise darf der Konzern weitere 280 Mio. Tonnen Braunkohle abbaggern und verbrennen. Im Jahr 2030, acht Jahre früher als im Kohleausstiegsgesetz vorgesehen, lässt er es dann gut sein mit der heißen Luft und der verbrannten Erde – und kann sich auf der Gewissheit ausruhen, dass dann die gestiegenen Preise für Zertifikate aus dem europäischen Emissionshandel die Kohleverstromung ohnehin unrentabel gemacht haben werden. Als Zugabe obendrauf bekommt der Konzern die Zerstörung einer wichtigen Infrastruktur der Klimagerechtigkeitsbewegung, die ihm in den kommenden Jahren noch einiges an Ärger beschert hätte: Das besetzte Lützerath war ein Ort, an dem Menschen zu Aktionstrainings, Workshops und Festivals zusammenkamen.

Nun ließe sich einwenden, dass die Vorgängerregierung der Ampel die Energiewende systematisch ausgebremst und damit die Sachzwänge, mit denen Grüne und SPD als Regierungsparteien heute konfrontiert sind, erst geschaffen habe. Ohne die Grünen in der Regierung würde zudem alles noch schlimmer kommen. Und schließlich trage die derzeitige Regierung keine Schuld an den Gaspreissteigerungen infolge des russischen Angriffs auf die Ukraine. All das ist richtig, trifft aber nicht den entscheidenden Punkt: Dieser besteht zunächst einmal in der simplen Tatsache, dass der Abbau der Kohle unter Lützerath aus Gründen der Versorgungssicherheit und Netzstabilität nicht nötig ist. Zu diesem Schluss kamen gleich mehrere Gutachten.[1] Sodann, und in der politischen Diskussion weitgehend vernachlässigt, stellt sich die Frage: Für wen und wofür wird der Strom eigentlich erzeugt? Und um wessen Versorgungssicherheit geht es hier eigentlich?

Denn selbst wenn die Kohle benötigt würde, um den bestehenden Strombedarf zu decken, wäre es ökologisch naheliegend, erst einmal diesen Bedarf zu problematisieren, bevor zu seiner Deckung noch mehr CO_2 emittiert wird: Müssen wir wirklich Strom für Autofabriken erzeugen, damit darin riesige Mengen an immer größeren Fahrzeugen hergestellt werden, die, einmal freigelassen, selbst Unmengen an Strom verbrauchen oder die fossilen Treibstoffe gleich selbst in Kohlendioxid verwandeln? Brauchen wir Energie für eine chemische Industrie, um diese in die Lage zu versetzen, Berge an Verpackungen aus Kunststoff zu produzieren, die nach einmaligem Gebrauch

1 Siehe etwa das Gutachten der FossilExit-Forschungsgruppe an der Universität Flensburg, Das Rheinische Braunkohlerevier. Aktuelle Zahlen, Daten und Fakten zur Energiewende, coaltransitions.org, 2022 sowie: Aurora Energy Research, Auswirkungen eines adjustierten Kohleausstiegs auf die Emissionen im deutschen Stromsektor, kohlecountdown.de, 22.11.2022.

verbrannt oder ins Ausland exportiert werden? – Das ist die Versorgungssicherheit einer Produktions- und Lebensweise, die bereits heute unzählige Menschen in existenzielle Unsicherheit stürzt.

Warum soziale Bewegungen unerlässlich sind

Viel sinnvoller – und angesichts sich zuspitzender Krisen immer dringlicher – wäre es dagegen, innezuhalten und zu fragen, welche Dinge tatsächlich gesellschaftlich notwendig sind und sich zudem auf eine Weise herstellen ließen, die nicht die Erde weiter aufheizt und die Lebensgrundlagen von Menschen hierzulande, andernorts und in der Zukunft zerstört: ein nachhaltiges Mobilitätssystem, ein gut ausgebautes und für alle zugängliches Gesundheitswesen oder energetisch sanierte und preiswerte Wohnungen.

Natürlich ist dafür genug Geld da. Die Gesellschaft ist so reich wie nie zuvor. Wer sich hunderte Milliarden Euro für die Bundeswehr oder die Bankenrettung leisten kann, der hat auch ausreichend Ressourcen dafür, die Gesellschaft zukunftsfähig zu machen. Warum sollten wir weiterhin Ressourcen und menschliche Kreativität dafür verschwenden, neue Finanzinstrumente zu entwickeln, SUVs zu designen oder Waffensysteme zu optimieren? Warum nicht stattdessen die gesellschaftlichen Anstrengungen, die praktische und kollektive Intelligenz von Beschäftigten in der Produktion, im Pflegebereich oder im Gesundheitswesen, die Kreativität von Ingenieur:innen in den Dienst des guten Lebens für alle stellen?

Solche Fragen lassen sich in den Parlamenten und Ministerien kaum diskutieren. Das ist kein Wunder, denn sie gehen ans Eingemachte der kapitalistischen Produktionsweise: an die Möglichkeit, das Privateigentum an Produktionsmitteln letztlich auch zum Schaden der Allgemeinheit nutzen zu dürfen, solange dabei Profite, Wachstum und Steuereinnahmen herauskommen. Übertüncht wird dies mit Begriffen wie „Wettbewerbsfähigkeit", dem Verweis auf Arbeitsplätze oder dem Argument, dass „die Chinesen" das Problem beim Klimawandel seien. Europa mache ja schon seine Hausaufgaben. Doch all diese Behauptungen sind Nebelkerzen.

Eben deshalb braucht es radikale soziale Bewegungen wie die in Lützerath und andernorts kämpfende Bewegung für Klimagerechtigkeit. Sie erschüttern scheinbare Gewissheiten, sie artikulieren Anliegen, die in den staatlichen Apparaten nicht oder nicht ausreichend vertreten sind, und sie machen scheinbar naturwüchsig gegebene harte Realitäten als das sichtbar, was sie sind: geronnene Resultate früherer gesellschaftlicher Auseinandersetzungen, oft in Form der Verallgemeinerung mächtiger Partikularinteressen. Die harten Realitäten als geschichtlich gewordene zu begreifen und sich einer Sachzwanglogik zu verweigern, heißt, die oft verschüttete Möglichkeit von Veränderung freizulegen und deutlich zu machen, dass alles auch ganz anders sein könnte.

Um Erkämpftes zu sichern und Erfolge wirkmächtig werden zu lassen, müssen gleichwohl irgendwo Pflöcke eingeschlagen werden. Veränderungen müssen rechtlich verankert, gegen Rückschritte abgesichert und so gestaltet werden, dass sie Angriffen standhalten. Darin liegt eine Schwierigkeit, an der schon viele progressive Bewegungen gescheitert sind. Sie erzeugen Aufbruchstimmung, zeigen mögliche Alternativen auf und wirken politisierend auf jüngere Generationen. Doch ohne spürbare gesellschaftliche Veränderungen, wie etwa durch das Ende der Verbrennung fossiler Energieträger, das Verbot von Fleischfabriken oder einen ambitionierten Rückbau des Automobilitätssystems, droht Frustration. Eine weitere Gefahr liegt darin, dass Bewegungen zu Beginn zwar vor allem gegen Repression und die herrschende Meinung kämpfen, dass ihnen auf lange Sicht aber die Vereinnahmung droht. Repression kann Bewegungen sogar noch stärken, erhöht sie doch bei aller Gefahr für Leib und Leben auch die Aufmerksamkeit für ihre Anliegen. Vereinnahmung bedeutet dagegen oft deren schleichendes Ende.

Die Herausforderung, transformative Strategien zu entwickeln

Ebenso wie ihre ökonomische Geschäftsgrundlage, der Kapitalismus, leben liberale Demokratien von Veränderung. Sie reproduzieren sich, indem sie sich beständig neu erfinden. Soziale Bewegungen sind Seismographen eines Handlungsbedarfs, der sich aber politisch einfangen und nicht selten auch in neue Geschäftsmöglichkeiten übersetzen lässt. Das Resultat ist das, was Antonio Gramsci als „passive Revolution" bezeichnet hat: die Stabilisierung der bestehenden Verhältnisse auf dem Weg ihrer Veränderung, gesteuert von den herrschenden Interessengruppen. Entscheidend ist, sich dessen bewusst zu werden und einen kritisch-reflektierten Umgang damit zu finden. Das gilt sowohl für radikale Bewegungen als auch für progressive Akteure in den staatlichen Apparaten. Beiden stellt sich die Herausforderung, *transformative* Strategien zu entwickeln und sich dabei wechselseitig zu unterstützen.

Im Unterschied zu modernisierend-affirmativen Strategien konzipieren transformative Strategien Reformen so, dass sie idealerweise Dynamiken in Gang setzen, die sich der Kontrolle der Herrschenden entziehen und sie letztlich vor Vereinnahmung schützen. Emanzipatorische staatliche und parteipolitische Akteure, denen es wirklich um weitreichende Transformationen geht, sollten sich des Spannungsverhältnisses bewusst werden, das darin liegt, Politik gleichzeitig *in den* und *gegen die* Institutionen des kapitalistischen Staates machen zu müssen. In diesem Widerspruch kann sich emanzipatorische Politik erfolgreich bewegen, wenn sie sich auch als institutioneller Resonanzboden sozialer Bewegungen begreift. Statt Bewegungen nur repräsentieren zu wollen, müssen Regierungen und Parteien, denen es um grundlegende Veränderungen geht, zur Ermächtigung von Bewegungen beitragen, aus denen sie umgekehrt ihrerseits Kraft ziehen. Nur so lassen sich Dynamiken in Gang setzen, die schließlich in der Absicherung von Errungenschaften münden, die von den Bewegungen erkämpft wurden.

Die Grünen haben dies versäumt. Sie agieren gleichsam auf einem halbierten Resonanzboden: Aus der Selbstermächtigung der Klimagerechtigkeitsbewegung ziehen sie Kraft in Form von Wähler:innenstimmen. Aber sie geben der Bewegung nichts zurück, sondern überließen sie im Matsch von Lützerath der staatlichen Repression, die ausgerechnet von einem grünen Polizeipräsidenten orchestriert wurde.

Während die Bewegung aus den Geschehnissen zumindest symbolisch als Siegerin hervorging, könnten die Grünen, wie Mona Jaeger in der „Frankfurter Allgemeinen Zeitung" mutmaßte,[2] mit der Räumung von Lützerath ihren Hartz-IV-Moment erlebt haben: Ebenso wie die SPD 2005 mit der Verabschiedung des Sozialgesetzbuches II über Jahre hinweg ihre sozial- und arbeitsmarktpolitische Glaubwürdigkeit verspielte, könnten die Grünen in Lützerath den letzten Rest an Kredit verspielt haben, den die Klimagerechtigkeitsbewegung ihnen vielleicht noch gewährt haben mag. Im festen Glauben, staatstragend auf dem harten Boden der Realität zu stehen, legten sie auf einem durchweichten Acker im Rheinland eine veritable Bauchlandung hin.

Wie weiter nach Lützerath?

Beispiele, die zeigen, dass und wie transformative Politik machbar ist, gibt es zu Genüge. Eines aus der jüngeren Zeit ist die Initiative „Deutsche Wohnen enteignen" in Berlin. Die Umsetzung des Volksentscheides würde die Lebenssituation vieler Menschen verbessern und gleichzeitig ein kapitalistisches Strukturprinzip infrage stellen, nämlich die private Verfügung über eine basale Infrastruktur. Ähnlich ließe sich mit anderen Infrastrukturen verfahren. Auch im Energiebereich wird über Vergesellschaftung diskutiert und in der Wasserversorgung wurden vielerorts privatisierte Unternehmen rekommunalisiert. Die Initiative ging in allen genannten Fällen von außerparlamentarischen Initiativen aus, die ihrerseits von einer – nie konfliktfreien – Interaktion mit linken Akteuren in den Staatsapparaten profitierten.

Was ließe sich nach Lützerath daraus lernen, und wie könnten doch noch spürbare klimapolitische Veränderungen erstritten werden? Ein wichtiger erster Schritt wäre ein Moratorium für die Förderung der Kohle, ähnlich dem, das über 700 Wissenschaftler:innen für die Räumung der Siedlung gefordert hatten.[3] Ein Moratorium wäre zwar nicht per se transformativ, ließe sich aber in einem transformativen Sinn füllen, wenn über das „Wie viel" und „Wofür" gesellschaftlicher (Energie-)Produktion diskutiert würde. Denn genau darum geht es: Wir müssen gerade im Energiebereich unsere zutiefst zerstörerische Produktions- und Lebensweise grundlegend verändern. Das impliziert einen Rückbau des motorisierten Individualverkehrs sowie eine Abkehr von der industriellen Landwirtschaft, aber auch ein Überdenken der Digitalisierung, die immer stromintensiver wird. Diese Fragen wurden in Lützerath direkt oder indirekt auch gestellt – und sie bedürfen einer nachhaltigen und global solidarischen Antwort.

2 Mona Jaeger, Erleben die Grünen ihren Hartz-IV-Moment?, faz.net, 15.1.2023.
3 Offener Brief: Ein Moratorium für die Räumung von Lützerath, de.scientists4future.org, 11.1.2023.

Die Gratwanderung der Letzten Generation

Von **Dieter Rucht**

Die von der Letzten Generation ausgelösten Wellen schlagen hoch. „Wegsperren" rufen die einen, „Bravo und weiter so" die anderen. Mediale Aufmerksamkeit ist garantiert. Aber das ist nur die halbe Miete. Letztlich geht es um einschneidende klimapolitische Maßnahmen. Diese kommen jedoch nur in Gang, wenn sie nicht auf überwältigende Ablehnung in der Bevölkerung stoßen. Damit steht die Letzte Generation vor einer Entscheidung. Soll sie einfach weitermachen in der Hoffnung, ihre stetigen Nadelstiche würden am Ende eine klimapolitische Wende erzwingen? Oder stumpft die Wiederholung des Immergleichen das Publikum ab, sodass man bis auf weiteres von dieser Protestform absieht, wie soeben von den britischen Vorreitern von Extinction Rebellion beschlossen, oder zu dem fatalen Schluss kommt, dass Erhalt oder Steigerung der Aufmerksamkeit nur durch eine weitere Radikalisierung des Protests erreicht werden können?

Nach – allerdings wissenschaftlich nicht belegter – Lesart der Letzten Generation bleiben der Menschheit im Jahr 2023 nur noch zwei oder drei Jahre bis zum Erreichen eines irreversiblen klimatischen Kipppunkts. Daher rührt der Wille zur Radikalisierung des Protests. Damit verlagert sich allerdings die Debatte von den klimapolitischen Notwendigkeiten auf die Problematik des Regelbruchs, den polizeilichen und juristischen Umgang mit den Protestierenden, neuerdings auch auf die postulierte Möglichkeit, ja die angebliche Wahrscheinlichkeit eines veritablen Öko-Terrorismus und einer „grünen RAF". Insofern hat die Debatte über die Mittel eine durchaus ablenkende Wirkung zulasten der Protestierenden.

Dabei sind die Forderungen der Klimabewegung insgesamt, aber auch die der Letzten Generation, kaum anders als „kreuzbrav" zu bezeichnen – und weit entfernt von der Fundamentalopposition, welche die damalige 1968er-Bewegung auszeichnete, aus der als extremster Flügel dann die RAF erwuchs.

Was spricht gegen Tempo 130 auf Autobahnen oder die Einführung des 9-Euro-Tickets, wie von der Letzten Generation gefordert – und was gegen ein Gesetz zur Eindämmung der Lebensmittelverschwendung oder gegen schnellere und stringentere klimapolitische Maßnahmen auf breiter Front? Das alles sind Ziele, die als vernünftig gelten können. Sie finden zudem wissenschaftlichen Beistand.

Anders verhält es sich bei der Beurteilung der Mittel des klimabewegten Protests. Hatte zunächst der eher symbolische denn tatsächlich einschneidende „Schulstreik" von Fridays for Future die Gemüter erhitzt, so überwog danach freundliches Wohlwollen. Die Massendemonstrationen von Schülerinnen und Schülern – Proteste, die flugs zum Signum einer ganzen Generation erklärt wurden –, bekamen viel Applaus. Doch die politische Umsetzung der Forderungen ließ weiter auf sich warten.

Damit stand für die motivierteren Aktivisten die Frage an, mit welchen Unterthemen und welchen Aktionsformen das Klimathema am Kochen gehalten werden könne. So verlagerte sich das Gesetz des Handelns auf bereits bestehende („Ende Gelände") oder neu aufkommende offensiv gestimmte Gruppen, darunter „Extinction Rebellion" und, immer stärker, auf jene Gruppe, die seither unter dem Namen „Aufbruch der Letzten Generation" oder kurz: die „Letzte Generation" für Furore sorgt.

Ohne Sinnhaftigkeit des Protests keine Zustimmung

Als thematischen Anknüpfungspunkt wählte die Letzte Generation zunächst die weithin konsensfähige Forderung nach einem Gesetz gegen Lebensmittelverschwendung. Sie verband diese Thematik allerdings, für viele Außenstehende schon damals nicht nachvollziehbar, mit der Blockade von Zu- und Abfahrten von Autobahnen samt dem Ankleben von Händen auf dem Asphalt. Das Echo darauf war zwiespältig – einerseits Verständnis, andererseits wütender Protest.

Angesichts der sich abzeichnenden Veralltäglichung des Außeralltäglichen zündete die Letzte Generation im Herbst 2022 eine neue Proteststufe – die Attacken auf Kunstwerke mit Farbe, Tomatensuppe oder auch Kartoffelbrei. Mit diesem Bildersturm war endgültig ein Punkt erreicht, der viele sagen ließ: „Jetzt reichts. Das geht zu weit". Der Grund dafür: Es ist absolut nicht ersichtlich, was die verunzierten Kunstwerke mit dem Thema Klimaschutz zu tun haben – zumal es besonders paradox erscheint, dass eine Gruppe, die die Verschwendung von Lebensmitteln anprangert, nun ausgerechnet Lebensmittel als Wurfgeschosse einsetzt und voller Stolz per Video zeigt, wie man die Tomatensuppewurftechnik im häuslichen Badezimmer perfektioniert habe.

Hier zeigt sich das Kernproblem: Jeder Protest, dessen Sinnhaftigkeit nicht evident ist, büßt die grundsätzlich für die geforderten Maßnahmen vorhandene Zustimmung ein – zumal dann, wenn er eher mit Rücksichtslosigkeit als mit Verantwortung assoziiert wird.

Mit der etwa 90 Minuten währenden Blockade des Berliner Flughafens am 24. November 2022 zündete die Letzte Generation dann noch eine weitere Stufe der Regelverletzung. Eingriffe dieser Art haben – tatsächlich oder potenziell – weitreichende Gefährdungen zur Folge. Entsprechend scharf war der Tenor öffentlicher Kommentare. Mehrere Politiker appellierten direkt an die Gerichte, strenge Urteile zu fällen. Darüber hinaus forderte die

Union, Straßenblockaden künftig als besonders schweren Fall der Nötigung einzustufen und mit mindestens drei Monaten bis zu fünf Jahren Haft zu belegen. Blockaden sollten als Regelbeispiel in den entsprechenden Paragrafen 240 des StGB aufgenommen werden. Vehement verteidigt wurden Regularien wie des bayerischen Polizeiaufgabengesetzes, das eine Vorbeugehaft von bis 30 Tagen zur Verhinderung angekündigter Straftaten vorsieht, die in Einzelfällen um weitere 30 Tage verlängert werden kann.

Gibt es ein Recht auf zivilen Ungehorsam?

Die Klimaaktivisten verweisen dagegen unbeirrbar auf die kaum bestreitbare ethische Qualität ihrer Zielsetzung. Die Letzte Generation bekennt sich ohne Einschränkungen zum klassischen zivilen Ungehorsam. Dieser ist als strikt gewaltfreier Bruch von Regeln bzw. Gesetzen definiert, aber an zusätzliche Bedingungen geknüpft.

Dazu gehört die Darlegung der Gründe des Protests jenseits der Berufung auf das eigene Gewissen, das Bekenntnis zu seinen (illegalen) Handlungen mit Namen und Gesicht, ein deeskalatives Verhalten im Akt des Widerstands, die Meidung von Risiken für Gesundheit und Leben vom Protest negativ Betroffener sowie die prinzipielle – aber im konkreten Konfliktfall dispensierte – Anerkennung des sanktionsbewehrten Legalitätsprinzips.

Zur Abwehr rechtlicher Sanktionen für ihren zivilen Ungehorsam berufen sich die Aktivisten auf den „rechtfertigenden Notstand" (§ 34 StGB). Demzufolge ist eine an sich strafbewehrte Handlung als rechtmäßig anzusehen, wenn (a) das geschützte Rechtsgut höher einzustufen ist als das verletzte Rechtsgut und (b) die inkriminierte Handlung einer Gefahrenabwehr dient, für die keine anderen Mittel zur Verfügung stehen. Weil aber mehr als zweifelhaft ist, ob Blockaden und Bildersturm die einzigen verbliebenen Mittel sind, um die Klimakatastrophe zu verhindern, sind einer juristischen Billigung auch hier enge Grenzen gesetzt.

Eine juristische Berufungsmöglichkeit könnte schließlich das bahnbrechende Urteil des Bundesverfassungsgerichts vom 24. März 2021 bieten, das die Freiheits- und Grundrechte künftiger Generationen, darunter auch das Recht auf eine ökologisch intakte Welt, hervorhebt. Dieses Urteil zwingt die Legislative zu Nachbesserungen des 2019 beschlossenen Klimaschutzgesetzes, aber es sagt nichts zu Protestaktivitäten, legalisiert diese also auch nicht. Auf juristischer Ebene bleibt es somit bei der Kluft zwischen dem legitimen – und laut Bundesverfassungsgericht durchaus rechtlich gebotenen – Anliegen des Klimaschutzes im Interesse künftiger Generationen und der strafrechtlichen Behandlung von illegalen Blockadeaktionen, denen Delikte wie Nötigung, Widerstand gegen Vollstreckungsbeamte, Sachbeschädigung oder auch Hausfriedensbruch zugeordnet werden.

Juristisch relevant ist allein, ob der konkrete Tatbestand erfüllt wird. Irrelevant sind dagegen die politischen Motive und Erwägungen der „Täter", die allenfalls in das rhetorische Beiwerk der Urteilsverkündung und die Bemessung des Strafmaßes einfließen. Es ist deshalb nicht erstaunlich, dass Bundesjustizminister Marco Buschmann selbst angesichts von einigen wenigen amtsgerichtlichen Freisprüchen von Blockierern im Ton der Gewissheit verkündete, derartige Urteile würden in den höheren Instanzen keinen Bestand haben.

Mit Blick auf den klimapolitisch motivierten zivilen Ungehorsam ist die Maschinerie der Strafverfolgung inzwischen in Gang gekommen. Die Mühlen der Justiz mahlen langsam, aber sie mahlen. Bislang sind die Urteile weitgehend moderat. Geldstrafen werden abgedeckt durch Crowdfunding oder auch die in Kalifornien beheimatete Stiftung Climate Emergency Fund. Doch insbesondere für die „Mehrfachtäter" werden die Sanktionen im Zeitverlauf zunehmend härter ausfallen. Die Aktivisten wissen darum. Manche von ihnen werden aufgrund drohender Strafen aufgeben, andere berufliche oder sonstige Pflichten wieder in den Vordergrund rücken. Bei wiederum anderen wird sich Frustration oder Erschöpfung breitmachen. Doch ein Teil hat bereits erklärt, unverdrossen weiterzumachen und am Ende auch Gefängnisstrafen in Kauf zu nehmen.

Zwangsläufig immer radikaler?

Und dennoch ist damit der Weg in die Radikalisierung keineswegs vorgezeichnet. Mit ihrer strikten Selbstbindung an zivilen Ungehorsam grenzt sich die Letzte Generation implizit gegenüber jenen Klimaaktivisten ab, denen diese Aktionsform als zu brav und damit letztlich wirkungslos erscheint. Diese offensiver ausgerichteten Gruppen favorisieren längst eine Steigerung des Protestmodus, der als „friedliche Sabotage" firmiert. Dabei sollen massive Sachbeschädigungen die Kosten für fossile Energieerzeugung derart hochschrauben, dass die beteiligten Unternehmen aus diesen Geschäftsfeldern aussteigen. Ausgeschlossen wird lediglich Gewalt gegen Personen.

Dieses auf schweren Sachschaden zielende Vorgehen ist definitiv kontraproduktiv. Es würde nicht nur politisch wie juristisch als kriminell eingestuft, sondern die Klimabewegung insgesamt in Misskredit bringen.

Die Befürworter des militanten Protests, am publikumswirksamsten wohl der schwedische Journalist und Klimaaktivist Andreas Malm mit seinem Buch „How to Blow Up a Pipeline", zitieren blauäugig jene unleugbaren historischen Fälle, in denen gewaltsamer Protest letztlich nicht nur Problembewusstsein geschärft, sondern auch historische Fortschritte erzielt hat, die wir heute, etwa mit Blick auf die Kämpferinnen für das Frauenwahlrecht, als selbstverständlich erachten. Dieser Sachverhalt wird in der Fachliteratur als positiver *radical flank effect* bezeichnet.

Aber es dürfte weitaus mehr historische Fälle geben, in denen militanter Protest gescheitert ist (weshalb davon heute kaum jemand mehr spricht) oder er sogar das Gegenteil dessen erreicht hat, wofür er ursprünglich angetreten war. Im Rahmen repräsentativ-demokratischer Systeme ist generell, aber auch mit Blick auf den Klimaaktivismus, eher mit einem negativen *radical flank effect* zu rechnen. Demzufolge wird der radikale Flügel einer Bewegung durch eigenes und/oder fremdes Zutun politisch isoliert. Nicht nur die breite Öffentlichkeit, sondern selbst potenzielle Bündnispartner wenden sich am Ende ab.

Und dennoch gilt: Es gibt keine zwingend abschüssige Bahn, die, ausgehend vom fröhlichen Straßenprotest über die Zwischenstation des zivilen Ungehorsams zur „friedlichen Sabotage" und schließlich zum Terrorismus führt. Im Gegenteil: Der zivile Ungehorsam kann – richtig verstanden – eine Brandmauer gegenüber dem militanten bzw. gewaltförmigen Protest errichten, weil er, wenngleich nicht rechtskonform, so aber doch demokratiekompatibel ist.

Ziviler Ungehorsam kann ein machtvolles Mittel der Gewinnung von Aufmerksamkeit und auch Zustimmung sein. Er läuft aber zugleich immer auch Gefahr, ein rein taktisches Instrument zu bleiben, das sich mit seiner Fünf-vor-zwölf-Rhetorik zu verselbständigen droht, wenn es nicht in eine übergreifende Strategie eingebettet wird.

Kein politischer Erfolg ohne gesellschaftlichen Resonanzboden

Anstelle einer vorausschauenden Strategie setzt die Letzte Generation vor allem auf die Wirkung des Spektakels. Suchend und mäandernd, aber bislang durchaus erfolgreich, bedient sie die Klaviatur medialer Aufmerksamkeitsökonomie. Aber zugleich verkennt sie die Mechanismen und Restriktionen des an Mehrheiten gebundenen Politikbetriebs – wie auch die Beharrungskräfte einer auf Wachstum und Besitzindividualismus gepolten Gesellschaft.

Angesichts der gewaltigen Bedrohungslage der Klimaveränderung und einer insgesamt fehlenden Handlungsbereitschaft erscheint ziviler Ungehorsam heute durchaus als legitim. Er kann notwendige Schritte anstoßen und Mehrheitsmeinungen temporär zuwiderlaufen. Aber: Ziviler Ungehorsam war und ist stets eine Gratwanderung zwischen dem Gestus einer Beifall sichernden Symbolpolitik und politischer Kriminalität. Dem Regel- und Gesetzesbruch als Mittel der Provokation wohnt in der herrschenden Aufmerksamkeitsökonomie ein Zwang zur Steigerung inne, welcher die persönlichen Kosten für die Aktivisten immer höher treibt und zugleich eine Polarisierung der Positionen befördert – samt einer zunehmenden Wagenburgmentalität.

Am Ende bleibt der Erfolg von zivilem Ungehorsam immer abhängig von einem gesellschaftlichen Resonanzboden. Wird dieses Erfordernis missachtet, führt es in der Regel unweigerlich zu sozialer Isolierung – und daraus folgender Radikalisierung. Mäßigende und differenzierende Stimmen, die nach allen Seiten offen und sprechfähig sind, finden dann kaum noch Gehör. Gerade auf sie kommt es aber heute an, um endlich jene diskursiv gehaltvolle und zugleich politisch druckvolle klimapolitische Debatte zu führen, die doch so dringend erforderlich ist.

Protest in der Klimakrise: Die Legitimität zivilen Ungehorsams

Von **Robin Celikates**

Wenn den Klimaprotesten der Letzten Generation, aber auch den Aktivist:innen in Lützerath der Vorwurf gemacht wurde und wird, sie seien zu radikal, sagt dies weit weniger über die Akteure aus als über unsere Gesellschaft, die sich bisher als in nur sehr begrenztem Maße willens oder fähig erwiesen hat, auf die Klimakrise in adäquater Weise zu reagieren. Sich angesichts der global evidenten und auch hierzulande immer schwerer zu verdrängenden katastrophalen Auswirkungen der Klimakrise für seine Überzeugungen auf die Straße zu setzen und festzukleben oder eine Menschenkette auf einem Feld zu bilden und sich von der Polizei umrennen zu lassen, ist vielleicht radikal im Vergleich zu dem, was die meisten Menschen in Deutschland gewöhnt sind oder was sie erwarten. Platziert man die Proteste in einem größeren internationalen und historischen Kontext, so müssen die allermeisten Mittel, zu denen die unterschiedlichen Stränge der Klimabewegung greifen, aber noch als ziemlich gemäßigt gelten – und das umfasst durchaus auch die sogenannten radikaleren Teile, also Ende Gelände und Letzte Generation.

Sich auf der Straße festzukleben und den Verkehr zu blockieren, in ein Unternehmensareal einzudringen und Hausfriedensbruch zu begehen, sich an einem Ministerium festzuketten – all das sind Praktiken des Protests, zu denen soziale Bewegungen in allen möglichen Kontexten, auch in Demokratien, immer wieder gegriffen und auf diese Weise demokratischen Fortschritt bewirkt haben. Insofern können Protestbewegungen, die diese Mittel einsetzen, durchaus Legitimität für sich beanspruchen. Das allerdings bedeutet noch lange nicht, dass einzelne Aktionen wie etwa Straßenblockaden im Berufsverkehr in allen Fällen gerechtfertigt oder auch nur das effektivste Mittel sind, um die Ziele der Bewegung zu erreichen. Aber dieser Einwand – eine bestimmte Aktion erscheint in einem konkreten Kontext als nicht gerechtfertigt oder nicht besonders effektiv – hat nichts damit zu tun, dass sie tatsächlich zu radikal wäre. Dass sich ein Protestmittel als ineffektiv erweist, hat häufig mehr mit der Skandalisierungslogik der gegnerischen Seite zu tun, die die öffentliche Diskussion auf eine schiefe Ebene lenkt, als mit übermäßiger Radikalität. Zur Erinnerung: Schon als Fridays for Future 2019 große Massen von Schüler:innen auf die Straße brachte, wurde beklagt, dass zu Schulzeiten zu protestieren zu radikal sei.

Dass der Streit um die Effektivität und Rechtfertigung von einzelnen Protestaktionen heute mit einer grundsätzlichen Delegitimierung der Klimaproteste oder gar von Protest als solchem einhergeht, ist intellektuell und politisch besorgniserregend. Häufig wird diese Art von Kurzschluss mit dem Argument vorgebracht, die Protestaktionen seien nicht legal und bereits aus diesem Grund illegitim. Natürlich sind Straßenblockaden als gezielte Verstöße gegen die Straßenverkehrsordnung und das Eindringen auf ein Firmengelände als Hausfriedensbruch illegal. Aber sie sind deswegen – anders als anscheinend auch Bundesjustizminister Marco Buschmann meint – noch lange nicht illegitim. Das sollte man sich eigentlich schnell vor Augen führen können: Ziviler Ungehorsam ist per definitionem nicht legal – und dennoch in einer Demokratie wie der unsrigen durchaus zulässig, ja mehr noch, unter Umständen auch politisch und moralisch gefordert. Dabei handelt es sich um Protest, der aufgrund der Dringlichkeit seines Anliegens bewusst gegen bestehende Gesetze – wie die Straßenverkehrsordnung – verstößt, sich dabei aber auf grundlegende Prinzipien – wie Gerechtigkeit, Demokratie und Verantwortung für zukünftige Generationen – bezieht und auf Gewalt gegen Menschen verzichtet. Ziviler Ungehorsam geht diesen entscheidenden Schritt des primär symbolischen Rechtsbruchs weiter, um zu signalisieren, dass das Anliegen der Protestierenden besonders dringlich, das Unrecht, gegen das sie sich wenden, besonders empörend und die ausbleibende oder mangelnde Reaktion des politischen Systems oder der Mehrheitsgesellschaft auf den Protest besonders problematisch ist.

Der Unterschied von Legalität und Legitimität

Eigentlich sollte es sich von selbst verstehen, aber in der gegenwärtigen öffentlichen Aufregung muss es wohl explizit betont werden: Das heißt natürlich nicht, dass nun alle einfach nach Belieben anfangen können, aufgrund ihrer privaten Überzeugungen und Meinungen aus Protest Gesetze zu brechen. Abgesehen davon, dass wir von einer solchen Situation der totalen Anarchie nun wirklich zu weit entfernt sind, als dass sie ein gutes Schreckgespenst abgeben würde, ist hier insbesondere entscheidend, dass sich die Protestierenden an ihren Rechtfertigungen und Argumenten selbst messen lassen müssen.

Genau weil der Klimaprotest sich neben wissenschaftlich fundierten Erkenntnissen über die Klimakrise auch auf grundlegende Prinzipien der Demokratie wie die Einbeziehung der Betroffenen und die Verantwortung für zukünftige Generationen berufen kann (wie sie auch das Bundesverfassungsgericht in seinem wegweisenden Klimaurteil der Regierung ins Stammbuch geschrieben hat), kann er Legitimität auch dann beanspruchen, wenn er punktuell, etwa in Form von Straßenblockaden, an der Grenze von Legalität und Illegalität operiert.

Führende Politiker wie der Bundesjustizminister und auch zahlreiche Medienvertreter scheinen allerdings nicht willens oder in der Lage, diese für die Geschichte und Gegenwart der Demokratie eigentlich grundlegende Unterscheidung von Legalität und Legitimität zu treffen. Das zeigt sich daran, dass immer wieder behauptet wird, Protest sei ja schön und gut und es sei ja durchaus zu begrüßen, dass sich die jungen Leute für ihre Zukunft engagieren, aber in der Demokratie solle doch bitte jeder Protest im Rahmen des Rechts stattfinden. Ein derart „autoritärer Legalismus" (Jürgen Habermas) verkennt die fundamentale historische Wahrheit, dass es viele der für unsere Demokratie wichtigen demokratischen Errungenschaften – (einigermaßen) gleiche Rechte für Arbeiter:innen und Frauen, grundlegende, wenn auch noch immer eingeschränkte Rechte für Migrant:innen, Geflüchtete und LGBTQI-Personen – überhaupt nicht geben würde ohne vorausgegangene Protestbewegungen, die auch zum prinzipienbasierten Bruch geltenden Rechts im Namen von mehr Demokratie und Gerechtigkeit bereit waren.

Ohne den heute von so vielen selbstzufriedenen Verteidigern des Status quo verächtlich gemachten Protest wären wir von jenem demokratischen Rechtsstaat meilenweit entfernt, in dem wir trotz aller weiter bestehenden substantiellen Defizite das Glück haben zu leben. Und weil es naiv und gefährlich wäre, zu leugnen, dass es auch heute noch substantielle Defizite gibt, ist es so naiv und gefährlich, die enorm wichtige, aber stets im Spannungsverhältnis von Legalität und Legitimität angesiedelte Rolle von Protest für Gegenwart und Zukunft der Demokratie zu verkennen.

Protest zur Durchsetzung demokratischer Prinzipien und Werte

Diese demokratiefundierende Rolle von Protest anzuerkennen, ist eigentlich eine Minimalanforderung an eine demokratische politische Kultur und sollte auch Teil des Selbstverständnisses der gewählten Repräsentant:innen sowie der staatlichen Institutionen – inklusive Justiz und Polizei – sein. Das gilt es umso mehr in Erinnerung zu rufen, als die Regierung die von ihr selbst gesetzten Klimaziele, die ja weit mehr sind als unverbindliche Absichtserklärungen, offensichtlich klar verfehlt. Sogar der Wissenschaftliche Dienst des Bundestages kommt zu dem Schluss, dass der Bundesverkehrsminister (ein Parteikollege des Bundesjustizministers) den klimafreundlichen Umbau des Verkehrssektors so massiv ausbremst, dass er gegen geltendes Recht verstößt. Umgekehrt gilt aber auch: Zu sagen, Protest ist grundsätzlich legitim, heißt noch lange nicht, dass er in jedem Einzelfall auch gerechtfertigt ist. Die Frage der Rechtfertigung ist ebenso wie die Frage der Effektivität von vielen Kontextfaktoren abhängig und kann letztendlich nur im Lichte der öffentlichen Debatte und das heißt in der demokratischen politischen Auseinandersetzung entschieden werden. Diese Debatte setzt aber voraus, dass Protest, und eben auch illegaler Protest, in einer Demokratie erst einmal als legitim anerkannt wird, wenn er sich auf die Prinzipien beziehen kann, die dem Legitimitätsanspruch eben dieser Demokratie zugrunde liegen – und wenn er sich selbst als Teil eben dieser Demokratie versteht, um deren Transformation es geht.

Daran, dass auch der Klimaprotest wesentlich zur Demokratie gehört und daher nicht zu ihrem Feind erklärt werden sollte, ändert auch die Tatsache nichts, dass von der Letzten Generation und anderen Teilen der Klimabewegung häufig die Forderung „System Change, Not Climate Change" erhoben wird. Richtig verstanden ist ziviler Ungehorsam in einer Demokratie nicht auf rein systemimmanenten Protest reduzierbar. Anzunehmen, ziviler Ungehorsam dränge nur auf kleine Korrekturen oder Reformen hier und da, während das System als Ganzes akzeptiert werde, geht an seiner historischen und gegenwärtigen Rolle und an seinem demokratischen Transformationspotential vorbei. Die transformative Kraft des Ungehorsams ist viel grundlegender, ohne dass damit seine demokratische Legitimität in Frage steht. Das kann man sich schon an den einschlägigen historischen Beispielen klarmachen, die auch heute noch als Paradigmen des zivilen Ungehorsams gelten. Die US-amerikanische Bürgerrechtsbewegung – wie sie heute insbesondere mit dem Denken und Handeln von Martin Luther King, Jr. identifiziert wird – steht für Diskurs und Praxis des zivilen Ungehorsams, war aber zugleich äußerst radikal, gerade auch in ihrer Zielsetzung. Ihr ging es um deutlich mehr als eine kleine Änderung allein dieses oder jenes Gesetzes: Es ging um einen grundlegenden Wandel der US-amerikanischen Gesellschaft, nämlich ihrer politischen, ökonomischen und kulturellen Verfasstheit. Daran sieht man zunächst, dass man nicht einfach sagen kann: Der Protest fordert einen Systemwandel, also handelt es nicht um zivilen Ungehorsam. Das gilt insbesondere dann, wenn die Krise, auf die der Ungehorsam reagiert, von so grundlegender Art ist.

Die entscheidende Frage hinsichtlich der Legitimität zivilen Ungehorsams lautet daher: Welche Prinzipien oder Werte sollen den Systemwandel anleiten, für den sich die Protestbewegung einsetzt, in welche Richtung soll er gehen und auf welche Weise soll er stattfinden?

Wenn die dem Ungehorsam zugrundeliegenden Prinzipien oder Werte schon in der bestehenden Ordnung verankert sind und lediglich behauptet wird, ihre Realisierung weise über das hinaus, was im Grunde bereits anerkannt ist, dann ist die Bewegung im Lichte der dieser Ordnung zugrundeliegenden Prinzipien nicht einfach als illegitim zu bezeichnen – und damit zugleich zu diskreditieren. Schon die US-amerikanische Bürgerrechtsbewegung kontrastierte das Versprechen der Verfassung mit einer massiv defizitären Wirklichkeit, um den Einsatz für eine radikal andere Gesellschaft zu rechtfertigen. Das ist einerseits revolutionär – da ihre Forderungen auf eine radikal andere Gesellschaft zielen –, andererseits aber in der bestehenden Ordnung verankert, da die Gesellschaft die Prinzipien und Werte bereits anerkannt hatte, um die es der Bewegung ging.

Auch wenn sich die heutige Situation natürlich grundlegend unterscheidet und man die Klimabewegung nicht mit der Bürgerrechtsbewegung gleichsetzen sollte, kann man trotzdem erkennen, dass auch die radikaleren Tendenzen der Klimabewegung teilweise ganz ähnlich argumentieren, wenn sie echte Demokratie, echte Generationengerechtigkeit, echte Nachhaltigkeit fordern. Im Prinzip liegen diese Prinzipien und Werte der demokratischen

Ordnung zugrunde und stehen mehr oder weniger explizit auch im Grundgesetz, etwa als Verpflichtung der Staatsgewalt zum Schutz der natürlichen Lebensgrundlagen auch in Verantwortung für künftige Generationen. Aber man kann wohl kaum behaupten, dass sie bereits umgesetzt sind oder dass wir kurz vor ihrer Realisierung stünden. Den mit diesen grundlegenden Prinzipien verbundenen Auftrag zu erfüllen, erfordert viel entschiedenere transformative Anstrengungen, als heute im politischen Mainstream akzeptiert und umgesetzt wird. In diesem Sinne ist der Klimaprotest sowohl radikal, weil er auf eine Veränderung des Systems abzielt, als auch systemimmanent, weil er die dem existierenden politischen System zugrundeliegenden Prinzipien in Anschlag bringt. Es sind diese Prinzipien, die – richtig verstanden – nach einer radikalen Transformation verlangen. Insofern streben große Teile der Klimabewegung nach einem Systemwandel, der eben nicht vollkommen mit dem System bricht. Im Gegenteil: Es geht ihnen sogar ganz im Sinne des Urteils des Bundesverfassungsgerichts vom April 2021 gerade darum, dass auch zukünftige Generationen als einigermaßen Freie und Gleiche in einem demokratischen Rechtsstaat leben können.

Kein grundgesetzlicher Schutz des Kapitalismus

Vor diesem Hintergrund ist es durchaus bemerkenswert, dass die Gruppe Ende Gelände in Berlin vom Verfassungsschutz beobachtet wurde, dass auch andere Teile der Klimabewegung in die verfassungsfeindliche Ecke gestellt werden und dass gegen einen Teil der Letzten Generation inzwischen als angeblich „kriminelle Vereinigung" ermittelt wird. Offenbar geht damit der Verdacht einher, dass Teile der Bewegung die demokratische Grundordnung in Frage stellen. Bei näherem Hinsehen ist das allerdings kaum nachvollziehbar: Ende Gelände ist zwar kapitalismuskritisch, aber das kapitalistische Wirtschaftssystem steht eben nicht unter dem Schutz des Grundgesetzes, weil es kein wesentlicher Teil jener freiheitlich-demokratischen Grundordnung ist, auf deren Verteidigung sich der Verfassungsschutz eigentlich beschränken sollte – zumal immer wieder deutlich wurde, dass die ernstzunehmende Gefahr hier von rechts droht.

Das Grundgesetz lässt die Frage bewusst offen, wie genau die Wirtschaftsordnung auszugestalten ist. Zwar können bestimmte Aspekte der kapitalistischen Marktwirtschaft durchaus als in Grundrechten wie der Eigentumsgarantie oder der Berufsfreiheit angelegt verstanden werden, aber eine radikal andere Wirtschaftsordnung anzustreben ist möglich, ohne den Boden des Grundgesetzes zu verlassen. Radikale Kapitalismuskritik ist noch kein Schritt in die Verfassungsfeindlichkeit.

Vor diesem Hintergrund ist die von manchen Medien und Politiker:innen betriebene Verwischung der Grenze zwischen legitimem, wenn auch umstrittenem Protest, der für die Demokratie zentral ist und von einer Demokratie auch ausgehalten werden muss, auf der einen Seite und demokratiefeindlichem Protest oder gar Terrorismus auf der anderen Seite höchst problematisch und besorgniserregend. Die Grenze ist in diesem Fall wirklich sehr einfach zu ziehen: Sie verläuft zwischen einem aus prinzipiellen Gründen gewaltfreien Protest, der keine direkte Gewalt gegen Menschen einsetzt und das Risiko der indirekten Schädigung zu minimieren versucht, und dem gezielten und offensiven Einsatz von Gewalt gegen Menschen, zu dem keine der an der Klimabewegung im breiten Sinn beteiligten Gruppen bisher aufgerufen hat. Die aus politischem Kalkül betriebene Delegitimierung und Kriminalisierung von Protest ist eine viel größere Gefahr für die Demokratie als die Straßenblockaden der Letzen Generation oder die Proteste in Lützerath.

Was sind geeignete Mittel?

All diese Ausführungen zur Legitimität des zivilen Ungehorsams auch und gerade in einem demokratischen Rechtsstaat beantworten allerding noch nicht die Frage, welche Mittel letztlich zielführend sind. Selbst wenn man auch radikalen Protest im Lichte der ökologischen Krise für legitim hält, kann man etwa Zweifel an der politischen Sinnhaftigkeit einzelner Aktionen anmelden. So kann man mit guten Gründen bezweifeln, dass der Hungerstreik mit dem die Letzte Generation 2021 die politische Bühne betreten hat, ein adäquates Mittel war, wird es doch zumeist von Gruppen angewendet, die sich in einer unmittelbar asymmetrischen Gewaltsituation befinden – etwa weil der Staat sie wegsperrt, mundtot zu machen und auszulöschen droht. Ohne die berechtigten Ängste und die authentische Motivation der Letzten Generation herunterspielen zu wollen, stehen ihr doch andere Möglichkeiten offen, in die politische Öffentlichkeit zu intervenieren, wie sie die Gruppe dann ja auch ergriffen hat, etwa in Form von Straßenblockaden.

Gerade vor diesem Hintergrund ist dagegen die öffentliche Aufregung über das Festkleben an sicher verglasten Kunstwerken in Museen und die im Allgemeinen gut und risikominimierend vorbereiteten Blockaden im öffentlichen Raum ziemlich absurd und auch etwas heuchlerisch. Freilich stellen sich auch hier Fragen: Wer Straßen blockiert, setzt andere damit Unannehmlichkeiten und Risiken aus. Aber das tun so gut wie alle Formen des politischen Handelns, die außerhalb der institutionalisierten Routinen stattfinden – von Gipfeltreffen bis zu den unzähligen Demonstrationen, die in Berlin jede Woche stattfinden. Zudem: Wer Straßen blockiert, verletzt auch die Straßenverkehrsordnung, protestiert aber im Normalfall nicht gegen die Straßenverkehrsordnung. Deswegen ist ziviler Ungehorsam immer auch symbolisch und auf Vermittlungsschritte angewiesen: Wir blockieren hier die Straße, wollen damit aber auf dieses oder jenes Problem aufmerksam machen. In den letzten Monaten hat sich daher mehr und mehr die Frage gestellt, ob Straßenblockaden im Berufsverkehr überhaupt zielführend sind, weil man damit jedenfalls nicht in erster Instanz jene gesellschaftlichen Eliten trifft, die mit ihrer Lebensführung den größten Schaden anrichten oder mit ihrer sozialen und politischen Macht verhindern, dass genug getan wird, um den Schaden in Grenzen zu halten. Das spricht nicht per se gegen die Aktionsform der Straßenblockade, aber im Allgemeinen sind Protestbewegungen gut beraten, nach Interventionen zu suchen, die direkter sind, die dort intervenieren, wo der Zusammenhang zwischen Ziel und Mittel unmittelbarer vor Augen steht, und die auf diese Weise bei der Öffentlichkeit eher einen Erkenntniseffekt auslösen, der zum Umdenken zwingt.

Lernfähig bleiben! Kein Mittel ist immer gleichermaßen tauglich

Angesichts der Kontextabhängigkeit und Kontingenz politischen Handelns gilt jedoch generell: Welche Mittel und Aktionsformen tatsächlich angemessen und effektiv sind, kann man nicht abstrakt und auch nicht im Vorfeld sagen. Protestbewegungen müssen experimentell vorgehen, das heißt aber auch: Sie müssen lernfähig bleiben und unter Umständen auch schnell reagieren können, wenn sich herausstellt, dass ein bestimmter Weg in die Sackgasse führt. Und sei es auch eine Sackgasse, in die man ohne eigenes Verschulden geraten ist, etwa weil Medien die Diskussion durch Skandalisierung verzerren und von politischer Seite durch Forderungen nach Repression und strafrechtliche Verfolgung Druck aufgebaut wird. Wenn zum Beispiel erst einmal die Geschichte in der Öffentlichkeit zirkuliert, dass Krankenwagen wegen Autobahnblockaden nicht durchkommen oder – schlimmer noch – ein Mensch wegen einer Blockade nicht gerettet werden konnte, dann kommt man dagegen kaum mehr an, selbst wenn sich herausstellt, dass die unmittelbaren Berichte nicht der Wahrheit entsprachen und die Reaktionen überzogen waren.

Auch aus diesem Grund sollten sich Protestbewegungen nicht zu sehr an die gewählten Mittel binden. Mittel sind Mittel. Wenn sie sich als nicht effektiv herausstellen, muss man die Strategie anpassen. Nicht zurückstecken, sondern weiter experimentieren. Wichtig ist: Die Mittel müssen an den Zielen auch in dem Sinn ausgerichtet sein, dass sich die Ziele in den Mitteln widergespiegelt finden.

Ein trotz ihres oft behaupteten Scheiterns gelungenes Beispiel dafür ist die Occupy-Bewegung aus den Jahren 2011 und 2012. Sie hat bewusst versucht, im Zuge der Besetzungen öffentlichen Raums auch die Art von solidarischen, inklusiven und demokratischen sozialen Beziehungen experimentell vorzuleben, die sie erreichen wollte. Durch alternative interne Organisationsformen der Bewegung wurde versucht, der oft auch in Protestbewegungen zu beobachtenden Marginalisierung sowieso schon marginalisierter Gruppen entgegenzutreten, deren Mitgliedern gleichen Rederaum zu geben, und soziale Hierarchien und Machtverhältnisse nicht zu reproduzieren. Das wurde zum Teil belächelt und als Revolutionsromantik abgetan. Aber es war ein zentrales Merkmal von Occupy, das heute auch unter dem Begriff der Präfiguration diskutiert wird: Soziale Bewegungen müssen die in ihren Forderungen artikulierte politische Alternative glaubhaft verkörpern.

Auch wenn die Klimabewegung heute zum Teil sicher von Frustration und Wut angesichts der deprimierenden Klimabilanz einer immer wieder an ihren selbstgesetzten Klimazielen scheiternden Regierungspolitik angetrieben wird, gilt es doch festzuhalten, dass der Protest schon einiges erreicht hat. Fridays for Future und Extinction Rebellion haben es geschafft, den Diskurs über die Klimakrise nachhaltig zu verändern und in breiten sozialen Schichten zu verankern. Wenn die eigenen Kinder Klimagerechtigkeit einfordern, oder einfach nur eine minimal erträgliche Lebensperspektive, ist das nicht so schnell als unrealistischer Radikalismus der üblichen Verdächtigen abzutun. Viel spricht dafür, dass auch das Urteil des Bundesverfassungsgerichts vom vergangenen Jahr nicht in der Weise gefällt worden wäre, wenn es die Klimabewegung nicht gegeben hätte. Ende Gelände und die Letzte Generation sowie die Proteste in Lützerath sorgen dafür, dass eine Rückkehr zum *business as usual* nicht so einfach gelingt, wie manche sich das wünschen. Sie demonstrieren damit, dass es sich bei der Demokratie um ein komplexes Ökosystem handelt, zu dem radikale Veränderungen einfordernde soziale Bewegungen ebenso gehören wie höchste Gerichte und die Institutionen der repräsentativen Demokratie.

Für die Klimabewegung ist es im Lichte der ersten Erfolge ebenso wie angesichts der erwartbaren Hindernisse und Frustrationen ein großer Vorteil und gerade keine Schwäche, dass sie aus auf den ersten Blick recht unterschiedlichen Strömungen besteht, die eine breite Palette von Taktiken und Strategien abdecken. Neben dem eher moderaten Strang, mit dem viele Menschen relativ einfach sympathisieren können, muss es auch weiterhin die eher radikalen Stränge geben, die anecken und sich nicht primär darum kümmern, ob sie auf Verständnis stoßen oder nicht, die auch mal die Konflikte zuspitzen. Gerade aufgrund dieser Diversität ist es weiterhin wichtig, dass sich die moderatere nicht gegen die radikalere Flanke ausspielen lässt und Fridays For Future, Ende Gelände oder auch die Letzte Generation immer wieder an einem Strang ziehen, wie Anfang 2023 in Lützerath, wo sich der Konflikt zwischen Klimabewegung, mächtigen Energieunternehmen und Teilen des Staates bildhaft zugespitzt und verdichtet hat. Und trotz des sich zusammenziehenden Zeithorizonts, der ja bereits im Namen Letzte Generation aufscheint, muss die Klimabewegung sich auf eine längere Auseinandersetzung einstellen – gerade weil so viel auf dem Spiel steht und es auch um mächtige Interessen geht. Daher braucht sie neben den großen Mobilisierungen und der punktuellen Aufmerksamkeitsgenerierung durch spektakuläre Aktionen organisatorische Infrastrukturen und politische Perspektiven für den langen Atem und für die stärkere transnationale Vernetzung.

Letztlich kann es nur eine internationale, globale Antwort auf die Klimakrise geben, auch wenn besonders die Regierungen im globalen Norden in der historischen Verantwortung stehen, die Krise durch Nichthandeln und Obstruktion zumindest nicht noch zu verschärfen. Ob es zu der globalen Solidarität reicht, die notwendig wäre, um der sich heute abzeichnenden fatalen Logik des „Rette sich wer kann" zu entkommen, hängt aber nicht zuletzt daran, ob die Klimabewegung diesen langen Atem haben wird.

Verzicht als erste Bürgerpflicht: Gegen die Politik des Laissez-faire

Von **Philipp Lepenies**

Der russische Angriffskrieg gegen die Ukraine hat, forciert durch den deutschen Klima- und Wirtschaftsminister Robert Habeck, die Frage nach der Notwendigkeit von Konsumverzicht voll auf die politische Agenda gehievt. Dabei ist diese Debatte keineswegs neu. Schon vor rund einer Dekade, im Jahr 2011, veröffentlichte der „Wissenschaftliche Beirat der Bundesregierung Globale Umweltveränderungen" (WBGU) ein Gutachten mit dem Titel „Welt im Wandel – Gesellschaftsvertrag für eine Große Transformation". Die Autoren beriefen sich darin auf das kurz zuvor in einem aufsehenerregenden Fachartikel vorgestellte Konzept planetarer Belastungsgrenzen *(planetary boundaries)*. Dessen Kernthese lautet: Wenn die Stabilität des gesamten Erdsystems gewährleistet bleiben soll, dürfen bestimmte Kipppunkte *(tipping points)* nicht überschritten werden. Um dieser Gefahr vorzubeugen, so die Schlussfolgerung im Gutachten, sei es dringend nötig, unsere vorherrschenden Konsum- und Produktionsmuster zu verändern.[1]

Dass diese Große Transformation mit massiven Einschnitten und damit zwangsläufig mit Verbot und Verzicht einhergehen würde, machte der WBGU deutlich, indem er sich in seinem Gutachten für die Aushandlung eines neuen Gesellschaftsvertrags aussprach. So wie sich in der klassischen Vertragstheorie die Menschen aus freien Stücken einer Regierungsform unterwerfen, um dem Chaos des Naturzustandes zu entgehen und somit ein Stück ihrer persönlichen Freiheit aufgeben, so müsse auch heute das gesellschaftliche Leben neu geregelt werden, um den Fortbestand der Menschheit auf dem Planeten Erde zu sichern. In einem wie auch immer gearteten neuen Gesellschaftsvertrag würden sich die Menschen darauf einigen, dass zum Wohl aller und zum Wohl zukünftiger Generationen Veränderungen notwendig seien. Ob nun explizit formuliert oder nicht: Das Gutachten legte damit nahe, dass bestimmte Dinge – aus guten Gründen – in Zukunft verboten sein würden und die Menschen Verzicht üben müssten.

Die Presseresonanz war schroff. In der „Welt" sprach ein Autor von „Ökodiktatur pur" sowie von antidemokratischem und jakobinischem Denken.[2] In der „Frankfurter Allgemeinen Zeitung" nahm man Anstoß an der Vorstel-

1 Wissenschaftlicher Beirat Globale Umweltveränderungen (WBGU), Welt im Wandel – Gesellschaftsvertrag für eine Große Transformation, Berlin 2011.
2 Fritz Vahrenholt, Ökodiktatur pur, in: „Die Welt", 27.5.2011.

lung eines „gestaltenden Staates", dessen Aktivitäten nur „einem seltsamen Demokratieverständnis" entsprungen sein konnten. Insgesamt wurde die Aufforderung zur Transformation als absurde Spinnerei abgetan.[3]

Neben dem immer wieder beschworenen Drohszenario einer Ökodiktatur ist seitdem vor allem die Verbotspolitik zu einer im politischen Diskurs reflexartig und inflationär genutzten rhetorischen Floskel geworden. Sie wird verwendet, um auf vorgeschlagene Maßnahmen zu reagieren, die das Konsumverhalten der Bürger vor dem Hintergrund einer Transformation hin zu mehr Nachhaltigkeit verändern wollen – sei es durch ein Tempolimit auf Autobahnen, die Reduzierung von Fleischkonsum oder das Verbot von Plastikverpackungen oder Inlandsflügen. Die Empörung über eine Verbotspolitik richtet sich in Deutschland in den meisten Fällen gegen die Vorschläge von Bündnis 90/Die Grünen. Daher ist häufig auch von „grüner Verbotspolitik" die Rede. Insbesondere der Vorschlag zur Einführung eines Tempolimits auf Autobahnen ruft regelmäßig eine lautstarke Gegenwehr hervor, die den vermeintlich religiösen Fanatismus hinter der Einschränkung der persönlichen Freiheit geißelt. So schrieb der Chefredakteur einer großen Tageszeitung im Jahr 2013 unter der Überschrift: „Tempolimit – Auf dem Weg zum unmündigen Bürger" ohne jeden Anflug von Ironie: „Die Autobahn symbolisiert einen Raum maximaler Freiheit – in einem Land, das weitgehend lahmreguliert worden ist. [...] Die Existenz aber solcher Freiräume provoziert den eifernden Gegenwarts-Pietismus, der in Gestalt der rot-grünen Opposition den Alltag der Menschen mit einem Katechismus umfassend regeln will." Anscheinend sei das Ideal dieser Parteien „ein Überstaat", der „möglichst umfassend in die Freiheitsrechte seiner Bürger eingreift, um diese zu einem lahmen, anständigen und naturgefälligen Leben ohne luxuriöse Extravaganzen zu zwingen".[4]

Inzwischen hat sich der Vorwurf der Verbotspolitik allerdings auf fast jede Form geplanter politischer Veränderungen ausgeweitet – sogar auf die, die von der Regierung in Angriff genommen werden. Der Begriff ist überall, in Verlautbarungen des Bundesverbandes Rind und Schwein („Verbotspolitik der Bundesregierung gefährdet Landwirtschaft"[5]) ebenso wie in Statements der Chef-Lobbyistin der Autobauer („Fortschrittswachstum statt Verbot und Verzicht"[6]). Selbst Regierungsmitglieder versuchen bewusst, sich in diesem Sinne zu profilieren. Bundesratsinitiativen werden von Bundesministern mit der Pauschalbegründung abgelehnt, es gebe schon „genug Verbote".[7] Als seien grundsätzlich jedes Verbot und jedes weitere Verbot unangemessen. Die fanatischen Gegner der Verbotspolitik kennzeichnet eine fatale

3 Carl Christian von Weizsäcker, Die Große Transformation: Ein Luftballon, in: „Frankfurter Allgemeine Zeitung", 30.9.2011.

4 Ulf Poschardt, Wer bremst, verliert. Tempolimit – Auf dem Weg zum unmündigen Bürger, in: „Die Welt", 9.5.2013.

5 Bundesverband Rind und Schwein, „Verbotspolitik der Bundesregierung gefährdet Landwirtschaft", rind-schwein.de.

6 Manfred Schulze, VDA-Präsidentin: „Fortschrittswachstum statt Verbot und Verzicht", in: „Deutsche Verkehrs-Zeitung", dvz.de.

7 Alexander Kain, Sonn- und Feiertagsverbot für Biker? Das sagt Minister Scheuer, in: „Passauer Neue Presse", 25.5.2020.

Überzeugung: Der aktuelle Lebensstil muss nicht angepasst werden. Eine Politik ohne Verbote und Einschränkungen sei nicht nur möglich, sondern selbstverständlich. Damit verbunden ist die Vorstellung, die auch den Koalitionsvertrag der Ampel kennzeichnet, wonach die Herausforderungen des Klimawandels und der Umweltzerstörung sich allein durch innovativen technischen Erfindergeist und durch die rationalen Dynamiken des Marktes in den Griff bekommen lassen – in jedem Fall ohne staatliche Einschränkungen und „Bevormundungen".[8]

Die Verteidigung der »Freiheit«

In diesem Zusammenhang wird in aller Regel der Begriff der Freiheit bemüht. Verbote und Verzicht verringerten die persönliche Freiheit – weniger in einem politischen als im Sinne je eigener Konsumentscheidungen. Ein von allen „Volksparteien" gern genutzter Topos ist dabei das Bild des „kleinen Mannes" (oder natürlich der „kleinen Frau"), der sich redlich abracker und dem man wie dem Tabak verehrenden Lehrer Lämpel in Wilhelm Buschs „Max und Moritz" doch bitte seine kleinen Freiheiten und Freuden gönnen solle. Der Topos hilft, um Verbotspolitik als sozial extrem ungerechten Eingriff in ein selbst erarbeitetes und damit zweifelsfrei wohlverdientes Konsumverhalten darzustellen.[9] So sah sich der damalige Fraktionschef der Union, Ralph Brinkhaus, 2019 zu der Verlautbarung veranlasst, dass er sich nicht schäme, Menschen zu repräsentieren, die „mit einem Verbrennungsmotor unterwegs sind, Nackensteaks essen und fleißig sind". Schließlich seien diese „das Rückgrat unserer Gesellschaft".[10]

Verbotspolitik verliert so jede Berechtigung. Die besondere Spezies des im Schweiße seines Angesichts überlebenden Bürgers genießt absoluten Schutz und verdient maximale Freiheit. Sie darf nicht Ziel von Verboten und Verzicht sein. Die Überzeugung, der Staat dürfe das Leben und damit das Konsumverhalten seiner Bürger nicht regeln, ist jedoch nicht nur ein Glaubensgrundsatz bestimmter politischer Milieus. Sie ist mittlerweile tief in der Gesellschaft verankert. Auch die Reaktionen auf die Corona-Maßnahmen haben diese Haltung unmissverständlich deutlich gemacht. Staatlich verordnete Verhaltensregeln wurden von manchen als illegitimer Eingriff in die autonomen Handlungsentscheidungen der Bürger zurückgewiesen. Das Wort „Freiheit", verstanden als die Erlaubnis, trotz Ansteckungs- und eventuell Lebensgefahr alles tun und lassen zu können, was man möchte, wurde bei Protesten ebenso oft bemüht wie der Begriff und das Schreckensbild der vermeintlich existierenden oder unmittelbar bevorstehenden Corona-Diktatur seitens der der sogenannten Querdenker. Die Steigerung war dann der Vergleich mit

8 „Wir könnten woanders CO_2 einsparen". Interview mit Christian Lindner, in: „Wirtschaftswoche", 18.1.2019.

9 „Wir müssen auch beim Linksextremismus Grenzen deutlich aufzeigen". Interview mit Raed Saleh und Franziska Giffey, in: „Der Tagesspiegel", 19.10.2020.

10 Brinkhaus: „Nackensteak-Esser sind das Rückgrat unserer Gesellschaft", Redaktionsnetzwerk Deutschland, rnd.de, 26.1.2020.

den Bevormundungen des SED-Regimes der DDR. Insbesondere diese Bewegung zeichnet sich dadurch aus, sich nichts vorschreiben lassen zu wollen. In einer demokratischen Regierung erblickt sie eine Tyrannendespotie, die es wagt, Konsumfreiheiten einzuschränken. Die extreme Haltung, als Individuum im Namen der eigenen Freiheit völlig ungestört tun und lassen zu können, was man will, sich weder einschränken zu müssen noch sein Verhalten zum Nutzen des Allgemeinwohls anzupassen, hat sich über die letzten Jahre immer stärker und in allen Lebenslagen verbreitet. Eine Richterin am Bundesgerichtshof stellte in einem Interview erstaunt fest: „Es ist doch eine Binsenweisheit, dass meine Freiheit immer nur so weit reicht, bis sie die Sphäre der anderen berührt. Ich wundere mich, dass man es als Zumutung empfindet, sich ein wenig einzuschränken im Interesse der anderen."[11] Die so empfundenen Zumutungen lauten: Verbot und Verzicht.

Konsum als erste Bürgerpflicht

Entscheidend für die radikale Ablehnung von Verbot und Verzicht ist der Stellenwert des individuellen Konsums. Zum einen, weil in den aktuellen Transformationsdebatten ein Verbot immer den individuellen Konsum beschneiden würde; zum anderen, weil Konsum und das Recht, ungehindert zu konsumieren, das genaue Gegenteil von Verzicht sind.

Dass der Konsum jedoch solch eine Sonderrolle einnimmt, liegt am Glauben an die so genannte Konsumentensouveränität. Der Begriff geht auf neoliberale Autoren wie William Hutt und Ludwig von Mises zurück. Mit diesem Konzept wurde nicht nur das Recht auf unbegrenzten und unreglementierten individuellen Konsum abgeleitet. In dieser Vorstellung löste auch der Konsument den politischen Bürger als Souverän ab. Um das Gemeinwesen effizient zu gestalten, war daher unbegrenzter individueller Konsum maximal geboten. Konsum wurde zur ersten Bürgerpflicht. Freiheit wurde zur ungestörten Konsumentscheidung und die Demokratie zu einer *democracy of the consumer.* Der Neoliberalismus fußt auf der Vorstellung eines allseits Nutzen spendenden Effekts des individuellen Konsums. Freie Märkte und damit Freiheit existieren nur, wenn konsumiert wird und der Einzelne nach Herzenslust konsumieren darf. Während in der Mehrheitsdemokratie individuelle Wünsche eingeschränkt werden können, ist das am Markt nicht der Fall. In puncto Freiheit, so die Neoliberalen, ist der Markt der Demokratie um Längen voraus. Wie schön ist doch eine Welt, in der man sich gar nicht am Allgemeinwohl orientieren muss, sondern ungestört nur an sich selbst denken darf!

Der phänomenale Erfolg des Neoliberalismus beruht auch darauf, dass genügend Menschen davon überzeugt worden sind, dass diese neoliberalen Grundprämissen einen unumstößlichen, naturgesetzlichen Charakter haben. In der heftigen Reaktion auf Verbotspläne und Verzichtszumutungen zeigt sich das überdeutlich. Die Ideologie des Neoliberalismus lässt den

11 „Zumutungen bleiben nicht aus, wenn Menschen eng zusammenleben". Interview mit Christina Stresemann, in: „Süddeutsche Zeitung", 23./24.1.2021.

Schluss zu, dass Verbot und Verzicht, vom Staat verordnet, illegitime politische Instrumente sind und unterlassen werden müssen. Aber der Neoliberalismus basiert nicht auf Annahmen, wie die Welt wirklich ist – er basiert auf einer Weltanschauung, wie die Welt sein sollte. Ironischerweise ist die politische Nachhaltigkeit des Neoliberalismus kein evolutionärer Zufall, sondern das Ergebnis eines ausgetüftelten Plans neoliberaler Wissenschaftler, Denkfabriken und Interessenvertretungen, die jahrzehntelang in der westlichen Welt nicht müde wurden, die Politik mit der „Natürlichkeit" der neoliberalen Ideen zu füttern.[12] Der Triumph des Neoliberalismus zeigt sich letztendlich in einer Politik, die im Geiste des Unterlassens steht. Individuen erwarten vom Staat, möglichst mit Verbots- und Verzichtsideen in Ruhe gelassen zu werden. Politiker orientieren sich am Vorbild eines möglichst untätigen Minimalstaats, der gar nicht in Betracht zieht, das Verhalten seiner Bürgerinnen und Bürger dann zu reglementieren, wenn es aus Nachhaltigkeitsgesichtspunkten der Allgemeinheit mehr schadet, als es dem Einzelnen nützt.

Der Neoliberalismus hat eine ganz eigene Vorstellung davon, was eigentlich der Staat ist: Der Staat ist etwas grundsätzlich anderes als die am Markt agierenden privaten Einzelpersonen. Staat und Individuen sind physisch getrennte Einheiten. Wenn sich der Einzelne vorrangig als wirtschaftlicher Akteur definiert und sich nicht in einer anderen sozialen Funktion sieht, gewinnt diese Vorstellung an Plausibilität. Der Neoliberalismus steht außerdem in einer mehr als hundertjährigen Tradition, die unter „Staat" lediglich Regierungshandeln im weitesten Sinne versteht. Gleichzeitig wird Regierungshandeln mit „bürokratischer Ineffizienz und Verschwendung" verbunden sowie mit Gängelung, Bevormundung und unnötigen Eingriffen in die Handlungsautonomie der Individuen. Da ist es dann nur logisch, wenn man fordert, die Menschen sollten sich nicht „auf die Macht von Regierungen [...] verlassen, um [ihre] Gesellschaften zu gestalten".[13] Noch deutlicher formuliert: Der Staat ist das Problem, der Gegner, weil er anscheinend kein anderes Ziel kennt, als die freie wirtschaftliche Entfaltung zu erschweren, die glücklich macht und alle Probleme löst.

Die neoliberale Dichotomie von Bürger versus Staat

In der neoliberalen Dichotomie stehen die Individuen dem Staat einzeln gegenüber. Die neoliberale Vorstellung von der Freiheit des Einzelnen macht es den Bürgern schwer, sich selbst auch als Teil des Staates zu begreifen. Dabei sind sie in einer Demokratie eigentlich nicht „vom Staat" getrennt. Sie sind der Staat. Sie sind der Souverän. Sie machen ihn aus. Und wenn sie nicht selbst regieren, wählen sie diejenigen, die es tun sollen – und kontrollieren diese auch, idealerweise. Der bekannte Ausschnitt aus dem Frontispiz des

12 Siehe dazu ausführlich Philipp Lepenies, Verbot und Verzicht, Berlin 2022, Kapitel III (S. 74-177).
13 Quentin Skinner, Die drei Körper des Staates, Göttingen 2012, S. 79 und S. 82; siehe zur Frage, wie die Körpertheorie des Staates auf Demokratien angewendet werden kann, neben Quentin Skinner auch Philip Manow, Im Schatten des Königs, Frankfurt a. M. 2008.

„Leviathan" von Thomas Hobbes, aus einer heutigen Perspektive betrachtet, zeigt das Bild einer Gemeinschaft, die sich aus einzelnen Teilen zusammensetzt und zugleich dennoch ein Gesamtbild ergibt. Es zeigt *ownership* (Eigentümerschaft). Der Staat gehört den Bürgern, und die Bürger sind der Staat.

Was das neoliberale Weltbild hervorbringt, ist hingegen keine Idee von Gemeinschaft und Zusammengehörigkeit. Es ist das Weltbild sich selbst genügender Individuen, die eigentlich nur durch die Funktionsweise des Marktes miteinander verbunden sind.[14] Daher Margaret Thatchers provokative Behauptung, wonach es keine Gesellschaft, sondern nur Individuen gebe. Sie ist Ausdruck einer sich verstärkenden Extremindividualisierung mit wenig Blick für den Nächsten, die Allgemeinheit und die schädlichen Effekte des eigenen konsumtiven Handelns.

Die Ablehnung von Verbot und Verzicht, die Vorstellung der Illegitimität staatlicher Verhaltensregulierung und „Bevormundung", entspringen einem solchen Weltbild der Unverbundenheit und Gegnerschaft. Gute Politik, legitime Politik ist dann allein eine Politik des Unterlassens. Der Leviathan ist nicht mehr eine allen Halt und Sicherheit gebende Struktur, sondern nur noch das Monster Staat, das von außen versucht, die individuelle Freiheit zu untergraben. Oder wie es ausgerechnet Arnold Schwarzenegger so wunderbar körperlich ausdrückte: Der Staat ist das Monster, das einem im Nacken sitzt und auf die Füße tritt. Den Neoliberalismus kennzeichnet somit eine ausgeprägte Staatsphobie.

Gestaltung der Zukunft aus dem Geiste des Konsums – ohne jeden Plan

Unterlassen werden muss auch jede Form einer staatlichen Regulierung der Zukunft. Im Verständnis des Extremliberalismus ergeben sich notwendige strukturelle und institutionelle Anpassungen an neue äußere Rahmenbedingungen als ungeplante Konsequenzen wirtschaftlichen Interagierens. Der Markt wird es richten, wenn es so weit ist. Probleme der Zukunft durch staatliche Lenkung schon heute lösen zu wollen, funktioniere nicht. Auch hier spielt wieder die Konsumentensouveränität eine Rolle. Konsum ist nicht nur systemstabilisierend, er ist eine Norm. Wird nicht hemmungslos konsumiert, kann der Wettbewerbsmechanismus auch nicht funktionieren, können Herausforderungen nicht gemeistert werden.

Die von Neoliberalen verlangte Extremtoleranz gegenüber jedweder Konsumentscheidung als höchstem Ausweis von Souveränität und Autonomie erlaubt auch, dass niemandem bestimmte Konsumentscheidungen aus moralischen Gründen verwehrt werden sollten. Stattdessen setzt man ganz auf einen aufgeklärten, rationalen individuellen Entscheider, der vernünftige Entscheidungen trifft. Der Marktmechanismus bewertet Handlungen nie-

14 Siehe bspw. die Arbeiten des Chicagoer Nobelpreisträgers Gary S. Becker zur These, dass die Entscheidungen für eine Heirat auch in westlich liberalen Gesellschaften der Marktlogik folgen, A Theory of Marriage, in: Theodore W. Schultz (Hg.), Economics of the Family: Marriage, Children, and Human Capital, Chicago 1974, S. 299-351.

mals moralisch. Auch das ist für Neoliberale ein Freiheitsbeweis. Die Politik aus dem Geiste des Unterlassens, die auf der Überzeugung aufbaut, das Verhalten der Bürger nicht steuern zu dürfen, zeigt sich im deutschen Fall darin, dass das Regierungshandeln jahrelang kaum wirklich transformative Maßnahmen kannte, die das individuelle Verhalten einschränkten. Folgerichtig hat das Bundesverfassungsgericht in seiner wegweisenden Entscheidung im Mai 2021 die mit einer Transformation verbundenen Ziele und Maßnahmen in Form des Klimagesetzes aus dem Jahr 2020 als nicht ausreichend bezeichnet. Auch der Bundestagswahlkampf des Jahres 2021 zeichnete sich durch seine Inhaltslosigkeit aus, was konkrete Ansätze und Vorschläge für eine Transformation hin zu mehr Nachhaltigkeit anging. Selbst die Grünen bemühten sich, den Eindruck abzuschwächen, dass von ihnen eine transformative Verhaltenssteuerung ausgehen werde. Andere Parteien versuchten sich dagegen damit zu profilieren, in gewohnter Weise die Grünen als Verbots- und Verzichtspartei zu geißeln und gleichzeitig zu suggerieren, dass es offensichtlich keinerlei Verhaltenssteuerung angesichts der Klimakatastrophe bedürfe. Hieran wird deutlich: Weite Teile der politischen Öffentlichkeit haben, so scheint es, gar keine Vorstellung mehr von einem im positiven Sinne gestaltenden Staat. Sie haben nur noch das Ideal einer Politik des Unterlassens vor Augen und verteidigen es vehement mit Stolz und Selbstbewusstsein.

Das neoliberale Selbstverständnis staatlicher Institutionen

Die negativen Konsequenzen einer solchen Haltung zeigten sich mit fataler Deutlichkeit und ganz konkret in der Coronakrise. Dass die Bürger im Sinne des Schutzes für Leib und Leben aller auch mit den Mitteln des Zwangs zum rettenden Impfen bewegt werden – oder zumindest die trotzig Ungeimpften mit Sanktionen belegt werden könnten –, schien keine Option einer Politik des Unterlassens zu sein. Auffällig war stattdessen, wie stark und wie früh die damalige Bundesregierung deutlich machte, auch in dieser Extremlage die autonome Entscheidungsfreiheit der Einzelnen als höchstes Gut zu bewerten und beispielsweise eine Impfpflicht von vornherein auszuschließen, weshalb die Ampel dann ja auch fast konsequenterweise am Versuch einer Einführung scheiterte. Offensichtlich steuert die neoliberale Norm der Marktlogik in der Postdemokratie nicht nur den einzelnen Bürger, der zum Konsumenten reduziert worden ist (Colin Crouch, der dies früh diagnostizierte, spricht daher von der „Kommerzialisierung der Staatsbürgerschaft"[15]), sondern sie formt auch das Selbstverständnis staatlicher Institutionen. Wenn der Wettbewerbsmechanismus als überlegen, effektiver und effizienter angesehen wird, sollten staatliche Institutionen so viele Elemente des Wettbewerbs und privatwirtschaftlicher Unternehmen übernehmen wie möglich. Die Politik aus dem Geiste des Unterlassens ist somit auch das Resultat einer neoliberalen

15 Colin Crouch, Postdemokratie, Frankfurt a. M. 2008, S. 58, siehe auch ders., Das befremdliche Überleben des Neoliberalismus, Berlin 2011.

Markthörigkeit der Politik. Politiker glauben selbst an die Unterlegenheit des Staates und der öffentlichen Institutionen und scheuen sich auch deswegen zu handeln.

Eine gesellschaftliche Transformation hin zu mehr Nachhaltigkeit ist jedoch kein ideologisches Hirngespinst. Sie ist eine klare Notwendigkeit. Die Gefahren für Klima und Umwelt, die von unserer Art zu leben, unserem Produktions- und Konsumverhalten ausgehen, sind seit Jahrzehnten bekannt. Zu glauben, Marktkräfte seien dazu in der Lage, sich auch in dieser Situation von allein so anzupassen, dass die Gefahr eines zu hohen Temperaturanstiegs auf der Erde abgewendet wird und die planetaren Lebensgrundlagen gesichert werden, ist vor dem Hintergrund der Entwicklungen der letzten dreißig Jahre illusorisch. Die Konsumfixierung, die Hyperindividualisierung, die fehlende Gemeinwohlorientierung mögen Folgen des Neoliberalismus sein. Im Grunde sind sie aber ein zivilisatorischer Rückschritt. Der Staat und die Demokratie werden geschwächt, der Einzelne ist nicht länger *Citoyen*, sondern nur noch *Consommateur*. Die Allgemeinheit hat er jedenfalls nicht mehr im Blick, nur noch sich selbst. Und wen er auch im Blick hat, ist der Gegner, das Monster Staat.

Die Klimakatastrophe braucht eine Politik der Aktion und eine Politik der Verhaltenssteuerung. Die möglichen Alternativen müssen Gegenstand demokratischer Sachdebatten sein. Wenn sie es aber endlich sind, ist es lachhaft, von einer drohenden Ökodikatur zu schwadronieren.

Politik darf neben Verhaltensregulierung durch Verbot und Verzicht auch nicht davor zurückschrecken, die Sachdiskussionen im demokratischen Diskurs mit Moralvorstellungen zu verbinden. Die fundamentale Herausforderung für eine nachhaltige Entwicklung, nämlich die Lebensgrundlagen für die uns nachfolgenden Generationen nicht zu zerstören, ist zutiefst moralischer Natur. Nur die Demokratie ist in der Lage, Politik mit Moral zu verbinden, ohne dass daraus das entsteht, wovor sich der neoliberale Gründungsvater Friedrich August von Hayek immer ängstigte: Zwang und Verlust von Freiheit. Die Neoliberalen hielten große Stücke darauf, dass individuelle Entscheidungen nicht moralisch bewertet werden dürfen. Aber ist das tatsächlich zeitgemäß? Oder steckt dahinter nicht nur eine extreme Ich-Bezogenheit und eben ein fatales Freiheitsverständnis, das nicht nur konsumtiv verengt ist, sondern auch die Freiheit von Verantwortung feiert?

Wie also weiter? Es bedarf eines grundsätzlich neuen gemeinsamen Verständnisses hinsichtlich unseres Bildes vom Staat. Wir dürfen nicht länger im Staat einen Gegner sehen, sondern wir müssen uns, wie im Kompositbild des Leviathan, selbst im Staat erkennen – als Bürgerinnen und Bürger, die durch ein Verantwortungsgefühl für andere und die Umwelt motiviert werden und sich miteinander verbunden fühlen. Dazu gehört auch die Maßgabe, unseren Extremindividualismus zu kontrollieren. Zur Not, in der wir uns gegenwärtig angesichts der Kumulation der Krisen ganz offensichtlich befinden, auch durch Verbot und Verzicht. Und ganz sicher nicht länger durch eine Politik des Unterlassens.

Gegen das Massensterben: Warum die Natur Rechte braucht

Von **Frank Adloff und Tanja Busse**

Ganz offensichtlich sollte das historische Pariser Klimaabkommen von 2015 Pate stehen, als im Oktober 2021 zum Abschluss des Weltnaturgipfels die „Kunming-Erklärung" verabschiedet wurde. Unter dem Titel „Ökologische Zivilisation: Aufbau einer gemeinsamen Zukunft für alles Leben auf der Erde" bekannten sich darin Minister:innen von fast 200 Teilnehmerstaaten dazu, „die Entwicklung, Verabschiedung und Umsetzung eines wirksamen globalen Rahmens für die biologische Vielfalt für die Zeit nach 2020 sicherzustellen". Fatalerweise wurden in der Kunming-Erklärung – anders als im ursprünglichen Entwurf – jedoch keine konkreten Ziele festgelegt. Damit blieb auch diese „Vertragsstaatenkonferenz der Konvention über biologische Vielfalt (CBD-COP15)" erheblich hinter den Erwartungen der Umweltverbände wie auch hinter den tatsächlichen Erfordernissen zum Schutz des Weltnaturerbes zurück.

Dabei warnen Wissenschaftler:innen schon seit vielen Jahrzehnten vor unserem gefährlichen Umgang mit der Biosphäre. 1992 veröffentlichte der Physik-Nobelpreisträger und Mitbegründer der *Union of Concerned Scientists,* Henry Kendall, eine Warnung an die Menschheit, der sich 1700 Wissenschaftler:innen anschlossen: Die Menschheit befinde sich auf Kollisionskurs mit der Natur. Von den vielen Zerstörungen natürlicher Ressourcen sei der irreversible Verlust der Arten besonders ernstzunehmen, schrieben damals Kendall und seine Kolleg:innen.

2017 veröffentlichen Kendalls Nachfolger den Appell „Warning to humanity, a second notice", dieses Mal mit mehr als 15 000 Unterzeichner:innen. Seit 1992 sei mit Ausnahme des Lochs in der Ozonschicht kein Problem gelöst worden, im Gegenteil: „Humanity has failed", „die Menschheit hat versagt", schreibt das Autor:innenteam um den Ökologen William J. Ripple. Sie habe nicht genug unternommen, um den möglicherweise katastrophalen Klimawandel zu bremsen. Und darüber hinaus hat sie ein Massenaussterben entfesselt – das sechste in grob 540 Mrd. Jahren – bis zum Ende dieses Jahrhunderts könnte es viele der gegenwärtigen Lebensformen auslöschen. Im Mai 2019 veröffentlichte der Weltbiodiversitätsrat IPBES seinen ersten globalen Report, der warnt, dass in den nächsten Jahren eine Million Arten aussterben könnten. Seitdem macht der Verlust der biologischen Vielfalt gelegentlich Schlagzeilen, doch dass diese Entwicklung auch für das Überleben der

Menschheit auf der Erde eine existenzielle Bedrohung ist, scheint in weiten Teilen der Öffentlichkeit noch nicht angekommen zu sein.

Die politischen Akteure wiederum haben sich auf allen Ebenen zum Erhalt der biologischen Vielfalt verpflichtet: Im Übereinkommen zur biologischen Vielfalt der Vereinten Nationen, der *Convention on Biological Diversity*, kurz CBD, verpflichten sich die Mitgliedstaaten, die Vielfalt auf den Ebenen der Gene, Arten und Ökosysteme zu schützen. Der Eigenwert der biologischen Vielfalt ist darin völkerrechtlich verbindlich anerkannt. Auch die Nachhaltigkeitsziele der Vereinten Nationen, die *Sustainable Development Goals* (SDG), verlangen ausdrücklich, den Verlust der Biodiversität zu stoppen und eine nachhaltige Nutzung der terrestrischen Ökosysteme zu fördern. Ferner verlangt die Europäische Union den Schutz der biologischen Vielfalt, zuletzt in der EU-Biodiversitätsstrategie für 2030 der Europäischen Kommission. Artikel 20 des Grundgesetzes schützt die natürlichen Lebensgrundlagen auch in Verantwortung für die künftigen Generationen. Artikel 1 des Bundesnaturschutzgesetzes schreibt vor, dass „Natur und Landschaft auf Grund ihres eigenen Wertes und als Grundlage für Leben und Gesundheit des Menschen [...] zu schützen" seien. Artikel 191 des Vertrags über die Arbeitsweise der Europäischen Union, auch bekannt als Lissabon-Vertrag, verlangt, die Erfordernisse des Umweltschutzes bei der Festlegung und Durchführung der Unionspolitiken und -maßnahmen einzubeziehen. Doch in der Umsetzung dieser Ziele gibt es offensichtliche Mängel. Studien zeigen, dass weder Naturschutzgebiete noch Meeresschutzgebiete, noch Nationalparks die Biodiversität auf ihren Gebieten zu schützen vermögen. Bis auf wenige Einzelerfolge etwa beim Kranich oder Seeadler geht das Sterben der Arten in den allermeisten Ländern der Welt und so auch in Deutschland unvermindert weiter.

Ein Recht für die Natur?

Könnte ein neues Recht helfen, wenn bislang alle politischen Maßnahmen versagen? Bereits 1972 hat der US-amerikanische Jurist Christopher Stone die Idee eines Klagerechtes für Tiere und natürliche Entitäten wie Flüsse oder Berge entwickelt. Stone erinnert daran, dass sich die Vorstellungen der Menschen über Moral und Recht im Laufe der Geschichte immer wieder verändert haben, etwa die Vorstellungen über Besitz. Es gab Zeiten, in der Menschen andere Menschen besaßen oder in denen Männer „ihre" Frauen besaßen. Die Rechtslage hat sich inzwischen geändert, Leibeigenschaft und Sklaverei wurden verboten, und auch das Moral- und Rechtsempfinden der meisten Menschen in diesen Fragen hat sich geändert. Stone beschreibt die Geschichte des moralischen Empfindens der Menschheit als die einer ständigen Erweiterung: Erst zählte nur der eigene Clan, dann auch die anderen Menschen des gleichen Standes, schließlich alle Mitglieder einer Gesellschaft oder auch anderer Gesellschaften und schließlich sogar die Tiere. Die Vorstellung darüber, wer Rechte besitze, habe sich somit kontinuierlich erweitert. Jahrhundertelang hatten Kinder keine Rechte, ebenso wenig

Gefangene, Fremde, Frauen, psychisch Kranke, Afroamerikaner:innen und Indigene. „Tatsache ist: Jedes Mal, wenn es eine Bewegung gab, einer Gruppe Rechte zu verleihen, die vorher noch keine hatte, wurde dieser Vorschlag als seltsam oder furchterregend oder lächerlich abgewertet."[1]

So war es aus dieser Sicht nur konsequent, dass im Jahr 1988 acht große Umweltverbände zusammen mit der Hamburger Kanzlei Michael Günther versuchten, den Vorschlag von Stone im deutschen Rechtsraum anzuwenden. Sie ließen die Robben der Nordsee wegen der andauernden Vergiftung ihres Lebensraums gegen den damaligen Verkehrsminister der Bundesrepublik Deutschland, Jürgen Warnke (CSU), klagen. Eine Behörde aus dem Verantwortungsbereich des Verkehrsministeriums, das Deutsche Hydrographische Institut in Hamburg, hatte deutschen Unternehmen jahrelang gestattet, jährlich mehr als 300 000 Tonnen giftiger Abfälle in die Nordsee zu pumpen. Die Chemikalien stammten unter anderem von Bayer, von der Westdeutschen Abfallbeseitigungsgesellschaft aus Duisburg, den Deutschen Solvay-Werken aus Rheinfeld und vom Chemiewerk Kronos Titan aus Nordenham, das auch die Gifttransporte in die Nordsee organisierte. Schon im April 1988 waren tote Robbenbabys an die Strände gespült worden, später verendeten auch ältere Tiere, in einem Monat allein in Schleswig-Holstein 500 pro Woche. Die Seehunde starben an einer Viruserkrankung, doch die hohen Konzentrationen der zahlreichen Umweltgifte hatten sie so geschwächt, dass sie den Viren nichts entgegensetzen konnten. Das Hamburger Verwaltungsgericht forderte Stellungnahmen von den Unternehmen ein, wies die Klage allerdings ab, weil Robben im juristischen Sinne Sachen seien und damit nicht klagefähig.

Doch seitdem hat sich viel geändert: 1990 hat der Deutsche Bundestag das Gesetz zur Verbesserung der Rechtsstellung des Tieres im Bürgerlichen Gesetzbuch verabschiedet, mit dem geklärt wurde, dass Tiere juristisch nicht länger wie Sachen zu behandeln sind. Seit 2002 ist der Schutz der Tiere als Staatsziel im Grundgesetz verankert. Und in den letzten Jahren wurden die Klagerechte von Umwelt-, Natur- und Tierschutzverbänden Schritt für Schritt ausgeweitet, während Tierrechtler:innen die Frage aufgeworfen haben, warum Tieren individuelle Rechte verwehrt bleiben, wenn sie ebenso wie wir Menschen fühlende und schmerzempfindende Individuen sind.

Im Jahr 2018, also genau dreißig Jahre nach dem „Seehunde-sind-Sachen-Urteil", hat der Bremer Jura-Professor Andreas Fischer-Lescano Stones Überlegungen zu den Klagerechten der Natur aufgenommen und zum Konzept der „Natur als Rechtsperson" weiterentwickelt. „Allzu offensichtlich ist, dass die Zerstörung des Öko-Systems, das weltweite Artensterben sowie die Klimaerwärmung rasant fortschreiten", schreibt er. „Dabei zeigen die politischen Versuche gegenzusteuern nur geringe Wirkung, auch weil der politische Wille fehlt, nationale Wirtschaftsinteressen mit *first priority* versehen werden und maßgebliche Akteure wie transnationale Unternehmen nicht hinreichend in die Umweltregulierung eingebunden sind." Tiere und Natur seien nur unzureichend geschützt, „wenn man sie dem *good will* von Staaten

1 Christopher D. Stone, Should trees have standing?, Oxford 2018.

und Wirtschaftsakteuren überlässt und sie institutionell nicht so absichert, dass bestehende Rechtsschutzlücken geschlossen werden".

Schon heute können offiziell anerkannte Umwelt- und Naturschutzverbände vor Gericht die Interessen der Natur vertreten. Das hat das sogenannte Verbandsklagerecht ermöglicht, das in den vergangenen Jahren in einigen Bundesländern auch auf Tierschutzverbände ausgeweitet wurde. Doch diese Möglichkeiten seien nichts mehr als „zaghafte Öffnungen", schreibt Fischer-Lescano, denn es gebe „eklatante Durchsetzungslücken". Denn die Verbandsklagen beschränkten sich auf die Durchsetzung einfachen Rechts, Grund- und Menschenrechte von Tieren und Natur könnten über diesen Mechanismus hingegen nicht geltend gemacht werden. Genau das aber bräuchten die Arten, um ihr Recht auf Überleben einklagen zu können. Fischer-Lescano schlägt deshalb „die Zuerkennung von autonomen Rechten für Natur und Tiere und damit die rechtliche Anerkennung nicht-humaner Rechtspersonen" vor.[2]

Eine neue Symmetrie von menschlichen und nicht-menschlichen Akteuren

All dies zeigt, wie dringlich eine wissenschaftliche wie gesellschaftspolitische Debatte über diese Fragen ist. Es ist an der Zeit, die Rechte der Natur neu in die Diskussion zu bringen. Denn mit der möglichen Ausweitung des Status als juristische Person auf natürliche Entitäten sind vielfältige Fragen verbunden: nicht nur rechtstechnische, auch politische, soziale, philosophisch-ethische, aber auch grundsätzlich ontologische.

Moderne Gesellschaften sind bekanntlich stark von Organisationen und ihren Handlungsmöglichkeiten geprägt. Organisationen sind dabei nicht einfach die Summe handelnder Menschen, sondern kollektive Akteure, die über vielfältige Ressourcen und große Einfluss- und Machtchancen verfügen, unter anderem da sie rechtlich konstituierte Akteure sind. Die mit der Moderne sich durchsetzende Vorstellung von korporativen Akteuren als juristischen handelnden Personen, die von natürlichen Personen zu unterscheiden sind, ermöglichte einen radikalen Strukturwandel der Gesellschaft. Der amerikanische Soziologe James Coleman hat von der modernen Gesellschaft als einer asymmetrischen Gesellschaft gesprochen, da Organisationen in ihr eine ungleich einflussreichere und mächtigere Position innehaben als Individuen. Juristische Personen können als Einheiten handeln, Ressourcen besitzen, ihnen kommen Rechte und Pflichten zu. Dabei handeln korporative Akteure über ihre Stellvertreter:innen.

Tieren oder Ökosystemen nun den Status einer juristischen Person einzuräumen, hätte zum Ziel, ihnen rechtliche Mittel zur Verfügung zu stellen, die sie zum einen aus der Asymmetrie gegenüber menschlichen natürlichen Personen und zum anderen gegenüber juristischen Personen wenigstens etwas befreien würden. Die so hergestellte juristische Symmetrie soll es Tieren und

2 Andreas Fischer-Lescano, Natur als Rechtsperson. Konstellationen der Stellvertretung im Recht, in: „Zeitschrift für Umweltrecht", 4/2018, S. 205-217.

Ökosystemen ermöglichen, unter dem Gesichtspunkt der Fairness eigene Interessen hör- und durchsetzbar zu machen. Freilich käme das einem Bruch mit den anthropozentrischen Grundlagen westlicher Gesellschaftsordnungen gleich, ja sogar einer radikalen Transformation derselben: Denn man würde sich auf eine Symmetrie von menschlichen und nicht-menschlichen Akteuren zubewegen.

Eine solche Symmetrie mahnt beispielsweise Bruno Latour schon lange an. In seinem Buch „Kampf um Gaia" führt er aus, dass es zur Verteidigung Gaias, des Erdsystems, der Bündnisse mit Teilaspekten der Erde bedürfe: mit den Regenwäldern, den Ozeanen, der Artenvielfalt in den Biodiversitäts-Hotspots, mit den Böden usw. Bevölkerungen, die von diesen Komponenten des Erdsystems abhängen, sollten sich mit ihnen verbünden und ihre Subsistenzgrundlagen gegen die disruptiven und ortlosen Kräfte des globalen Kapitalismus verteidigen. Da die Nichtmenschen nicht auf die gleiche Weise für sich sprechen können wie Menschen, müssten die nichtmenschlichen Lebewesen und Ökosysteme politisch repräsentiert werden. Kurzum: Die Wälder, die Luft und die Meere bräuchten Sprecher:innen. Die „Umwelt" gäbe es auf diese Weise nicht länger, sie wäre vielmehr in ein neues Kollektiv eingegliedert. Ein „Parlament der Dinge" würde die Zweiteilung von Natur und Gesellschaft aufheben und eine Neuordnung des Kollektivs vornehmen, das dann aus Menschen und nicht-menschlichen Wesen zusammengesetzt wäre.

In eine ähnliche Richtung argumentierte auch schon früh der französische Philosoph Michel Serres. Für ihn herrscht ein Krieg gegen die Natur. Es müsse daher ein neuer „Naturvertrag" mit der Natur geschlossen werden, mit dem Ziel, einen Zustand der Wechselseitigkeit und Symbiose zu schaffen.

Von der Natur als »Dienstleister« zum Eigenwert des Lebens

Doch die Standardbegründung für den Erhalt der Biodiversität bzw. von Ökosystemen setzt ganz anders an. Sie kann sich auf das in den letzten Jahrzehnten prominent gewordene Konzept von „Ökosystemdienstleistungen" berufen. Ökosysteme haben dieser Auffassung zufolge einen direkten oder indirekten instrumentellen Wert für den Menschen. Beispielsweise kühlen Wälder das Klima, speichern und reinigen Süßwasser, liefern Bau- und Brennholz, stellen genetische Vielfalt bereit oder dienen den Menschen als Erholungsgebiete. Das „Kapital der Natur" wird für die Leistungen geschätzt und bewertet, die es den Menschen erbringt; es ist also ein utilitaristisches und anthropozentrisches Konzept. Ökosysteme haben diesem Denken zufolge keinen intrinsischen, sondern einen instrumentellen Wert für das menschliche Wohlbefinden.

Folgt man diesem instrumentellen Ansatz nicht, sondern geht vom Eigenwert des Lebens auf der Erde aus, stellen sich weitergehende Fragen. Im Raum steht dann die Frage nach der Bewohnbarkeit des Planeten Erde für alle Lebensformen. Folgt man dieser Sichtweise, soll die biologische Vielfalt nicht allein aufgrund menschlicher Interessen geschützt werden, Ökosysteme und Arten sollen vielmehr einen eigenen ethischen oder rechtlichen Wert erhalten. Diese Auffassung, die von verschiedenen zivilgesellschaftlichen Akteuren geteilt wird, beruht auf einer nicht-anthropozentrischen Naturethik. Dabei wird zumeist auch die ontologische Trennung von Kultur versus Natur kritisiert. Nicht-menschlichen Wesen wird Subjektivität, Handlungsfähigkeit und ein intrinsischer moralischer Wert zugesprochen. Auch in der akademischen Ethik gibt es seit Jahren eine ausführliche Diskussion über die Frage, ob Menschen nur anderen Menschen oder auch der Natur, also Pflanzen, Tieren, Flüssen, oder Bergen Respekt schulden. Und es wird die Frage erörtert, ob natürliche Entitäten eine eigene Würde und einen moralischen Wert besitzen.

Radikal holistische naturethische Positionen wie die Tiefenökologie von Arne Naess, die Landethik von Aldo Leopold oder der Ökofeminismus Val Plumwoods haben schon vor Jahrzehnten den Eigenwert von tierlichen Populationen und Ökosystemen behauptet. Diese Positionen beruhen auf einem moralischen Holismus, der betont, dass der Mensch kein eigenständiges Wesen ist und nicht nur von anderen Menschen, sondern auch von physikalischen, biochemischen und biologischen Systemen abhängt, zwischen denen enge Interdependenzen bestehen. Deutlich zeigt sich diese holistische Position in lateinamerikanischen Diskursen zu den Rechten der Natur und in indigenen Kosmologien, die die Trennung von Natur und Kultur bzw. Gesellschaft unterlaufen. Neue Hybride aus westlichem Recht und indigenem Denken sind in Lateinamerika in den letzten Jahren in Gesetze überführt worden. Artikel 71 der ecuadorianischen Verfassung von 2008 etwa spricht der Natur das Recht zu, zu existieren, ihre Lebenszyklen, ihre Struktur, ihre Funktionen und evolutionären Prozesse zu erhalten und zu pflegen. Während im westlichen Modell die Natur bislang keine eigenen Rechte beanspruchen kann, wurden in Ecuador in den letzten Jahren die kulturellen Topoi der *pachamama* (Mutter Erde) oder des *buen vivir,* des guten Lebens, im Dialog mit internationalen NGOs als Grundlage für die Verfassungsdebatten genutzt. *Buen vivir* greift auf indigene Wissensbestände aus den Anden zurück, die kommunitär und nicht-kapitalistisch orientiert sind, und skizziert ein sozialökologisches Konzept von Entwicklung und gutem Leben.

Dem gegenüber steht der moralische Individualismus, der sich nicht zwangsläufig auf anthropozentrische Weise nur für die Belange von Menschen interessiert. Moralische Individualisten sprechen durchaus auch empfindungs- und handlungsfähigen Tieren einen moralischen Eigenwert zu. Nicht empfindungsfähigen tierlichen Individuen und Kollektiven wie tierlichen Gruppen oder Arten wird er allerdings nicht zuerkannt. Der individuelle Schimpanse und das einzelne Schwein erhalten so einen besonderen moralischen und rechtlichen Status – nicht aber die einzelne Schnecke oder das Kollektiv der Schweine als Spezies. Zentral ist in diesen Debatten der Gedanke, dass ein einzelnes empfindungsfähiges Individuum mit Eigenwert nicht zugunsten eines Kollektivs von Individuen (zum Beispiel einer Art) geopfert werden darf. Der Eigenwert des Individuums trumpft das Interesse am Überleben bestimmter Arten. In der Philosophie dominiert in den letzten

Jahrzehnten insgesamt der moralische Individualismus. Empfindungs- und handlungsfähigen Tieren kommt ein moralischer Wert zu, der Rest der Natur sei jedoch „ohne moralischen oder absoluten Wert", argumentiert die Philosophin Angelika Krebs. Anthropozentrische Argumente brauche man, so Krebs weiter, „um Naturschutz begründen zu können".[3]

Die Natur als Quasi-Subjekt und Partnerin

Die juristische Debatte hat im Vergleich zum philosophischen Diskurs einen geringeren Begründungsbedarf mit Blick auf die Unterscheidung anthropozentrisch versus biozentrisch. So wie eine Aktiengesellschaft eine juristische Person ist und dies nicht zur Voraussetzung hat, dass sie auch in einem strikten realistischen Sinne über Personalität verfügt, so bedarf es auch für Tiere, Bäume oder Ökosysteme nicht des Nachweises, über Personalität, Subjektivität oder Intentionalität zu verfügen. Der schon erwähnte Christopher Stone stellt heraus, dass, sobald „Entitäten" mit Rechten ausgestattet sind, sie personifiziert und auf diese Weise allmählich an sich wertgeschätzt werden – und zwar nicht nur wegen des Nutzens, den sie den Menschen bringen. Das Recht kreiert eine legale Personifizierung, die schließlich auch alltagsweltlich eine Personalisierung zur Folge hat.

Tiere waren schon immer Regelungsgegenstand des Rechts, sei es als Nahrung, Produktionsfaktor, Einkommensquelle, Krankheitsüberträger oder Schädling. Doch zunehmend werden Tiere unter dem Aspekt des Schutzes betrachtet. Die rechtliche Gleichsetzung von Tier und Sache ist aufgehoben, und der Tierschutz findet sich mittlerweile als Staatsziel im Grundgesetz (Art 20a). Doch ist dies nur ein objektiv-rechtlicher Schutz, die Natur kann aus dem Artikel 20a keine subjektiven Rechte ableiten. Dennoch scheint es auch in der deutschen Rechtsordnung prinzipiell möglich zu sein, Entitäten der Natur (etwa regionale Ökosysteme) als juristische Personen anzuerkennen. Jens Kersten, Professor für Öffentliches Recht, ist der Auffassung, dass die Natur als Rechtssubjekt auch verfassungsrechtlich verankert werden sollte.[4] Er schlägt daher eine Grundgesetzänderung vor, die die Rechte der Natur anerkennt, etwa mit folgendem Wortlaut: „Die Rechte der Natur sind zu achten und zu schützen." Dies impliziert nicht, dass Rechte der Natur gegen Prinzipien der Menschwürde in Anschlag gebracht werden könnten. Die Menschenwürdegarantie gilt absolut und ist den Menschen vorbehalten.

Mit der Anerkennung der Natur als juristische Person ginge also eine Personalitätsfiktion einher. Diese korrespondiert zum einen leicht mit animistischen Naturvorstellungen, zum anderen aber auch mit alltagsweltlichen Naturvorstellungen in den westlichen Ländern. Die französischen Sozialwissenschaftler Alain Caillé, Philippe Chanial und Fabrice Flipo

3 Angelika Krebs, (Hg.), Naturethik. Grundtexte der gegenwärtigen tier- und ökoethischen Diskussion, Frankfurt a. M. 1997, S. 364.

4 Jens Kersten, Natur als Rechtssubjekt. Für eine ökologische Revolution des Rechts, in: „Aus Politik und Zeitgeschichte", 11/2020, S. 27-32.

stellen als Forderung zum Schutz der Biodiversität heraus, dass Menschen und Natur in einem partnerschaftlichen und damit symmetrischen Verhältnis zueinander stehen sollten. Eine partnerschaftliche Beziehung zur Natur hätte zur Voraussetzung, dass Menschen der Natur (wieder) Subjektivität zusprechen.[5] Diese Sicht wird mittlerweile von weiten Teilen der Biologie unterstützt. Es wird zunehmend klar, dass sich die traditionelle Biologie zu sehr auf einen technizistischen und reduktionistischen Pfad begeben hat, der die Lebendigkeit, Sinnhaftigkeit und Subjektivität von Natur übersehen und negiert hat. Der Verhaltensbiologe Norbert Sachser spricht von einer Revolution des Tierbildes in den vergangenen Jahren: Emotionen, Kommunikation, Lernen, Intelligenz und Individualität der Tiere werden heute ganz anders eingeschätzt als noch vor wenigen Jahrzehnten. Mittlerweile ist die Literatur zur Revision unseres wissenschaftlichen Naturbildes kaum noch zu überblicken. Der Biologe und Philosoph Andreas Weber beispielsweise verfolgt eine alternative Ökologie und arbeitet heraus, dass Materie selbst schöpferisch ist, „dass sie einem Prinzip der Fülle folgt und Subjektivität aus sich hervorbringt". Dabei stützt sich Weber unter anderem auch auf Lynn Margulis und das Symbiosekonzept, welches schon früh individualistische Annahmen in der Biologie kritisiert hat.[6]

Was passiert mit dem moralischen Individualismus, wenn es Individuen in einem starken Sinne gar nicht geben sollte? Die Naturwissenschaftler Scott Gilbert, Jan Sapp und Alfred Tauber argumentieren daher mit Blick auf das Konzept der Symbiose: „Tiere sind Kompositionen vieler Arten, die zusammen leben, sich entwickeln und entfalten." Sie gehen so weit, mit dem Konzept der Symbiose ältere Vorstellungen von biologischer Individualität in Frage zu stellen. Damit gerät auch das evolutionäre Konzept der individuellen Selektion in die Krise. Denn wenn es anatomisch, embryologisch, physiologisch, immunologisch, genetisch und evolutionär wenig Rückhalt für ein darwinistisches Konzept von Individualität gibt, kann man auch nicht mehr von der Selektion von Entitäten ausgehen, die voneinander unabhängig existieren. Sie kommen daher zu dem Schluss: „Sowohl bei Tieren als auch bei Pflanzen hat es nie Individuen gegeben. Dieses neue Paradigma der Biologie [...] sucht nach neuen Beziehungen zwischen den verschiedenen Lebewesen auf der Erde. Wir sind alle Flechten."[7] Auch der von den Biologen Francisco Varela und Humberto Maturana vor Jahrzehnten eingeführte Begriff der Autopoiesis verweist schon auf ähnliche Prozesse der autonomen Selbstorganisation. Lebewesen sind keine Maschinen, sondern stellen sich selbst her, entwickeln eine Form von Autonomie und bauen ihre Identität selbst auf.

Man kann also auf naturwissenschaftliches Wissen gestützt versuchen, einen aufgeklärten Animismus wiederzubeleben oder neu zu kreieren.

5 Alain Caillé, Philippe Chanial und Fabrice Flipo, Que donne la nature? L'ecologie par le don, in: „Revue du MAUSS semestrielle", 2/2013, S. 5-23.

6 Norbert Sachser, Der Mensch im Tier. Warum Tiere uns im Denken, Fühlen und Verhalten oft so ähnlich sind, Reinbek bei Hamburg 2018; Andreas Weber, Alles fühlt. Mensch, Natur und die Revolution der Lebenswissenschaften, Berlin 2007.

7 Scott F. Gilbert, Jan Sapp und Alfred I. Tauber, A Symbiotic View of Life: We Have Never Been Individuals, in: „The Quarterly Review of Biology", 4/2012, S. 325-340 (Übers. durch die Verfasser).

Dieser könnte das juristische Projekt der Kreation von Natur als juristischer Person begleiten. Caillé, Chanial und Flipo bezeichnen diesen Ansatz als einen methodologischen Animismus. Denn wir müssen nicht zunächst allen Lebewesen wissenschaftlich nachgewiesen und abgesichert Bewusstsein, Subjektivität, Intentionalität und einen Kooperationswillen zusprechen. Es reicht, die nichtmenschlichen Wesen methodologisch als Quasi-Subjekte anzusehen. Das heißt, wir behandeln die anderen Lebewesen so, als ob sie über Subjektivität verfügten – unabhängig davon, ob man diese wirklich wissenschaftlich „beweisen" kann. Dies führt dazu, nichtmenschliche Wesen als Quasi-Subjekte anzuerkennen, sich partnerschaftlich mit ihnen verbinden zu können. Es werden Gabenbeziehungen – Beziehungen des Gebens und Nehmens – aufgebaut und eingegangen, das heißt, es werden Allianzen gebildet, und das Bündnis zwischen den menschlichen und nichtmenschlichen Wesen muss immer wieder aufs Neue hergestellt werden.[8]

Diese Bündnisse haben genauso wie Gabenbeziehungen unter Menschen eine agonistische Seite. Gaben vermögen Bündnisse herzustellen, doch enthalten sie immer auch Momente der Auseinandersetzung und des Widerstreites. Das Gabenverhältnis zur Natur ist niemals nur rein harmonisch, auch die Natur kann sich verweigern, unerbittlich nehmen oder Schlechtes geben. Natur aus einer Gabenbeziehung zu betrachten, impliziert mithin in keiner Weise ein rein konfliktfreies oder romantisch verklärtes Verständnis der Beziehung. Und natürlich geht es nicht darum zu tauschen, also etwas exakt Äquivalentes dessen zurückzugeben, was die Natur gegeben hat. Es geht vielmehr um die Anerkennung des Eigenwerts nichtmenschlicher Lebewesen und ökologischer Prozesse sowie um die Erneuerung des Bündnisses durch den Akt der Erwiderung. Im Akt der Erwiderung wird die Natur als Partnerin anerkannt und nicht länger nur als passive Ressourcenquelle.

Wir Menschen müssen unseren Platz in der Welt zurechtrücken

Wir plädieren also dafür, wissenschaftlich wie alltagsweltlich aus einer Gabenperspektive auf die Natur zu blicken. Ein lebensweltlich und naturwissenschaftlich verankerter methodologischer Animismus gegenüber der belebten Natur kann unseres Erachtens eine adäquate nicht-dualistische Ontologie darstellen, die auch als Ausgangspunkt für die Debatte über die Begründbarkeit von Rechten der Natur dienen kann. Wir erfahren die Natur eben nicht nur als Objekt und frei verfügbare Ressource, sondern auch als ein eigenständiges Gegenüber, so als wäre sie eine Person – auch diese Erfahrung ist real und wahr.[9]

Wir Menschen müssen also unseren Platz in der Welt zurechtrücken. Mitten im sechsten Massensterben der Erdgeschichte, während die Arten um uns herum mit nie erlebter Geschwindigkeit aussterben, ist das dringlicher denn je – nicht nur zum Schutz der aussterbenden Spezies, sondern auch für

8 Vgl. Frank Adloff, Politik der Gabe. Für ein anderes Zusammenleben, Hamburg 2018.
9 Vgl. Angelika Krebs et al., Das Weltbild der Igel. Naturethik einmal anders, Basel 2021.

unser eigenes Überleben, das ohne funktionierende Ökosysteme im Netz des Lebens, dessen Teil wir sind, nicht möglich sein wird.[10] Doch dieses neue Selbst- und Rechtsverständnis wird vor allem den Bewohner:innen der westlichen Industriegesellschaften nicht leichtfallen. Im westlichen Denken haben sich Anthropozentrismus und ein Verständnis von der Natur als Ressourcenlager über Jahrhunderte verfestigt.

Bislang haben jedoch alle Kulturen – außer der der Moderne – ihr Verhältnis zur nichtmenschlichen Natur als Gabenbeziehung verstanden: Von den Meeren, Seen, Wäldern, Äckern, Nutz- und Wildtieren nimmt man und ihnen gibt man auch etwas zurück. Kann man ein solches Gabenverhältnis unter modernen Bedingungen wiederherstellen? Allzu schnell handelt man sich den Vorwurf ein, romantisch und antimodern zu sein. In eine vormoderne Vorstellungswelt wollen wir sicher nicht einkehren. Doch zeigt die neuere biologische Forschung von Symbiosen und Ko-Evolution genau dies: dass auf ökosystemarer Ebene alles miteinander zusammenhängt und sich gemeinsam entwickelt, wir Menschen inklusive. Damit ist die Trennung der Sphären von Natur und Kultur obsolet. Ohne eine gewisse „Wiederverzauberung der Welt" wird ein gemeinsames Leben nicht zu gewinnen sein. Zugleich würde eine solche Wiederverzauberung letztendlich nur dem allgemeinen Prinzip der Wechselseitigkeit folgen, das da lautet: Alle, die zum Gedeihen einer Gesellschaft beitragen, sollten nicht leer ausgehen.[11] Die Arbeit der Pflanzen und Tiere ist Teil des gesellschaftlichen Kooperationszusammenhangs und sollte als solche anerkannt werden.

Das deutsche Rechtsverständnis ist von einer solchen Anerkennung noch weit entfernt, doch immerhin gibt es auch hier einen langsamen Paradigmenwechsel, der mit einer Ausweitung von Grundrechten für tierliche Individuen – wie Menschenaffen, aber auch für einzelne Rinder, Hühner oder Schweine – über Speziesgrenzen einhergeht.[12] Menschenrechtsartige Tiergrundrechte manifestieren sich allmählich in der Rechtspraxis. Darin liegt das Potential, ein gesellschaftliches Umdenken zu fördern, um so in einem weiteren Schritt dem Artensterben auch über Rechte der Natur etwa für Arten oder Ökosysteme zu begegnen.

Bis dahin dürfte es allerdings noch ein ziemlich weiter Weg sein.

10 Vgl. Tanja Busse, Das Sterben der anderen. Wie wir die biologische Vielfalt noch retten können, München 2019.

11 Peter Niesen, Kooperation und Unterwerfung. Vorüberlegungen zur politischen Theorie des Mensch/Nutztier-Verhältnisses, in: „Mittelweg 36", 5/2014, S. 45-58.

12 Vgl. Anne Peters und Saskia Stucki, Globales Tierrecht, Forschungsbericht 2016 – Max-Planck-Institut für ausländisches öffentliches Recht und Völkerrecht, mpg.de, 2016.

Die dritte Revolution

Plädoyer für ein ökologisches Grundgesetz

Von **Jens Kersten**

Der Krieg in der Ukraine bestimmt vollkommen zu Recht die Politik, auf internationaler wie nationaler Ebene. Von einer „Zeitenwende" ist im politischen Berlin die Rede. Doch dieser Begriff verdeckt mehr, als er hilft. Nüchtern betrachtet geht es um drei Dinge: Die Realität zu sehen, naive Fehleinschätzungen offenzulegen und eine neue Politik demokratisch zu gestalten und zu verantworten. Dies betrifft nach dem russischen Überfall auf die Ukraine den Zerfall der europäischen Ordnung, die sich nach 1989 entwickelt hat. Darüber hinaus dürfen wir aber auch die gleichzeitig drängenden Gegenwarts- und Zukunftsfragen nicht vernachlässigen: die soziale Ungleichheit, den digitalen Strukturwandel und die ökologischen Krisen.

Insbesondere mit Blick auf die ökologische Herausforderung gilt es, endlich ebenfalls einen neuen Wirklichkeitssinn zu entwickeln: Der Klimawandel steht uns nicht bevor, sondern wir befinden uns bereits mitten in der Klimakatastrophe. Wir ignorieren das exponentielle Artensterben, obwohl wir längst in einer globalen „Gesellschaft des Verschwindens"[1] leben. Auf den ansteigenden Meeren schwimmen unsere Plastikinseln, deren Partikel über die globalen Stoffströme wieder in unsere Körper zurückfinden. Unser Versuch, den Atommüll aus gut fünfzig Jahren „friedlicher" Nutzung der Kernenergie „für einen Zeitraum von einer Million Jahren"[2] zu „entsorgen", ist Ausdruck einer „Metaphysik der Endlagerung"[3]. Angesichts dieser Entwicklungen brauchen wir mehr sozialen und ökologischen Realitätssinn. Wir leben nicht nach dem Grundsatz: Nach uns die Sintflut. Vielmehr findet die Sintflut bereits neben uns statt.[4]

In dieser Situation müssten wir eigentlich versuchen, mit der Natur einen „Friedensvertrag" zu schließen. Doch die Natur wird nicht mit uns verhandeln, nicht über den Biodiversitätsverlust, nicht über Extremwetter und auch nicht über die Polarschmelzen. Eine ökologische Schubkraftumkehr

* Mein ganz herzlicher Dank gilt Mathias Greffrath. Die folgenden Überlegungen setzen das Gespräch fort, das wir im Rahmen der Sendung „Essay und Diskurs" im Deutschlandfunk am 20. März d.J. führen konnten.

1 Stefan Breuer, Die Gesellschaft des Verschwindens. Von der Selbstzerstörung der technischen Zivilisation, Hamburg 1995.

2 So ausdrücklich § 1 Abs. 2 Satz 2 Standortauswahlgesetz.

3 Peter Sloterdijk, Zorn und Zeit. Politisch-psychologischer Versuch, Frankfurt 2006, S. 146.

4 Stephan Lessenich, Neben uns die Sintflut. Die Externalisierungsgesellschaft und ihr Preis, München 2016.

erscheint kaum noch möglich. Wir können nur noch versuchen, den anthropozänen Drift der Erdsysteme zu verlangsamen und unsere Zukunft ökologisch zu gestalten. Dies bedeutet aber, dass wir vor der schwierigsten Frage der praktischen Philosophie und der politischen Praxis stehen: Wir müssen unsere Lebensgewohnheiten fundamental ändern.

Ein zentraler Baustein dafür ist die ökologische Transformation unserer Verfassungsordnung, die unser individuelles und soziales Leben demokratisch regelt. Doch damit ist neben unserem ökologischen Konsumismus sogleich das zweite Grundproblem formuliert, vor dem wir verfassungsrechtlich stehen: Demokratie ist Herrschaft auf Zeit. Vor allem das parlamentarische Regierungssystem agiert in vierjährigen Legislaturperioden; und der jeweilige Koalitionsvertrag bildet die unüberwindbare Schranke jeder zukunftsorientierten politischen Phantasie. Wir müssen also zwei Dinge gleichzeitig tun: unsere Verfassungsordnung ökologischer und zukunftsoffener gestalten. Ein ökologisches Grundgesetz wäre zugleich auch ein zukunftsoffenes Grundgesetz.

Die liberale, die soziale und die ökologische Revolution

Unsere Verfassungsordnung ist das Ergebnis von Revolutionen. Die Amerikanische und die Französische Revolution des 18. Jahrhunderts haben uns den liberalen Verfassungsstaat gebracht, der die Menschen- und Bürgerrechte mit der Demokratie verbindet. Die liberale Verfassungsordnung hat sodann die zweite – soziale – Verfassungsrevolution angestoßen: Die Wirtschafts- und Eigentumsfreiheit der bürgerlichen Gesellschaft bildete die verfassungsrechtliche Grundlage der Industrialisierung. In Europa und in den USA hat die Industrialisierung zur sozialen Ausbeutung und Verelendung der Bevölkerung geführt und in globaler Perspektive den Kolonialismus noch einmal weiter befeuert. Doch während die koloniale Ausbeutung vollkommen ausgeblendet wurde, stand die soziale Frage in den Industrienationen des Globalen Nordens nun auf der politischen Tagesordnung. In Deutschland versuchte man sie noch im 19. Jahrhundert mit der Entwicklung des Interventionsstaats und der Einführung der Sozialversicherung zu beantworten.

Die zweite verfassungsrechtliche Revolution fand in Deutschland jedoch erst statt, als die Weimarer Reichsverfassung die soziale Frage mit über hundertjähriger Verspätung aufgriff: mit einem Wandel des verfassungsrechtlichen Wirtschafts- und Eigentumsverständnisses, mit Regelungen zum Arbeits- und Gesundheitsschutz, mit der Anerkennung von Tarifautonomie und Mitbestimmung. Ihr sozialpolitisches Programm fasste die Weimarer Reichsverfassung in ihrem Art. 151 Abs. 1 zusammen: „Die Ordnung des Wirtschaftslebens muß den Grundsätzen der Gerechtigkeit mit dem Ziele der Gewährleistung eines menschenwürdigen Daseins für alle entsprechen. In diesen Grenzen ist die wirtschaftliche Freiheit des Einzelnen zu sichern." Das Ergebnis der zweiten Revolution war also der Sozialstaat, der sich in der Bundesrepublik voll entfaltet hat.

Heute stehen wir nach der liberalen und der sozialen Revolution vor einer dritten – ökologischen – Revolution unserer Verfassungsordnung: Die liberalen und sozialen Wohlfahrtsgesellschaften in Europa und in den USA haben sich auf Kosten des Globalen Südens und auf Kosten der globalen Natur entwickelt. Die Menschen des Globalen Nordens sind dadurch selbst zu einer Naturgewalt geworden. Damit ist die Erde in ein neues Zeitalter eingetreten: in das Erstzeitalter des Menschen, das Anthropozän.[5] Aus diesem Grund wird seit den 1970er Jahren über eine ökologische Revolution unserer Gesellschafts- und Verfassungsordnung diskutiert. Angesichts der anthropozänen Krisen kommt es nun darauf an, diese dritte Revolution in einem ökologischen Grundgesetz umzusetzen, ohne dabei die postkoloniale Frage aus den Augen zu verlieren.[6]

Staatsziel »Umweltschutz«: Das veraltete Verfassungsrecht

Das Grundgesetz versucht, die ökologische Frage mit der Staatszielbestimmung „Umweltschutz" zu beantworten, die 1994 in unsere Verfassung aufgenommen und 2002 durch den Tierschutz ergänzt wurde: „Der Staat schützt auch in Verantwortung für die künftigen Generationen die natürlichen Lebensgrundlagen und die Tiere im Rahmen der verfassungsmäßigen Ordnung durch die Gesetzgebung und nach Maßgabe von Gesetz und Recht durch die vollziehende Gewalt und die Rechtsprechung", heißt es in Artikel 20a Grundgesetz (GG). Auf den ersten Blick klingt dieses Staatsziel „Umweltschutz" nicht schlecht: Art. 20a GG verpflichtet den Staat, die Umwelt zu schützen, also beispielsweise die Artenvielfalt zu erhalten und Klimaschutz zu betreiben. Auf den zweiten Blick stellt sich jedoch die Frage: Wie kann es sein, dass angesichts der desaströsen ökologischen Bilanz der Bundesrepublik das Staatsziel „Umweltschutz" in den vergangenen dreißig Jahren keinerlei verfassungsrechtliche Rolle gespielt hat?

Die Antwort ist ganz einfach. Art. 20a GG kennt nur einen Akteur: den Staat, dem ein weiter Ermessens-, Gestaltungs- und Abwägungsspielraum zukommt, ob, wann und wie er Umweltschutz betreiben möchte. Damit verzichtet das Grundgesetz jedoch gerade mit Blick auf den Naturschutz auf das zentrale Instrument der subjektiven Rechte, das in allen anderen Lebensbereichen für eine dynamische und innovative Rechtsentwicklung sorgt. Denn durch subjektive Rechte erhalten Bürgerinnen und Bürger die Fähigkeit, die Rechtsordnung im eigenen oder fremden Interesse in Bewegung zu setzen.[7] Dies führt zu rechtlichen Konflikten, die durch Gerichte entschieden oder durch den Gesetzgeber gelöst werden. Deshalb sind subjektive Rechte eine ganz entscheidende Quelle für eine dynamische Rechtsfortbildung. Rechtliche Konflikte halten eine Rechtsordnung auf der Höhe ihrer Zeit. Doch das

5 Paul J. Crutzen, Geology of mankind: the Anthropocene, in: „Nature", 415/3.1.2002, S. 23.
6 Sigrid Boysen, Die postkoloniale Konstellation. Natürliche Ressourcen und das Völkerrecht der Moderne, Tübingen 2021.
7 Georg Jellinek, System der subjektiven öffentlichen Rechte, Tübingen 1905, S. 51, 56 f.

Staatsziel „Umweltschutz" wendet sich ausschließlich „objektiv-rechtlich" an den Staat. Die Bürgerinnen und Bürger können aus Art. 20a GG kein subjektives Recht auf Umweltschutz herleiten. Deshalb kennt das Grundgesetz bisher nur ein statisches Umweltverfassungsrecht „von oben". Was wir aber brauchen, ist ein dynamisches Umweltverfassungsrecht „von unten": Die Bürgerinnen und Bürger müssen durch ökologische Rechte die Möglichkeit erhalten, einen effektiven Naturschutz einzufordern und gegebenenfalls einzuklagen.

Das Staatsziel „Umweltschutz" ist aber nicht bloß statisch, es hat auch seine normative Steuerungskraft mit Blick auf die ökologische Langzeitverantwortung eingebüßt. Zwar nimmt die Regelung des Art. 20a GG mit dem Schutz der Natur auch – in Verantwortung für künftige Generationen – das Nachhaltigkeitsprinzip auf, das sich seit dem Brundtland-Bericht der Vereinten Nationen von 1987 zu dem ethischen „Weltprinzip" entwickelt hat.[8] Doch zugleich muss man sich klarmachen: Das Nachhaltigkeitsprinzip schützt keineswegs die Natur als solche, sondern die nachhaltige Entwicklung.[9]

Was kommt nach der Nachhaltigkeit?

Diese nachhaltige Entwicklung wird heute nach Maßgabe des sogenannten Drei-Säulen-Konzepts bestimmt. Wenn aber Nachhaltigkeit auf einen angemessenen Ausgleich von sozialen, ökonomischen und ökologischen Interessen zielt: Was ließe sich dann Nachhaltiges über das Artensterben und die Klimakatastrophe, über die Vermüllung der Meere und die „Entsorgung" atomarer Brennelemente für eine Million Jahre sagen? Die fatale Antwort lautet: Nichts! Wir haben den Punkt längst verpasst, an dem das letztlich konservative Nachhaltigkeitsprinzip noch hätte greifen können, um die Natur zu schützen. Und deshalb stehen wir heute vor der zentralen Frage: Was kommt nach der Nachhaltigkeit?

In seiner Klima-Entscheidung vom 24. März 2021 macht das Bundesverfassungsgericht einen Schritt in die richtige Richtung:[10] Auf die Verfassungsbeschwerde vor allem junger Menschen erklären die Karlsruher Richterinnen und Richter das angegriffene Klimaschutzgesetz für verfassungswidrig, weil es die CO_2-Reduktionslasten nicht freiheitsschonend auf die Generationen verteilt, sondern einseitig auf die Zeit nach 2030 verschoben hat. Um dies zu begründen, haben die Karlsruher Richterinnen und Richter genau das getan, was notwendig ist, um unsere Verfassungsordnung ökologisch zu dynamisieren: Sie erkennen ein subjektives Recht der Bürgerinnen und Bürger an, um die Rechtsordnung im ökologischen Interesse mit demokratischer Langzeitwirkung in Bewegung zu setzen. Sie leiten aus der Allgemeinen Handlungsfreiheit (Art. 2 Abs. 1 GG) in Verbindung mit dem Staatsziel „Umweltschutz"

8 World Commission on Environment and Development, Our Common Future, 1987, 1. Kap., Rn. 49, 2. Kap., Rn. 1 ff., netzwerk-n.org.
9 Boysen, a.a.O., S. 89.
10 BVerfG, 24.3.2021, BVerfGE 157, 30 – Klima.

(Art. 20a GG) ein neues Grundrecht auf „intertemporale Freiheitssicherung"[11] ab. Man kann dies auf die Formel bringen: Freiheitsrecht plus Staatsziel „Umweltschutz" gleich intertemporale Freiheitssicherung. Die auf diese Weise, durch das subjektive Recht auf intertemporale Freiheitssicherung, erzeugte Rechtsdynamik schlug sich unmittelbar nach der Klima-Entscheidung insofern nieder, als es den Gesetzgeber dazu veranlasste, das Klimaschutzgesetz ambitionierter zu gestalten. Dieser grundrechtliche Ansatz lässt sich verallgemeinern, um demokratische Langzeitverantwortung auf einer sehr viel breiteren Linie zu verwirklichen.

Über Gleichheit und Teilhabe: Grundrechte sind nicht nur Freiheitsrechte

In seiner Klima-Entscheidung hat das Bundesverfassungsgericht „nur" auf die zukünftige Freiheitssicherung abgestellt. Doch Grundrechte sind nicht nur Freiheitsrechte. Sie vermitteln auch Gleichheitsrechte und Teilhabeansprüche. Deshalb lässt sich im Anschluss an die Entscheidung des Bundesverfassungsgerichts neben dem Recht auf intertemporale Freiheitssicherung auch ein Recht auf intertemporale Gleichheits- und intertemporale Teilhabesicherung herleiten. Ein Beispiel für die Anwendung des Rechts auf intertemporale Gleichheitssicherung ist unsere Verschwendung von natürlichen Ressourcen wie beispielsweise fossilen Brennstoffen, Erzen und Metallen zulasten künftiger Generationen. Ein Beispiel für einen intertemporalen Teilhabeanspruch bildet das Recht künftiger Generationen auf Biodiversität, das dem exponentiell beschleunigten Artensterben entgegengesetzt werden kann. Doch so wichtig dieser ökologische Verfassungswandel auch ist, den das Bundesverfassungsgericht mit seinem Klima-Beschluss eingeleitet hat: Eine Gerichtsentscheidung führt noch nicht zu einer ökologischen Verfassungsordnung. Deshalb müssen wir verfassungsrechtlich sehr viel grundlegender und umfassender ansetzen. Wir brauchen ein ökologisches Grundgesetz.

Ein wirklich ökologisches Grundgesetz verbindet ökologische Grundrechte mit einem ökologisch ausgerichteten Staatsorganisationsrecht. Die verfassungspolitische Debatte über diese ökologische Transformation unserer Verfassungsordnung muss allerdings nicht vollkommen neu beginnen. Seit über fünfzig Jahren werden Vorschläge für eine ökologische Reform des Grundgesetzes formuliert und diskutiert. Insbesondere die ostdeutsche Bürgerrechtsbewegung hat vor und nach der deutschen Einheit sehr innovative und vor allem auch umfassende Vorstellungen für eine soziale und zugleich ökologische Verfassungsordnung unterbreitet, zunächst für die DDR nach der friedlichen Revolution und sodann für eine gesamtdeutsche Verfassung.[12] Viele dieser Vorschläge sind in die ostdeutschen Landesver-

11 Ebd., Rn. 122, 183 – Klima.
12 Vgl. insbesondere Kuratorium für einen demokratisch verfassten Bund deutscher Länder/Heinrich-Böll-Stiftung (Hg.), Vom Grundgesetz zur deutschen Verfassung. Denkschrift und Verfassungsentwurf, Berlin/Köln/Leipzig 1991.

fassungen eingegangen, die deshalb ökologisch sehr viel innovativer als die westdeutschen Landesverfassungen sind. Doch in der Verfassungsreform nach der deutschen Einheit wurden die Vorschläge der ostdeutschen Bürgerrechtsbewegung leider nicht berücksichtigt. Stattdessen haben wir 1994 die Staatszielbestimmung „Umweltschutz" (Art. 20a GG) als ökologisch und rechtlich folgenlosen Minimalkonsens bekommen. Deshalb sollten wir die innovativen Anregungen von 1989 heute für die unbedingt notwendige ökologische Transformation unserer Verfassung aufgreifen – zwar spät, aber hoffentlich nicht zu spät.

Ökologische Grundrechte

Das Grundgesetz gewährleistet in der Tradition der bürgerlichen Revolution die Menschen- und Bürgerrechte (Art. 1 bis Art. 19 GG). Heute müssen wir diese klassischen Freiheits- und Gleichheitsrechte ökologisch weiterentwickeln. Dafür können wir zunächst neue ökologische Grundrechte im Grundgesetz verankern. Ein Recht auf ökologische Integrität kann beispielsweise eine intakte Umwelt und die Erhaltung der natürlichen Lebensgrundlagen garantieren.[13] Daneben trägt ein neues Grundrecht auf Umweltinformationen zum notwendigen ökologischen Strukturwandel der Öffentlichkeit bei.

Darüber hinaus ist es angesichts der katastrophalen Situation von Natur und Umwelt notwendig, dass wir die klassischen Freiheitsrechte aus Gründen des ökologischen Allgemeinwohls begrenzen.[14] Dies sollte für die Allgemeine Handlungsfre<iheit (Art. 2 Abs. 1 GG) ausdrücklich geregelt werden, die dann nicht nur in den Grundrechten anderer und in der verfassungsmäßigen Ordnung, sondern auch im ökologischen Allgemeinwohl ihre gesetzliche Schranke findet. Diese ausdrückliche Regelung ökologischer Schranken für die Handlungsfreiheit stellt zugleich klar, dass auch andere Freiheitsrechte zur Gewährleistung des ökologischen Allgemeinwohls durch Gesetz beschränkt werden können, beispielsweise die Berufs- und Wirtschaftsfreiheit.

Was aber ist ganz konkret das ökologische Allgemeinwohl? Es ist die Aufgabe des demokratisch legitimierten Gesetzgebers, das ökologische Allgemeinwohl zu bestimmen, um die Freiheitsrechte einzuschränken. Dafür muss er die ökologische Entwicklung im Anthropozän ständig beobachten, um diese sodann anhand der verfassungsrechtlich garantierten ökologischen Rechte und ökologischen Staatsziele zu bewerten. Das Ergebnis dieser Bewertung bildet das ökologische Allgemeinwohl, das der Gesetzgeber wiederum einer verfassungskonformen Einschränkung von Freiheitsrechten zugrunde legen kann.

13 Vgl. für entsprechende Vorschläge der Bundestagsfraktion Die Grünen bereits BT-Ds. 10/990, BT-Ds. 11/604, BT-Ds. 11/663; Ferdinand von Schirach, Jeder Mensch, München 2021, S. 18; kritisch Michael Kloepfer, Zum Grundrecht auf Umweltschutz, Berlin und New York 1978, S. 11 f., 31 f., 35 ff.

14 Klaus Bosselmann, Ökologische Grundrechte. Zum Verhältnis zwischen individueller Freiheit und Natur, Baden-Baden 1998, S. 50, 59 ff., 125.

Von zentraler Bedeutung für die ökologische Transformation unserer Gesellschaft ist die Eigentumsgarantie (Art. 14 Abs. 1 GG). Denn das Eigentum ist ein individuelles Recht und zugleich auch eine Grundstruktur unserer Gesellschaft. Wir begegnen uns nicht nur als Personen, sondern auch mit unserem Eigentum. Darüber hinaus bildet das Eigentum in unserer kapitalistischen Wirtschaftsordnung den normativen Kern der Ökonomie, gerade auch wenn es um die Rechtfertigung von Eingriffen, den Verbrauch und die Zerstörung der Natur geht.

Von den ostdeutschen Verfassungen lernen: Eigentum als ökologische Kernfrage

„Natur hat man zu haben!", lautet seit 200 Jahren das anti-ökologische Prinzip unserer Wirtschaftsordnung. Deshalb wird immer wieder die Forderung erhoben, das Eigentum nicht nur aus Gründen der sozialen, sondern auch der ökologischen Gerechtigkeit abzuschaffen. Wir können hier aber auch einen anderen Weg gehen, der sozial und ökologisch vielversprechender ist: Es kommt darauf an, das Eigentum in der anthropozänen Entwicklung sozial und ökologisch neu zu gestalten. Gerade weil das Eigentumsrecht eine so zentrale und allgegenwärtige Struktur unserer Gesellschaft ist, würde dessen soziale und ökologische Ausgestaltung eben auch ganz zentral zur sozialen und ökologischen Transformation unserer Gesellschaft beitragen.

Doch wie kann dies geschehen? Wir müssen nur dem Verfassungstext folgen. Das Grundgesetz ruft den demokratischen Gesetzgeber in Art. 14 Abs. 1 Satz 2 dazu auf, sowohl den Inhalt als auch die Schranken des Eigentums zu bestimmen. Der Gesetzgeber muss also nach dem Verständnis des Grundgesetzes das Eigentum keineswegs einfach hinnehmen, wie es ist, um sodann „nur" dessen Gebrauch zu beschränken. Vielmehr geht das Grundgesetz davon aus, dass der Gesetzgeber bereits den Inhalt des Eigentums ausgestalten kann. Das Kriterium für diese inhaltliche Ausgestaltung und rechtliche Begrenzung des Eigentums wird in Art. 14 Abs. 2 GG ausdrücklich formuliert: „Eigentum verpflichtet. Sein Gebrauch soll zugleich dem Wohle der Allgemeinheit dienen." Wir haben dies immer im Sinne einer Sozialpflichtigkeit des Eigentums verstanden. Dies war Ausdruck und Folge der industriellen Revolution und ist bis heute eine zentrale Antwort auf die soziale Frage. Aber nun erleben wir die dritte Revolution, nämlich die ökologische Revolution des Anthropozän. Deshalb tritt jetzt neben die Sozialpflichtigkeit die „Ökologiepflichtigkeit"[15] des Eigentums. Die Länder Brandenburg, Sachsen und Sachsen-Anhalt haben die ökologisch innovativen Anregungen der ostdeutschen Bürgerrechtsbewegung aufgenommen und sind diesen Schritt bereits gegangen. Sie haben die Eigentumsgarantie ausdrücklich unter den Vorbehalt des Schutzes der natürlichen Lebensgrundlagen gestellt.[16]

15 Jörg Leimbacher, Die Rechte der Natur, Basel/Frankfurt 1988, S. 268 ff.
16 Vgl. Art. 39 Abs. 5 Satz 3 Verfassung Brandenburg, Art. 31 Abs. 2 Satz 2 Verfassung Sachsen, Art. 18 Abs. 2 Satz 2 Verfassung Sachsen-Anhalt.

Angesichts der ökologischen Krisen und Katastrophen, vor denen wir stehen und die wir erleben, sollten wir die Eigentumsgarantie des Grundgesetzes jedoch nicht „nur" ökologisch interpretieren, sondern sie ausdrücklich ökologisch gestalten. Dafür ließe sich Art. 14 Abs. 2 GG beispielsweise wie folgt fassen: „Das Eigentum und sein Gebrauch sind insbesondere dem sozialen und ökologischen Wohle der Allgemeinheit verpflichtet."[17]

Eigentum verpflichtet – sozial und ökologisch

Der Gesetzgeber kann und muss also den Inhalt und die Schranken des Eigentums sozial und ökologisch neu gestalten. Dabei muss der Gesetzgeber den folgenden Grundsatz beachten: Die eigentumsrechtliche Position ist verfassungsrechtlich umso stärker geschützt, je mehr sie auf der eigenen Leistung der Eigentümerin oder des Eigentümers beruht.

Auf dieser Grundlage eröffnen sich gerade aus ökologischem Blickwinkel auf den Inhalt des Eigentums zwei gesetzgeberische Gestaltungsmöglichkeiten: Erstens kann der Gesetzgeber entscheiden, dass bestimmte Naturgüter von vornherein nicht eigentumsfähig sind. Eine solche Entscheidung ist dem Gesetzgeber verfassungsrechtlich problemlos möglich, weil Naturgüter von vornherein nicht auf der individuellen Leistung einer Eigentümerin oder eines Eigentümers beruhen. Dementsprechend hat der Gesetzgeber beispielsweise schon heute das Wasser von fließenden oberirdischen Gewässern und das Grundwasser für nicht eigentumsfähig erklärt.[18] Weitere ökologische Güter sollten dem folgen. Zweitens kann der Gesetzgeber für ökologische und nichtökologische Güter, die er als Eigentum anerkennt, festlegen, wie mit ihnen inhaltlich umzugehen ist. So bleibt es dem Gesetzgeber beispielhaft unbenommen, den ökologischen Inhalt immobilen Eigentums – an Grund und Gebäuden – zu definieren. Aber auch die ökologischen Schranken des Eigentums müssen sehr viel stärker als bisher profiliert werden, wenn wir die anthropozänen Herausforderungen meistern wollen, vor allem was umweltschädliche Abfälle und Emissionen angeht.

Es versteht sich von selbst, dass die ökologische Ausgestaltung der Eigentumsordnung sehr umstritten, ja umkämpft sein wird. Es ist zu erwarten, dass sich die neoliberalen Advokaten des Status quo gegen ein ökologisches Verständnis des Eigentums wenden. Sie werden auf das reflexhafte Totschlagargument der „Ökodiktatur" setzen, das Wirtschaftswachstum beschwören und eine ökologische „Realpolitik" anmahnen, die neben einer marktkonformen Demokratie auch eine marktkonforme Ökologie einfordert. Doch angesichts des Artensterbens, der Klimakatastrophe und der Globalvermüllung ist eine „marktkonforme Ökologie" keine Real-, sondern längst eine Illusionspolitik, die die Augen vor der ökologischen Entwicklung verschließt. Je länger wir uns diese aktive Ignoranz der katastrophalen ökologischen Entwicklung leisten, desto härter werden die Freiheitseinschränkungen ausfallen und

17 Vgl. für alternative Formulierungsvorschläge Kuratorium, a.a.O., S. 90; Bosselmann, a.a.O., S. 124.
18 Vgl. § 4 Abs. 2 Wasserhaushaltsgesetz (WHG).

desto krasser wird sich die soziale Ungleichheit zuspitzen. Wenn Wirtschaft und Eigentum weiterhin verfassungsrechtlich auf einem ökologischen Verwüstungswachstum bestehen, werden sie in der Erderhitzung schlicht weggeschmolzen oder im Meeresanstieg einfach untergehen. Deshalb muss man mit Blick auf unsere Eigentums- und Wirtschaftsordnung die Alternative, vor der wir stehen, ganz klar formulieren: Entweder wächst die Wirtschaft ökologisch, oder es wird keine Wirtschaft und kein Wachstum mehr geben, sondern nur noch Verwüstung und Elend. Kurzum: Es geht nicht um eine marktkonforme Ökologie, sondern um einen ökologiekonformen Markt.

Die Rechte der Natur – ungewohnt, aber unabdingbar

Um die Konflikte zwischen sozialen und ökonomischen Interessen einerseits und ökologischen Interessen andererseits juristisch fair auszutragen, sollten wir schließlich noch einen weiteren, noch grundsätzlicheren Schritt wagen, nämlich auch die Rechte der Natur in das Grundgesetz aufnehmen. Menschen und Wirtschaft verfügen über Grundrechte, um soziale und ökonomische Interessen zulasten der Natur durchzusetzen. Weil sich die Staatszielbestimmung „Umweltschutz" gegenüber sozialen und ökonomischen Interessen als zu nachgiebig erweist, ist es notwendig, die Rechte der Natur anzuerkennen, um „juristische Waffengleichheit" herzustellen. Dafür spricht nicht nur der Eigenwert der Natur, sondern auch der Wert der Natur für den Menschen. Und wenn wir Wirtschaft und Kapital – also beispielsweise GmbHs, Aktiengesellschaften und Stiftungen – Grundrechte verliehen haben, dann sollte uns dies auch mit Blick auf die Natur nicht schwerfallen.

Bereits seit den 1970er Jahren werden auch die Rechte der Natur verfassungsrechtlich kontrovers diskutiert.[19] Durch die Verfassung von Ecuador aus dem Jahr 2008 hat diese Diskussion neue politische Schubkraft erhalten. Diese Verfassung räumt der Natur (Pacha Mama) das Recht auf einen umfassenden Respekt ihrer Existenz und auf die Erhaltung und Regeneration ihres Lebenskreislaufs, ihrer Struktur und Funktionen sowie ihrer evolutionären Prozesse ein (Art. 10, Art. 71 ff. Verfassung Ecuador).[20]

Wenn wir über die Einführung von Rechten der Natur in das Grundgesetz nachdenken, bestehen dafür grundsätzlich zwei Regelungsmöglichkeiten. Erstens könnten die Rechte der Natur analog zur Verfassung von Ecuador im Grundgesetz verankert werden, beispielsweise in neu zu schaffenden Artikeln 20b ff. GG.[21] Doch es gibt auch noch einen zweiten – verfassungsrechtlich bereits angelegten – Weg, um der Natur Rechte zu verleihen, nämlich die Regelung des Art. 19 Abs. 3 GG.

19 Christopher D. Stone, Should Trees Have Standing? – Toward Legal Rights for Natural Objects, in: „Southern California Law Review", 45 (1972) S. 450 ff.

20 Andreas Gutmann, Hybride Rechtssubjektivität. Die Rechte der „Natur oder Pacha Mama" in der ecuadorianischen Verfassung von 2008, Baden-Baden 2021.

21 Andreas Buser und Hermann Ott, Zur Ökologisierung des Rechts: Rechte der Natur als Paradigmenwechsel, in: Frank Adloff und Tanja Busse (Hg.), Welche Rechte braucht die Natur? Wege aus dem Artensterben, Frankfurt und New York 2021, S. 159 (168 f.).

Nach dieser Bestimmung können sich juristische Personen – also beispielsweise GmbHs, Aktiengesellschaften und Stiftungen – auf die Grundrechte berufen, die ihrem Wesen nach auf sie anwendbar sind, also insbesondere auf die Wirtschaftsfreiheit und auf die Eigentumsgarantie. Wir sollten nun das Grundgesetz ändern und auch ökologische Personen in Art. 19 Abs. 3 GG als grundrechtsfähig anerkennen. Dadurch wird der Gesetzgeber verpflichtet, diese ökologischen Personen, ihre Vertretung und ihre Klagemöglichkeiten auszugestalten. Wie im Fall des ökonomischen Gesellschaftsrechts kann der Gesetzgeber dabei zwischen unterschiedlichen ökologischen Personen differenzieren. Es liegt nahe, Tiere individuell als ökologische Personen anzuerkennen, auf die dann beispielsweise das Recht auf Leben und körperliche Unversehrtheit oder die Bewegungsfreiheit bzw. Freizügigkeit anwendbar sind. Bei Pflanzen könnte der Gesetzgeber unterscheiden: Im Fall von bedrohten Pflanzen liegt wie bei Tieren eine Anerkennung als individuelle Person nahe. Der Schutz von nicht bedrohten Pflanzenarten könnte demgegenüber als Teil eines Ökosystems erfolgen, also beispielsweise als Teil einer Landschaft oder eines Flusses, die ihrerseits als ökologische Personen anerkannt werden. Umweltmedien wie Luft, Klima oder Wasser lassen sich ebenfalls als juristische Personen anerkennen und ausgestalten.

Auch mit Blick auf die Vertretung von ökologischen Personen stehen dem Gesetzgeber eine ganze Reihe von Regelungsoptionen zur Verfügung. Sie reichen von der individuellen Vertretung durch eine menschliche Person oder einen Verein bis zur Popularklage. Durch ökologische Personen wird sich unsere Rechtsgemeinschaft vergrößern; und wir können die sozialen, ökonomischen und ökologischen Konflikte, vor denen wir stehen, auf juristischer Augenhöhe fair austragen. Auf diese Weise entwickelt sich unsere liberale Gesellschaft über die Konflikte weiter, die sie selbst erzeugt. Durch die Rechte der Natur entsteht weitere Dynamik im Rechtssystem, die ebenfalls zur ökologischen Transformation unserer Gesellschaft beiträgt.

Ökologisches Staatsorganisationsrecht

Für die notwendige ökologische Transformation unserer Gesellschaft genügt es jedoch nicht, neue ökologische Grundrechte zu schaffen und die Rechte der Natur anzuerkennen. Damit die ökologischen Rechte im politischen Prozess auch aktiv wahrgenommen und effektiv umgesetzt werden, ist es notwendig, auch die zweite Ebene des Grundgesetzes ökologisch auszugestalten – das Staatsorganisationsrecht. Das klingt zwar technisch, ist aber politisch von zentraler Bedeutung. Denn nur wenn das parlamentarische Regierungssystem für ökologische Rechte sensibilisiert ist, werden diese nicht schlicht in den weiten gesetzgeberischen Abwägungsspielräumen „verpuffen".

Um die ökologische Sensibilität unseres Staatsorganisationsrechts zu erhöhen, muss zunächst die Ökologie als Staatsfundamentalnorm in Art. 20 Abs. 1 GG verankert werden: Die Bundesrepublik Deutschland ist ein demokratischer, sozialer und ökologischer Bundesstaat.[22] Damit gehört die Ökologie zur verfassungsrechtlichen DNA unserer Staatsorganisation, sodass sie die Arbeit der drei demokratischen Gewalten – Legislative, Exekutive und Judikative – bestimmt.

Auf dieser Grundlage gilt es sodann, das parlamentarische Regierungssystem des Grundgesetzes ökologisch umzugestalten – zu einem auch ökologischen Regierungssystem. Dafür weist das Grundgesetz allen zentralen Staatsorganen – Bundestag, Bundesregierung, Bundesrat und Bundespräsident – ökologische Aufgaben und Funktionen zu, um insbesondere die ökologische Langzeitverantwortung des parlamentarischen Regierungssystems zu gewährleisten. So kann beispielsweise der Bundestag durch eine Verfassungsänderung verpflichtet werden, einmal im Jahr eine ökologische Haushaltsdebatte zu führen, in der die Bundeskanzlerin oder der Bundeskanzler die ökologischen Richtlinien der Politik erläutert und alle Bundesministerinnen und Bundesminister zu deren Umsetzung in ihrem Ressort parlamentarisch Rede und Antwort stehen. Indem Klima- und Wirtschaftsminister Robert Habeck das Bruttoinlandsprodukt bereits weiter, nämlich ökologisch definiert hat, ist er auf ministerieller Ebene bereits einen wegweisenden Schritt in diese, richtige, Richtung gegangen.

Mit Fridays for Future zum ökologischen Grundgesetz

Der Umweltausschuss des Bundestags sollte künftig aus Bundestagsabgeordneten und einer gleichen Anzahl von ehrenamtlichen, stimmberechtigten Mitgliedern bestehen, die von anerkannten Naturschutzverbänden und der Nationalen Akademie der Wissenschaften vorgeschlagen und vom Bundespräsidenten ernannt werden. Auf diese Weise würde naturpolitischer und naturwissenschaftlicher Sachverstand unmittelbar in die Parlamentsarbeit integriert. Der Bundestag schafft darüber hinaus das Amt einer Naturbeauftragten, das – analog zum Amt des Wehrbeauftragten – zu einer effektiven und professionellen Wahrnehmung ökologischer Kontroll- und Untersuchungsrechte des Parlaments beiträgt. Das elektronische Petitionsrecht wird so weiterentwickelt, dass auch ökologische Gesetzesvorschläge von Bürgerinnen und Bürgern ohne den riesigen Aufwand einer klassischen Volksinitiative über den Umweltausschuss in den Bundestag eingebracht werden können. Die Bundesumweltministerin erhält ein Widerspruchsrecht gegen alle Entscheidungen der Bundesregierung von ökologischer Bedeutung, das sich in Anlehnung an das Widerspruchsrecht der Bundesminister für Finanzen, des Innern und der Justiz ausgestalten lässt.[23]

All diese Änderungen zusammengenommen hätten zweifellos den Charakter einer Revolution. Wenn es um diese dritte Revolution unserer Verfas-

22 Kuratorium, a.a.O., S. 95; vgl. für entsprechende Regelungen in den Landesverfassungen Art. 2 Abs. 1 Verfassung Brandenburg, Art. 65 Abs. 1 Verfassung Bremen, Art. 1 Abs. 2 und Art. 31 Verfassung Niedersachsen, Art. 1 Satz 2 Verfassung Sachsen, Art. 2 Abs. 1 Verfassung Sachsen-Anhalt, Art. 44 Abs. 1 Satz 2 Verfassung Thüringen.

23 Vgl. § 26 Geschäftsordnung der Bundesregierung; weitergehend Kuratorium, a.a.O., S. 128.

sungsordnung geht, stellt sich automatisch die Frage: Wird diese Revolution friedlich oder gewalttätig verlaufen? Auch hier kommt es darauf an, nicht bloß von einer „Zeitenwende" zu sprechen, sondern schlicht die Realität wahrzunehmen: Das Anthropozän ist längst ein zutiefst gewalttätiges Zeitalter, von zudem dramatischer Ungerechtigkeit. Für die Klimakatastrophe ist insbesondere der Globale Norden verantwortlich; ihre ökologischen Folgen schlagen sich dagegen vor allem im Globalen Süden nieder – als Verwüstung, Hunger und Migration. Darüber hinaus ist absehbar, dass anthropozänes Geoengineering zu internationalen Krisen bis hin zu bewaffneten Konflikten führen wird. In globaler Perspektive kann also von einer friedlichen ökologischen Transformation keine Rede sein.

Angesichts dieser keineswegs friedlichen realen Entwicklung stellt sich die erforderliche dritte Revolution für die Gesellschafts- und Verfassungsordnung der Bundesrepublik als eine regelrecht pazifizierende Entwicklung dar: Neben das Bürgerliche Gesetzbuch (BGB), das Ausdruck einer liberalen Gesellschaft ist, und das Sozialgesetzbuch (SGB), das die soziale Frage beantwortet, muss ein Ökologisches Gesetzbuch (ÖGB) treten, das unsere gesamte Gesellschaft ökologisch transformiert.

Wer aber soll diese ökologische Transformation unserer Gesellschaft gestalten? Verfassungsrechtliche Revolutionen beginnen immer damit, dass Menschen ihre Rechte einfordern. Zweifellos verfügen wir in der Bundesrepublik über eine höchst aktive Zivilgesellschaft, die gerade auch mit Blick auf die notwendige ökologische Transformation ihre Meinung öffentlich kundtut und demonstriert. Aber ein strategischer Aktivismus, der seine ökologischen Ziele tatsächlich erreichen will, muss heute weitergehen und ökologische Rechte aktiv einfordern. Das ist eine Sache, die man auch Fridays for Future empfehlen kann: Verlangt ökologische Rechte und studiert Jura, um dann unsere Verfassungsordnung ökologisch zu transformieren, ja zu revolutionieren – und das ökologische Grundgesetz für das 21. Jahrhundert zu schreiben.

Die Kraft der Sonne und das Gewicht der Stimme

Wie wir die Mächtigen in den Wahnsinn treiben können

Von **Bill McKibben**

Mit jedem Tag wird eines immer deutlicher: Der Klimawandel, den wir derzeit forcieren, wird alles übertreffen, was unsere Zivilisation je erlebt hat, und die Biologie der Erde grundlegend schwächen. Denn darin besteht das Neue der Lage: Der Mensch ist heute selbst eine geologische Kraft. Was ein großes Wissenschaftlerteam im Jahr 2017 als „biologische Vernichtung" bezeichnete, ist bereits in vollem Gang: In den letzten Jahrzehnten verschwanden bereits die Hälfte der Tiere des Planeten und Milliarden von lokalen Tierpopulationen. Im Jahr 2018 berichteten Forscher, dass einige lokale Insektenpopulationen um 80 Prozent zurückgegangen seien – und Insekten auszulöschen ist nicht einfach. Auch bei der charismatischeren Fauna ist die Lage hoch kritisch. Allerdings bemerken wir bei ihr den Rückgang nicht gleich, weil es noch viele Bilder von den Tieren gibt. (Laut einer Studie sieht ein Franzose in einem Jahr mehr Fotos von Löwen, als es in Westafrika tatsächlich noch lebende Löwen gibt.)[1] Aber für diese Verluste gibt es mehr als eine Ursache: Wälder, die für Nutzholz und Ackerland gerodet werden, vergiftete Küstengewässer, Tiere mit wohlschmeckendem Fleisch, die überjagt und überfischt werden. Und jetzt füllen wir, weitaus schneller als je zuvor in der Erdgeschichte, die Atmosphäre mit ebenjenem Gasgemisch, das die fünf großen früheren Massenaussterben ausgelöst hat. Der Planet wird irgendwann damit fertig werden: In ferner Zukunft wird all dieser Kohlenstoff schließlich in Kalkstein, Öl, Gas und Kohle umgewandelt, und der Kreislauf beginnt von Neuem. Mit genügend Abstand betrachtet, ist nichts davon wichtig.

Aber vielleicht sollten gerade wir diesen Abstand nicht haben. Im Gegensatz zu den Fischen des Perm-Zeitalters sind wir vorgewarnt. Im Gegensatz zu den Sauropoden der Kreidezeit können wir etwas dagegen tun. Peter Brannen schrieb in seiner Geschichte der großen Katastrophen: „Zum Glück haben wir noch Zeit"[2] – wenn auch offensichtlich nicht mehr viel. Und zum Glück stehen uns zwei neue Technologien zur Verfügung, die diesen Glauben in die Tat umsetzen könnten, zwei relativ neue Erfindungen, die sich

1 Damian Carrington, Humans Just 0.01% of All Life but Have Destroyed 83% of Wild Mammals – Study, in: „The Guardian", 21.5.2018.
2 George Monbiot, Our Natural World Is Disappearing Before Our Eyes. We Have to Save It, in: „The Guardian", 29.6.2018.

heute als entscheidend erweisen könnten, wenn sie vollumfänglich eingesetzt würden. Die eine ist das Solarmodul; die andere ist die gewaltfreie Bewegung.

Offensichtlich sind das sehr unterschiedliche Arten von Erfindungen: Das Solarmodul (und seine Cousins, die Windturbine und die Lithium-Ionen-Batterie) sind Hardware, während die Fähigkeit, sich massenhaft für Veränderungen zu organisieren, eher einer Software ähnelt. Manchen Menschen wird es wahrscheinlich seltsam vorkommen, gewaltfreie Kampagnen als „Technologie" zu bezeichnen. Beide stecken noch in den Kinderschuhen; wir setzen sie ein, aber ziemlich blindlings, und finden durch Ausprobieren heraus, wie sie am wirkungsvollsten sind. Beide haben ihre Grenzen: Beide sind weder so ausschlaggebend noch so unmittelbar wirkungsvoll wie etwa eine Atomwaffe oder ein Kohlekraftwerk. Aber dennoch sind beide transformativ – und vor allem ist ihre Macht eine menschliche. Sie bedrohen das Spiel nicht, das wir all die Jahre gespielt haben. Tatsächlich schicken sie sich an, es noch schöner zu machen.

Solarenergie ist ein Wunder oder zumindest ein Näherungswert, was unsere Zwecke angeht. Wie Gentechnik und Künstliche Intelligenz hat sie ihre Wurzeln in der Wissenschaft des 19. Jahrhunderts, aber sie wurde im 20. Jahrhundert erwachsen und hat im 21. Jahrhundert richtig abgehoben. Auf der Weltausstellung 1904 in St. Louis wurden unter anderem das Club-Sandwich, der Hot Dog, die Zuckerwatte und die Eiswaffel erstmals vorgestellt. Andrew Carnegie sah dort, wie ein portugiesischer Priester einen ersten „Heliophor" vorführte, der das Sonnenlicht konzentrierte und so Temperaturen von über 3000 Grad Celsius erzeugte. Der Anblick brannte sich in Carnegies Gedächtnis ein. Seine Stahlwerke hatten den weitaus größten Teil der Kohleförderung der Welt verbraucht, und Carnegie sagte voraus, der „Sonnenmotor" sei die größte Hoffnung für die Zukunft der Menschheit. Seine „Strahlen machen die Erde bewohnbar und könnten irgendwann einmal Strom durch Solarmaschinen erzeugen".[3]

Erst 1954 gelang es den Mitarbeitern bei Bell Labs jedoch, eine funktionierende Solarzelle zur Stromerzeugung herzustellen, und sie war so teuer, dass sie zunächst nur in den ersten Satelliten, die in die Erdumlaufbahn geschossen wurden, eingesetzt wurde. Entlang der gleichen Lernkurve, die Kurzweil für die Rechenleistung entdeckte, sanken die Preise für Solarmodule. Tatsächlich sank der Preis für Solarenergie von 100 Dollar pro Watt in den 1960er Jahren auf weniger als 30 Cent pro Watt bis 2018, was sie in weiten Teilen der Welt zur billigsten Methode für die Stromerzeugung macht. Man muss nicht mehr nach Kohle graben oder nach Gas und Öl bohren und die Brennstoffe dann zu einem riesigen Kraftwerk transportieren, wo sie bei hohen Temperaturen verbrannt werden. Die Hitze wird dann genutzt, um eine Turbine anzutreiben, die Stromspannung danach für den Transport durch ein weitverzweigtes Netz erhöht und für den Heimgebrauch wieder gesenkt. Mit Solarmodulen kann man eine Glasscheibe auf den Himmel aus-

3 Donald Worster, Shrinking the Earth: The Rise and Decline of Natural Abundance, New York 2016, S. 116.

richten, und hinten fließen dann Licht, Kälte und Informationen heraus. Das ist Magie auf Hogwarts-Niveau.

Die Sonne kann nicht in Rechnung gestellt werden

Die Solarenergie ist somit eine bemerkenswerte Form des Fortschritts, weil sie weniger energieintensiv ist als der Brennstoff, den sie ersetzt, und in gewisser Weise schwieriger zu nutzen. Kohle, Öl und Gas werden in ein paar wenigen Gegenden gefördert und können um die ganze Welt transportiert werden, während Sonne und Wind an einer Million verschiedenen Standorten gesammelt und dann über das Netz verteilt werden müssen; erneuerbare Energien sind allgegenwärtig, aber auch verstreut, ganz im Gegenteil zu dem Konzentrat an chemischer Energie in einem Stück Kohle oder einem Liter Öl.

Aber diese Einschränkungen werden durch reelle Vorteile ausgeglichen. Zwar werden manche Leute reich, indem sie Windräder und Solarmodule aufstellen, aber nie Exxon-reich, weil man die Sonne nicht in Rechnung stellen kann. (Deswegen hasst Exxon die Solarenergie: Man stellt dafür ein Solarmodul auf, und dann ist die Energie kostenlos – aus unternehmerischer Sicht das dümmste Geschäftsmodell aller Zeiten.) Das Geld, das man für Energie ausgibt, bleibt in unmittelbarer Nähe zum Haushalt; die Gebrüder Koch wären niemals zu den reichsten und mächtigsten Bürgern der Vereinigten Staaten geworden, wenn sie lediglich fossilen Treibstoff von hier nach da transportiert hätten. Vor diesem Hintergrund könnte Solarstrom eine Reparaturtechnologie sein, in sozialer wie ökologischer Hinsicht. Er kann zur Heilung der Atmosphäre beitragen und gleichzeitig die riesige Ungleichheit verringern, die sich aus der Kontrolle über Öl- und Gasvorkommen ergibt. In beiden Fällen kann er die Aufgabe nicht vollständig erfüllen. Es gibt andere Quellen der Ungleichheit, ebenso wie die Viehzucht und die Abholzung der Wälder neben Kraftwerken zu den Klimaschäden beitragen. Aber es ist ein Anfang. Daher ist der Umstand, dass die Solarenergie keinen Quantensprung in der Energieversorgung der Menschheit darstellt, sowohl ein *feature* als auch ein *bug*.

Ähnliches gilt für die Gewaltlosigkeit, die andere „Technologie", die ich als praktikabel und vielversprechend ins Spiel bringen möchte. Tatsächlich arbeitet sie Hand in Hand mit Innovationen wie Solarmodulen, denn wenn wir den politischen Willen aufbauen wollen, um erneuerbare Energien schnell genug zu verbreiten, müssen wir den Zeitgeist mit der Planierraupe neu gestalten. Dazu sind gesellschaftliche Bewegungen da.

Es liegt quasi in der Natur der Sache, dass Gewaltlosigkeit weniger unmittelbare Macht ausstrahlt als die Kräfte (Gewalt, Zwang), die sie ersetzen will. (Unbewaffnete Demonstranten können jederzeit erschossen werden, und viele werden es auch.) Gewalt ist eine altehrwürdige Tradition – sie ist das Werkzeug, mit dem Menschen ihre Differenzen über Jahrtausende hinweg beigelegt haben. Wenn sich die Menschheitsgeschichte verkeilt hatte, war Revolution in irgendeiner Form oft die einzige Brechstange, um die Dinge wieder in Bewegung zu bringen – egal, welche Waffen man auch einsetzen musste.

Diese Geschichte muss man nicht mit Abscheu betrachten, ebenso wenig wie man die Kohleverbrennung im 20. Jahrhundert als Verbrechen ansehen muss. Ich bin in Lexington, Massachusetts, aufgewachsen, und den ganzen Sommer über habe ich dort Touristen über den Dorfanger geführt, auf dem die erste Schlacht der Amerikanischen Revolution geschlagen wurde. (Rückblickend war es der erste Kampf gegen das größte Weltreich aller Zeiten.) Die Minutemen forderten eine echte, wenn auch unvollkommene Demokratie. Hut ab vor Captain Parker und seinen zahlenmäßig unterlegenen Männern.

Die »Technologie« der Gewaltlosigkeit

Aber acht Meilen von Lexington entfernt, in der Stadt Concord, und drei Generationen später, erblickte eine andere Vorstellung von Widerstand aus den komplizierten Gedankengängen von Henry Thoreau das Licht der Welt. Im Jahr 1846 verließ er seine später berühmte Hütte am Walden Pond für einen Spaziergang in die Stadt. Dort traf er Sam Staples, den Schutzmann und Steuereintreiber von Concord, der ihn daran erinnerte, dass er die jährliche Kopfsteuer, die von allen Männern zwischen zwanzig und siebzig Jahren verlangt wurde, noch nicht bezahlt hatte. Thoreau gab das zu und sagte, als Gegner der Sklaverei „kann ich eine Regierung, die auch eine Regierung der Sklaven ist, niemals als meine Regierung anerkennen". Er wurde ins Gefängnis gesteckt und verbrachte dort die Nacht. Sein Freund Ralph Waldo Emerson soll ihn besucht und gefragt haben, warum er dort saß, und bekam als Antwort eine Gegenfrage: „Warum sitzt du nicht hier?"

Auf jeden Fall, so schrieb Thoreau später, habe er über Lösungen nachgedacht, die weit über die einfache demokratische Regierungsform hinausgingen, für die seine Vorfahren in Neuengland gekämpft hatten: „Lege in deine Stimme das ganze Gewicht, wirf nicht nur einen Papierzettel, sondern deinen ganzen Einfluss in die Waagschale. Eine Minderheit ist machtlos, wenn sie sich der Mehrheit anpasst; sie ist dann noch einmal eine Minderheit; unwiderstehlich aber ist sie, wenn sie ihr ganzes Gewicht einsetzt.

Vor der Wahl, ob er alle anständigen Menschen im Gefängnis halten oder Krieg und Sklaverei aufgeben soll, wird der Staat mit seiner Antwort nicht zögern. Wenn tausend Menschen dieses Jahr keine Steuern bezahlen würden, so wäre das keine brutale und blutige Maßnahme – das wäre es nur, wenn sie sie zahlten und damit dem Staat erlaubten, Brutalitäten zu begehen und Blut zu vergießen. Das Erstere ist, was wir unter einer friedlichen Revolution verstehen – soweit sie möglich ist."[4] Als introvertierter und ausgesprochen misanthropischer Mensch hatte Thoreau keinerlei Pläne, irgendeine Bewegung auf die Beine zu stellen. Seine Idee war so weltfremd, dass kaum

4 Henry David Thoreau, Über die Pflicht zum Ungehorsam gegen den Staat, übers. von W. E. Richartz, Zürich 1967, S. 51f.

jemand, auch nicht die eifrigsten Gegner der Sklaverei in seinem Umfeld, seinem Beispiel folgte. Und die Streitfrage der Sklaverei wurde schließlich durch den blutigsten Krieg in der US-amerikanischen Geschichte gelöst.

Doch die Zeit verlieh Thoreaus Idee Bedeutung, auch wenn sie anfangs wenig Beachtung fand. Leo Tolstoi las Thoreaus Texte und schrieb über ihn; durch Tolstoi erfuhr Mahatma Gandhi von Thoreaus Buch, über das er 1907 sagte, es sei „für alle Zeiten geschrieben" worden. „Seine prägnante Logik ist unwiderlegbar." Gandhis große ‚Experimente mit der Wahrheit" zogen sich über einen Großteil der nächsten fünfzig Jahre hin, und obwohl sie zu spät kamen, um die beiden Weltkriege zu verhindern, trugen sie schließlich dazu bei, die Briten aus Indien zu vertreiben. Die Arbeit, die die Minutemen mit Musketen auf dem Dorfanger von Lexington begonnen hatten, beendeten Gandhi und seine Anhänger mit ihrem Mut in den Salzwerken von Gujarat. Später adaptierte Martin Luther King diese Methoden, um gegen einige Übel anzugehen, die die ursprüngliche amerikanische Revolution institutionalisiert hatte.

Eine der bemerkenswertesten Erfindungen unserer Zeit

Mit „Gewaltlosigkeit" meine ich nicht ausschließlich oder auch nur überwiegend die dramatischen Akte des zivilen Ungehorsams, die im Gefängnis oder mit Prügeln enden. Ich meine die ganze Bandbreite von Organisationsarbeit, die auf den Aufbau von Massenbewegungen abzielt, mit dem Ziel, den Zeitgeist und damit den Lauf der Geschichte zu verändern. (Tatsächlich betonte Gandhi immer wieder, dass zu seinem Satyagraha auch „konstruktive Arbeit" zum Aufbau der lokalen Wirtschaft gehörte. Zu seiner Zeit war das Spinnrad ein wichtiges Symbol, heute verfügt sein alter Ashram in Sevagram nicht nur über Solarmodule, sondern auch über einen Bio-Gärbehälter, mit dem sich Gas zum Kochen aus Kuhmist erzeugen lässt.) Dieser Bewegungsaufbau unterscheidet sich von der normalen Politik, vom täglichen Kampf um Vorteile innerhalb des herrschenden Systems und für geringfügige Änderungen des Systems (zum Beispiel Steuersenkungen), die im Einklang mit den aktuell vorherrschenden Strömungen in der öffentlichen Meinung stehen.

Stattdessen denke ich an Dramen wie den Kampf um das Wahlrecht, gegen die Rassentrennung oder für die Homosexuellenehe. Jede dieser Bewegungen deckte die volle Bandbreite ab, von politisch bis illegal, und konzentrierte sich mehr auf die Veränderung der Kultur als auf begrenzte legislative Siege.

Einer der besten Theoretiker der Gewaltlosigkeit war Jonathan Schell, der in seinem Buch „Das Schicksal der Erde" schrieb, Atomwaffen machten Kriege unkontrollierbar, weil sie so mächtig seien. In einem späteren Buch, „Die Politik des Friedens", entwickelte er die Idee weiter. Gewalt sei zunehmend dysfunktional geworden, schrieb er, und „dass Formen gewaltfreien Handelns auf jeder Ebene der Politik die Gewalt wirksam ersetzen können".

Oder, etwas eloquenter, sie seien „ein Mittel, mit dessen Hilfe viele aktive wenige rücksichtslose Menschen überwinden können".[5]

Ich glaube, wie gesagt, dass Gewaltlosigkeit eine der bemerkenswertesten Erfindungen unserer Zeit ist – wenn wir Glück haben, ist sie die Innovation, für die Historiker das 20. Jahrhundert am meisten schätzen werden. Das sehen aber nicht alle so. Besonders Abgebrühte halten sie sogar für rein auf Glauben basierenden Hokuspokus. Der Futurist Yuval Hariri sagte, es sei schwierig, die größte Entdeckung des 20. Jahrhunderts zu nennen. Vielleicht Antibiotika? Der Computer? „Fragen Sie sich nun: Was war die einflussreichste Entdeckung, Erfindung oder Schöpfung traditioneller Religionen [...] im 20. Jahrhundert? Auch das ist eine schwierige Frage, denn hier hat man recht wenig Auswahlmöglichkeit."[6]

Sein Spott ist fehl am Platz. Gewaltlosigkeit entsprang nicht direkt einer Religion, das ist wahr, und tatsächlich widersprach sie manchmal der Religion – einige von Gandhis größten Kampagnen richteten sich gegen das Kastensystem des Hinduismus. Aber Mahatmas und Geistliche haben diese Art von Widerstand definitiv mitentwickelt, und in seinem Kern steckt eine spirituelle Erkenntnis, die mindestens auf die Bergpredigt zurückgeht. Es geht dabei um das Prinzip, die andere Wange hinzuhalten, unverdientes Leiden auf sich zu nehmen, unserer Sympathie für die Schwachen zu folgen statt unserer unterwürfigen Bewunderung für die Starken. Selbst in der scheinbar sachlichen Welt des Umweltschutzes sind umfangreiche Forschungen und Datenmengen am Ende nicht entscheidend: Im Kampf gegen den Klimawandel geht es letztendlich nicht um Absorptionsraten von Infrarotstrahlung in der Atmosphäre, sondern um Macht, Geld und Gerechtigkeit. Da die Industrie über das meiste Geld und damit die meiste Macht verfügt, gewinnt sie in der Regel – es sei denn, es entsteht eine Bewegung, die sowohl die Herzen als auch die Köpfe erreicht.

Eine solche Bewegung entstand in den späten 1960er Jahren, nach der Veröffentlichung von Rachel Carsons „Der stumme Frühling" und inmitten brennender Flüsse und smogverseuchter Städte. Aber sie machte wenig Fortschritte, bis sich 1970 am ersten „Tag der Erde" 20 Millionen Amerikaner (ein Zehntel der Bevölkerung) an Protesten in allen Teilen des Landes beteiligten. Diese beispiellose Demonstration der Besorgnis (und einige nachfolgende Wahlniederlagen für Politiker mit Verbindungen zu Umweltverschmutzern) rüttelte Washington wach. Die übliche Machtverteilung war aus dem Gleichgewicht gebracht, und die Großkonzerne verloren einige Jahre lang Schlacht um Schlacht: Richard Nixon, sicher kein Umweltschützer, hatte politisch keine andere Wahl, als den Clean Air Act, den Clean Water Act, den Endangered Species Act und die anderen noch heute gültigen Umweltgesetze zu unterzeichnen. Aber Erfolg kann eine Bewegung schwächen. Die Organisationen, die auf die Straße gegangen waren, zogen sich nun in große Washingtoner Büros zurück und konzentrierten sich auf Lobbyarbeit. Eine Zeit lang

5 Jonathan Schell, Die Politik des Friedens, übers. von Heiner Kober, München 2004, S. 18, 149.
6 Yuval Noah Harari, Homo Deus – Eine Geschichte von Morgen, übers. von Andreas Wirthensohn, München 2017, S. 424.

funktionierte diese Strategie, denn an diesem ersten „Tag der Erde" hatte die Bewegung genug Schwung für ein oder zwei Jahrzehnte bekommen. Aber dieser Schwung ließ langsam nach, und schließlich gewann die Macht des Geldes wieder die Oberhand. Als die George-W.-Bush-Regierung ans Ruder kam, hatten die Ölgesellschaften wieder die Kontrolle übernommen und konnten jede Chance auf Fortschritt beim Klimawandel vereiteln. Nach der Wahl von Barack Obama schaffte es ein demokratischer Kongress nicht, auch nur bescheidene Emissionshandelsgesetze mit festen Obergrenzen zur Bekämpfung der globalen Klimaerwärmung zu verabschieden. Und so hielten es einige von uns für an der Zeit, die Bewegung auf der Straße wieder aufzubauen, damit wir eine Chance hatten, sowohl den Kampf als auch den Streit zu gewinnen.

350.org oder: Die Rückkehr der Bewegung

Viele Menschen überall auf der Welt haben bei diesem Wiedererwachen eine große Rolle gespielt – vor allem die in den ärmsten Gegenden, die am stärksten von der Umweltveränderung betroffen sind. Manche von uns versuchten das über eine kleine Gruppe namens 350.org, die wir 2008 gründeten („wir" waren zunächst ich und sieben Studenten am Middlebury College in Vermont). Wir konzentrierten uns nicht auf die Politik, sondern auf die Mobilisierung, wobei wir feststellten, dass es sinnlos war, sich ohne eine Bewegung, die auf Veränderungen drängte, Gedanken darüber zu machen, wie genau der Wandel aussehen sollte. Unsere Strategie war, offen gesagt, lächerlich („Die Welt mobilisieren"), aber wir hatten Anfängerglück, und offenbar gab es da eine unbesetzte ökologische Nische.

Die Menschen auf dem ganzen Planeten machten sich tatsächlich Sorgen wegen der Klimaerwärmung, aber sie fühlten sich machtlos angesichts dieser Übermacht – eine Verzweiflung, die teilweise schon allein dadurch überwunden werden konnte, dass man die Menschen zusammenbrachte. Unser erster Versuch, die Welt zu erobern, fand im Jahr 2009 bei 5200 Kundgebungen in 181 Ländern statt, was CNN als „umfangreichste politische Aktion in der Geschichte des Planeten" bezeichnete. Die meisten dieser Veranstaltungen waren klein, aber im Laufe der Zeit ist die Bewegung so gewachsen, dass wir inzwischen Hunderttausende von Menschen auf die Straße bringen können. Als wir uns mit anderen zusammenschlossen, um die Keystone-Pipeline zu bekämpfen, trug das zu einer weltweiten Flut von Kämpfen bei, die heute jedes Infrastrukturprojekt im Zusammenhang mit fossilen Brennstoffen erschwert. (Der Leiter einer der größten amerikanischen Energielobbys hat sich lange und heftig über die „Keystonisierung" aller Pläne der Branche beschwert.) Tausende Menschen in ihren Kajaks – „Kajaktivisten", natürlich – halfen, Shell davon zu überzeugen, die Bohrpläne in der Arktis aufzugeben; Dutzende von Staaten und Ländern haben Fracking inzwischen verboten; und einige haben sogar jegliche Probebohrungen nach Öl und Gas gestoppt.

Das Ganze ist jetzt eine Bewegung, und die wird zunehmend von Kindern, indigenen Völkern und ethnischen Communitys angeführt. Im Herbst 2018 inszenierte ein 15jähriges schwedisches Mädchen namens Greta Thunberg einen „Schulstreik". Sie saß auf den Stufen vor dem Parlamentsgebäude statt im Schulunterricht – mit der Begründung, sie habe keine Lust, in die Schule zu gehen, wenn die Regierung keine Lust habe, sich um das Klima zu kümmern. Mit ihrer Aktion traf sie die Stimmung in ganz Nordeuropa, und auch auf der anderen Seite der Welt traten australische Schulkinder bald in Streik und besetzten das Foyer ihres Parlaments. In Großbritannien war unterdessen die Bewegung „Extinction Rebellion" entstanden, die mit Aktionen des zivilen Ungehorsams den Verkehr in London zum Stillstand brachte. In den Vereinigten Staaten inszenierten junge Menschen ein Sit-in im Kongress und forderten einen Sonderausschuss für einen Green New Deal.

Gewaltlos gegen die größten und reichsten Mächte des Planeten

Anfang 2019 berichteten Meinungsforscher, dass 80 Prozent der Demokraten und 60 Prozent der Republikaner die Idee oder zumindest den Slogan unterstützten. Die Erde hat Fieber, und die Antikörper wirken allmählich. Was nicht bedeutete, dass wir gewonnen hatten. Das haben wir nicht. Die Gebrüder Koch und die Ölgesellschaften halten sich immer noch, auch dank Herrn Trump. Aber wir haben sie so aufgeschreckt, dass sie jetzt um sich schlagen – monatelang verfolgten Abgesandte der Fossilenergiebranche jeden meiner Schritte mit Videokameras, dank der ölfinanzierten Bemühungen des führenden „Oppositionsforschungsunternehmens" des Landes. Nach einer bemerkenswerten Demonstration von Einheit der indigenen Nationen bei den Protesten gegen die Dakota-Access-Pipeline verabschiedeten die von den Kochs finanzierten Gesetzgeber „Anti-Protest-Gesetze" in einem Staatsparlament nach dem anderen, die alle darauf abzielten, diese Form des Dissens zu verhindern. (In Oklahoma kann man für das Betreten von „maßgeblichen Infrastruktureinrichtungen" jetzt zu zehn Jahren Gefängnis verurteilt werden.)[7]

Entsprechende Gesetze gibt es weltweit, von Dutertes Philippinen über Erdoğans Türkei, Maduros Venezuela bis hin zu Putins Russland, wo Proteste oft tödlich enden. Aber von allen Seiten tritt den Oligarchen Widerstand entgegen. Wie Naomi Klein sagte, können wir mit unseren Körpern eine De-facto-Steuer in Kraft setzen, wenn wir keine ernsthafte CO_2-Steuer von einem korrupten Parlament bekommen. Damit verschaffen wir den Branchen für erneuerbare Energien Zeit – vielleicht sogar genug Zeit, um gegenüber den physikalischen Abläufen der globalen Erwärmung ein wenig Boden gutzumachen.

Ich erzähle all dies nicht, um damit zu prahlen – wie gesagt, wir gewinnen nicht, und auf jeden Fall bin ich kein großer Anführer. (Nachdem ich gehol-

7 Heidi M. Przybyla, Report: Anti-Protester Bills Gain Traction in State Legislatures, in: „USA Today", 29.8.2017.

fen habe, die Dinge in Gang zu bringen, habe ich erleichtert und gerne das Rampenlicht den jungen, vielfältigen und bemerkenswerten Organisatoren auf der ganzen Welt überlassen.) Dennoch war es ein großes Privileg, aus nächster Nähe mitzuerleben, dass sich diese Technologie der Gewaltlosigkeit selbst gegen die größten und reichsten Mächte des Planeten durchsetzen kann. Im Herbst 2011, als vor dem Weißen Haus der zivile Ungehorsam gegen Keystone in Erscheinung trat, berichtete das „National Journal" über eine Umfrage unter seinen 300 „Insidern der Energiebranche" auf dem Capitol Hill und in den Büros der Lobbyisten an der K Street. Laut dieser Umfrage prognostizierten 91 Prozent der Befragten, dass Trans-Canada, das Unternehmen, das den Bau der Pipeline plante, bald die Genehmigung erhalten würde.

Aber dann wanderten 1253 Menschen wegen zivilen Ungehorsams ins Gefängnis, mehr als in den Jahrzehnten zuvor zusammengenommen. Zehntausende umringten das Weiße Haus – je nach Perspektive war das entweder eine Gruppenumarmung oder ein vorübergehender Hausarrest für Barack Obama. Wenige Jahre später zeigten Umfragen, dass sich eine klare Mehrheit der Amerikaner gegen dieses Projekt aussprach. Die Pipeline ist immer noch nicht gebaut, und selbst wenn sie eines Tages in den Boden kommt, wird ihr größtes Erbe die verbreitete Erkenntnis sein, dass wir damit auf dem Holzweg sind. Im Frühsommer 2018 verwendete Papst Franziskus genau die Sprache, die wir in diesem Kampf entwickelt hatten. Er sagte, der Großteil der Öl-, Gas- und Kohlevorkommen müsste „unter der Erde bleiben".[8] Wir hatten unsere Arbeit begonnen, um den Zeitgeist zu verändern – und das hatten wir erreicht.

Mit Kreativität, Witz, Leidenschaft und Geist für die Zukunft des Planeten

Ähnliche Bewegungen sind auch bei anderen Themen vorstellbar, etwa Designerbabys. Tatsächlich wäre eine solche Kampagne in gewisser Weise einfacher, weil die Befürworter derartiger Technik noch nicht fest etabliert sind; es gibt noch kein Exxon-Äquivalent mit einer unerschöpflichen Einnahmequelle und einem Harem aus Kongressabgeordneten und Senatoren. Zu einem solchen Kampf würden sich Aktivisten von links und rechts zusammenfinden, was potentiell großen Einfluss, aber auch ständige Spannungen bedeuten würde. Schwer zu sagen, was eine solche Bewegung ins Leben rufen könnte – vermutlich eine Entwicklung (Ein menschlicher Klon? Die nächsten Designerbabys?), die schockierend genug ist, um die Aufmerksamkeit der Leute zu erregen –, und ich kann nicht versprechen, dass sie gewinnen wird. Wenn Google und ähnliche Unternehmen sich für die Gegenseite stark machen, wird es ein harter Kampf werden, den wohl die Seite gewinnt, deren Definition von „Fortschritt" sich durchsetzt. Aber das könnte durchaus der Beginn einer größeren Bewegung zur Verteidigung des Menschlichen sein.

8 Megan Darby, Pope Francis Tells Oil Chiefs to Keep It in the Ground, climatechangenews.com, 9.6.2018.

Gewaltlosigkeit ist eine mächtige Technologie, auch wenn wir immer noch sehr wenig darüber wissen. Mit militärischer Macht verhält sich das anders: Fast jede Nation auf dem Planeten hat eine oder zwei Institutionen, die sich der Erforschung des Krieges widmen und Männer und Frauen hervorbringen, die sich bestens mit Flankenangriffen und Luftunterstützung auskennen. Sie gehen dann zum Militär, das besser finanziert ist als jeder andere Teil der Gesellschaft. Auch die Polizei ist oft stark militarisiert. Der Besuch des Lagers am Standing Rock erinnerte mich daran, dass staatliche und lokale Behörden, die mit überschüssiger Pentagon-Ausrüstung überschwemmt werden, von den Streitkräften kaum zu unterscheiden sind. Die Einsatzkräfte dort hatten Schallkanonen, Wasserwerfer und Fahrzeuge, die praktisch Panzer waren; sie trugen die taktische Ausrüstung von Kampfsoldaten. Die Ölgesellschaften stellten Sicherheitskräfte mit Zähne fletschenden Schäferhunden ein. Und doch war all diese Feuerkraft fast machtlos gegen das Lager, das sich am Zusammenfluss von Cannonball und Missouri gebildet hatte. Tatsächlich erreichten die Ölbarone immer weniger, je mehr Gewalt sie einsetzten. An jenem Tag, an dem sie die Hunde auf friedliche Demonstranten losließen, wurde Standing Rock zu einer Krise für das Weiße Haus, denn dort wusste man, was die Bilder bedeuteten – sie stellten eine direkte Verbindung zu den legendären Bildern von Birmingham und der Bürgerrechtsbewegung her. Dass Barack Obama gezwungen war, die Pipeline zu verbieten, war ein großer Sieg; dass Donald Trump sie wieder möglich machte, war ein großer, tragischer Unglücksfall der Geschichte. Aber wer glaubt, dass die Zeit für die Ölgesellschaften arbeitet, zieht die falschen Schlüsse aus der Geschichte. Diese Bewegung wird gewinnen (auch wenn sie es möglicherweise nicht rechtzeitig tut).

Sie wird auch deswegen gewinnen, weil Gewalt schlechtere Karten hat als früher. Sie ist immer noch mächtig, in North und South Dakota, in China, in Russland und an vielen anderen Orten. Aber die Technologie der Gewaltlosigkeit setzt sie unter Druck. Wir sind noch am Anfang der Lernkurve, und uns fehlt eine Institution wie die Militärakademien in West Point oder Annapolis, aber Menschen auf der ganzen Welt tauschen Erfahrungen aus. Die serbische Gruppe „Otpor!" entwickelte ihre Taktiken zum Sturz des Autokraten Slobodan Milošević und gab diese an die jungen Menschen weiter, die den Arabischen Frühling ins Rollen brachten; ihre Erfolge und Misserfolge führen zu neuen Erfahrungen. Wenn es uns gelingt, das Spiel der Menschheit nicht zu beenden, werden diese neuen Ideen im Laufe der Zeit weiter gedeihen, denn sie basieren auf genau dem, was uns Menschen ausmacht: Kreativität, Witz, Leidenschaft, Geist. Nichts davon klingt, als wäre es einem Kampf gegen Geld und Waffen gewachsen, aber die Millionen Menschen, die sich spontan versammelten, um den damaligen US-Präsidenten davon abzuhalten, Familien an der Grenze zu Mexiko zu zerreißen, haben es bewiesen: Manchmal funktioniert es.

Das hat zum Beispiel ein Viehzüchter in Nebraska unter Beweis gestellt, der die entscheidenden Technologien der Photovoltaik und des zivilen Ungehorsams auf atemberaubende Weise kombiniert hat. Bob Allpress züchtet

Rinder und baut Alfalfa an – und zwar auf einem 360 Hektar großen Stück Land, das die TransCanada Corporation mit der Keystone XL Pipeline durchschneiden will. Dagegen wehrt er sich seit Jahren, und im Jahr 2017 baute er eine große Solaranlage mitten in den geplanten Verlauf der Pipeline. Wenn TransCanada die Pipeline trotzdem bauen will, „müsste das Unternehmen nicht nur ein Enteignungsverfahren gegen uns einleiten lassen, sondern auch Solarmodule zerstören, die guten sauberen Strom ins Netz einspeisen und Arbeitsplätze für die Menschen schaffen, die sie bauen", sagte Allpress.[9] Diese Taktik wenden heute immer mehr Menschen an – in Nebraska, in Kanada, in Australien, wo immer ein großes neues Projekt für fossile Brennstoffe vorgeschlagen wird. Einige Nonnen bauten kürzlich eine Kapelle mit einem Solardach in den Weg einer Pipeline.

Wenn Sie eine Ölgesellschaft wären, gegen wen würden Sie lieber kämpfen? Ein Typ mit einem Gewehr ist kein Problem, Sie können sämtliche Gewehre der Welt haben. Aber ein Typ mit ein paar Solarmodulen, Zugang zu sozialen Medien und einem schlauen Kopf wird Sie in den Wahnsinn treiben.

9 Phil McKenna, Ranchers Fight Keystone XL Pipeline by Building Solar Panels in Its Path, in: „InsideClimate News", 11.7.2017.

Die Tyrannei des Wachstumismus: Was heißt heute gutes Leben?

Von **Jason Hickel**

Sich der Illusion hinzugeben, dass sich die globale Wirtschaft immer und ewig erweitern lässt, heißt, die augenfälligsten Wahrheiten zu den ökologischen Grenzen unseres Planeten zu leugnen. Diese Erkenntnis kam im März 1972 – also vor mehr als 50 Jahren – erstmals in der Öffentlichkeit an, als eine Gruppe von Wissenschaftlern am MIT einen bahnbrechenden Bericht mit dem Titel „Grenzen des Wachstums" veröffentlichte.

Die Ergebnisse waren frappierend. Das Business-as-usual-Szenario mit einer Fortsetzung des Wirtschaftswachstums in der bisherigen Geschwindigkeit ließ erkennen, dass wir irgendwann zwischen 2030 und 2040 in eine Krise geraten würden. Angetrieben durch den exponentiellen Charakter der Wachstumsfunktion würde folgende Entwicklung einsetzen: Die erneuerbaren Ressourcen würden die Grenzen ihrer Erneuerbarkeit erreichen, die nicht erneuerbaren Ressourcen zur Neige gehen und die Verschmutzung die Absorptionskapazität der Erde überschreiten. Beim Versuch, diese Probleme zu lösen, würden die Länder immer höhere Geldbeträge aufwenden müssen und daher weniger für das Reinvestment zur Verfügung haben, das man braucht, um weiterhin Wachstum zu generieren. Die Wirtschaftsleistung würde zu sinken beginnen, das Nahrungsangebot würde stagnieren, der Lebensstandard würde sinken und die Bevölkerungszahlen würden nach und nach schrumpfen. „Das wahrscheinlichste Ergebnis", schrieben sie etwas ominös, „ist ein ziemlich plötzlicher und unkontrollierbarer Rückgang sowohl bei der Bevölkerung als auch bei der industriellen Kapazität."

Das traf einen Nerv. Der Bericht „Grenzen des Wachstums" schlug in der Szene ein und wurde einer der am meisten verkauften Umwelttitel in der Geschichte, wobei er von der Gegenkultur profitierte, die im Nachklang der Jugendrevolte von 1968 weit verbreitet war. Doch obwohl wir nun schon seit fast einem halben Jahrhundert wissen, dass auch die menschliche Zivilisation auf dem Spiel steht, hat es bei den Bemühungen, den ökologischen Zusammenbruch aufzuhalten, keinen Fortschritt gegeben. Keinen. Das ist ein seltsames Paradox. Zukünftige Generationen werden auf unsere Zeit zurückblicken und nicht begreifen, warum wir ganz genau wussten, was Sache war, bis ins fürchterlichste Detail, und doch bei der Problemlösung versagt haben. Wir wissen ganz genau, was zu tun ist, um einen Klimakollaps zu vermeiden. Wir müssen aktiv fossile Energie herunterfahren und alles für eine rasche Einführung von erneuerbaren Energien in die Wege leiten – für einen globalen Green New Deal –, um die weltweiten Emissionen innerhalb von zehn Jahren zu halbieren und vor 2050 auf null zu bringen. Dabei muss man immer im Auge behalten, dass es sich bei diesem Ziel um den globalen Durchschnitt handelt. Angesichts ihrer größeren Verantwortung für die Emissionen der zurückliegenden Jahre müssen einkommensstarke Nationen diesen Prozess sehr viel schneller bewerkstelligen und den Nullpunkt bis 2030 erreicht haben.

Die Dramatik der Situation kann gar nicht hoch genug eingeschätzt werden; es ist die allergrößte Herausforderung, der sich die Menschheit jemals gegenübersah. Die gute Nachricht: Das ist durchaus zu schaffen. Es gibt allerdings ein Problem: Die Wissenschaftler:innen lassen keinen Zweifel daran, dass wir das nicht schnell genug hinbekommen, um die Temperaturen unter 1,5 Grad Celsius oder auch unter 2 Grad Celsius zu halten, wenn wir gleichzeitig die Wirtschaft weiterwachsen lassen. Und warum ist das so? Weil mehr Wachstum mehr Nachfrage nach Energie bedeutet, und mehr Energienachfrage macht es erst recht schwierig – in der Tat unmöglich –, in der kurzen Zeit, die uns zur Verfügung steht, ausreichend erneuerbare Energien auf den Markt zu bringen, um die Nachfrage abzudecken.

Auch »sauberes Wachstum« stürzt uns in die Krise

Selbst wenn es dieses Problem nicht gäbe, bleibt da doch noch eine Frage: Wenn wir endlich irgendwann 100 Prozent saubere Energie haben, was machen wir dann damit? Wenn wir die Art und Weise nicht verändern, wie unsere Wirtschaft funktioniert, dann werden wir weiterhin genau das Gleiche machen wie mit den fossilen Energien: Wir nutzen sie, um unablässig Extraktion und Produktion voranzutreiben, immer mehr und immer schneller, und setzen dabei die lebendige Welt immer stärker unter Druck, weil es das ist, was der Kapitalismus verlangt. Saubere Energie mag eine Hilfe sein, wenn es um Emissionen geht; aber sie trägt nichts dazu bei, Entwaldung, Überfischung, Bodenverarmung und Massensterben rückgängig zu machen. Eine wachstumsbesessene Wirtschaft wird uns, auch wenn sie von sauberer Energie angetrieben ist, trotzdem in die ökologische Katastrophe stürzen.

Der heikle Punkt dabei ist, dass wir hier offensichtlich kaum eine Wahl haben. Der Kapitalismus ist grundsätzlich von Wachstum abhängig. Wenn die Wirtschaft nicht wächst, rutscht sie in die Rezession: Schulden türmen sich auf, Menschen verlieren Arbeitsplatz und Wohnung, Lebensentwürfe zerbrechen. Die Regierungen haben alle Hände voll zu tun, die industrielle Aktivität am Wachsen zu halten, in einem dauernden Bemühen, die Krise abzuwehren. Wir stecken also in der Falle. Wachstum ist ein struktureller Imperativ – ein stahlhartes Gesetz. Und es kann sich auf stahlharte ideologische Unterstützung verlassen: Politiker:innen der Linken und Rechten mögen sich darum streiten, wie die Früchte des Wachstums zu verteilen sind, aber wenn es um das Streben nach Wachstum selbst geht, dann sind sie sich einig. Da passt kein Blatt Papier dazwischen. Der Wachstumismus, um einmal diesen Ausdruck zu gebrauchen, präsentiert sich als eine der Ideologien mit dem höchsten Führungsanspruch in der modernen Geschichte. Niemand kommt auf die Idee, sie zu hinterfragen. Weil sie sich dem Wachstumismus verschrieben haben, sehen sich unsere Politikerinnen und Politiker nicht in der Lage, sinnvolle Schritte zu unternehmen, um die ökologische Katastrophe zu stoppen.

Wir haben jede Menge Ideen, wie wir das Problem lösen können, aber wir wagen nicht, sie umzusetzen, weil wir damit das Wachstum untergraben könnten. Und in einer wachstumsabhängigen Wirtschaft darf so etwas einfach nicht passieren. Stattdessen berichten die gleichen Zeitungen, die erschütternde Geschichten über ökologische Katastrophen bringen, auch ganz begeistert darüber, wie das BIP in jedem Quartal wächst, und die gleichen Politikerinnen und Politiker, die händeringend die Klimakrise beklagen, rufen jedes Jahr pflichtbewusst nach mehr industriellem Wachstum. Die kognitive Dissonanz hier ist bemerkenswert.

»Wachstumismus« oder die Geheimnisse des guten Lebens

Wie lässt sich erklären, dass der Wachstumismus unsere politische Vorstellungskraft derart fest im Griff hat? Ganz gleich, wie reich ein Land ist – seine Wirtschaft muss wachsen, unbegrenzt, egal was es kostet. Das ist die Botschaft. Ökonom:innen und politische Entscheidungsträger:innen beharren auf dieser Position, auch wenn sich die Hinweise auf einen ökologischen Zusammenbruch häufen. Fühlen sie sich in die Ecke gedrängt, dann kommen sie mit einer schlichten Erklärung daher: Das Wachstum ist für die außerordentlichen Verbesserungen bei Wohlfahrt und Lebenserwartung verantwortlich, die wir in den letzten Jahrhunderten erlebt haben. Wir müssen weiterwachsen, um das Leben der Menschen weiter zu verbessern. Das Wachstum aufzugeben, würde heißen, den menschlichen Fortschritt selbst aufzugeben.

Das ist ein machtvolles Narrativ, und es scheint so offenkundig zutreffend. Das Leben der Menschen ist heute eindeutig besser als in der Vergangenheit, und die Überzeugung, dass wir dies dem Wachstum zu verdanken haben, erscheint durchaus vernünftig. Nun sind aber Wissenschaftler:innen und Historiker:innen dabei, diese Geschichte zu hinterfragen. Wir haben herausgefunden, dass sie auf einem schwachen empirischen Fundament ruht – eigentlich erstaunlich bei einer Behauptung, die in unserer Gesellschaft so tief verwurzelt ist. Es zeigt sich, dass der Zusammenhang zwischen Wachstum und menschlichem Fortschritt nicht ganz so eindeutig ist, wie wir eigentlich dachten. Wichtig ist nicht das Wachstum an sich – wichtig ist, wie Einkommen verteilt und in welchem Maße es in öffentliche Dienstleistungen investiert wird. Und ab einem bestimmten Punkt ist für eine Verbesserung des gesellschaftlichen Wohlergehens gar kein höheres BIP mehr notwendig.

Es gibt viele Länder, die es schaffen, mit vergleichsweise wenig BIP pro Kopf ein erstaunlich hohes Niveau des gesellschaftlichen Wohlergehens zu erreichen. Wir sehen diese Länder gerne als „Sonderfälle" an; sie belegen aber genau die These, die Szreter und andere Gesundheitswissenschaftler:innen aufzustellen versuchten: Es geht hier um ein reines Verteilungsproblem. Und das Wichtigste dabei ist die Investition in allgemeine öffentliche Güter. Hier wird es wirklich interessant.

Nehmen wir zum Beispiel die Lebenserwartung. Die Vereinigten Staaten haben ein BIP von 59 500 US-Dollar pro Kopf, womit sie eines der reichsten Länder der Welt sind. Die Menschen in den USA können damit rechnen, 78,7 Jahre zu leben, was sie gerade noch in die oberen 20 Prozent hineinhievt. Dutzende Länder übertreffen die Vereinigten Staaten bei diesem entscheidenden Indikator, mit nur einem Bruchteil des Einkommens. Japan hat 35 Prozent weniger Einkommen als die USA, aber eine Lebenserwartung von 84 Jahren – die höchste auf der Welt. Südkorea hat 50 Prozent weniger Einkommen und eine Lebenserwartung von 82 Jahren. Und dann ist da noch Portugal, das 65 Prozent weniger Einkommen hat und eine Lebenserwartung von 81,1 Jahren. Es handelt sich hier nicht um ein paar wenige Sonderfälle. Die Europäische Union als Ganzes hat 36 Prozent weniger Einkommen als die USA und übertrifft sie dennoch nicht nur bei der Lebenserwartung, sondern bei praktisch jedem anderen Indikator des gesellschaftlichen Wohlergehens.

Und dann gibt es Costa Rica, das vielleicht das erstaunlichste Beispiel liefert. Das an Regenwäldern reiche zentralamerikanische Land übertrifft die USA bei der Lebenserwartung, obwohl es 80 Prozent weniger Einkommen aufzuweisen hat. Costa Rica zählt sogar zu den ökologisch effizientesten Volkswirtschaften auf dem Planeten, was die Fähigkeit betrifft, hohe Wohlergehensstandards mit minimaler Umweltbelastung zu liefern. Und wenn wir sie zeitübergreifend betrachten, sieht die Geschichte sogar noch faszinierender aus: Einige der eindrucksvollsten Steigerungen bei der Lebenserwartung konnte Costa Rica während der 1980er Jahre erreichen, wobei man die USA ein- und überholte; das war eine Zeit, als das BIP pro Kopf nicht nur klein war (ein Siebtel der USA), sondern auch überhaupt nicht wuchs.

Es ist nicht nur der Indikator Lebenserwartung, der dieses Verhalten zeigt. Wir können das gleiche Muster beobachten, wenn es um den Bereich der Bildung geht. Finnland ist allgemein als ein Land bekannt, das eines der besten Bildungssysteme auf der Welt besitzt, obwohl sein BIP pro Kopf um 25 Prozent unter dem der USA liegt. Estland steht ebenfalls weit oben im Ranking der weltbesten Bildungssysteme, aber mit 66 Prozent weniger Einkommen als die USA. Polen ist besser als die USA mit 77 Prozent weniger Einkommen. Auf dem Bildungsindex der Vereinten Nationen schlägt der Staat Weißrussland Leistungsträger wie Österreich, Spanien, Italien und Hongkong mit einem BIP pro Kopf, das um ganze 90 Prozent niedriger liegt als das der USA.

Wie lassen sich die erstaunlichen Ergebnisse erklären, die diese Länder erreicht haben? Das ist ganz einfach: Sie haben alle in den Aufbau hoch qualifizierter Systeme in der allgemeinen Gesundheitsfürsorge und der Bildung investiert. Wenn es darum geht, ein langes, gesundes, blühendes Leben für alle zu schaffen, dann ist es das, was zählt.

Die gute Nachricht: Das ist überhaupt nicht teuer. Allgemeine öffentliche Dienste sind sogar signifikant kosteneffizienter zu betreiben als ihre privaten Entsprechungen.

Warum Wachstum den Wohlstand verringert

Nehmen wir zum Beispiel Spanien. Spanien gibt nur 2300 US-Dollar pro Person dafür aus, um allen eine Gesundheitsversorgung von hoher Qualität zu liefern, als ein Grundrecht, und erreicht damit einen Spitzenwert unter den Lebenserwartungen weltweit: 83,5 Jahre; volle fünf Jahre mehr als die USA. Im Gegensatz dazu verschlingt das private, profitorientierte System in den USA horrende 9500 US-Dollar pro Person, während es eine geringere Lebenserwartung und schlechtere Gesundheitsergebnisse liefert. Ähnlich vielversprechende Beispiele entwickeln sich in Gegenden überall im globalen Süden. Staaten, deren Regierungen in allgemeine Gesundheitsversorgung und Bildung investierten, haben jetzt Verbesserungen bei der Lebenserwartung und anderen Indikatoren gesellschaftlichen Wohlergehens erreicht, die sich weltweit mit am schnellsten entwickelten. Sri Lanka, Ruanda, Thailand, China, Kuba, Bangladesch und der indische Staat Kerala – alle weisen erstaunliche Steigerungen auf, trotz eines vergleichsweise niedrigen BIP pro Kopf. Es kann nicht oft genug wiederholt werden: Die empirischen Belege zeigen, dass es möglich ist, ein hohes Niveau der menschlichen Entwicklung zu erreichen ohne ein hohes BIP-Niveau. Den UN-Angaben zufolge können Staaten mit lediglich 8000 US-Dollar pro Kopf (im Sinne von Kaufkraftparität oder KKP) in die allerhöchste Kategorie des Lebenserwartungs-Index aufsteigen und auf sehr hohe Stufen beim Bildungsindex mit nur 8700 US-Dollar. Staaten können sogar auf einer ganzen Skala von sozialen Schlüsselindikatoren erfolgreich sein – nicht nur bei Gesundheit und Bildung, sondern auch bei Beschäftigung, Ernährung, sozialer Unterstützung, Demokratie und Lebenszufriedenheit – mit weniger als 10 000 US-Dollar pro Kopf, während sie sich innerhalb oder fast innerhalb der planetaren Grenzen halten. Das Bemerkenswerte an diesen Zahlen ist, dass sie deutlich unter dem globalen Durchschnitt von 17 600 US-Dollar BIP KKP pro Kopf liegen. Mit anderen Worten: In der Theorie könnten wir alle unsere gesellschaftlichen Ziele erreichen, für jeden Menschen auf der Welt, mit weniger BIP, als wir derzeit haben, indem wir einfach in öffentliche Güter investieren und Einkommen und Chancen gerechter verteilen.

Es ist also klar, dass die Relation zwischen BIP und der gesellschaftlichen Wohlfahrt ab einem gewissen Punkt nicht mehr funktioniert. An dieser Relation ist aber noch ein anderer Aspekt interessant. Jenseits einer gewissen Schwelle entwickelt das Wachstum allmählich eine negative Wirkung. Wir können diesen Effekt erkennen, wenn wir uns alternative Kennzahlen für Fortschritt ansehen, wie etwa den Indikator echten Fortschritts (Genuine

Progress Indicator GPI). Der GPI beginnt bei den persönlichen Konsumausgaben (was auch der Ausgangspunkt für das BIP ist) und wird dann bereinigt um die Einkommensungleichheit sowie die sozialen und ökologischen Kosten der wirtschaftlichen Aktivität. Indem dieser Maßstab die Kosten wie auch den Nutzen des Wachstums einrechnet, gewährt er uns eine ausgeglichenere Sicht darauf, was in der Wirtschaft geschieht. Wenn wir die Daten im Zeitverlauf grafisch darstellen, sehen wir, dass der globale GPI bis in die Mitte der 1970er Jahre zeitgleich mit dem BIP wuchs, seitdem aber abflachte und sogar abgenommen hat, als die sozialen und ökologischen Kosten des Wachstums ausreichend signifikant geworden waren, um die verbrauchsabhängigen Gewinne aufzuwiegen. Ab einem bestimmten Punkt, so formuliert es der Ökologe Herman Daly, wird das Wachstum mehr und mehr „unwirtschaftlich": Es schafft zunehmend mehr „Schlechtstand" als Wohlstand. Wir können dies an mehreren Fronten beobachten: Das fortgesetzte Streben nach Wachstum in einkommensstarken Ländern verschärft die Ungleichheit und die politische Instabilität und trägt zu Problemen bei wie etwa Stress und Depression infolge von Überarbeitung und Schlafmangel, schlechter Gesundheit wegen Umweltverschmutzung, Diabetes und Herzkrankheiten und so weiter.

Wie Sinngehalt die Lebenserwartung erhöht

Wenn es also nicht das Einkommen ist, was ist es dann, was das Wohlbefinden verbessert? 2014 erstellte der Politologe Adam Okulicz-Kozaryn eine Übersicht über alles, was an Daten zu dieser Frage vorhanden ist. Er machte eine erstaunliche Entdeckung: Länder, die über stabile Wohlfahrtssysteme verfügen, weisen die höchsten Werte beim menschlichen Glück auf, unter sonst gleichen Bedingungen. Und je großzügiger und umfassender das Wohlfahrtssystem ist, desto glücklicher werden alle. Die Rede ist hier von allgemeiner Gesundheitsfürsorge, Arbeitslosenversicherung, Pensionen, bezahltem Urlaub und bezahlten Krankheitstagen, bezahlbarem Wohnraum, Tagespflege und soliden Mindestlöhnen. Wenn die Menschen in einer gerechten, fürsorgenden Gesellschaft leben, in der jede und jeder gleichen Zugang zu den gesellschaftlichen Gütern hat, muss sich niemand mehr darüber den Kopf zerbrechen, wie er oder sie für die täglichen Bedürfnisse aufkommt – alle können die Kunst des Lebens genießen. Und anstatt sich in einem ständigen Wettbewerb mit ihren Nachbar:innen zu fühlen, können sie Bindungen gesellschaftlicher Solidarität aufbauen.

Das erklärt, warum es so viele Länder gibt, die höhere Werte des Wohlbefindens aufweisen als die Vereinigten Staaten, selbst mit signifikant weniger BIP pro Kopf. Das ist eine lange Liste, die Deutschland, Österreich, Schweden, die Niederlande, Australien, Finnland, Kanada und Dänemark einschließt – die klassischen Sozialdemokratien. Sie schließt aber auch Costa Rica ein, das bei den Faktoren des Wohlbefindens den USA gleichkommt, mit nur einem Fünftel des Einkommens. In allen diesen Fällen ist der Erfolg auf starke soziale Fürsorge zurückzuführen.

Diese Daten zur Zufriedenheit sind bemerkenswert. Es gibt allerdings Forscher:innen, die meinen, man sollte sich nicht damit begnügen, nur auf die Zufriedenheit zu schauen. Wir sollten bei den Menschen auch auf den Sinngehalt achten – einen komplexeren Zustand, der tiefer liegt als der Tumult der alltäglichen Gefühle. Und wenn es um den Sinngehalt geht, dann hat das, was zählt, noch viel weniger mit dem BIP zu tun. Die Menschen haben das Gefühl, dass ihr Leben einen Sinn hat, wenn sie die Möglichkeit haben, Mitleid, Kooperation, Gemeinschaft und Verbindung mit anderen Menschen zum Ausdruck zu bringen. Das ist das, was Psycholog:innen als „intrinsische Werte" bezeichnen. Diese Werte haben nichts mit äußeren Indikatoren zu tun wie etwa der Frage, wie viel Geld man hat oder wie groß das eigene Haus ist; sie reichen viel tiefer. Intrinsische Werte sind erheblich mächtiger und dauerhafter als der flüchtige Adrenalinrausch, den wir etwa aus einer Gehaltserhöhung oder materiellem Konsum beziehen. Wir Menschen haben uns in der Evolution zu Wesen entwickelt, die teilen, kooperieren und in Gemeinschaft leben wollen. Wir blühen in einem Umfeld auf, in dem wir diese Werte zum Ausdruck bringen können, und wir leiden in einem Umfeld, das sie erstickt.

Sinngehalt hat eine reale, materielle Auswirkung auf das Leben der Menschen. Im Jahr 2012 besuchte ein Forscherteam der Standford School of Medicine die Halbinsel Nicoya in Costa Rica, um sich einen Reim auf ein paar faszinierende Daten zu machen, die aus dieser Region kamen. Es ist bekannt, dass die Menschen in Costa Rica lange leben: rund 80 Jahre im Durchschnitt. Den Forscher:innen war aber aufgefallen, dass die Nicoyaner:innen sogar noch länger lebten, mit einer Lebenserwartung von bis zu 85 Jahren – einer der höchsten auf der Welt. Das würde man nicht erwarten, weil Nicoya in finanzieller Hinsicht eine der ärmsten Gegenden von Costa Rica ist. Dort findet man Subsistenzwirtschaft vor, in der die Menschen einen traditionellen ländlichen Lebensstil pflegen.

Wie lassen sich diese Ergebnisse dann erklären? Costa Rica hat ein ausgezeichnetes öffentliches Gesundheitssystem, das spielt schon einmal eine große Rolle. Die Forscher:innen fanden aber noch einen anderen Grund für die besondere Langlebigkeit der Nicoyaner:innen. Weder die Ernährung noch die Gene, sondern etwas, womit man nicht gerechnet hatte: die Gemeinschaft. Die am längsten lebenden Nicoyaner:innen haben alle eine enge Beziehung zu ihren Familien, Freunden und Nachbarn. Selbst im hohen Alter fühlen sie sich noch der Gemeinschaft zugehörig. Sie fühlen sich wertgeschätzt. Die ärmsten Haushalte haben sogar die längste Lebenserwartung, weil sie eher eng zusammenleben und sich aufeinander verlassen.

Das muss man sich mal zu Gemüte führen: Die Menschen, die im ländlichen Costa Rica ein Leben in Subsistenzwirtschaft verbringen, leben länger und gesünder als die Menschen in den reichsten Volkswirtschaften der Erde. Nordamerika und Europa mögen Autobahnen haben und Wolkenkratzer und Einkaufsmeilen, geräumige Häuser und Autos und glanzvolle Institutionen – allesamt Marker für „Entwicklung". Und doch gewährt ihnen nichts von alledem auch nur den Hauch eines Vorteils gegenüber den Fischer:innen und Bäuer:innen von Nicoya, was diesen zentralen Maßstab für menschlichen Fortschritt betrifft. Der Stapel der Belege wird höher und höher. Erneut stellen wir fest, dass das Übermaß an BIP, das die reichsten Nationen charakterisiert, ihnen bei dem, was eigentlich zählt, überhaupt nichts bringt.

Gutes Leben ohne Wachstum

Dies alles sind hervorragende Nachrichten. Sie bedeuten nichts anderes, als dass Länder mit gehobenem und hohem Einkommen ein gutes Leben für alle bereitstellen und dabei wirklichen Fortschritt bei der menschlichen Entwicklung erreichen können, ohne dass sie dafür Wachstum brauchen. Wir wissen genau, was man dazu tun muss: Ungleichheit reduzieren, in allgemeine öffentliche Güter investieren und Einkommen wie Chancen gerechter verteilen. Das Aufregende an dieser Vorgehensweise ist, dass sie auch eine unmittelbare positive Auswirkung auf die lebendige Welt hat. Wenn Gesellschaften egalitärer werden, fühlen sich die Leute weniger unter Druck, immer höheren Einkommen und immer glamouröseren Statusgütern hinterherzujagen. Das befreit sie aus der Tretmühle des immerwährenden Konsumismus. Nehmen wir Dänemark zum Beispiel. Die Konsumforschung zeigt, dass die Menschen in Dänemark, weil es dort egalitärer zugeht als in den meisten anderen einkommensstarken Ländern, weniger Kleidung kaufen – und sie länger tragen – als in entsprechenden Ländern anderswo. Und die Firmen geben weniger für Werbung aus, weil die Leute an unnötigen Luxuskäufen einfach nicht so viel Interesse haben. Dies ist einer der Gründe, warum eher egalitäre Gesellschaften letztendlich geringere Emissionswerte pro Kopf aufweisen, unter sonst gleichen Bedingungen.

Ein Abbau der Ungleichheit reduziert die ökologischen Folgen aber auch ganz unmittelbar. Reiche Leute haben einen viel verheerenderen ökologischen Fußabdruck als alle anderen. Die reichen zehn Prozent der Weltbevölkerung sind für mehr als die Hälfte der gesamten Kohlenstoffemissionen auf der Welt seit 1990 verantwortlich. Anders gesagt, die Klimakrise wird zum großen Teil von den Reichen der Welt vorangetrieben.

Und die Sache bekommt eine noch stärkere Schlagseite, wenn wir die Einkommensleiter nach oben klettern. Einzelpersonen im reichsten Prozent emittieren hundert Mal mehr als Einzelpersonen in der ärmsten Hälfte der Bevölkerung. Warum? Das liegt nicht nur daran, dass sie mehr konsumieren als alle anderen, sondern auch daran, dass das, was sie konsumieren, energieintensiver ist: riesige Häuser, große Autos, Privatjets, häufige Flüge, Fernreisen, Luxusimporte und so weiter. Und wenn die Reichen mehr Geld haben, als sie ausgeben können, was so gut wie immer der Fall ist, dann investieren sie ihren Überschuss in expansiven Wirtschaftsbereichen, die sehr häufig umweltschädlich sind.

Dies bringt uns zu einem einfachen, aber radikalen Fazit: Jede Politik, die die Einkommen der Superreichen reduziert, ergibt einen positiven ökologischen Nutzen. Und da die überschüssigen Einnahmen der Reichen ihnen in Bezug auf ihr Wohlbefinden nichts bringen, kann diese Maßnahme ohne irgendwelche schädlichen sozialen Folgen umgesetzt werden. Diese Position wird von Forscher:innen, die in diesem Bereich arbeiten, weitgehend geteilt. Der französische Ökonom Thomas Piketty, einer der weltweit führenden Expert:innen auf dem Gebiet der Ungleichheit, nimmt kein Blatt vor den Mund: „Eine drastische Reduktion der Kaufkraft der Reichsten würde sich als solche bereits substanziell auf eine Reduktion der Emissionen auf globaler Ebene auswirken."

Öffentliche Güter sind ökologisch sinnvoll

Man kann ökologischen Nutzen auch aus dem Investieren in öffentliche Dienstleistungen ziehen. Öffentliche Dienstleistungen sind fast immer weniger intensiv als ihre privaten Pendants. Großbritanniens National Health Service zum Beispiel emittiert im Vergleich zum amerikanischen Gesundheitssystem nur ein Drittel CO_2 und liefert dabei die besseren gesundheitlichen Ergebnisse. Öffentlicher Verkehr ist in puncto Energie wie auch Material weniger intensiv als Privatautos. Wasser aus dem Wasserhahn ist weniger intensiv als Wasser in Flaschen. Und Einrichtungen wie öffentliche Parks, Freibäder und Freizeitanlagen sind weniger intensiv, als wenn jede und jeder sich immer größere Gärten, Privatpools und private Fitnessgeräte kauft. Und obendrein macht es mehr Spaß. Wenn man nach Finnland fährt, findet man dort eine ganze Gesellschaft vor, die dank der Geselligkeit der öffentlichen Saunaeinrichtungen ihr Leben genießt; das ist ein nationaler Zeitvertreib, der viel dazu beiträgt, dass Finnland eines der glücklichsten Länder der Welt ist.

Gemeinsam genutzte Güter nehmen auch Druck von den Menschen, was den Bedarf an privatem Einkommen betrifft. Nehmen wir zum Beispiel die USA. Die Amerikaner stehen unter dem extremen Druck, immer länger und auf immer höhere Einkommen hinzuarbeiten, weil die Kosten für den Zugang zu elementaren Gütern wie Gesundheitsversorgung und Bildung nicht nur sündhaft teuer sind, sondern auch ständig steigen. Eine angemessene Gesundheitsversorgung kann unerschwinglich sein, und die Kosten für Eigenanteil und Zuzahlungen reichen oft aus, um Menschen für den Rest ihres Lebens in Schulden zu stürzen. Die Prämien für die Krankenversicherung haben sich seit dem Jahr 2000 fast vervierfacht. Was die Bildung betrifft, so muss eine Familie mit zwei Kindern damit rechnen, dass sie bis zu einer halben Million US-Dollar zahlen muss, nur um sie durchs College zu bringen – fast 500 Prozent mehr als in den 1980er Jahren. Diese Preise haben nichts mit den „realen" Kosten von Gesundheitsversorgung und Bildung zu tun: Sie sind ein künstlich hergestellter Zusammenhang in einem um Profit herum organisierten System.

Man überlege sich nun einmal Folgendes: Würden die Vereinigten Staaten zu einem öffentlichen Gesundheits- und Bildungssystem übergehen, könnten die Menschen für einen Bruchteil der Kosten auf die Güter zugreifen, die sie für ein gutes Leben brauchen. Plötzlich stünden sie viel weniger unter Druck, hohe Einkünfte zu erzielen, nur damit sie über die Runden kommen. Das bringt uns zum entscheidenden Punkt. Wenn es um das gesellschaftliche Wohlergehen geht, kommt es nicht auf das Einkommen als solches an. Es kommt darauf an, was man mit dem Einkommen kaufen kann, in puncto Zugang zu den Dingen, die wir für ein gutes Leben brauchen. Was zählt, ist die „Wohlergehenskaufkraft" des Einkommens. Wollte man in den Vereinigten Staaten einen Haushalt auf der Basis von 30000 US-Dollar führen, hätte man sehr zu kämpfen. Die Kinder auf eine anständige Universität zu schicken könnte man dann vergessen. In Finnland, wo die Menschen in den Genuss allgemeiner Gesundheitsversorgung, Bildung und Mietpreisbindung kommen, würde sich das gleiche Einkommen luxuriös anfühlen. Indem wir den Zugang der Menschen zu öffentlichen Dienstleistungen und anderen Gemeingütern ausweiten, können wir die „Wohlergehenskaufkraft" ihres Einkommens steigern und damit allen ein gutes Leben ermöglichen, ohne dass man zusätzliches Wachstum braucht. Gerechtigkeit ist das Gegenmittel gegen den Wachstumszwang – und der Schlüssel für die Lösung der Klimakrise.

Die Ideologie des Wachstumismus – eine Form von Wahnsinn

Das bedeutet eine grundsätzliche Umkehrung der neoliberalen Strategien, die in den vergangenen vierzig Jahren vorherrschend waren. In ihrer verzweifelten Jagd nach Wachstum haben Staaten die öffentlichen Dienstleistungen privatisiert, die Sozialausgaben gekürzt, die Löhne und den Arbeitsschutz beschnitten, den Reichsten Steuererleichterungen dargeboten und die Ungleichheit in die Höhe getrieben. Im Zeitalter der Klimakatastrophe müssen wir genau das Gegenteil tun.

Die Beweislage zeigt mit ihrer ganzen Wucht, dass wir keineswegs mehr Wachstum brauchen, um unsere gesellschaftlichen Ziele zu erreichen. Und dennoch besitzen die Narrative des Wachstumismus erstaunliche Beharrungskraft. Warum? Weil das Wachstum den Interessen der reichsten und mächtigsten Interessengruppen in unserer Gesellschaft dient. Zum Beispiel in den Vereinigten Staaten. Das reale BIP pro Kopf hat sich in den Vereinigten Staaten seit den 1970er Jahren verdoppelt. Man sollte annehmen, dass ein derart außergewöhnliches Wachstum entscheidende Verbesserungen für das Leben der Menschen gebracht hat; de facto ist aber genau das Gegenteil passiert. Die Armutsrate ist heute höher und die Reallöhne sind niedriger als vor vierzig Jahren. Trotz eines halben Jahrhunderts Wachstum ist das Land bei diesen Schlüsselindikatoren zurückgefallen, während so gut wie alle Gewinne den ohnehin schon Reichen zugeflossen sind. Die jährlichen Einnahmen des reichsten Prozents stiegen in diesem Zeitraum um mehr als das Dreifache und schnellten auf einen Durchschnitt von 1,4 Mio. US-Dollar pro Person hoch.

Mit solchen Daten auf dem Tisch wird klar, dass der Wachstumismus nicht viel mehr als eine Ideologie ist – eine Ideologie, die einige wenige auf Kosten von unser aller Zukunft begünstigt. Man drängt uns dazu, auf das Gaspedal des Wachstums zu treten, mit tödlichen Folgen für unseren lebendigen Planeten, nur damit die reiche Elite noch reicher werden kann. Aus Sicht des menschlichen Lebens ist das ganz klar eine Ungerechtigkeit. Dessen sind wir uns ja schon seit einiger Zeit bewusst. Aber aus ökologischer Perspektive gesehen ist es noch viel schlimmer – es ist eine Form von Wahnsinn.

Wir brauchen mehr als bloß neue Fortschrittsindikatoren

Das aber zeigt nur allzu deutlich, dass der vorherrschende Glaube an die Notwendigkeit des Wachstums nicht ausreichend begründet ist. Wer ständiges Wachstum auf Kosten der ökologischen Stabilität fordert, ist bereit, alles – buchstäblich alles – zu riskieren, für etwas, das wir gar nicht brauchen.

Als Simon Kuznets damals in den 1930er Jahren die BIP-Messmethode in den US-Kongress einbrachte, riet er ausdrücklich davon ab, sie jemals als normales Maß für wirtschaftlichen Fortschritt anzuwenden. Eine Fokussierung auf das BIP würde Anreiz für zu viel Zerstörung liefern. „Die Wohlfahrt eines Staates kann schwerlich von einem Maß für das nationale Einkommen abgeleitet werden", sagte Kuznets. „Ziele für mehr Wachstum sollten im Einzelnen benennen: mehr Wachstum wovon und wofür." Eine Generation später vermittelte der US-Politiker Robert Kennedy im Rahmen einer Rede an der Universität von Kansas die gleiche Botschaft: „Das BIP misst weder unseren Verstand noch unseren Mut, weder unsere Weisheit noch unsere Bildung, weder unser Mitgefühl noch die Liebe zu unserem Land. […] Kurz, es misst alles außer dem, was das Leben lebenswert macht."

Und doch bleibt das Bruttoinlandsprodukt, fast ein Jahrhundert nach Kuznets und ein halbes Jahrhundert nach Kennedy, der vorherrschende Maßstab für Fortschritt überall auf der Welt. Kuznets öffnete die Büchse der Pandora, gleichsam aus Versehen, und seitdem hat es niemand geschafft, sie wieder zu schließen.

Das beginnt sich aber gerade zu ändern. Der Wachstumismus verliert langsam seine ideologische Macht. Inzwischen gibt es eine rasch anwachsende Liste alternativer Messsysteme, unter anderem den Index des nachhaltigen wirtschaftlichen Wohlstands und den Indikator echten Fortschritts, GPI, die sich beide vorgenommen haben, das BIP durch die Einbeziehung der sozialen und ökologischen Kosten zu korrigieren. Und dieses neue Denken sickert allmählich auch in die Politik ein. Die damalige Premierministerin von Neuseeland, Jacinda Ardern, machte 2019 Schlagzeilen mit ihrem Versprechen, das BIP-Wachstum als Ziel aufzugeben zugunsten des Wohlbefindens. Nicola Sturgeon, die damalige Erste Ministerin Schottlands, schloss sich ihr gleich darauf an, zusammen mit Katrin Jakobsdóttir, der Premierministerin von Island. Bei jeder Ankündigung brachen die sozialen Medien in Begeisterung aus und die Geschichten gingen viral (natürlich blieb auch die Tatsache, dass diese drei Führungspersönlichkeiten allesamt Frauen sind, nicht unbemerkt). Die Menschen sind eindeutig bereit für etwas anderes.

Auf einmal ist das der letzte Schrei, und das nicht nur in den reichen Ländern. Auf der ganzen Welt sprechen NGOs jetzt über die Bedeutung der „Ökonomien des Wohlbefindens“. Länder wie Bhutan, Costa Rica, Ecuador und Bolivien haben allesamt Schritte in diese Richtung unternommen. Und im Jahr 2013 kündigte der chinesische Präsident Xi Jinping an, das BIP werde in China nicht länger als die zentrale Messgröße für Fortschritt verwendet, und revidierte damit eine langjährige Politik.

Ganzheitlichere Methoden beim Messen von Fortschritt zu verwenden, ist ein wichtiger erster Schritt in die richtige Richtung. Würden sich Politikerinnen und Politiker darauf konzentrieren, eine Messgröße wie GPI zu maximieren, hätten sie einen Anreiz, die gesellschaftlichen Vorteile zu verbessern und gleichzeitig die ökologischen Nachteile zu reduzieren. Es muss aber nicht unbedingt der GPI sein. Man könnte auch jeden anderen der vorgeschlagenen alternativen Indikatoren nehmen. Sobald wir uns von der Tyrannei des BIP freigemacht haben, können wir eine offene Diskussion darüber führen, was uns wirklich wichtig ist. Das ist dann der ultimative demokratische Akt; aber der ideologische Lockdown im Wachstumismus hat uns bislang daran gehindert, diesen Akt zu vollziehen.

Gleichzeitig müssen wir uns auch der Tatsache stellen, dass dieser Ansatz seine Grenzen hat. Die Anwendung besserer Indikatoren mag den politischen Druck in Richtung Wachstum etwas lindern; aber der Aufstieg des Molochs wird dadurch zunächst einmal nicht aufgehalten. Der Material- und Energieverbrauch steigt nicht nur deshalb, weil Politiker:innen und Ökonom:innen ein Wachstum des BIP anstreben. Er steigt, weil der Kapitalismus um den Zwang ständiger Ausdehnung herum organisiert ist. Selbstverständlich können wir das Wohlbefinden messen; wenn sich aber die industrielle Aktivität sozusagen hinter den Kulissen weiter ausweitet, landen wir am Ende doch in ökologischen Schwierigkeiten. Das ist ungefähr so, wie wenn man etwas für seine physische Gesundheit tun will. Verfolgt man nicht mehr den Blutdruck, sondern die Punktzahl beim wöchentlichen Kneipenquiz oder wie oft man am Tag lacht, dann mag das Leben sich durchaus verbessern, was diese Indikatoren betrifft, aber man kann trotzdem immer noch körperliche Beschwerden haben.

Man muss sich eines klarmachen: Das BIP ist keine beliebige Kennzahl einer wirtschaftlichen Leistung. Es handelt sich nicht einfach nur um irgendeinen Fehler – einen Buchungsirrtum, den man jetzt eben korrigieren muss. Es wurde speziell zu dem Zweck entwickelt, das Wohlergehen des Kapitalismus zu messen. Es externalisiert die sozialen und ökologischen Kosten, weil der Kapitalismus die sozialen und ökologischen Kosten externalisiert. Es ist naiv zu glauben, dass das Kapital, wenn die politischen Entscheidungsträger aufhören, das BIP zu messen, seine ständige Jagd nach immer höheren Erträgen automatisch aufgeben wird und dass unsere Volkswirtschaften dann nachhaltiger werden. Diejenigen, die eine Verschiebung in Richtung Wohlbefinden als die einzige Lösung betrachten, machen sich diesen Punkt meist nicht klar. Wollen wir unsere Gesellschaft aus dem Griff des Wachstumsimperativs befreien, dann müssen wir noch ein ganzes Stück klüger sein.

Raus aus der Wachstumsfalle

Wie wir mit der britischen Kriegswirtschaft die Klimakrise bewältigen können

Von **Ulrike Herrmann**

Der Kapitalismus war zweifellos ein historischer Fortschritt, hat aber leider eine fundamentale Schwäche: Er erzeugt nicht nur Wachstum, sondern muss auch wachsen, um stabil zu sein. Ohne ständige Expansion bricht der Kapitalismus zusammen. In einer endlichen Welt kann man aber nicht unendlich wachsen. Und dennoch tun die Industriestaaten so, als könnten sie mehrere Planeten verbrauchen. Bekanntlich gibt es aber nur eine Erde.

Die nächste Epoche wird daher eine „Überlebenswirtschaft" sein müssen, die den Kapitalismus überwindet. In der Klimadebatte wird stets suggeriert, dass wir die Lösung schon hätten und allein der politische Wille fehle. Doch tatsächlich gibt es bisher kein Konzept, wie sich der Kapitalismus friedlich beenden ließe. Es wird nur über Nichtlösungen gestritten. Bisher setzen die Regierungen darauf, dass sie Wirtschaft und Klimaschutz irgendwie versöhnen könnten. Die typischen Stichworte heißen „Green New Deal" oder „Entkopplung" von Wachstum und Energie. Die große Hoffnung ist, dass sich die gesamte Wirtschaft auf Ökostrom umstellen ließe – ob Verkehr, Industrie oder Heizung.

Dieses „grüne Wachstum" ist jedoch eine Illusion, denn der Ökostrom wird nicht ausreichen. Diese Aussage mag zunächst überraschen, schließlich schickt die Sonne 5000mal mehr Energie zur Erde, als die acht Milliarden Menschen benötigen würden, wenn sie alle den Lebensstandard der Europäer genießen könnten. An physikalischer Energie fehlt es also nicht, aber bekanntlich muss die Sonnenenergie erst einmal eingefangen werden. Solarpaneele und Windräder liefern jedoch nur Strom, wenn die Sonne scheint und der Wind weht. Um für Flauten und Dunkelheit vorzusorgen, muss Energie gespeichert werden – und dieser Zwischenschritt ist so aufwendig, dass Ökostrom knapp bleiben wird. Wenn die grüne Energie reichen soll, bleibt nur „grünes Schrumpfen".

Es ist kein neuer Gedanke, dass permanentes Wachstum keine Zukunft hat. Viele Klimaaktivisten sind längst überzeugt, dass die Natur nur überleben kann, wenn der Kapitalismus endet. Also haben sie den eingängigen Slogan geprägt: „system change, not climate change". Auch mangelt es nicht an Visionen, wie eine ökologische Kreislaufwirtschaft aussehen könnte, in der nur noch so viel verbraucht wird, wie sich recyceln lässt. Stichworte sind unter anderem Tauschwirtschaft, Gemeinwohlökonomie, Konsumverzicht, Arbeitszeitverkürzung oder bedingungsloses Grundeinkommen.

Doch wie lässt sich eine ökologische Kreislaufwirtschaft erreichen? Das bleibt unklar, denn die Vision wird meist mit dem Weg verwechselt. Das Ziel soll zugleich der Übergang sein. Nur selten wird gefragt, wie man eigentlich aus einem ständig wachsenden Kapitalismus aussteigen soll, ohne eine schwere Wirtschaftskrise zu erzeugen und Millionen Menschen in die Arbeitslosigkeit zu schicken. Es fehlt die Brücke aus der dynamischen Gegenwart in eine statische Zukunft.

Viele Klimaaktivisten spüren, dass der Abschied vom Kapitalismus schwierig wird. Greta Thunberg wurde kürzlich von einem Anhänger gefragt, wie denn das künftige System aussehen soll. „Ich weiß es nicht", antwortete sie. „Es wurde bisher noch nicht erfunden."

Um sich das „grüne Schrumpfen" vorzustellen, hilft es, vom Ende her zu denken. Wenn Ökostrom knapp bleibt, sind Flugreisen und private Autos nicht mehr möglich. Banken werden ebenfalls weitgehend überflüssig, denn Kredite lassen sich nur zurückzahlen, wenn die Wirtschaft wächst. In einer klimaneutralen Wirtschaft würde niemand hungern – aber Millionen von Arbeitnehmern müssten sich umorientieren. Zum Beispiel würden sehr viel mehr Arbeitskräfte in der Landwirtschaft und auch in den Wäldern benötigt, um die Folgen des Klimawandels zu lindern.

Diese Sicht auf die Zukunft mag radikal erscheinen, aber sie ist im wahrsten Sinne des Wortes „alternativlos". Wenn wir die emittierten Treibhausgase nicht auf netto null reduzieren, geraten wir in eine „Heißzeit", die ganz von selbst dafür sorgt, dass die Wirtschaft schrumpft. In diesem Klimachaos käme es wahrscheinlich zu einem Kampf aller gegen alle, den unsere Demokratie nicht überleben würde.

Vorbild Großbritannien 1939

Manche Deutschen fragen sich allerdings auch, ob es überhaupt sinnvoll ist, auf nationaler Ebene über den Klimaschutz nachzudenken. Sie fürchten, dass andere Länder es sogar ausnutzen könnten, wenn wir unsere Treibhausgase reduzieren. So schreibt der Ökonom Hans Werner Sinn: „Ob man nun an Kohle, Erdöl oder Erdgas denkt: Wenn Deutschland weniger kauft und verbrennt, dann können die Chinesen halt mehr kaufen und verbrennen." Dieses Misstrauen ist verständlich, verkennt aber, dass fast alle anderen Staaten unter der Klimakatastrophe noch weit stärker leiden als Deutschland. Es liegt in ihrem Eigeninteresse, die Treibhausgase ebenfalls zu reduzieren.

Der Kernfehler der marktorientierten Ökonomen ist, dass sie die Ökoenergie für ein normales Produkt halten, das sich beliebig vermehren lässt, wenn die Nachfrage steigt. Also glauben sie, dass nur „Preissignale" nötig wären, um den Ausbau von Windrädern und Solarpaneelen zu forcieren. Die Idee ist: Wenn die CO_2-Steuern hoch genug sind, wird fossile Energie so teuer, dass alle Firmen und Haushalte begeistert auf Ökostrom umsteigen. Die Ökoenergie ist aber nicht beliebig steigerbar – sondern wird, schon aus physischen und technischen Gründen, knapp bleiben. Grüne Technik verschlingt nämlich nicht bloß Stahl, Beton und Aluminium, was bisher ausreichend vorhanden ist – sondern auch eher knappe Mineralien. Dazu gehören unter anderem Lithium, Nickel, Kupfer, Kobalt, Mangan, Graphit und seltene Erden wie Neodym. Nur zum Vergleich: Ein herkömmliches Auto benötigt 35 Kilo dieser Rohstoffe, während es bei einem E-Auto etwa 210 Kilo sind – also sechsmal so viel. Auch Windräder drehen sich nicht von Luft allein. Pro Megawatt installierter Leistung werden mehr als 10000 Kilo an Mineralien benötigt, und wenn die Rotoren im Meer stehen, sind es sogar 15000 Kilo. Solarpaneele erfordern nicht ganz so viele Rohstoffe, kommen aber auch auf 7000 Kilo.

Konventionelle Kraftwerke sind da viel sparsamer: Wird Kohle verfeuert, sind 2500 Kilo Mineralien pro Megawatt nötig; bei Gas sind es sogar nur 1200 Kilo. Der Bedarf an Mineralien wird also explodieren, wenn die ganze Welt klimaneutral wirtschaften will. Die Internationale Energieagentur prognostiziert, dass sich die Nachfrage nach Kupfer bis 2040 mehr als verdoppeln, die nach Lithium aber auf das 42fache steigen wird, bei Graphit auf das 25fache, bei Kobalt auf das 21fache, bei Nickel auf das 19fache und bei den seltenen Erden auf das Siebenfache. Doch mit diesen sehr konkreten Fragen befassen sich Ökonomen nicht, sondern sie verharren in ihrer theoretischen Welt der Preise. Die Debatte hat sich inzwischen festgefahren, und zwei Lager stehen sich dabei unversöhnlich gegenüber: Die meisten Politiker, Klimaforscher und Ökonomen hoffen auf „grünes Wachstum", obwohl die Ökoenergie nicht reichen dürfte. Umgekehrt fordern daher die Wachstumskritiker, dass Einkommen und Verbrauch sinken müssen. Ihnen fehlt jedoch ein Plan, wie sie dabei eine schwere Wirtschaftskrise vermeiden können, die Millionen Menschen in Armut und Verzweiflung stürzt.

Schrumpfen, ohne Chaos zu erzeugen

Gesucht wird also eine Idee, wie sich die Wirtschaft schrumpfen lässt, ohne dass Chaos ausbricht. Zum Glück bietet die Geschichte dafür ein Vorbild. Ausgerechnet die britische Kriegswirtschaft taugt als Anregung, wie sich eine klimaneutrale Welt geordnet anstreben ließe.

Um möglichen Missverständnissen vorzubeugen: Nicht jede Kriegswirtschaft eignet sich als Vorbild. Hier wird nur die britische Kriegswirtschaft ab 1939 geschildert. Sie war keineswegs die einzige Kriegswirtschaft, die es in der Weltgeschichte je gegeben hat. Momentan zeigt Putins brutaler Angriff auf die Ukraine, dass jede militärische Auseinandersetzung dramatische Folgen auch für die Wirtschaft hat. Zudem kann es in einem einzigen Krieg gleich mehrere Modelle geben, wie die Ökonomie umgestaltet wird. Im Zweiten Weltkrieg hatten nicht nur die Briten und Amerikaner, sondern auch Hitler und Stalin ihre je eigenen Formen einer Kriegswirtschaft. Nicht jede Kriegswirtschaft eignet sich also als Analogie, wie sich eine ökologische Transformation gestalten ließe.

Die Briten standen 1939 vor einer monströsen Herausforderung: Sie hatten den Zweiten Weltkrieg nicht kommen sehen und mussten nun in kürzester Zeit ihre Wirtschaft auf das Militär ausrichten, ohne dass die Bevölkerung hungerte. Fast über Nacht entstand eine Planwirtschaft, die bemerkenswert gut funktionierte. Die Fabriken blieben in privater Hand, aber der Staat steuerte die Produktion – und organisierte die Verteilung der knappen Güter. Es wurde rationiert, aber es gab keinen Mangel. Die Briten erfanden also eine private und demokratische Planwirtschaft, die mit dem dysfunktionalen Sozialismus in der Sowjetunion nichts zu tun hatte.

Der Krieg als Metapher – und Motivation zu höchster Anstrengung

Natürlich wäre es aberwitzig, die damaligen Maßnahmen einfach zu kopieren – schließlich leben wir fast ein Jahrhundert später und befinden uns auch nicht im Krieg mit dem Klima. Aber einige Parallelen gibt es, die für eine nachhaltige Zukunft sehr instruktiv sind. Denn bei der britischen Kriegswirtschaft ab 1939 kommen mehrere Faktoren zusammen, die sie als Anregung interessant machen. Erstens: Die Briten lebten in einer Demokratie; ihr Premierminister Churchill war frei gewählt. Eine „Ökodiktatur“ wird zu Recht gefürchtet, doch wie die Briten bewiesen haben, sind auch Demokratien fähig, entschlossen zu handeln. Zweitens: Die Briten führten keinen Angriffskrieg, sondern mussten sich gegen Hitler verteidigen. Sie befanden sich in einer unfreiwilligen Notsituation, die zudem verspätet erkannt wurde. Lange Zeit hatten die Briten noch gehofft, sie könnten Hitler durch „Appeasement“ befrieden und von einem Krieg abhalten. Ähnlich erleben wir heute den Klimawandel. Seine Dramatik wurde nur verzögert verstanden, zwingt uns aber jetzt zum Handeln. Drittens: Die Briten mussten ihre normale Wirtschaft in kürzester Zeit stark herunterfahren, damit in den Fabriken Kapazitäten frei wurden, um Militärgüter herzustellen. Von all dem lässt sich lernen, wie sich eine schrumpfende Wirtschaft organisieren lässt.

Wachstumskritikern wird gern unterstellt, dass sie große Freude daran hätten, ihre Mitmenschen zu quälen. „Bevormundung macht denjenigen Spaß, die sich die Verbote ausdenken“, klagt etwa die „Bild“-Journalistin Nena Schink, der davor graut, dass Deutschland „zu einer Verbotsnation mutieren“ könnte. Leider wird es ohne Verbote nicht gehen. Unsere Lebensweise kann nur dann ökologisch sein, wenn nicht jede jederzeit unbegrenzt konsumiert. Die Analogie zum Zweiten Weltkrieg ist daher passend: Sie macht klar, dass es Opfer kostet, eine ökologische Kreislaufwirtschaft aufzubauen. Nur Verzicht sichert das Überleben – wie im Krieg.

Es ist auch nicht ungewöhnlich, vom „Krieg“ zu sprechen, sobald ein großes Problem zu lösen ist. So wurden schon Kriege gegen die Armut, gegen die Drogen oder gegen den Krebs ausgerufen. Allerdings wird das Wort „Krieg“ hierbei nur als Metapher verwendet und soll herausstreichen, dass höchste Anstrengung geboten ist. Auch während der Corona-Pandemie war es üblich, militärische Vergleiche zu ziehen. US-Präsident Trump sagte – nachdem er lange das Virus kleingeredet hatte – in einer Pressekonferenz: „Wir sind im Krieg und wir bekämpfen einen unsichtbaren Feind." Der französische Präsident Macron sah sich ebenfalls im Krieg, der eine „Generalmobilmachung" erforderte, während die britische Königin Elisabeth II. von Pflegekräften „an der Front" sprach. Diesmal waren die Analogien zum Zweiten Weltkrieg wortwörtlich gemeint, und in einigen Staaten wurden sogar Verordnungen aus Kriegszeiten reaktiviert. Trump holte beispielsweise den „Defence Production Act" wieder hervor, den man 1950 im Koreakrieg erlassen hatte, um den Autokonzern General Motors zu zwingen, Beatmungsgeräte herzustellen. So wie früher Panzer für die Schlacht produziert worden waren, so galten jetzt Masken und Impfstoffe als „Waffen gegen den Virus". Und wie im Krieg zog der Staat alle wichtigen Entscheidungen an sich: Binnen Tagen wurden Schulen und Gaststätten geschlossen, die Angestellten ins Homeoffice geschickt, riesige Rettungspakete geschnürt und Grenzen teilweise abgeriegelt. Geld spielte keine Rolle mehr, es ging allein um den „Sieg" gegen die Pandemie. Hier zeigte sich: Der Staat kann handeln, wenn er will.

Der Staat kann handeln, wenn er will

Diese Tatsache ist auch den Klimaschützern nicht entgangen: Sie neigen ebenfalls dazu, den Kampf gegen die Klimakrise mit dem Zweiten Weltkrieg zu vergleichen. Schon 2018 wünschte sich der Weltklimarat IPCC eine globale „Mobilmachung", und auch der Ökonomie-Nobelpreisträger Joseph Stiglitz propagiert diese Idee. Klimaschützer begeistert vor allem, wie schnell es den Alliierten damals gelang, die nötigen Waffenarsenale zu produzieren, um Deutschland und seine Verbündeten zu besiegen. Ähnlich schnell sollen nun Windräder, Solarpaneele und E-Autos hergestellt werden.

Die meisten Autoren interessieren sich allerdings nicht so sehr für Großbritannien, sondern vor allem für die USA, weil dort aus dem Nichts riesige Waffenschmieden errichtet wurden, nachdem die Japaner im Dezember 1941 Pearl Harbor angegriffen hatten. Unter anderem bauten die Amerikaner in nur sechs Monaten eine Flugzeugfabrik in Michigan, in der täglich 24 B24 Bomber produziert wurden, obwohl jedes einzelne Flugzeug 1 225 000 Teile und 313 237 Nieten benötigte. Ähnlich beeindruckend war die US-Produktion der standardisierten „Liberty"-Frachter. Diese Schiffe sollten die Verluste ausgleichen, die durch die deutschen U-Boote im Atlantik entstanden. Anfangs dauerte es acht Monate, um einen einzigen Frachter herzustellen, der aus 250 000 Teilen bestand. Am Ende wurde alle fünf Tage ein Schiff gebaut. Gleichzeitig wurden bestehende Fabriken einfach umgewidmet: Heizungsfirmen stellten Helme her, aus Unterwäsche wurden Tarnnetze, Rechenmaschinen verwandelten sich in Pistolen, und Staubsaugerbeutel fanden sich in Gasmasken wieder. Die Stoffe für Autositze wurden zu Fallschirmen, während die Autokonzerne Maschinengewehre und Kanonen, Jagdflugzeuge und Panzer bauten. Zwischen 1942 und 1945 gab die US-Regierung mehr Geld aus, als sie insgesamt von 1789 bis 1941 verbraucht hatte. In den Kriegsjahren stellten die

USA 87 000 Marineschiffe, 300 000 Flugzeuge, 100 000 gepanzerte Fahrzeuge und Panzer sowie 44 Mrd. Schuss Munition her. Auch US-Präsident Roosevelt staunte über dieses „Wunder der Produktion".

Schmerzfrei ökologisch?

Diese gigantische Materialschlacht hatte das Wachstum damals kräftig angekurbelt, und ähnlich optimistische Visionen entfalten viele Klimaschützer, wenn es um die Zukunft geht. So schwärmt der US-amerikanische Aktivist Bill McKibben: „Den Klimawandel zu stoppen, würde einen enormen sozialen und ökonomischen Nutzen erzeugen, genau wie es der Zweite Weltkrieg tat." Auch der philippinische Ökonom Laurence Delina will „lähmenden Pessimismus" vermeiden und glaubt, mit der Kriegswirtschaft das richtige Mittel gefunden zu haben, um „höchst optimistische Strategien" zu entwickeln, damit der Klimaschutz „zu einer der größten Chancen für sozialen, technischen, politischen, ökonomischen und kulturellen Wandel werden kann".

Bei Klimaschützern ist die US-Kriegswirtschaft auch deshalb so beliebt, weil sie weitgehend schmerzfrei war. Die Amerikaner mussten sich im Krieg zwar ein wenig einschränken, da die Firmen keine Autos oder Nylonstrumpfhosen mehr herstellten, sondern Panzer und Fallschirmseide produzierten. Aber insgesamt hielt sich der Verzicht in Grenzen. Pro Person und Woche gab es immer noch mehr als ein Kilo Fleisch – was genau der Menge entspricht, die auch die Deutschen heute im Wochendurchschnitt essen. Auch die eigentliche Aufrüstung ließ sich mühelos finanzieren. Das Militär verschlang zwar bis zu 42 Prozent der Wirtschaftsleistung, aber die Gesamtwirtschaft expandierte noch weit schneller. In den USA legte sie insgesamt um 90,5 Prozent zu, und in Kanada verdoppelte sie sich sogar um mehr als 100 Prozent. Die Nordamerikaner sind im Krieg reicher geworden.

Doch genau, weil das damalige Wachstum in den USA so unglaublich war, kann es nicht die grüne Zukunft sein, die Kriegswirtschaft der Nordamerikaner zu kopieren. Die Ökoenergie würde niemals reichen, um diese Materialflut zu erzeugen. Natürlich müssen wir maximal in Windräder, Solarpaneele, Wärmepumpen, Elektrolyseure, Stromnetze, Bahnschienen oder Batterien investieren – insofern passt der Vergleich mit der amerikanischen Mobilmachung im Zweiten Weltkrieg. Aber rasantes und exorbitantes Wachstum darf daraus nicht entstehen. Die britische Kriegswirtschaft ist daher besser geeignet, ein Modell für die Zukunft abzugeben. Denn im Vereinigten Königreich musste die zivile Produktion tatsächlich stark schrumpfen, um Kapazitäten für das Militär freizuräumen. Der Krieg beanspruchte etwa 50 Prozent der britischen Wirtschaftsleistung – die in dieser Zeit aber kaum expandierte. Von 1939 bis 1945 erreichte das Wachstum insgesamt nur 27 Prozent. Zwar konnten die Briten Waffen und Waren auch aus Nordamerika und dem Commonwealth importieren, aber diese reichten bei Weitem nicht aus, um den Lebensstandard aus Friedenszeiten zu sichern. Der Krieg ging an die Substanz. Die Briten hatten Hitler lange unterschätzt, weil sie auf gar keinen Fall erneut kämpfen wollten. „Niemals wieder", lautete das Motto, weil der Erste Weltkrieg so furchtbar gewesen war. Zwischen 1914 und 1918 waren mehr als 16,5 Millionen Menschen umgekommen, dazu gehörten 723 000 Briten und weitere 230 000 Soldaten aus dem britischen Commonwealth. Zudem schreckten die Kosten eines Krieges: Die Weltwirtschaftskrise hatte schwere Schäden hinterlassen, und um den Staatshaushalt zu entlasten, waren die britischen Verteidigungsausgaben bis 1934 um ein Viertel gekürzt worden.

Die britischen Geheimdienste waren zwar bestens über Hitlers Aufrüstung informiert, aber lange Zeit beruhigte sich die Regierung damit, dass die Deutschen nur ihre „nationale Einheit" wieder herstellen wollten. Erst die „Sudetenkrise" schreckte die Engländer auf, als Hitler 1938 ultimativ verlangte, dass das Sudetenland an das Deutsche Reich angeschlossen werden sollte. Dennoch ließen sich die Briten im September 1938 auf das „Münchner Abkommen" ein. Die Deutschen durften das Sudetenland besetzen, während Hitler zusagte, die Souveränität der restlichen Tschechoslowakei zu achten. Dass dies eine Täuschung war, verstanden die meisten Briten erst am 15. März 1939, als deutsche Panzer in Prag einrollten.

Im Rückblick wirkt es naiv, dass der britische Premier Chamberlain lange Zeit überzeugt war, dass „Herrn Hitlers Ziele absolut begrenzt" seien und er „die Wahrheit sagen" würde, wenn er versicherte, dass er die Tschechen nicht „heim ins Reich" holen wolle. Aber damals schien es tatsächlich kaum vorstellbar, dass Hitler einen weiteren Weltkrieg anzetteln wollte. Denn es war klar, dass er diesen Krieg verlieren würde. Das Deutsche Reich war schlicht zu arm, um ganz Europa zu unterwerfen. Die Briten hingegen waren damals eine militärische Supermacht. Sie besaßen die größte Flotte und die größte Flugzeugproduktion der Welt. Das Heer war zwar klein, aber voll motorisiert. Kein britischer Soldat ging zu Fuß, sondern alle saßen in gepanzerten Wagen. Im September 1940 glaubte die britische Militärführung daher noch, dass schon 1942 mit einem Sieg zu rechnen sei. Stattdessen wurden es noch fünf quälend lange Jahre.

Von der Markt- zur privaten Planwirtschaft

Als der Zweite Weltkrieg begann, wollte man die Fehler des Ersten möglichst vermeiden. Ab 1914 hatte man meist ad hoc entschieden und erst spät erkannt, dass ein totaler Krieg eine umfassende Planung benötigte. 1939 verloren die Briten daher keine kostbare Zeit mehr, sondern organisierten sofort eine Art „privater Planwirtschaft". Der Staat gab vor, was produziert werden sollte – aber die Unternehmen blieben im Eigentum ihrer Besitzer. Firmen, Handwerksbetriebe, Restaurants oder Läden wurden nicht verstaatlicht, sondern konnten weiterhin selbst entscheiden, wie sie ihre Betriebe führten.

Die britische Planwirtschaft unterschied sich also fundamental vom Sozialismus, der zeitgleich unter Stalin in der Sowjetunion praktiziert wurde. In dieser „zentralen Planwirtschaft sowjetischen Typs" waren alle Betriebe staatlich, und es wurde bis zur letzten Schraube reglementiert, wie die Fabriken ihre Waren herzustellen hatten. Die britische Regierung hingegen lenkte die Betriebe indirekt – indem sie Rohstoffe, Kredite und Arbeitskräfte zuteilte. Vor allem Beschäftigte waren so knapp, dass Unternehmen nur produzieren konnten, wenn sie Angestellte zugewiesen bekamen: Das „Manpower Budget" wurde zum zentralen Steuerungsinstrument der Regierung.

Eine Menge „Manpower" benötigten auch die Planungsbehörden selbst. Allein das neue Ernährungsministerium beschäftigte im April 1940 bereits 3500 Menschen, 39000 Mitarbeiter waren es dann 1943. Trotzdem führten diese riesigen Bürokratien kein Eigenleben fern des Alltags, denn die Behörden waren durchsetzt von Experten und Geschäftsleuten. Gezielt wurden Ökonomen, Wissenschaftler, Ingenieure und Unternehmer angeheuert. Anfangs fehlten jedoch die nötigen Zahlen, um überhaupt planen zu können. Eine volkswirtschaftliche Gesamtrechnung existierte noch nicht. Niemand konnte sagen, wie viele Waffen, Flugzeuge und Panzer sich produzieren ließen, ohne dass die Bevölkerung hungern müsste.

Die Erfindung des BIP

Um diese Wissenslücken zu schließen, wurde damals das Bruttoinlandsprodukt (BIP) als Messgröße erfunden. Es war, wenn man so will, eine britische Kriegswaffe. Der Erfolg war so durchschlagend, dass es später weltweit von fast allen Ländern übernommen wurde: Das BIP hat sich zur wichtigsten statistischen Größe in der Ökonomie entwickelt, weil es die Wirtschaftsleistung und damit auch das Wachstum misst. Dank des BIP ließ sich nun genau einschätzen, dass 66 Prozent der britischen Industriekapazitäten benötigt wurden, um das Militär aufzurüsten. Für die Zivilbevölkerung blieben also kaum noch Güter übrig. Dabei war der Bedarf weit größer als zu Friedenszeiten, weil deutsche Bomben über eine Million englischer Wohnungen zerstörten. Zudem musste bei der Lebensmittelversorgung gekürzt werden, weil Großbritannien nicht autark, sondern zu 70 Prozent auf Importe angewiesen war. Diese Einfuhren mussten unbedingt sinken, da die Schiffe nun gebraucht wurden, um Waffen und Militärrohstoffe aus Übersee herbeizuschaffen. Lebensmittel kosteten wertvollen Platz.

Es wurde genau ausgerechnet, wie viele Kalorien sich mit welchem Nahrungsmittel importieren ließen. Dabei kam heraus: 1000 Kubikfuß Schiffsraum konnten 83000 Zuckerkalorien, über 100000 Fettkalorien und 56000 Getreidekalorien transportieren – aber nur 12000 Kalorien, wenn frische Eier verschifft werden sollten. Also wurden diese gestrichen und dafür wurde das getrocknete Eipulver erfunden. Die Briten haben im Zweiten Weltkrieg nicht gehungert, denn pro Kopf und Tag gab es 2800 Kalorien. Das war ausreichend: Heute raten Krankenkassen, dass Männer maximal 2400 Kalorien zu sich nehmen sollten. Bei Frauen sind es sogar nur 1900 Kalorien. Aber Quantität ist nicht gleich Qualität. Fleisch, Käse, Fett, Zucker, Tee und Seife waren so knapp, dass sie rationiert werden mussten. Echter Mangel herrschte aber auch bei diesen raren Gütern nicht. So reichte es weiterhin für mindestens 540 Gramm Fleisch pro Woche; Militärbeschäftigte erhielten sogar stattliche 1,2 Kilo. Nur Milch und Eier gab es für normale Erwachsene fast nie, sondern waren Kindern, Schwangeren und stillenden Müttern vorbehalten. Nicht rationiert waren Kartoffeln, Mehl und Brot. Auch Fisch, Geflügel, Wild, Innereien, Gemüse und Früchte wurden nicht limitiert. Denn sie waren entweder schnell verderblich, nur zu bestimmten Zeiten vorhanden oder nicht ausreichend verfügbar, um Rationen für alle zu garantieren.

Knapp waren natürlich auch Extras wie Konserven, Kekse, Schokolade, Süßigkeiten oder getrocknete Früchte. Für sie gab es ein Punktesystem. Jeder Kunde konnte individuell entscheiden, für welche Waren er seine Punkte verwenden wollte. Je nach Gesamtangebot veränderte die Regierung die Punktzahl, die für ein bestimmtes Produkt nötig war. Dieses Punktesystem galt auch für Möbel und Kleider. Um Material und Arbeitsaufwand zu sparen, wurden sie normiert, so dass Stühle oder Teller immer gleich aussahen. Für Kleider gab es ebenfalls strikte Vorschriften, damit keine unnötigen Verzierungen aufgenäht wurden. So durfte ein Frauenkleid nur maximal zwei Taschen und fünf Knöpfe aufweisen. Die Mengen und Preiskontrollen waren in Großbritannien ungemein populär. Wie die britische Regierung bereits 1941 feststellen konnte, war das Rationierungsprogramm „einer der größten Erfolge an der Heimatfront".

Der Segen der staatlich verordneten Gleichmacherei

Die staatlich verordnete Gleichmacherei erwies sich als ein Segen: Ausgerechnet im Krieg waren die unteren Schichten besser versorgt als je zuvor. In Friedenszeiten hatte ein Drittel der Briten nicht genug Kalorien erhalten, weitere 20 Prozent waren zumindest teilweise unterernährt. Nun, mitten im Krieg, war die Bevölkerung so gesund wie nie, wobei „die Fitness der Babys und Schulkinder besonders hervorstach".

Die Rationierungsprogramme waren deshalb so beliebt, weil jeder Brite genau das Gleiche bekam. Allerdings war es nur die halbe Wahrheit, dass der Wohlstand gar nicht mehr zählte. Denn die Eliten hatten das nötige Geld, um nicht rationierte Waren wie Fisch oder Wild zu kaufen, und konnten auch teure Restaurants aufsuchen. Aber diese Ungerechtigkeiten waren später vergessen. Im Rückblick wurde der Krieg als eine „Zeit des Gemeinsinns" verklärt, „in der Klassen- und Standesunterschiede verblassen und die Namenlose genauso wichtig ist wie der Prinz".

Der Konsum fiel damals um ein Drittel – und zwar in kürzester Zeit. Dieser enorme Rück- und Umbau macht die britische Kriegswirtschaft zu einem faszinierenden Modell für heute: Der deutsche Verbrauch muss nämlich ähnlich drastisch sinken, wenn das Klima gerettet werden soll.

Allerdings muss heute niemand fürchten, dass es wieder nur Kartoffeln, Brot und zwei Kleider pro Jahr geben könnte. So trist würde es nicht werden. In den vergangenen 80 Jahren ist die deutsche Wirtschaft real um das Zehnfache gewachsen. Selbst wenn von diesem gewaltigen Wohlstand nur die

Hälfte übrig bliebe, wären wir immer noch so reich wie im Jahr 1978. Wer damals dabei war, erinnert sich: „Krieg der Sterne" füllte die Kinosäle, und Argentinien wurde Fußballweltmeister. Kinder spielten mit Bonanzarädern und Slime. Das Leben fühlte sich kaum anders an als heute, war aber etwas gemächlicher. Statt mehrfach für ein verlängertes Wochenende nach Mallorca zu jetten, fuhr man einmal im Jahr mit dem eigenen Auto für drei Wochen nach Italien. In einer klimaneutralen Welt wäre man zwar mit dem Zug unterwegs, aber Urlaub wäre immer noch selbstverständlich.

Der Einstieg in die Kreislaufwirtschaft

Ein derartiges Modell könnte der Einstieg in eine echte Kreislaufwirtschaft sein. Die „Share Economy" hat bereits betörende Visionen entwickelt, wie ein angenehmes Leben aussehen könnte, das nur so viel verbraucht, wie sich recyceln lässt. Das Ziel ist klar, nur der Weg fehlt. Bisher gibt es keinen Plan, wie sich der dynamisch wachsende Kapitalismus beenden ließe, ohne dass eine schwere Wirtschaftskrise droht. Die britische Kriegswirtschaft könnte ein solches Modell liefern: Sie zeigt, wie eine private Planwirtschaft die zivile Produktion geordnet schrumpfen kann – und wie sich dann knappe Güter rationieren lassen, damit der soziale Frieden erhalten bleibt.

Gewiss, heutzutage haben Planung und Rationierung einen schlechten Ruf. Wer nicht auf den „freien Markt" setzt, dem wird unterstellt, dass er seine Mitmenschen triezen will. In einem Interview empörte sich sogar der Grüne Anton Hofreiter: „Sollen Leute ein Kontingent kriegen, wie viel sie Auto fahren dürfen? Soll es Bezugsscheine für Fleisch geben? Das ist absurd. Wir sind in einer freien Gesellschaft, da gibt es zum Glück keine solchen Instrumente."

Viele Menschen glauben wie Hofreiter, „freier Markt" und staatliche Lenkung seien Gegensätze, die sich absolut ausschließen. Doch das ist ein Irrtum. Auch im Kapitalismus wurde schon immer geplant – von den Unternehmen und von den Regierungen. Die Briten haben im Zweiten Weltkrieg vorgeführt, wie eine Regierung effektiv lenken kann, um die Wirtschaft radikal umzustellen. Die britische Kriegswirtschaft konnte jedoch nur deswegen so gut funktionieren, weil sie nichts radikal Neues einführte, sondern nur radikalisierte, was im Kapitalismus ohnehin schon angelegt ist. Denn auch wenn es von Marktradikalen gerne verdrängt wird: Selbst in normalen Zeiten spielt der Staat eine tragende Rolle. Deshalb wäre es jederzeit möglich, wieder in eine Art Kriegswirtschaft zu wechseln, um das Klima zu retten. Getreu der Devise: Aus den Erfahrungen des Kapitalismus lernen, heißt siegen lernen.

Untergang oder Utopie: Der Klimawandel in der Literatur

Von **Steffen Vogel**

Der Sommer auf der Nordhalbkugel hatte noch nicht begonnen, El Niño die Pazifikregion noch nicht zusätzlich aufgeheizt, da schien der Planet schon zu glühen und zu brennen. In den kanadischen Wäldern erstreckten sich bereits im Frühjahr gewaltige Feuer vom Atlantik bis zum Pazifik, quer durch das zweitgrößte Land der Erde. Thailand verwandelte sich im April 2023 in einen regelrechten Glutofen; angesichts einer ungewöhnlichen Hitze von 45 Grad im Schatten schickte die Regierung ihre Bürger in den Lockdown. Und aus dem Irak wurde gemeldet, dass die seit Jahrhunderten so fruchtbare Region zwischen Euphrat und Tigris vertrocknet und damit ausgerechnet jene Gegend, die in der biblischen Überlieferung als der blühende Garten Eden beschrieben wird.

Schon ein oberflächlicher Blick in die Nachrichten zeigt also, wie bedrohlich der Klimawandel für die Menschen inzwischen geworden ist – und wie nah er uns angesichts von Überflutungen in Norditalien, Dürren in Spanien und Waldbränden in Brandenburg inzwischen kommt. Selbst im wohlhabenden Westeuropa müssen bereits scharfe Maßnahmen ergriffen werden, weil sich die Probleme endgültig nicht mehr aufschieben lassen. In den Niederlanden sah sich die damalige rechtsliberal geführte Regierung 2022 gezwungen, ein Drittel der Bauernhöfe zur Aufgabe zu drängen, um die viel zu hohen Stickstoffwerte zu senken. In Frankreich haben erste dürregeplagte Kommunen in ländlichen Regionen damit begonnen, den Bau neuer Eigenheime zu untersagen – weil das Wasser vielerorts schon jetzt kaum reicht.

Doch die gesellschaftlichen Reaktionen auf diese enormen Herausforderungen sind oft paradox. Während beispielsweise eine Mehrheit der Bundesbürger in Umfragen immer wieder bekennt, dass dem Klimaschutz mehr Aufmerksamkeit gewidmet werden müsse, so wächst doch der Widerstand, sobald es um konkrete Maßnahmen geht. Das ist nicht bloß Ausdruck massiver Kampagnen der fossilen Industrien, es ist auch nicht allein mit Fehlern der Klimabewegung oder der Grünen zu erklären. Vielmehr zeigt sich hier ein unglückliches Bewusstsein: Die meisten Menschen wissen um die grundsätzliche Notwendigkeit des Klimaschutzes, aber andere Dinge wiegen schwerer: materielle Verlustängste, Schuldabwehr angesichts des eigenen Anteils an der Erderhitzung oder schlicht die Unwilligkeit, seinen Lebensstil zu ändern. Dabei haben dieselben Bürger während der Coronapandemie mehrheitlich noch weit drastischere, wenn auch zeitlich beschränkte, staatliche Eingriffe in ihr Privatleben akzeptiert. Einen wesentlichen Anteil an der damaligen Einsicht in die Notwendigkeit dürften die Bilder von Armeelastwagen voller Särge aus dem norditalienischen Bergamo gehabt haben. Wer diese und ähnliche Aufnahmen gesehen hatte, musste die Krise als akut wahrnehmen.

Angesichts dessen stellt sich die Frage: Welches Bild machen wir uns vom Klimawandel? Begreifen wir seine Dringlichkeit – oder halten wir ihn für ein Problem kommender Generationen? Sehen wir in ihm ein schicksalhaftes Verhängnis – oder erkennen wir noch Möglichkeiten, zu handeln und zu gestalten?

Wer könnte darüber Aufschluss geben, wenn nicht die Literatur? Schließlich finden in ihr gesellschaftliche Stimmungen und gedankliche Strömungen einen verdichteten Ausdruck – oft noch bevor etwa die Soziologie sie methodisch zu definieren vermag. Doch umso mehr erstaunt der Blick auf die Neuerscheinungen der vergangenen Jahre. Fast könnte es scheinen, als spiegele die Literatur bloß das unglückliche Bewusstsein unserer Gesellschaften. Zwar avancierten einzelne Romane, die sich der Erderwärmung widmen, zu Bestsellern, darunter das „Klima-Quartett" der norwegischen Schriftstellerin Maja Lunde, das mit „Die Geschichte der Bienen" begann und dessen vierter Teil „Der Traum von einem Baum" im Frühjahr 2023 auf Deutsch erschienen ist. Aber dieser und andere Verkaufserfolge können nicht darüber hinwegtäuschen, dass der Klimawandel weder in der Breite noch in der Spitze der Literaturszene angekommen ist: Noch erscheinen vergleichsweise wenig Romane zu dieser existenziellen Menschheitsfrage und wenn, dann werden sie selten von bekannten Autoren verfasst; Margaret Atwood („Orxy und Crake", 2003) und T.C. Boyle (zuletzt „Blue Skies", 2023) markieren mit ihren Büchern hier eher die Ausnahmen.

Dieser auffällige Mangel veranlasste den indischen Schriftsteller Amitav Ghosh schon 2016 zu einem fulminanten kulturkritischen Großessay. Das Grundproblem unserer modernen Rationalität bestehe darin, so Ghoshs These, dass wir verlernt haben, das Unwahrscheinliche zu denken. Wir gehen derart von stabilen ökologischen Zuständen aus, die sich allenfalls graduell verändern, dass wir die Möglichkeit außergewöhnlicher Ereignisse – wie Jahrhundertstürme – weitgehend ausblenden. Das präge auch den zeitgenössischen Roman: „Der Gestus, mit dem er Realität hervorzaubert, dient in Wirklichkeit dem Verbergen des Realen." Denn tatsächlich bricht in Zeiten des Klimawandels das Außergewöhnliche immer wieder über uns herein. Vorstellungen einer geordneten Normalität erweisen sich zunehmend als trügerisch. Das nicht erkennen zu können, verweise auf eine „Krise der Kultur und [...] der Imagination" – auf eine „große Verblendung".[1]

Doch zeigt ein zweiter Blick auf die aktuelle Lage: Ganz so düster ist es um unsere Kultur nicht bestellt. In den wenigen Jahren, die seit Ghoshs Kritik ins Land gegangen sind, haben neue literarische Stimmen von sich hören

1 Amitav Ghosh, Die große Verblendung. Der Klimawandel als das Undenkbare. München 2017, S. 39, S. 19 und S. 22.

lassen, die sich der Herausforderung des Klimawandels stellen. Im englischen Sprachraum laufen diese Bücher längst unter einem Label, das auch in der deutschen Debatte zunehmend verwendet wird: Der Begriff „Climate Fiction" nimmt sprachlich eine Anleihe bei Science Fiction, dient hier aber als Sammelbegriff für alle Romane, die sich mit der Erderwärmung befassen.[2]

Es ist eine Bewegung, die noch eher vom Rand des Literaturbetriebes kommt: Unter den entsprechenden Titeln findet sich so manches Debüt, oft verfasst von Frauen, zuweilen auch von Autoren, die sich in den vermeintlichen Niederungen der Genre-Literatur tummeln. Doch gerade sie zeigen zunehmend ein mutigeres, da realistischeres Bild der Klimakrise. Oft gehen sie dabei weg von den reinen, wenn auch aufrüttelnd gemeinten Schreckensbildern oder Dystopien, hin zu einer Reflexion über den veränderten Alltag unter den Bedingungen des Klimawandels – und sogar zu ersten konkreten Utopien.

Apokalypse als Gemeinplatz

Unter den neueren eher dystopischen Vertretern der „Climate Fiction" sticht ein Roman besonders heraus: „Die Töchter des Nordens" von Sarah Hall.[3] Die britische Schriftstellerin ruft darin einen Zusammenhang in Erinnerung, der in tagespolitischen Debatten um die Erderwärmung oft untergeht: Ein kollabierendes Klima führt auch zum Verlust von Ernten wie Ressourcen und untergräbt damit die wirtschaftliche Stabilität selbst noch der reichsten Länder – und ökonomische Unsicherheit hat bekanntlich schon oft den Nährboden für antidemokratische Bestrebungen bereitet. Im England der nahen Zukunft, das Hall entwirft, ist das Parlament aufgelöst worden und die Regierung betreibt eine durch militärische Repression gestützte Mangelverwaltung mit strikter Rationierung von Arbeitsplätzen, Wohnraum und Lebensmitteln sowie strenger Geburtenkontrolle, zu deren Zweck Frauen eine Zwangsverhütung auferlegt wird.

Gegen diese Zustände rebelliert die Ich-Erzählerin, die sich einer rein weiblichen Widerstandsgruppe in den Bergen anschließt – teils landwirtschaftliche Kommune, teils Guerillaarmee. Selbst in einem gekippten Klima, in dem der legendär kühle englische Sommer längst subtropischen Verhältnissen gewichen ist, dient die Natur Halls Protagonistin noch als Quelle der Erleichterung, als Ort des Trostes in trostlosen Zeiten. Ihre persönliche Befreiung vollzieht sich dann aber über die Vorbereitung eines bewaffneten Aufstandes.

Mit diesem rebellischen Grundton kontert Sarah Hall jenes Problem, vor dem alle Dystopien angesichts des Klimawandels stehen: Während George Orwell („1984") oder Margaret Atwood („Der Report der Magd") einst Sze-

2 Rebecca Tuhus-Dubrow, Cli-Fi: Birth of a Genre, dissentmagazine.org, Sommer 2013; Thekla Dannenberg, Auf der Sturmhöhe der Zeit: Wie Climate Fiction vom aufgeheizten Planeten erzählt, deutschlandfunk.de, 13.3.2022.

3 Sarah Hall, Die Töchter des Nordens. Roman. München 2021.

narien entwarfen, in denen sie gefährliche Entwicklungen der Gegenwart bewusst extrem zuspitzten, um so mit ihren literarischen Warnungen die geschilderte düstere Zukunft vielleicht doch noch abzuwenden, wirken klassische Klima-Dystopien heute oft nicht aufrüttelnd, sondern abstumpfend. Denn wo alle Hoffnung vergebens erscheint, wächst nicht das Engagement, sondern die Apathie. Insofern ist es durchaus unklug, wenn gerade ökologisch besonders sensibilisierte Menschen zunehmend von „Klimakatastrophe“ statt von „Klimawandel“ sprechen: Die „Katastrophe“ lähmt, der „Wandel“ hingegen ist gestaltbar. Auch auf einem sich erhitzenden Planeten sind es weiterhin die Menschen, die ihre Geschichte machen. Im Anthropozän gilt das sogar umfassender denn je – im Guten wie im Bösen.

Ganz anders klingt das hingegen bei einer nicht minder bemerkenswerten Dystopie: In seiner „Southern Reach“-Trilogie beschwört der US-Schriftsteller Jeff VanderMeer einen ganz besonderen Horror herauf – eine Natur, die sich gegen den Menschen wendet.[4] An der Südküste der USA bildet sich ein Ökosystem heraus, in dem Menschen auf mysteriöse Weise scheinbar aktiv abgestoßen und bekämpft werden. Den Rätseln dieser sich wuchernd ausbreitenden Zone versucht eine staatliche Behörde auf den Grund zu gehen, deren Alltag VanderMeer beklemmend kafkaesk schildert. Zwar fällt die Erklärung für dieses geheimnisvolle Phänomen am Ende hinter die interessanteren Fährten zurück, die er im Lauf der Handlung legt; bis dahin aber schlägt VanderMeer seine Leser mit der Beschreibung eines Ökosystems in den Bann, das einerseits keinen Platz für Menschen hat, aber andererseits äußerst lebendig ist. Die für Menschen „unbewohnbare Erde“, vor der Autoren wie David Wallace-Wells warnen,[5] begegnet uns in dieser Trilogie einmal nicht als lebensfeindliche Wüste, sondern in voller Blütenpracht.

Doch auch bei anregenden Dystopien wie diesen, in denen der Klimawandel nicht bloß ein narrativer Vorwand für eine actiongetriebene Handlung à la „Mad Max“ ist, bleibt ein entscheidendes Manko: Solche Phantasien verlagern die Folgen des Klimawandels in eine entfernte Zukunft. Selbst Autorinnen und Autoren, die in warnender Absicht schreiben, bedienen damit jene Verdrängungsleistung, die darin besteht, den Klimawandel nur als Belastung kommender Generationen zu sehen. Das schwächt den kritischen Impuls von Dystopien entscheidend: Wer das veränderte Klima als Zukunftsproblem schildert, lenkt die Aufmerksamkeit – wohl unfreiwillig – weg von den drängenden Erfordernissen der Gegenwart. Im schlimmsten Fall schlägt der kritische Gestus so in einen antiaufklärerischen Impuls um.

Das liegt sicher nicht in der Absicht einer Autorin wie Sarah Hall, es verweist eher darauf, wie Diskurs und gesellschaftliches Bewusstsein sich weiterentwickelt haben: Halls Roman erschien im englischen Original 2007, also weit vor dem Pariser Weltklimavertrag von 2015 und vor dem Auftreten einer globalen Klimabewegung. Dennoch erweisen sich Klima-Dystopien letztlich als Teil der von Ghosh diagnostizierten „Krise der Imagination“. Statt einer spektakulären Apokalypse gehen wir schließlich eher einer neuen Norma-

4 Jeff VanderMeer, „Auslöschung“, „Autorität“, „Akzeptanz“, München 2014, 2015 und 2015.
5 David Wallace-Wells, Ausblick auf das Höllenjahrhundert, in: „Blätter“, 11/2019, S. 47-57.

lität – oder zumindest einer postnormalen Zwischenzeit – entgegen, in der nicht mehr der Untergang der menschlichen Zivilisation droht, aber doch die Unbewohnbarkeit ganzer Regionen.

Schöne neue Normalität

Angesichts dessen braucht es Erzählungen, die – in Anlehnung an Ghosh – das Reale nicht länger verbergen. Wie das gelingen kann, zeigt brillant verdichtet eine Kurzgeschichte der irischen Schriftstellerin Caoilinn Hughes: Eine Klimaforscherin verlässt, überwältigt von den verheerenden Erkenntnissen, eine Fachkonferenz in Andorra und unternimmt spontan einen nostalgisch gemeinten Skitrip in die Berge: „Sie schloss die Tür vor den Teilantworten auf absolute Fragen.“[6] Doch die kleine Flucht misslingt, selbst hoch oben ist die Schneedecke dünn, abschalten kann sie nicht. Die Wissenschaftlerin erfährt, was sie doch längst weiß: Es gibt für sie kein Außen im Angesicht des Klimawandels und wenig Hoffnung auf einen Rest unbeschwerter Gegenwart. Die dramatischen Veränderungen sind schon da.

Diese Erkenntnis lässt sich ganz unterschiedlich in Literatur ummünzen, aber alle gelungenen Versuche zeigen einen durch den Klimawandel massiv veränderten Alltag – und ergründen so die Lebensweise im Anthropozän. Das Wissen um die Dringlichkeit der Klimakrise, so lässt sich dabei lernen, treibt Menschen allerdings keineswegs zwangsläufig zum Handeln. Im Gegenteil kann es sogar lähmen, besonders dann, wenn man seine Lebensumstände eigentlich radikal ändern müsste, das aber nicht schafft – oder nicht schaffen kann.

Das schildert die deutsche Schriftstellerin Franziska Gänsler in ihrem Debüt „Ewig Sommer“. Ihre Ich-Erzählerin Iris hat vom Großvater ein Hotel in einem Kurort übernommen, der aber aufgrund regelmäßiger sommerlicher Waldbrände inzwischen kaum noch Besucher anzieht. Die einst gute Luft ist nun über lange Wochen beißend und gesundheitsschädlich. Doch veräußern lässt sich das Hotel genau deswegen auch nicht mehr. So existenzgefährdend die Lage für die Protagonistin also ist, so distanziert zeigt sie sich doch: „Obwohl ich das Feuer durch die Fenster sehen konnte, die Situation im Wald blieb für mich ungreifbar. Meine eigene Auseinandersetzung mit dem Brand erschöpfte sich im Beseitigen der Flugasche, im Instandhalten meiner kleinen Welt. [...] Leute wie ich, die keine Kinder hatten, die sich nirgendwo anders ein Leben vorstellen konnten, waren geblieben. Alles, was mir gehörte, war hier, und so ging es vielen.“[7] Diese Ausweglosigkeit spiegelt Gänsler gekonnt in der Lage des einzigen Hotelgastes: Dori, die mit ihrer kleinen Tochter aus einer toxischen Beziehung geflüchtet ist, aus der sie sich aber schließlich doch nicht lösen kann. Womöglich ist das auch ein Sinnbild für das toxische Verhältnis, das viele von uns an eine Lebensweise bindet, von der wir wissen, dass sie unsere Existenzgrundlage zerstört.

6 Caoilinn Hughes, Creep, in: „Granta“ Nr. 153, Herbst 2020, S. 105-113, hier: S. 106.
7 Franziska Gänsler, Ewig Sommer. Roman. Zürich und Berlin 2022, S. 44.

Aber nicht nur der lokal gebundene Mensch kann den Folgen des Klimawandels nicht entrinnen, sondern auch der Kosmopolit mit Wohnsitzen auf mehreren Kontinenten. Nicht zuletzt davon erzählt Amitav Ghosh, selbst der Inbegriff eines Kosmopoliten, in „Die Inseln".[8] Er greift dabei auf eine alte bengalische Legende zurück, die der New Yorker Antiquar Dinanath Datta erforschen will: Ein hochmütiger Kaufmann zieht sich den tödlichen Zorn der Schlangengöttin zu, flieht vor ihr über die Weltmeere, entgeht ihren Heimsuchungen aber nicht. Bei seinen Recherchen bemerkt der eigentlich streng westlich-rationale Datta zunehmend beunruhigende Parallelen zwischen dem Mythos und seinem Leben: Ob in den indischen Mangrovenwäldern der Sundarbans, an der Küste Kaliforniens oder in Venedig, stets wird er mit den Folgen des Klimawandels konfrontiert. Unaufdringlich nutzt Ghosh die intellektuelle Abenteuerreise seines Protagonisten, um den alten Stoff zu aktualisieren: Da steht der Kaufmann aus der Legende für den modernen Menschen, der sich über die Natur erhebt, und die Schlangengöttin für die Naturkräfte, die zurückschlagen. Im furiosen Ende sind es aber ausgerechnet diese Naturkräfte, die ein Schiff mit jenen Menschen retten, die sich ob der Erderwärmung zwangsweise auf den Weg machen: Klimaflüchtlinge.

Jene wiederum, die angesichts des Klimawandels nicht resignieren, sind allerdings auch keineswegs frei von Widersprüchen, so eine schöne Pointe aus „Doggerland" von Élisabeth Filhol. Der Roman der französischen Schriftstellerin spielt an vier Tagen, in denen ein schwerer Sturm von West nach Ost über die Nordsee zieht. Er trifft im schottischen Aberdeen auf Land, wo zwei der drei Protagonisten sich gerade auf den Weg zu einer Konferenz im dänischen Esbjerg machen. Einer ist Stephen Ross, Leiter für Umweltstudien bei einem Windenergieproduzenten mit Offshoreanlagen in der Nordsee. Ihn, und damit ausgerechnet einen Vertreter der grünen Energiewirtschaft, zeichnet Filhol als Repräsentanten eines entfremdeten technischen Machbarkeitsdenkens: „Schon eine schöne und große Sache, dieser Sturm, der alles durchschüttelt, aber nichts beherrscht, meint Stephen, der meint, der Mensch habe den Kampf gegen die Naturgewalten endgültig für sich entschieden. Er liebt die Idee, diese vergeudete Kraft in Antriebskraft zu verwandeln, aus dieser Entfesselung, dieser blinden Gewalt eine Ressource zu machen."[9] Der betreffende Windpark, den Ross dabei im Sinn hat, liegt ausgerechnet auf der Doggerbank, der Ruhestätte einer von einem Klimawandel vor rund 7500 Jahren unter Meer und Sedimenten begrabenen Zivilisation. Am Beispiel Doggerlands – das im Roman Margaret Ross, Geologin und Stephens Frau, erforscht – weist Filhol auf einen beunruhigenden Umstand hin: Auch ein klimatischer Umschwung, der über lange Jahre erfolgt und zunächst beherrschbar erscheint, kann verheerende Folgen haben.

Umso drängender stellt sich die Frage: Kann das Anthropozän, wenn schon nicht zum Guten, so doch wenigstens zum Besseren gestaltet werden? Das auszumalen wäre die Aufgabe für eine klassische literarische Gattung: die Utopie.

8 Amitav Ghosh, Die Inseln. Roman. München 2019.
9 Élisabeth Filhol, Doggerland. Roman. Hamburg 2020, S. 72.

Doch nicht nur die Dystopie ist heute fragwürdig geworden, sondern die Utopie gleich mit. Wenn das Unheil nicht in eine ferne Zukunft verlagert werden kann, weil es schon da ist, so kann das Morgen auch nicht mehr die Verheißung des revolutionär Anderen bieten: An der Realität des Klimawandels kommt kein noch so kühner Zukunftsentwurf vorbei. Das bedeutet aber nicht, dass Utopien undenkbar wären, sie müssen nur anders gedacht werden, als wir es seit Thomas Morus kennen. Eine andere Welt ist nach wie vor möglich, sie müsste aber die Last unserer ökologisch verheerten Gegenwart tragen, könnte also nicht perfekt sein.[10]

Wie utopisches Denken heute aussehen kann, zeigt am besten der Vergleich zwischen Ernest Callenbachs umweltbewegtem Klassiker „Ökotopia" von 1975, kürzlich bei Reclam in einer Neuausgabe erschienen,[11] und Kim Stanley Robinsons „Das Ministerium für die Zukunft" von 2020, der Referenz schlechthin für alle, die sich nach einem klimagerechten Zukunftsentwurf sehnen.[12] Beiden Romanen ist gemeinsam, dass sie nichts imaginieren, was in ihrer jeweiligen Zeit nicht technisch oder gesellschaftlich als möglich galt oder zumindest als realisierbare Option diskutiert wurde: Sie verzichten bewusst darauf, die Probleme der Menschheit durch eine nur in der Phantasie der Autoren existente Wundertechnologie lösen zu wollen.

Davon abgesehen zeigt sich jedoch ein fundamentaler Unterschied zwischen beiden Entwürfen, der viel über die dazwischen liegenden knapp vier Jahrzehnte verrät: Callenbach siedelt seine Utopie noch ganz zeittypisch in einem räumlich begrenzten Gebiet an, mehreren Bundesstaaten an der US-Westküste, die sich abgespalten haben und nun eine Republik namens Ökotopia bilden. Dort sind Verbrennungsmotoren ebenso verboten wie Flugzeuge, die öffentlichen E-Busse verkehren gratis, die Arbeitszeit wurde auf 20 Wochenstunden reduziert und die Landwirtschaft verstaatlicht – wie radikal und frisch sich diese Vision teils immer noch liest, sagt nicht zuletzt viel über unsere Gegenwart.

Utopie in planetaren Grenzen

Wo Callenbach also der langen Tradition seit Morus folgt und eine im Entstehen begriffene Mustergesellschaft auf begrenzter Fläche zeichnet, geht Robinson von den Bedingungen der Weltgesellschaft aus. Statt wie Callenbach eine ideale Gemeinschaft zu zeigen – irgendwo zwischen großer Hippiekommune und unabhängig gewordener Kolonie –, beschreibt er einen globalen Wandel, der nicht zentral gesteuert wird und den höchst unterschiedliche Akteure tragen: eine UN-Behörde, Regierungen, soziale Bewegungen, Dorfgemeinschaften, selbst die Finanzindustrie und das Militär. Es geht dem erklärten Linken Robinson um das Mögliche und Machbare,

10 Mit dem „Solarpunk" entsteht derzeit ein neues Subgenre, das auf dieser Grundlage höchst diverse Utopien entwirft. Vgl. Joey Ayoub, What if We Cancel the Apocalypse?, newlinesmag.com, 22.11.2022.
11 Ernest Callenbach, Ökotopia. Roman. Stuttgart 2022.
12 Kim Stanley Robinson, Das Ministerium für die Zukunft. Roman. München 2021.

nicht um das Reine und Ideale. Verluste – an Biodiversität, an bewohnbaren Lebensräumen oder kulturellen Gewohnheiten, nicht zuletzt an Menschenleben – spart er nicht aus, sie erden seine konkrete Utopie.[13]

Auf die Spitze treibt den Zug in die konkrete Utopie der amerikanische Schriftsteller Andrew Dana Hudson. Er nutzt sein Wissen als Nachhaltigkeitsforscher, um ein Gedankenexperiment des Weltklimarates literarisch auszugestalten. Der IPCC hatte 2021 fünf Szenarien präsentiert, wie sich die Welt entwickeln könnte, abhängig davon, wie hoch die Hürden für Emissionssenkungen und/oder Anpassung an den Klimawandel sind. Hudson übersetzt das in seinem Roman „Our Shared Storm" in fünf Geschichten, die alle auf der Weltklimakonferenz 2054 in Buenos Aires spielen. Vier Personen treten in allen Episoden auf, und jedes Mal fegt ein Jahrhundertsturm über die argentinische Hauptstadt. Aber die Biografien der Protagonisten unterscheiden sich je nach Szenario radikal, ebenso wie die Folgen des Unwetters: Mal erleben wir eine Verlängerung gegenwärtiger Halbherzigkeiten, mal hyperkapitalistische oder militaristische Dystopien. Utopisch ist aber immerhin eine von Hudsons Geschichten, angelehnt an den Nachhaltigkeitspfad des IPCC. Dort zeichnet er das Bild einer resilienten Gesellschaft: Durch das Zusammenwirken von nachbarschaftlichen Solidaritätsnetzwerken und einem vorausschauend agierenden Staat kommt Buenos Aires glimpflich durch den Jahrhundertsturm. Es entstehen nur geringe Schäden, mit denen niemand allein gelassen wird.

Die Welt, die Hudson da skizziert, ist alles andere als perfekt, aber sie ist eine, in der wichtige Weichen richtig gestellt wurden: Bei allem weltweiten Austausch wurden Wirtschaftskreisläufe regionalisiert und auf Nachhaltigkeit orientiert, für die Anpassung an den Klimawandel erhebt eine massiv gestärkte UN drastische globale Vermögenssteuern, CO_2 wird mit technischen Verfahren der Atmosphäre entzogen und gespeichert. Darauf lässt sich trotz aller verbleibenden Unsicherheiten und nach wie vor drohenden Katastrophen aufbauen: „Ein weiter Raum an Möglichkeiten hatte sich vor uns geöffnet. Wir mussten nicht mehr im Schatten des anstürmenden Verhängnisses leben [...]."[14]

Kim Stanley Robinson hat 2021 einen Arbeitsauftrag an seine Zunft formuliert: „Um realistisch zu bleiben, muss man über den Klimawandel schreiben."[15] Damit hat die Literatur in den vergangenen Jahren zumindest begonnen und sie übersetzt dies in Geschichten, in denen die Dringlichkeit der Aufgabe aufscheint und zuweilen sogar menschliche Handlungsmacht erkennbar wird. Wie stark sich diese Bilder verbreiten, wird darüber mitbestimmen, ob die Menschheit das Ruder rechtzeitig herumzureißen vermag – oder ob die Dystopien von heute nicht morgen schon als Realitätsbeschreibung durchgehen können.

13 Vgl. auch Steffen Vogel, Das gute Anthropozän, in: „Blätter", 2/2022, S. 121-123.
14 Andrew Dana Hudson, Our Shared Storm. A Novel of Five Climate Futures. New York 2022, S. 204.
15 Vgl. „Es wird Leid geben und Gewalt". Interview mit Kim Stanley Robinson, taz.de, 28.11.2021.

AUTORINNEN UND AUTOREN

Frank Adloff, geb. 1969 in Wuppertal Dr. phil., Professor für Soziologie an der Universität Hamburg.

Inken Behrmann, geb. 1993 in Berlin, Sozialwissenschaftlerin und Co-Host des Podcasts „Was tun?"

Ulrich Brand, geb. 1967 auf der Insel Mainau, Dr. phil., Professor für internationale Politik an der Universität Wien, Mitherausgeber der »Blätter«.

Tanja Busse, geb. 1970 in Bad Driburg, Dr. phil., Philosophin, freie Journalistin.

Robin Celikates, geb. 1977 in Konstanz, Dr. phil., Professor für Sozialphilosophie und Anthropologie an der FU Berlin.

Nancy Fraser, geb. 1947 in Baltimore PhD, Professorin für Politik- und Sozialwissenschaften an der New School for Social Research in New York/USA.

Ralf Gisinger, geb. 1988 in Bregenz, Philosoph und Politikwissenschaftler, wiss. Mitarbeiter am Institut für Philosophie der Universität Wien und der Österreichischen Akademie der Wissenschaften.

Maja Göpel, geb. 1976, Dr. rer. pol., Generalsekretärin des Wissenschaftlichen Beirats der Bundesregierung Globale Umweltveränderungen und Honorarprofessorin an der Leuphana Universität Lüneburg.

Susanne Götze, geb. 1980 in Berlin, Dr. phil., Historikerin, Buchautorin sowie Redakteurin im Hauptstadtbüro des „Spiegel".

Mathias Greffrath, geb. 1945 in Bad Harzburg, Soziologe, Autor und Journalist u.a. für „Die Zeit", „die tageszeitung" und ARD-Hörfunkanstalten.

Ulrike Herrmann, geb. 1964 in Hamburg, Wirtschaftsjournalistin, Redakteurin der „tageszeitung".

Jason Hickel, geb. 1982 in Eswatini/Swasiland, Anthropologe, Professor an der Autonomen Universität Barcelona.

Valentin Ihßen, geb. 1992 in Berlin, Sozialwissenschaftler und Co-Host des Podcasts „Was tun?".

Annika Joeres, geb. 1978 in Herten, Romanistin und Politikwissenschaftlerin, lebt und arbeitet als Journalistin und Publizistin in Südfrankreich.

Jens Kersten, geb. 1967 in Marburg an der Lahn, Dr. jur., Professor für Öffentliches Recht und Verwaltungswissenschaft an der Universität München.

Naomi Klein, geb. 1970 in Montreal, Journalistin, Kolumnistin beim „Guardian", Bestseller-Autorin und Professorin für Klimagerechtigkeit an der University of British Columbia.

Bruno Latour, geb. 1947 in Beaune/Frankreich, gest. 2022 in Paris, Soziologe und Philosoph, war Professor an der Sciences Po in Paris.

Philipp Lepenies, geb. 1971 in Koblenz, Dr. rer. pol., Professor für Politikwissenschaft mit Schwerpunkt Nachhaltigkeit, Leiter des Forschungszentrums für Nachhaltigkeit FFN an der Freien Universität Berlin.

Anika Limbach, geb. 1967 in Bad Homburg, freie Journalistin und Autorin.

Reinhard Loske, geb. 1959 in Lippstadt, Dr. rer. pol., Volkswirt, Nachhaltigkeitsforscher und Publizist, Vorstandsmitglied beim Berliner Institut für ökologische Wirtschaftsforschung.

Michael E. Mann, geb. 1965 in Amherst/Massachusetts, Ph.D., Distinguished Professor of Atmospheric Science und Direktor am Earth System Science Center der Pennsylvania State University/USA.

Bill McKibben, geb. 1960 in Palo Alto/ Kalifornien, Umweltaktivist und Publizist, Distinguished Scholar für Umweltstudien am Middlebury College in Vermont/USA.

Ella Müller, geb. 1986 in Vorwerk, Historikerin, Programmleiterin im Washington-Büro der Heinrich-Böll-Stiftung.

Michael Müller, geb. 1948 in Bernburg/Saale, Bundesvorsitzender der Naturfreunde Deutschlands, MdB 1983-2009 (SPD), Staatssekretär beim Bundesminister für Umwelt (2005-2009).

Sighard Neckel, geb. 1956 in Gifhorn, Soziologe, Professor für Gesellschaftsanalyse und sozialen Wandel an der Universität Hamburg.

Nick Reimer, geb. 1966 in Meißen, Journalist und Autor.

Uwe Ritzer, geb. 1965 in Franken, Journalist und Publizist, Wirtschaftskorrespondent und Investigativ-Reporter der „Süddeutschen Zeitung".

Dieter Rucht, geb. 1946 in Kempten/Allgäu, Dr. rer. pol., Professor für Soziologie an der Freien Universität Berlin und Senior Fellow am Wissenschaftszentrum Berlin für Sozialforschung.

Fabian Scheidler, geb. 1968 in Bochum, Autor und Dramaturg, Mitbegründer des unabhängigen Fernsehmagazins „Kontext TV“, www.fabian-scheidler.de.

Leander Scholz, geb. 1969 in Aachen, PD Dr. phil. habil., Philosoph und Schriftsteller, Research Fellow am Leibniz-Zentrum für Literatur- und Kulturforschung in Berlin.

Nikolaj Schultz, geb. 1990 in Aarhus, Soziologe und PhD Fellow an der Universität Kopenhagen.

Guido Speckmann, geb. 1978 in Georgsmarienhütte, Politikwissenschaftler, Journalist und Redakteur bei „analyse & kritik“.

Toralf Staud, geb. 1972 in Salzwedel, Journalist und Autor, Gründer des Onlinemagazins klimaretter.info sowie der Plattform „Klima-Lügendetektor“.

Steffen Vogel, geb. 1978 in Siegen, Sozialwissenschaftler, „Blätter“-Redakteur.

Markus Wissen, geb. 1965, Dr. phil., Politikwissenschaftler, Professor an der HWR Berlin, Fellow am Institut für Gesellschaftsanalyse der RLS.

NACHWEISE

Nick Reimer und Toralf Staud, Abgesoffen und ausgedörrt. Wie Wasser in Deutschland zum umkämpften Gut wird, aus: „Blätter", 7/2021; basiert auf: „Deutschland 2050", Kiepenheuer & Witsch Verlag 2021.

Susanne Götze und Annika Joeres, Brennende Fichten: Das Elend des deutschen Waldes, aus: „Blätter", 9/2022; basiert auf: „Klima außer Kontrolle", Piper Verlag 2022.

Uwe Ritzer, Hitze-Hotspot Deutschland. Warum das Wasser immer knapper wird und was wir dagegen tun müssen, aus: „Blätter", 7/2023; basiert auf: „Zwischen Dürre und Flut. Deutschland vor dem Wassernotstand: Was jetzt passieren muss", Penguin Verlag 2023.

Naomi Klein, Unser Sommer des Feuers und der Fluten, aus: „Blätter", 9/2021. Die Übersetzung aus dem Englischen stammt von Steffen Vogel.

Sighard Neckel, Im Angesicht der Katastrophe. Der nahende Zusammenburch des Erdsystems und die sozial-ökologische Transformation, aus: „Blätter", 2/2021.

Fabian Scheidler, Die große Trennung. Die Geburt der technokratischen Weltsicht und die planetarische Krise, aus: „Blätter", 4/2021, basiert auf: „Der Stoff, aus dem wir sind", Piper Verlag 2021.

Maja Göpel, Unser Wunsch nach mehr, unsere Angst vor weniger. Wie unser Wohlstandsmodell den Planeten ruiniert, aus: „Blätter", 3/2020; basiert auf: „Unsere Welt neu denken", Ullstein Verlag 2020.

Michael Müller, Das Anthropozän oder: Wie wir die Erde verkonsumieren, aus: „Blätter", 3/2021.

Ralf Gisinger, Wissenschaftlich exakt, politisch unbrauchbar? Zur geologischen Definition des Anthropozäns, aus: „Blätter", 12/2023.

Matthias Greffrath, Im Zeitalter der Verwüstung. Vom notwendigen Ende einer Epoche, aus: „Blätter", 1/2020; basiert auf: „Essay und Diskurs" (Deutschlandfunk).

Leander Scholz, Menschenleere oder: Die Politik der Ökologie, aus: „Blätter", 3/2023.

Nancy Fraser, Kapitalismus als Kannibalismus. Die multidimensionale Krise und der Sozialismus des 21. Jahrhunderts, aus: „Blätter", 3/2023; basiert auf: „Der Allesfresser", Suhrkamp Verlag 2023. Die Übersetzung aus dem Englischen stammt von Andreas Wirthensohn.

Fabian Scheidler, Systemwandel oder Klimakollaps. Warum wir eine tiefgreifende Transformation unserer Ökonomie brauchen, aus: „Blätter", 5/2021; basiert auf: „Der Stoff, aus dem wir sind", Piper Verlag 2021.

Sighard Neckel, Zerstörerischer Reichtum. Wie eine globale Verschmutzerelite das Klima ruiniert, aus: „Blätter", 4/2023.

Michael E. Mann, Propheten der Untätigkeit. Die Propaganda von der technischen Beherrschbarkeit der Klimakrise, aus: „Blätter", 8/2021; basiert auf: „Propagandaschlacht ums Klima", Verlag Solare Zukunft 2021.

Ella Müller, Kulturkampf und Klimakrise. Die US-Rechte als Anti-Umweltbewegung, aus: „Blätter", 11/2023; basiert auf: „Die amerikanische Rechte und der Umweltschutz. Geschichte einer Radikalisierung", Hamburger Edition 2023.

Guido Speckmann, Die Chimäre der Klimaneutralität. Über die entlastende Wirkung eines neuen Mantras, aus: „Blätter", 3/2021.

Reinhard Loske, Irrweg Brückenstrompreis. Warum billige Energie für die Industrie der ökologischen Transformation schadet, aus: „Blätter", 11/2023.

Anika Limbach, Strahlend „grüne" Zukunft. Wie die EU die Energiewende blockiert, aus: „Blätter", 3/2022.

Naomi Klein, Radikal machbar: Neun Gründe für einen Green New Deal, aus: „Blätter", 12/2019; basiert auf: „Warum nur ein Green New Deal unseren Planeten retten kann", Hoffmann und Campe Verlag 2019. Die Übersetzung aus dem Englischen stammt von Gabriele Gockel, Sonja Schuhmacher und Barbara Steckhan.

Bruno Latour und Nikolaj Schultz, Für die Bewohnbarkeit des Planeten: Wie die ökologische Klasse entsteht, aus: „Blätter", 1/2023; basiert auf: „Zur Entstehung einer ökologischen Klasse", Suhrkamp Verlag 2022. Die Übersetzung aus dem Französischen stammt von Bernd Schwibs.

Inken Behrmann und Valentin Ihßen, Nach Glasgow und vor der Ampel: Wie weiter mit der Klimabewegung?, aus: „Blätter", 1/2022 (aktualisierte Fassung).

Ulrich Brand und Markus Wissen, Lützerath als Fanal. Warum wir transformative Strategien im Kampf gegen die Klimakrise brauchen, aus: „Blätter", 2/2023.

Dieter Rucht, Die Gratwanderung der Letzten Generation, aus: „Blätter", 2/2023.

Robin Celikates, Protest in der Klimakrise: Die Legitimität zivilen Ungehorsams, aus: „Blätter", 2/2023.

Philipp Lepenies, Verzicht als erste Bürgerpflicht: Gegen die Politik des Laissez-faire, aus: „Blätter" 8/2022; basiert auf: „Verbot und Verzicht. Politik aus dem Geiste des Unterlassens", Suhrkamp Verlag 2022.

Frank Adloff und Tanja Busse, Gegen das Massensterben: Warum die Natur Rechte braucht, aus: „Blätter", 11/2021; basiert auf: „Welche Rechte braucht die Natur?", Campus Verlag 2021.

Jens Kersten, Die dritte Revolution. Plädoyer für ein ökologisches Grundgesetz, aus: „Blätter", 6/2022; basiert auf: Gespräch im Deutschlandfunk.

Bill McKibben, Die Kraft der Sonne und das Gewicht der Stimme, aus „Blätter", 3/2020; basiert auf: „Die taumelnde Welt", Karl Blessing Verlag 2019. Die Übersetzung aus dem Englischen stammt von Sigrid Schmid.

Jason Hickel, Die Tyrannei des Wachstumismus: Was heißt heute gutes Leben?, aus: „Blätter", 3/2022; basiert auf: „Weniger ist mehr", Oekom Verlag 2022. Die Übersetzung aus dem Englischen stammt von Eva Leipprand.

Ulrike Herrmann, Raus aus der Wachstumsfalle. Wie wir mit der britischen Kriegswirtschaft die Klimakrise bewältigen können, aus: „Blätter", 10/2022; basiert auf: „Das Ende des Kapitalismus", Kiepenheuer und Witsch 2022.

Steffen Vogel, Untergang oder Utopie: Der Klimawandel in der Literatur, aus: „Blätter", 8/2023.